「日韓連帯運動」の時代

1970-80年代のトランスナショナルな公共圏とメディア

李美淑 著

東京大学出版会

THE AGE OF THE JAPAN-KOREAN
SOLIDARITY MOVEMENT
Transnational Public Sphere and Media in the 1970s and 80s
Lee Misook
University of Tokyo Press, 2018
ISBN 478-9-13-056115-0

「日韓連帯運動」の時代
目　次

序章　越境した他者との連帯に向けた言説空間————————1

　1　問題の所在——1970-80年代における日韓連帯運動　1

　2　日韓連帯運動の背景——激動のアジアと韓国の民主化運動　4

　3　研究の意義——市民社会から構築する日韓関係および東アジアへ　8

　4　研究課題および研究方法　12

　5　本書の構成　16

第Ⅰ部　トランスナショナルな公共圏論／連帯論

1章　トランスナショナルな公共圏————————————23
　　　越境した他者の苦痛に敏感な言説空間

　1　トランスナショナルな活動家たちのネットワーク　24

　2　コミュニケーション的行為が行われる政治的空間としての公共圏　29

　3　トランスナショナルな公共圏論の再考——グローバルレベルにおけるシステムと生活世界　35

　4　対抗的公共圏のトランスナショナライジング——世界システム論を手がかりに　41

　5　ナショナルなメディア空間を越えて——マスメディア・ジャーナリズムへの問い　46

　6　小　括——トランスナショナルな公共圏へ向けた想像力　49

2章　トランスナショナルな連帯と再帰的民主主義————————53

　1　連帯とは何か——「社会的連帯」と「政治的連帯」　53

2 コスモポリタンな連帯と制度的・政治的責任に基づく連帯 61

3 他者との連帯が求められる理由 70

4 トランスナショナルな連帯へ向けて 75

5 小 括——トランスナショナルな連帯を通じた再帰的民主化 78

第II部 トランスナショナルな社会史——日韓連帯運動

3章 日韓連帯運動の展開————————————————85
広がる裾野

1 戦後日本社会における「アジア」の台頭——ベトナム反戦運動／在日韓国・朝鮮人の告発／華青闘の告発 86

2 日韓連帯運動の始まり——「金芝河」と「徐君兄弟」の「救援運動」 95

3 日韓連帯運動の拡大——金大中拉致事件と民青学連事件 104

4 日韓連帯運動におけるネットワークの拡大——在日韓国人政治犯救援運動／アジアの女たち／芸術文化運動 112

5 日韓連帯運動の最高潮——光州事件と金大中の生命の危機 125

6 小 括——戦後日本社会史における日韓連帯運動 137

4章 トランスナショナルな情報交換のネットワークの形成と活動————151
T.K生の「韓国からの通信」を中心に

1 韓国における言論統制——コミュニケーションの閉鎖状態 152

2 コミュニケーションの閉鎖状況への対応①——韓国キリスト教の人権運動を中心に 161

iii

3 コミュニケーションの閉鎖状況への対応②——世界的なネットワークの形成　172

4 トランスナショナルな情報交換の ネットワーク——T. K 生の「韓国からの通信」を中心に　180

5 小　括——トランスナショナルな公共圏としての情報交換のネットワーク　197

5章　総合雑誌『世界』における「連帯」の言説—————————209

1 越境した活動家たちの議論の場としての『世界』　209

2 注目期（1972-1975 年）——「韓国からの声」とその「応答」　219

3 模索期（1976-1979 年）——大衆の無関心とメディアの自主規制という困難　244

4 警戒期（1980-1983 年）——日韓連帯運動への批判に対する応酬と浮上する「過去の問題」　253

5 内面化期（1984-1987 年）——真正面から向き合う「過去の問題」と内なる戦後責任　263

6 小　括——「他者との連帯」から「自己の変革」へ　276

終章　トランスナショナルな公共圏と連帯の可能性—————————285

1 トランスナショナルな公共圏とメディア——活動家たちの情報交換のネットワークと『世界』　285

2 トランスナショナルな連帯——他者との連帯を通じた再帰的な民主主義へ　291

3 日韓連帯運動の意義と限界　297

4　本書の限界と今後の課題　　304

参考文献　　309

あとがき　　333

人名索引　　339

事項索引　　342

カバー・章扉装画：富山妙子

序章　越境した他者との連帯に向けた言説空間

1　問題の所在 ── 1970-80年代における日韓連帯運動

　川崎で朴世逸（パク・セイル）という韓国の友達と共同生活をしていました．そこで，彼と僕とで話し合いをして，韓国からアピールをもらってくることにしました．彼は韓国の民主化運動の人々とつながっていたのです．僕は彼から託された手紙を持って韓国に行きました．教えられた電話番号にかけると，アメリカ人の婦人宣教師が出ました．翌日，彼女と会い，持ってきた手紙を渡すと，彼女は一瞬にして，私が韓国に来た目的を理解したのです．彼女を通じ，ミスター・ブラックと呼ばれた徐京錫（ソ・ギョンソク）に会いました．彼の紹介で，韓国学生運動のリーダーたち，韓国キリスト学生会，韓国キリスト教教会協議会の総務など，民主化運動の同志たちと会い，予定していた7通のアピールを持って日本に帰ることができました．アピール文は，『朝日新聞』，『朝日ジャーナル』，『世界』に発表され，英語でも翻訳されアメリカにまでいきわたりました[1]．

　韓国の友人から，金芝河（キム・ジハ）の詩に基づいて製作された富山妙子の「しばられた手の祈り」の映画フィルムを持ってきて，と頼まれました．韓国には，何度もいろんなものを持っていったのですが，映画フィルムはとにかくすごかったです．大きいし，どうしようと．そこで，当時，クラシックをよく聞いていたので，なんとか，チャイコフスキー交響曲全集の箱を使うことにしました．そこにちょうど入ったのです．まずフィルムを入れて，その上に本当のレコードを入れて持っていったのです．税関でボックスを開かれて，もう死ぬかと思うぐらい緊張しましたが，レコード1枚をめくっただけで済みました．もう1枚めくったら出てきちゃったところでしたが，それで済んで，無事に持ちこむことがで

きたのです[2].

　これらのエピソードは，今から 3，40 年ほど前の出来事である．1970 年代と 80 年代の韓国は，軍事独裁政権下におかれ，1987 年の「民主化宣言」まで，言論・表現の自由が抑圧されていた．しかし，以上のエピソードでも見られるように，政権側の言論統制政策と情報流通の統制にもかかわらず，韓国の民主化運動の活動家たちは情報を媒介に日本の活動家たちと密かにつながっていた．

　こうした情報を媒介とした活動家たちのネットワークは，ただ情報の往来にとどまったものではなかった．1970 年代と 80 年代の日本では，民主主義と人権のために闘う韓国の人々への支援と連帯の動きが現われていた．在日韓国人のなかでは，韓国の独裁政権を支持していた民団と距離を置き，民団内部および韓国の民主化のために，韓国の民主化運動と連帯しようとする動きが現われた．また，日本の進歩的知識人，文化人，学生運動の活動家たちは，韓国の民主化運動への連帯をうたいながら，日本のあり方を問おうとする動きを見せていた．1970 年代の日本の学生運動は，「日韓連帯・狭山・三里塚」という 3 つのキーワードで語られていたほど，日本の市民社会のなかで，「日韓連帯」という，国家，民族，言語を異にする他者への連帯が叫ばれていたのであった．

　これまで，日本における韓国の民主化運動への支援，連帯に関する研究は，活動家のカテゴリーを中心とした研究と，活動の課題を中心とした研究がある．まず，活動家のカテゴリーを中心とした研究としては，在日韓国人の活動に注目した趙基銀（2006）やキリスト者のトランスナショナルなネットワークの活動に注目した李美淑（2012; Lee 2014a）が挙げられる．また，活動の課題を中心とした研究としては，韓国の『東亜日報』の闘いに対する日本の市民社会における支援運動に注目した森類臣（2015）や，韓国の民主化運動の代表的な人物の 1 人である金大中（キム・デジュン）に対する救命運動に注目した鄭根珠（2013）の研究が挙げられる．そのほか，日本の戦後社会史のなかで日韓連帯運動について議論したものとしては，道場親信（2011）が「ポスト・ベトナム戦争期におけるアジア連帯運動」のなかで「日韓連帯連絡会議」に関して記述したものが挙げられる．道場によると，日韓連帯運動には「キーセン観光に反対するフェミニストとキリスト者グループ，自主講座系の公害輸出反対運動，

2──序章　越境した他者との連帯に向けた言説空間

在日韓国人政治犯救援運動，金芝河・金大中救援運動とともに，在日朝鮮人に対する民族差別と闘う運動や戦後補償運動の団体，さらには在日韓国人の韓国民主化運動（韓民統）なども連携して」おり，「多様な運動が『日韓連帯』という課題の中に連結」していた（道場 2011: 121）．しかし，日韓連帯運動の形成と展開に関する具体的な記述と考察を目的とするものではなかったため，「日韓連帯連絡会議」を中心とした簡略な言及に留まっている．

　一方，日韓連帯運動の当事者たちによる記録，回顧録，資料集などはすでに少なからず出版されている．特に，最近では日韓連帯運動に直接的に参加していた人々が中心となって，1970-80 年代の日韓連帯運動の記録が，『金大中と日韓関係——民主主義と平和の日韓現代史』（柳・和田・伊藤編 2013）として整理，公開されている．具体的には，「韓国民主回復統一促進国民会議・日本本部」（以下，韓民統）の元議長である郭東儀（カク・ドンイ）が，そのなかで在日韓国人による運動をたどっている．特に，1973 年に結成された韓民統を中心に，韓国の民主化運動に対する支援，連帯の活動を国際的な連携活動とともに整理している．また，キリスト者の日韓連帯運動については，日本キリスト教教会協議会の元幹事であった東海林勤牧師が，韓国の教会との関係史のなかで記述している．そして，知識人・市民の日韓連帯運動については，「日本の対韓政策をただし韓国民主化闘争に連帯する日本連絡会議」（以下，日韓連帯連絡会議）の事務局長であった和田春樹が日韓連帯連絡会議の活動の記録とともに，金芝河および東亜日報への支援運動を整理している．在日韓国人政治犯救援運動については，高校時代から運動に携わっていた石坂浩一が，在日韓国人政治犯に関する支援，連帯運動を紹介している．ただ，この『金大中と日韓関係——民主主義と平和の日韓現代史』は，女性運動部門における連帯運動については触れていない．しかし，キーセン観光反対運動など，女性活動家およびフェミニストらによる連帯運動も活発に展開されていたし，今なお続いている点で見落としてはいけない．

　以上のように，日韓連帯運動に関する様々な記録が整理されているが，日本社会史における位置づけおよび韓国社会史との関係などにおいてより体系的，構造的な分析が必要であると考えられる．在日韓国・朝鮮人に対するヘイトスピーチなど，排外主義的なナショナリズムが勢いを増している今日，国境を越

えて市民が繋がり，「連帯」をうたっていた歴史的経験を振り返ることは，これからの市民社会の交流と協力を構築する上で意義のある作業となるだろう．そのためには，これまでの国民国家を主体とする国際関係や歴史観から離れて，1つの塊のように見える国民国家の「合間」に存在する様々な個々人の越境した繋がりと結びつきに注目する必要がある．政治的，社会的市民たちが国境を越えてどのように繋がり，どのような協議と行動を作り出し，国内政治，地域政治，そして，国際政治へ参画することになるかを問うことを通じ，トランスナショナルな政治的空間の形成過程とその政治的含意に迫っていくことが可能であると考えられる．

　本書は，これまで欧米の文脈で語られてきたトランスナショナルな公共圏の概念と理論を，日韓連帯運動という，東アジアの事例のなかで実証的に検証することを目的とする．より具体的には，韓国における軍事独裁体制が整えられた1972年から，民主化宣言が勝ち取られた1987年までの日韓連帯運動を事例として，政治的，社会的市民たちが形成する越境した政治的空間の形成過程，とりわけ，連帯に向けた意味が交わされた言説空間の形成過程を問うていこうとする．本書は，理論および方法論において，国際社会学，政治社会学，コミュニケーション論，メディア研究を援用しており，学際的な研究である．

2　日韓連帯運動の背景——激動のアジアと韓国の民主化運動

　第2次大戦後，列強の植民地であったほとんどのアジア地域は植民地からの解放とともに，戦争，内乱，分裂，独裁などといった政治状況に置かれることとなる．長年の「植民地主義」の下で，自立的な経済基盤を奪われた，あるいは築けなかった多くの元植民地の国々では，凄絶な貧困だけでなく，列強の植民地主義に協力したことで権力と富を得た者たちと彼らへの対抗者たちの間の葛藤と分裂が顕著になった．また，米ソを中心とした自由主義ブロックと社会主義ブロックの対決と競争，すなわち「冷戦体制」における権威主義的，独裁的な政府の樹立など，不安定な政治情勢が続いていた．これは朝鮮半島においても同様であった．韓国の民主化運動は，まさにこうした第2次大戦後の「冷戦体制」を支えていた政治経済的構造の作り出した矛盾との闘いであった．

4——序章　越境した他者との連帯に向けた言説空間

朝鮮半島は 1945 年 8 月 15 日，日本の敗戦とともに解放を迎えたと言われている．しかし，米ソは朝鮮半島が解放される前にすでに 38 度線を引き，北はソ連，南は米国が占領し統治することで合意していた[3]．米ソの影響の下，分断された朝鮮半島では，それぞれに単独政府（1948 年 8 月 15 日大韓民国，9 月 9 日朝鮮民主主義人民共和国）が樹立され，1949 年の中華人民共和国の誕生，1950-1953 年の朝鮮戦争のなかで，冷戦体制が最も激しくぶつかり合う重要な現場となった．韓国は，米国の軍事的，経済的な援助の下で，朝鮮民主主義人民共和国（以下，北朝鮮）および社会主義ブロックと対決する最前線として，「反共国家」と化した．「反共」という名の下で，民主主義，人権，自由は，韓国の現実にそぐわないものとして無視され，抑圧された．

　米国の東アジアにおける安保戦略の下で，1951 年から進められた日韓の国交正常化のプロセスは，当時の日本と韓国の圧倒的な政治経済的パワーの不均衡下で行われた．1961 年軍事クーデターとともに登場した朴正熙（パク・ジョンヒ）政権は，韓国全土で巻き起こった学生，市民の日韓会談反対闘争を踏みにじった上で，植民地謝罪や賠償などの懸案を「経済協力」という用語でうやむやにしたまま日韓条約を締結させた．それにより，以前から徐々に進行していた日本企業の韓国進出は，軍事政権の積極的な海外資本誘致戦略と税金免除等の特恵の下で一気に増加することとなった．韓国は，軍事安保においては米国の影響下に置かれながら，経済においては日本との分業体制における周辺に位置することで，日本の経済に依存する形で経済成長を進めることとなった．すなわち，韓国は，第 2 次大戦後に進められた日米同盟（1951 年）—韓米同盟（1953 年）—日韓条約（1965 年）を通じて，米国を頂点とした米国—日本—韓国というヒエラルキカルな政治経済構造の最下位に位置することで，自由主義陣営のなかでの安保確保と経済成長を図ることとなった．

　韓国の民主化運動は，不正選挙に対し学生，知識人が民主主義の回復と死守を唱えた 1960 年の 4. 19 民主化運動[4]（4. 19 学生革命），1964-1965 年の日韓会談反対運動を経た後，独裁体制の強化と見られる 1972 年末の「維新憲法[5]」成立とともに，より本格的に繰り広げられることとなった．1970 年代の運動では，維新憲法のなかでも悪名高い大統領緊急措置の下で，情報統制が厳しく行われていたが，キリスト教のネットワークを中心に情報が媒介されていた．

例えば，各大学に組織を置いていたキリスト教学生組織は学生運動において重要な役割を果たした．当時，キリスト者でない活動家たちも，政権の弾圧を少しでも避けるため，キリスト者という「外皮」を被ろうとしたものも多くいたと言われている．韓国の学生，知識人，キリスト者，労働者，女性など様々な活動家たちは，韓国の軍事政権の非民主性と人権侵害を非難するとともに，当該の軍事政権が依存していた米国と日本に対しても声を上げていた．冷戦体制の下で，米国と日本の政権が韓国の軍事政権を支えていると見なし，そうした態度を改めることを求めていたのである．

　1979年10月の朴正熙暗殺事件，12月12日の全斗煥（チョン・ドゥファン）が率いる新軍部による軍事クーデターと1980年5月の光州事件を経て，韓国の民主化運動はより活発化することとなる．とりわけ，光州事件の真相をめぐる闘争が80年代の民主化運動を牽引する1つの主要な軸を形成した．なかでも，光州の市民を虐殺した韓国軍が米軍の指揮下の軍隊であり，米国の承認の下で光州に派遣されたという情報が流通したことは，韓国の民主化運動において「反米」を掲げた批判の声をより強めることとなった[6]．1980年代の韓国の学生運動は，マルクス主義の影響とともに，よりラディカル化していったといわれているが[7]，韓国の民主化運動は依然として社会改革を中心とするリベラル・デモクラシーが主流であった．大統領選挙における直接選挙を掲げ，「ネクタイ部隊」と呼ばれた会社員等の中産階級も多く参加した1987年6月の韓国全土における民主化運動は，当時与党の代表であった盧泰愚（ノ・テウ）による，民主化勢力の要求を丸呑みする形での「民主化宣言」（1987年6月29日）を勝ち取ることとなった[8]．

　ここでも確認できるように，韓国の民主化運動は，韓国の非民主的政権と対決しながら，同時に，そうした非民主的政権を支えると見られていた米国と日本政権に対しても批判の声を上げていた．海外に居住する韓国人活動家たちも，本国の軍事政権とその庇護勢力に対する告発，民主化運動勢力への支持を求める国際世論の形成に参加した．彼らは，海外において韓国の民主化運動に対する連帯運動を組織化し，またそれぞれの地域で連帯意識を表明するローカル活動家，知識人たちと連携し，国際的な連帯の動きを獲得していた．こうした活動は，とりわけ，米国，日本，そして，1960-1970年代に炭鉱夫・看護師とし

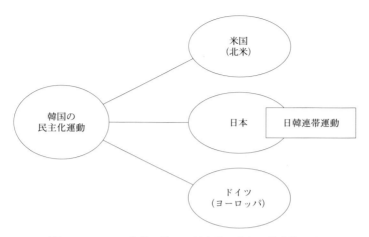

図 0-1　1970-80 年代の韓国の民主化運動と日韓連帯運動

て韓国からの集団移住が行われたドイツ[9]において，顕著に現れた．このような世界的な連帯の動きと緩やかに繋がりながら，日本では，進歩的な日本の知識人，活動家たち，日本に居住していた韓国キリスト者，在日韓国・朝鮮人の知識人，活動家が中心となり，独自の運動を形成していた．それが「日韓連帯運動」である．

　北米，ヨーロッパ，日本の一部の知識人，活動家たちが韓国の民主化運動からの批判的な問いかけに応答しようとした背景には，二度の大戦に対する反省とともに，「冷戦体制」という構造の下で進んでいた新たな（あるいは，持続する）植民地主義とファシズムに対するグローバルな抵抗があった．それはベトナム反戦運動，また，人種・民族差別撤廃運動，そして，第三世界への連帯運動のなかで，境界を越え他者と繋がろうとした動きとして現れた．冷戦体制を支えていた政治経済構造の制限を受けつつもそれを打破しようとした動きの1つとして，「日韓連帯運動」を位置づけることができよう．戦後日本社会史における「日韓連帯運動」の位置づけについては，第3章でより詳しく述べることにし，ここではまず，戦後の冷戦体制の形成とそれがもたらす矛盾に対する世界各地における抗議のうねりのなかに，韓国の民主化運動，そして，日韓連帯運動の背景を把握することにとどめておきたい．

3　研究の意義——市民社会から構築する日韓関係および東アジアへ

　本書は，韓国の民主化運動におけるトランスナショナルな側面と日本の戦後社会運動におけるトランスナショナルな側面の繋がりを具体的な事例をもとに考察することで，市民社会[10]から構築する日韓関係および東アジアの地域政治を実証的に問うことになる[11].

　まず本書は，韓国の民主化運動におけるトランスナショナルな側面に注目を促す．韓国の民主化運動は，国際連合といった国際機関，アムネスティ・インターナショナルなどの国際非政府機構，そして，アメリカ，ドイツ，日本などの様々な地域における市民運動（在外韓国人および連帯組織）と繋がっていた．また，韓国の地下情報がトランスナショナルなネットワークを通じて，他のアジア諸国の民主化運動や学生運動にも紹介されていたことなど，社会運動のトランスナショナルなダイナミズムを見せていた[12].しかし，こうしたトランスナショナルな側面は，まだ充分に研究されていない．本書は，こうしたトランスナショナルな側面のなかでも，とりわけ，キリスト教ネットワークにおいて世界に向けて韓国の民主化運動に関する情報の発信地となっていた日本（東京)[13]を中心に，連帯に向けた言説空間の形成過程を見ることで，トランスナショナルなダイナミズムを有した韓国の民主化運動における海外の支援，連帯運動を考察する1つの試みである．

　本書はまた，日本の戦後社会運動史の研究においてこれまであまり注目されていなかった，韓国の民主化闘争との繋がり，すなわち，トランスナショナルな社会史の側面に注目を促す．戦後日本社会では，安保闘争の敗北によっていわゆる「政治の季節」は終わりを告げたといわれるが，安保闘争は市民運動の萌芽を見せたものであり，市民運動，住民運動の活動家たちは，党派的な組織の活動家たちと交渉（あるいは摩擦）しながら，ベトナム反戦運動，水俣闘争を中心とした反公害運動，三里塚における反開発地域闘争，在日韓国・朝鮮人運動への連帯などを繰り広げてきた．とりわけ，ベトナム反戦運動や在日韓国・朝鮮人運動への連帯などを通じて，日本の活動家たちは直接的あるいは間接的にアジアの他者と出会うこととなった．こうした活動家たちが，どのよう

な契機で，たとえば1990年代の日本軍「慰安婦」をめぐる戦時性暴力問題や歴史認識問題と繋がっていったのか，運動の断絶ではなく，継続や繋がりについては，まだ充分な考察が行われていないように思われる．そこで本書は，戦後日本の社会運動のトランスナショナルな側面，とりわけ，ベトナム反戦運動や日韓会談反対運動以後の側面に注目を促す1つの試みになると考えられる．

　韓国の民主化運動のトランスナショナルな側面と日本の市民社会のトランスナショナルな側面の接点と繋がりを考察していくことは，今日の日韓関係にも示唆するところがあると考えられる．日韓両国は，1965年の国交正常化以来，政治，経済，社会，文化など，多方面における繋がりと協力関係を構築してきた．1987年の韓国の民主化と1988年のソウル・オリンピック以後，1998年からの段階的な韓国における日本文化開放，2002年のワールドカップの日韓共同開催，2003年および2010年を中心とした日本の「韓流」ブームなど，対立と敵視ではない，日韓関係の新しい未来像が模索されてきた[14]．そうした試みとして，日韓関係を協力関係として宣言した1998年の金大中大統領と小渕恵三首相の「日韓共同宣言　21世紀に向けた新たな日韓パートナーシップ」，そして，21世紀のビジョンとして出された，東北アジア共同の家，あるいは東北アジア共同体というビジョンなどが挙げられる．

　しかし，こうした「協力関係」あるいは「東北アジア共同体」という構想をえがくうえで，その共通基盤，共通認識というものが何であるのか，という問いが浮かび上がらざるをえない．「東北アジア共同の家」というビジョンを提示した姜尚中は，衆議院憲法調査会での発言・質疑応答を収録した『東北アジア共同の家をめざして』（姜 2001）のあとがきで，戦後における「共時性」の問題を以下のように指摘している．

　　かつての植民地や半植民地であった東北アジア諸国にとって同族相残の凄惨な内
　　戦の時代であった冷戦は，日本にとっては繁栄と豊かさの「平和」な半世紀だっ
　　たのである．「戦争」が「平和」である，そんなオーウェル的な逆説が昭和とい
　　う戦後を満たしていたのだ．その限りで日本と近隣の東北アジア諸国とは戦後の
　　歴史的な共時性を分かち合うことはできなかったことになる（姜 2001: 227，傍
　　点は筆者）．

日本がアジア諸国と「共時性」を分かち合うことができなかったという指摘は，「東北アジア共同の家」または「東アジア共同体」などの構想において落とすことのできない重要な論点であろう．「共時性」とは，ただ単に同じ時代同じ歴史を歩んだということを意味するものではない．「共時性」とは，ある時期に対し共通するリアリティ感覚，認識を持つことを意味するのである．そこには，同じ経験をしたかどうかより，共通する解釈と認識を形成できたのかどうかといった問題が潜んでいる．すなわち，どれほど経済，安保，外交側面において政権同士の協力が進んだとしても，こうした共時性，共通認識なしには，不安定なもろい連携になりかねない．それは，経済，安保，外交の面でますます相互依存が深まっているはずの今日の日韓関係からも明らかであろう．

　今日の日韓関係に対しては，歴史問題と領土問題をめぐって反復される相互不信により，日韓関係が未来志向的に発展できるのか，疑問の声が大きい．特に近年，日本における「嫌韓」の言説流布や在日韓国・朝鮮人に対する「ヘイトスピーチ」などの排外主義的な動き[15]は，植民地過去清算問題と歴史教科書問題などの歴史認識問題とともに，日韓関係に緊張と摩擦を生み出している．こうした日韓関係を反映するかのように，日本の一般市民における韓国認識も悪化してきた．たとえば，2014年内閣府の世論調査の結果では，韓国に「親しみを感じない」は66.4％で，1978年の調査開始以来，最悪の結果であった[16]．その原因として，日本軍「慰安婦」問題など歴史問題に対する韓国からの批判が挙げられている[17]．戦後の共時性の構築は，現在のところほぼ不可能ではないかと思われるほどである．

　しかし，日韓関係の対立や悪感情に繋がりやすい歴史問題という要因を，市民社会の交流と協力を通じ解決し，日韓関係の改善，ひいては東アジアにおける和解と平和のために活かす努力も存在する．実際，日韓の市民連帯に注目した研究のほとんどは，以上の植民地過去清算問題および歴史教科書問題に関する研究を中心としている．日本軍「慰安婦」問題をめぐる日韓および国際的な市民連帯，植民地過去清算と関連した日韓両国における訴訟，朝鮮人部落であるウトロ[18]の強制撤去を阻止する日韓市民団体の連帯，「新しい歴史教科書」の採択阻止運動，反基地運動における日韓市民の連携，そして，日・中・韓の共同歴史編纂委員の活動など，国家間関係（日韓関係）の緊張と葛藤の要因を，

国境を越えた市民同士の協力によって解決していこうとする様々な動きが，日韓関係および東アジアにおける「下から構築する」国際関係の可能性を窺わせる．国際関係学者である馬場伸也は，トランスナショナルな市民運動によって下から構築される国際関係を「トランスナショナル・リレーションズ」（馬場1980）と呼んだが，日韓関係ひいては東アジアにおいてもトランスナショナル・リレーションズがえがかれるのではなかろうか．

　国境を越えたネットワークと運動は，1990年代以後顕著になり，ポスト冷戦の特徴と見られているが，冷戦期においても地域・国際政治において重要な役割を果たしていた．冷戦構造による思想・表現の自由に対する不合理な抑圧に不満を持ったものたちは，越境した情報流通の道を探っていたのであり，不合理な戦争や政策を進める政府に対し反体制運動を広げていった．例えば，ベトナム反戦運動をはじめ，1960年代の世界各国における学生運動は，自国政府の外交政策にも影響を与え，1960年代末のデタント・ムードを作りあげることとなった（Suri 2003）．このように，国内，地域，国際政治を規定する冷戦という構造的要因（システム）によって生活世界に蓄積された苦しみや不満が様々な形で噴出し，国内，地域，ひいては国際政治へと繋がっていったのである．

　日韓関係においても同様のことが言えると考えられる．冷戦期の日韓関係は，「反共の癒着関係」を形成していた（張 2005: 13）．しかし，冷戦によって課せられた「反共」という名の不合理な弾圧，抑圧，あるいは，戦争への協力，不正義な癒着などに対し，韓国では民主化運動という反体制運動が生まれ，日本ではベトナム反戦運動および第三世界との連帯という様々な形で，システムの命令に対する反応が生まれていた．韓国の民主化運動の活動家たちは，日本の市民社会における日韓連帯運動の活動家たちと直接的あるいは間接的なネットワークを形成することとなり，日韓の市民社会における共通認識の構築およびポスト冷戦期における日韓市民連帯に向けた土台を形成していったと考えられる．

　もちろん，現在われわれが目撃しているように，日韓の市民社会における共通認識の構築は未完のものである．そこで，1970-80年代の日韓連帯運動を事例に，在日韓国・朝鮮人を含め，日韓の市民同士がどのように繋がり，そこで

どのように連帯意識が生まれ，共通の言説と認識を共有していたかを考察することは，これまで共通認識を育んできた市民同士の努力を確かめ，未完の「共時性」の構築に向けたプロジェクトを推し進めていくうえで，必要な作業であると考えられる．

4 研究課題および研究方法

(1) 研究課題

　本書の研究課題は，①トランスナショナルな公共圏と連帯に関する理論的考察と，②日韓連帯運動における他者との連帯へ向けた言説空間の形成過程の分析である．①の理論的考察におけるトランスナショナルな公共圏と連帯の概念化を通じて，②の事例分析となる日韓連帯運動を考察していくこととなる．そして，事例分析の時期は，韓国の民主化運動において国内的なコミュニケーションが封鎖された 1972 年（維新憲法の成立）から 1987 年（民主化宣言）までの間に焦点を合わせ，1970-80 年代とする．

　事例分析における研究課題として，より詳細に以下の 3 つを設定することとする．

　第 1 に，日韓連帯運動の概略的な運動史を整理する．すでに，『金大中と日韓関係——民主主義と平和の日韓現代史』（柳・和田・伊藤編 2013）などを通じ，日韓連帯運動が当事者を中心に整理，公開されているが，本書は，そこではあまり触れられていない女性運動部門を含め，戦後日本の社会運動史のなかで，それぞれの運動部門がどのようにネットワークを形成しながら，日韓連帯運動と繋がっていたのかを概観することを試みる．

　第 2 に，日韓連帯運動の背後に存在していた，情報を媒介としたトランスナショナルな活動家たちのネットワークの形成過程と活動について明らかにする．日韓連帯運動には，言論弾圧に抵抗した韓国の民主化運動の人々と在日韓国人，キリスト者，知識人，活動家たちの情報を媒介としたネットワークが存在していた．こうしたネットワークは，民主主義や人権のために闘う他者の存在，声，視点と態度が伝えられ，また，それに対する応答が行き来する空間となっていた．特に，世界的なネットワークと資源に富んでいた教会を中心としたネット

ワークは重要であった．キリスト者を中心としたトランスナショナルな活動家たちのネットワークの形成と，その活動を検討することを通じて，日韓連帯運動においてトランスナショナルな活動家たちが形成したネットワークの「空間」としての性格を検討する．

　第3に，日韓連帯運動において，越境した他者との連帯がどのように意味づけられたのか，そのフレーミング過程を分析することにする．総合雑誌『世界』は，キリスト者のトランスナショナルな情報交換のネットワークと緊密な関係を形成しており，1970-80年代の韓国の民主化運動をT. K生の連載「韓国からの通信」などを通じて，韓国の闘う人々の声と視点を日本社会に伝える重要なメディアであった．また，日韓連帯運動の活動家たちの多くが文章を載せていた点で，総合雑誌『世界』を中心に分析することとする．総合雑誌『世界』が形成していた越境したメディア空間への考察とともに，『世界』における韓国関連記事から，韓国の闘う人々との連帯という問題意識がどのように形成され，どのように展開していったのかを明らかにする．

　以上の3つの研究課題を通じて，本書は，日韓連帯運動における越境した他者との連帯へ向けた言説空間の形成過程を明らかにすることを目的とする．そして，こうした事例分析を通じて，トランスナショナルな公共圏と連帯の可能性を考察することにする．

⑵　研究方法

　本書では，以上の事例分析における研究課題に取り組む上で，「フレーミング過程分析」のための質的テクスト分析と，活動家たちへの聞き取り調査という2つの研究方法を用いる．以下では，この2つの研究方法をそれぞれ整理しておく．

　社会運動を政治的機会構造や資源動員の側面から分析することだけでは不十分であると主張したベンフォードとスノーは，運動参加者たちが「ある条件と状態をどのように解釈し，潜在的な支持者および参加者を動員するためにどのように意味づけるか」（Snow and Benford 1998: 198，筆者訳），すなわち，どのように認識の枠組みを構築していくのか，その「フレーミング」の過程を問うようになった．フレーミング過程の分析は，現状の診断，解決策の提案，参加

を促すための動機的装置という3つの核心的な要因をめぐり，社会運動の参加者たちがどのようにフレーム[19]を発展させるのかを分析する．特に，ベンフォードとスノーは，集合行為のマスター・フレームに注目する．マスター・フレームとは，「カバーする範囲がかなり広く，様々な運動の活動や動機などを色づけたり，限定させたりする一種のマスター・アルゴリズムとして機能する」もので，「様々な運動に適用可能で，文化的に共鳴性の高い」（Benford and Snow 2000: 618-619，筆者訳）ものである．こうしたマスター・フレームと親和性の高いフレームが，社会運動の拡大や持続などにおいて構築されていくこととなる．

　ベンフォードとスノーによると，フレーミングの過程は，コミュニケーションの過程，戦略的な過程，論争的な過程と区分できる[20]．コミュニケーションの過程とは，参加者たちの直接的あるいは間接的な対話，協議，議論によるフレームの明確化，そして，関連した価値と信念の反復によるフレームの増幅を含む過程である．戦略的な過程とは，潜在的な支持者を獲得するための，フレーム連携，フレーム増幅，フレーム拡張（フッキング），フレーム転換を含む一連の努力[21]を指す．そして，論争的な過程とは，運動の参加者たちに反対する勢力，傍観者，そして，マスメディアなどによる対抗的なフレーミングを指す[22]．こうした3つの過程へ注目することを促したベンフォードとスノーは，そのほか，フレーミングにおける社会・文化的構造による制限や大衆の常識・信念・価値・知識などによる影響をも考慮することを説く．そして，こうしたフレーミングは，結局，参加における個人のアイデンティティの拡大と自我の実践と現実化という結果を含んでいると指摘する（Gamson 1992: 56）．すなわち，認識の枠組み，あるいは，意味の構築と関わるフレーミング過程自体が，アイデンティティと繋がる側面が強いのである（Benford and Snow 2000: 631-632）．

　次に，本書では，日韓連帯運動に関わったトランスナショナルな活動家たちへの聞き取り調査を行う．聞き取り調査を通じて，「書かれる」ことがなかった経験，思い，葛藤や摩擦について知ることができると考える[23]．特に，国境を越えて，地下情報を運び出し，あるいは運び入れるといったプロセスに関わった人々は，韓国の独裁政権の情報機関に感知されないよう注意深く痕跡を消

していた．聞き取り調査を行うことで，「国民国家」の境界からこぼれ落ちていた人々の経験，視点を描き出すことができると考えられる．また，インタビュー過程で得られた1次資料（チラシ，ポスター，機関紙など）および2次資料（回顧，自伝，資料集）なども参考資料として積極的に分析に用いる．

　インタビュー形式においては，あらかじめいくつかの基本的な質問項目を準備し，インタビュイーが関連する内容を自由に語る半構造化インタビュー形式を採用した．内容としては，1970-80年代の「情報交換のネットワークの形成」や「日韓連帯運動」に関わる経験を中心としながら，インタビュイーが運動に関わるようになるプロセスや運動のなかでの葛藤や摩擦などにも注目した．しかし，こうした口述記録は，30-40年後のいま，再構成された記憶および評価を含んでいると考えられるため，インタビューによる口述記録と，その延長線上にあると考えられる当事者による自伝や，1970-80年代の日韓連帯運動における1次資料や当時のインタビュイーによる論文，記事なども考察していくことにした．

　インタビュー対象者の選定過程は，インタビュー対象者を通じた紹介による雪だるま方式をとった．最初は，韓国民主化運動記念事業会からの紹介を通じて，あるいは，回顧，自伝などを通じてすでに日韓連帯運動との関わりが知られている人々に対して，連絡をとりインタビューを行い，そこからまた個別の事柄についてより詳しい人々を紹介してもらうという方式であった．インタビュー対象者は，韓国の民主化闘争における代表的な活動家の1人である朴炯奎（パク・ヒョンギュ），韓国からの地下情報をもとに『世界』でT.K生「韓国からの通信」を書いていた池明観[24]（チ・ミョンクァン），「日韓連帯連絡会議」の事務局長であった和田春樹，日韓を行き来しながら秘密裏に文書を運んだドイツ人牧師のポール・シュナイス（Paul Schneiss），金芝河の詩を主題に作品を通じて活動した画家の富山妙子，韓国のキリスト者との連帯をうたった「韓国問題キリスト者緊急会議」の実行委員の東海林勉，亡命した韓国知識人として活動した鄭敬謨（チョン・ギョンモ），そのほか，在日韓国人政治犯救援運動に関わった在日韓国人および日本人の活動家たちなど，合計25人[25]である．

序章　越境した他者との連帯に向けた言説空間——15

5 本書の構成

　本書は，この序章以後，第1章と第2章で構成されている第I部の理論編と第3章，第4章，第5章の第II部の事例分析編，そして，総合考察となる終章から構成されている．

　まず，第I部は第1章のトランスナショナルな公共圏に関する理論的考察と第2章のトランスナショナルな連帯に関する理論的考察で構成されている．第1章では，トランスナショナルな活動家たちによるネットワークを「政治的空間」として，これまでの公共圏論およびトランスナショナルな公共圏論の議論を踏まえ考察する．本書では，他者の視点や態度を取り込むという相互性に基づく反省的な解釈のコミュニケーション的行為が行われる前提で，トランスナショナルな活動家たちのネットワークを，1つの政治的な意味が構成される場——トランスナショナルな公共圏——としてみなすことができると論じた．第I部の第2章では，国家，民族，言語，人種などを越えて他者との繋がりを求める「トランスナショナルな連帯」を概念化する．トランスナショナルな活動家たちによるネットワークと運動は，他者との協議の場を構成すると同時に，他者との連帯を求める意識を要件としている．この章では，これまでの連帯に関する社会学，政治学における理論および社会運動論における議論を踏まえながら，トランスナショナルな連帯とその政治的含意を考察する．

　第II部は，事例分析における3つの研究課題によって構成されている．第3章では，まず，日本の戦後社会史のなかで，1970-80年代の日韓連帯運動を概観することにする．この章では，特に，活動家，運動グループ，運動部門のネットワーク形成に注目し，「日韓連帯運動史」なるものの歴史的記述を試みる．第4章では，こうした日韓連帯運動の背後に存在していた，韓国の民主化闘争におけるトランスナショナルな情報交換のネットワークの形成過程と活動を明らかにする．第5章では，第4章で分析した情報交換のネットワークにおいて1つの重要な情報受信・発信の役割を担っていた総合雑誌『世界』を中心に，日韓連帯運動におけるフレーミング過程を韓国関連の記事に対する質的テクスト分析を通じ明らかにする．

16——序章　越境した他者との連帯に向けた言説空間

終章では，総合考察を行う．第I部の理論編の視座から，第II部の研究課題を中心に行った事例分析をもう一度問い直し，越境した他者との連帯に向けた言説空間の形成過程を明らかにしながら，トランスナショナルな公共圏とメディア，そして，トランスナショナルな連帯の可能性について論じることにする．そして，以上の考察を通じ，1970-80年代の経験が，今日において，どのような意味を持つことが可能なのか，またその限界は何であった／あるのか，今後の東北アジアにおけるトランスナショナルな市民社会への展望とともに考察することにする．

1)　飯島信へのインタビュー（2011年11月10日）．
2)　石坂浩一へのインタビュー（2012年2月16日）．
3)　詳しくは，Cumings（1981=2012）を参照．
4)　韓国では，1960年，政権側の不正選挙をきっかけに4.19学生革命が起こり，当時の李承晩（イ・スンマン）政権を退かせ，民主政権を樹立させた．しかし，その翌年，朴正熙の率いる5.16軍事クーデターにより，軍事政権が始まることとなった．
5)　1961年軍事クーデターとともに政権を握った朴正熙は，言論統制をはじめ様々な人権を抑圧する軍政を始めたが，特に，1972年末に憲法改正を行い，大統領の間接選挙方式，国家権力の三権の大統領への集中など，独裁政権を永久化できる体制を作りあげた．独裁政権を強固にしたこの憲法を「維新憲法」という．
6)　1982年光州および釜山米文化院放火事件，1985年ソウル米文化院占拠・籠城事件などは，軍事政権を支える米国政権に対する抗議として行われた．
7)　詳しくは，文京洙著『新・韓国現代史』（2015）を参照．
8)　一般的に，韓国の民主化は1987年に勝ち取られたといわれているが，韓国の民主化運動は1987年に終わったわけではなく，実質的な民主主義を求め，その後もより拡大・成長していった．民主化宣言直後，労働，言論，女性，環境など様々な分野における正義と自由を求める運動が広がり，1980年代末以降，様々な民主的措置が具体的に法制化されてきた．
9)　1967年，北朝鮮のスパイなどの名目で，ベルリンなどのヨーロッパ地域で韓国人が韓国の政府機関により秘密裏に拉致されて韓国へ連れ戻された，いわゆる「東ベルリン事件」が起こり，ヨーロッパの韓国人コミュニティだけでなく，ヨーロッパ社会にも衝撃を与えた．
10)　市民社会は，国家の公共領域に対比される私的領域（ヘーゲル）あるいはブルジョア社会（マルクス）と理解されたが，20世紀に入り，グラムシによって，ヘゲモニーをめぐって闘争が行われる空間としての市民社会論が登場した．また，1970-80年代の東欧における社会主義の崩壊とともに市民社会論は活発に展開されてきた（Cohen and Arato 1992）．韓国では1990年代はじめ，市民社会論争が起

こったが，当時の論争は大きく，①マルクス主義からの市民社会論批判，②グラムシの議論を取り入れたポスト・マルクス主義の市民社会論，③自由主義・ブルジョア民主主義の市民社会論，と整理できる．詳しくは，クォンほか（2003），大畑（2011）を参照．

11) 1970-80年代の権威主義体制下の韓国で，果たして「市民社会」なるものが存在していたかという疑問が生じるであろうが，韓国の市民社会は1960年代以降形成され始め，1987年から本格的に発展したと理解されており，1970-80年代の韓国の民主化運動は，形成段階にあった市民社会とみることができる．「社会運動，市民運動の領域としての市民社会」（運動型領域）という概念から，1970-80年代の韓国では，民主化運動，労働運動，学生運動を中心に，国家権力に対抗しながら市民社会が形成されていったと見ることができる．詳しくは，パク（2003）の「한국 시민사회 형성의 역사（韓国市民社会の形成の歴史，筆者訳）」およびチョ（2004）を参照．

12) タイのカトリック正義と平和委員会は，アジア太平洋センター（PARK）から提供された金芝河の詩と金芝河および韓国の闘う人々の受難と関連した情報をタイに翻訳し出版していた．タイトルは，タイ語で『残酷な道』（1979年）．

13) 詳しくは，池（2005）.

14) 詳しくは，張（2005）を参照．

15) 近年の在日韓国・朝鮮人に対する排外主義的な動きについては，樋口（2014）を参照．

16) 内閣府の世論調査より（http://survey.gov-online.go.jp/h26/h26-gaiko/ zh/z11. html 最終アクセス：2014年1月5日）.

17) 詳しくは，『日本経済新聞』（2014年12月20日）を参照．

18) 京都府宇治市に位置する在日韓国・朝鮮人集住地域．1941年，飛行場建設のため徴用された朝鮮人およびその2，3世が居住することとなった地域．土地所有権をめぐり紛争が続き，2008年，65世帯200余名の朝鮮人が土地の不法占有として強制撤去の危機に置かれていた．それに対し，日本の市民団体「ウトロを守る会」と韓国の市民団体「ウトロ国際対策会議」が連帯運動を行った．

19) 「フレーム」という概念は，他者および対象との相互作用のなかで意味が生産されるという象徴的相互作用論（Blumer 1969; Mead 1934）に依拠し，アーヴィング・ゴフマン（Goffman 1974）やトッド・ギトリン（Gitlin 1980）らによって，「認識の枠組み」として理解されている．

20) ベンフォードとスノー（Benford and Snow 2000）を参照．それぞれ，Discursive Processes, Strategic Processes, Contested Processes を意味する．Discursive Processes は，「talk and conversations and written communications of movement members」の過程で，直接的あるいは間接的な対話，協議，議論を意味すると捉えられるため，筆者は「コミュニケーションの過程」と和訳した．

21) この4つの類型は，もともと社会運動組織がどのように個人参加者のフレームを調整できるかといった，フレーム調整過程（Frame Alignment Processes）で提起されたものである．詳しくは，スノーほか（Snow *et al.* 1986）を参照．それは，

後にベンフォードとスノー（Benford and Snow 2000）で，社会運動組織を含めたよりマクロレベルにおける社会運動の集合行為フレームの形成過程として論じられた．

22）　マスメディアのフレーミングに関しての先駆的な研究として，Gitlin（1980）などを挙げることができる．

23）　こうした「書かれる」ことが難しい人々の視点からの歴史記述については，「オーラル・ヒストリー」などの手法が開発されている．オーラル・ヒストリーは，「書かれた」歴史的文献・資料に基づく歴史的記述に対し，「書かれる」ことの難しい「貧困層，非特権層，打ち負かされた人々の証言を得ることによって，より公平な歴史的判断を可能にする」（Thompson 2000=2002: 24）という．

24）　池明観は，2003 年ようやく彼が「T. K 生」であることを明らかにした．それは，「基督者民主同志会」の活動史に関する記者会見で初めて公表されることとなったが，この記者会見の模様を報道したニュースは，「『軍部独裁の 15 年間（1973-1988 年），独裁体制の暴圧統治と民主勢力の抵抗運動を告発してきた日本の『世界』誌における「韓国からの通信」の著者 T. K 生の正体を明らかにするしかない状況に達した』とし，『日本の保守勢力が反北朝鮮政策を追求し，『世界』の編集者と T. K 生とを親北朝鮮人士として罵倒しようとしたが，T. K 生は当時日本に滞在していた池明観教授であり，T. K 生の『通信』に情報と資料を提供した民主勢力はまさに国内外基督者民主同志たちであった』と明かした」（『クリスチャン・トゥデイ』2003 年 7 月 30 日「キリスト民主同志会，維新時代の海外活動公開」（http://www.chtoday.co.kr/view.htm?id=137397 最終アクセス：2015 年 4 月 2日）翻訳は筆者）と伝えている．このように，T. K 生の正体が明らかになった背景には，『世界』に対する日本の保守勢力の攻撃と圧力があった．ここで確認されることは，韓国の民主化運動に対する海外における支援・連帯の動きが正当に扱われず，無関心に放置されていたなか，むしろ当時の権威主義政権下に宣伝された「反体制＝親北」という図式が現在もなお日韓を問わず保守勢力によって繰り返されていることである．

25）　このほか，本研究の調査において協力してくれた『世界』の元編集長の岡本厚，元『朝日新聞』のソウル特派員の猪狩章，冒頭のエピソードに登場する朴世逸などへの聞き取り調査も行ったが，引用することができなかったため，合計には含まないことにした．こうした予備調査の性格を持つインタビューをすべて含めると，インタビュー対象者は 36 名となる．

第 I 部

トランスナショナルな公共圏論／連帯論

1章 トランスナショナルな公共圏
越境した他者の苦痛に敏感な言説空間

　情報を媒介としてトランスナショナルに結びつく活動家たちのネットワークは，どのような空間として想像することができるだろうか．本章では，トランスナショナルな活動家たちによるネットワークについて，それを1つの「コミュニカティブな構造」，「政治的空間」としてみるべきだとした，マーガレット・ケックとキャスリン・シッキンク（Keck and Sikkink 1998）による，「トランスナショナル・アドボカシー・ネットワーク」（Transnational Advocacy Networks）の議論から，活動家たちのネットワークを，1つの政治的協議の場，すなわち，公共圏としてみることができるのではないか，という問いから出発する．

　以下では，ケックとシッキンクが提唱した「トランスナショナル・アドボカシー・ネットワーク」について検討したうえで，ユルゲン・ハーバーマス，ナンシー・フレイザーを中心に既存の公共圏論およびトランスナショナルな公共圏論に関する議論を検討することにする．こうした検討を通じて，本書では，他者の態度および視点を取り込むという相互性と文化的解釈枠組に対する反省的態度に基づく協同的解釈の過程が見られるトランスナショナルな活動家たちのネットワークは，実態型としてのトランスナショナルな公共圏としてみることができると論じる．さらに，実態型としてのトランスナショナルな公共圏の形成において，世界システム論を手がかりとした「対抗的公共圏のトランスナショナライジング」という戦略と，ナショナルなメディア空間を越えたジャーナリズム実践についても議論することにする．

1　トランスナショナルな活動家たちのネットワーク

　ケックとシッキンクが提唱したトランスナショナル・アドボカシー・ネットワークは，トランスナショナルな活動家たちのネットワークを，情報交換を核心とする1つの政治的空間としてみることができるとする．本節では，ケックとシッキンクが提唱したトランスナショナル・アドボカシー・ネットワークに関する議論を検討していく．

　トランスナショナル（trans-national）な現象は，グローバリゼーションによって行われる社会変化としてみられる側面が大きいが，グローバリゼーションが帝国主義や植民地主義の時代に遡ることができると考えると，さして新しい現象とはいえない[1]．その点，トランスナショナル・アドボカシー・ネットワークで描かれた活動家たちのネットワークも，20世紀後半に始まったばかりの現象ではない．ケックとシッキンク（Keck and Sikkink 1998, 2000）は，たとえば1833-1865年の米国における黒人奴隷制廃止のための国際的な圧力や国際的な女性の参政権運動などを例に挙げ，トランスナショナルな社会運動やネットワークにおける歴史的先駆としている[2]．

　ケックとシッキンクが提唱したトランスナショナル・アドボカシー・ネットワークは，こうしたトランスナショナルな活動家たちのネットワークの先駆的事例とともに，ラテン・アメリカにおける人権運動と環境保護運動に関する活動家たちの動きを事例分析して導かれた理論——グラウンデッド・セオリー（Grounded Theory）——である．具体的な事例としては，1970年代と1980年代のアルゼンチンとメキシコの軍事政権下の人権に関するトランスナショナルな活動家たちのネットワーク，ブラジル（アマゾン）とマレーシアを事例とした環境保護運動におけるネットワーク，そして，女性への暴力をめぐって登場したネットワークが分析されている．こうした事例をもとに，ケックとシッキンクは，トランスナショナル・アドボカシー・ネットワークの作動原理および運動戦略について，以下のように説明している．

　まず，基本的にトランスナショナル・アドボカシー・ネットワークは「ブーメラン・パターン」というメカニズムで作動する．すなわち，ある国（地域，

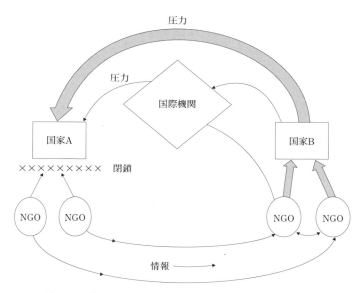

図 1-1　ブーメラン・パターン (Keck and Sikkink 1998: 13)

社会)において抵抗勢力が抑圧され,彼らの意見を主張する内部的コミュニケーション・チャンネルが封鎖された状況で,国内の活動家たちが彼らのイシューを国際的な場に訴えることが唯一残された手段であるような場合,トランスナショナル・アドボカシー・ネットワークが発生するという.ケックとシッキンクがえがいたブーメラン・パターンは,図 1-1 で表すことができる.

　内部的コミュニケーションの封鎖状態に置かれている国内の抵抗勢力は,自分たちの声に呼応してくれるトランスナショナルな活動家たちとネットワークを形成することで,何よりも,抑圧され弾圧されている国内の抵抗勢力の声を,国際的な場で知らせることが第 1 の緊急課題となる.したがって,「情報交換」はトランスナショナルな活動家たちの関係の核心となり,活動家たちのネットワークは「異なる状況に位置づけられた活動家たちが彼らの接合する運動 (joint enterprise) の社会的,文化的,政治的意味を協議する政治的空間」(Keck and Sikkink 1998: 3,和訳および傍点は筆者)であるという.そして,トランスナショナル・アドボカシー・ネットワークは,抵抗勢力の異議申し立て

1 章　トランスナショナルな公共圏——25

に呼応する国際世論を形成し，国際世論という圧力を通じ，ターゲット国の態度変化へ影響を及ぼすことを目的とする．こうしたトランスナショナル・アドボカシー・ネットワークがもつ効果を「ブーメラン効果」という．

　ケックとシッキンクによると，トランスナショナル・アドボカシー・ネットワークにおける行為者には，国内的，国際的な非政府研究組織や支援組織，地域の社会運動団体，財団，メディア，教会，労働組合，知識人グループ，政府組織傘下のある部分までもが含まれることがあるという（Keck and Sikkink 1998: 9）．こうしたアクターの多様性は，国家の行政および経済というシステムと市民社会（生活世界）を両極に対置し相容れないものとしてみるのではなく，システムと生活世界を往来する様々な立場にいる人々がともに参画することが可能なものとして，トランスナショナル・アドボカシー・ネットワークを捉えていることを窺わせる．ケックとシッキンクによると，トランスナショナル・アドボカシー・ネットワークが行う戦略には，①人々およびメディアからの関心を引くための，信頼できる，またドラマチックな情報の提供という「情報政治」戦略，②人々の考えや行動の変化を呼び起こすようなイベント等の「象徴政治」戦略，そして③物質的（先進国からの援助物資中断の危機）あるいは道徳的（国際的イメージダウン）「テコ政治」戦略，また，④一度約束されたものへ実践達成を追求する「アカウンタビリティ政治」戦略がある（Keck and Sikkink 1998: 16-25）．もちろん，ネットワークの主な行為者や戦略はイシューやターゲットによって異なる．また，ネットワークの働きによる影響も，イシューやターゲットの特性によって異なる．たとえば，ターゲット国が国際世論による圧力やテコ政治の効力がない強大国である場合，トランスナショナル・アドボカシー・ネットワークは影響を獲得することが難しいとしている（Keck and Sikkink 1998: 29）．

　急速に成長したトランスナショナルな社会運動，国際的非政府組織，国家間機構など，トランスナショナルに繋がる様々なネットワークと運動という現象に対し，1つの新たな理論的枠組みを提供したトランスナショナル・アドボカシー・ネットワークは，学問領域を超えながら，ラテン・アメリカ，セントラル・アメリカ，アフリカ，西南アジアなどの様々な地域における人権運動，環境運動，女性運動，先住民運動などの事例分析に適用されてきた[3)]．また，直

接トランスナショナル・アドボカシー・ネットワークとはいわなくても，トランスナショナルなネットワークと運動に関する多くの研究が，ケックとシッキンクの理論を援用し，参照している．

　しかし，こうした研究の多くは，国際連合（UN）および米国・西欧の役割，国際的非政府組織（International Nou-gonernmental Organizations, INGOs）の役割に注目することによって，いわゆる「先進国」（グローバルな北）が「途上国」（グローバルな南）へ手を差し伸べるといった，一方的な支援と救出という解釈につながりやすい．こうした解釈は，「他人の苦しみに配慮する」国際的規範を持っている「先生＝先進国」が，まだ国際規範の社会化の途中にある「学生＝途上国」を教えてあげるといった図式になりやすい．すなわち，いわゆる「先進国」と「途上国」の政治経済パワーにおける構造的不均衡への問題提起なしに，その不均衡を自然なものとして受け止めたうえでの「先進国」の道徳性を強調するような結論に結びつきやすい．

　「先進国」や国際機関より，地域の運動団体に注目し，彼らが国際的な支援をえるためどのような戦略と努力を行うのかを分析したクリフォード・ボブは，多くのトランスナショナル・アドボカシー・ネットワークに関する研究のこうした一方的な図式について，「先進国」の活動家の視点に依拠するものであると指摘する．そして，「途上国の社会運動の活動家にとっては——国際的な連結がただの召命，職業，あるいは（あまった資源の）活用ではない人々——，現在の国際政治は異なる感覚である」（Bob 2005: 2，筆者訳）とし，グローバルな南，途上国のローカル運動からの分析が必要であるとした．実際，政治経済的パワーの不均衡のなかで，グローバルな南では，グローバルな北を中心として組織されている「国際的な関心と資源」を獲得するため，無数の運動が競争しているのであり，ときにはグローバルな北でより受け入れられやすい視点と枠組みを作り上げることで，すなわち，「マーケティング」することで，国際的な関心と資源を得ることもある．例えば，ナイジェリアにおけるオゴニ民族生存運動は，初期の「先住民運動」というフレームが「政治性」を帯びる等の理由で国際的な関心と支援を獲得できなかったが，フレームを「環境運動」に変えることで，運動の「マーケティング」に成功した（Bob 2005）．このように，ボブは，ローカル運動の戦略と工夫に注目することで，「北から南へと

いう一方的な図式」に異議を唱えようとした.

　しかし，ローカル運動のグローバルな北に向けた「マーケティング」という戦略は，依然として，それらの運動が置かれているグローバルな政治経済的構造，パワーの不均衡な構造を前提とし，その構造は温存されることとなる．既存のトランスナショナルなネットワークに関する研究における「北から南へという一方的な図式」に対するボブの問題提起は評価すべきであるが，ローカル運動の「マーケティング」という戦略は，グローバルな北が受け入れやすいよう，運動のフレーム，言説，問題提示の仕方を変更する負担は依然としてローカル運動に「一方的」に負わされることとなる．その点，ローカル運動のマーケティングは，グローバルな北（の認識の枠組み）への従属を如実に示していることに変わりはない.

　ケックとシッキンクは，トランスナショナル・アドボカシー・ネットワークを，共通の価値，信念，言説により結ばれたトランスナショナルな活動家たちによる政治的，文化的意味が協議される「政治的空間」であるとしながらも，詳細な議論は行っていない．トランスナショナルなネットワークが，ただ「情報」が行き来するだけで，国際的なマーケティングの場であるとしたら，それは活動家たちが意味を協議するような政治的空間としてみることはできないであろう．ボブの試みた，グローバルな南のローカル運動からの分析を評価しつつ，そこからもう一歩進んで，グローバルな南とグローバルな北の活動家たちが形成したトランスナショナルなネットワークにおけるよりミクロな相互作用のプロセスについて考察する必要があると考えられる．こうした考察を通じて，「富裕な国の勇気ある活動家が力のない『犠牲者』を救うため途上国に至るときにトランスナショナルなネットワークが形成すると提案する」（Bob 2005: 5, 筆者訳）安易な「上（Top）から下（Down）へというアプローチ」を警戒するとともに，グローバルな政治経済的パワーの不均衡を前提とした上での「マーケティング」からは見落とされたネットワークのダイナミズムを確認することができる.

　以下では，本書の理論的な枠組みとして，どのような条件の下で，トランスナショナルな活動家たちのネットワークが，ケックとシッキンクが提示するように，社会的，文化的，政治的意味を協議する政治的空間としてみることがで

きるのか，より詳細に考察していくことにする．

2　コミュニケーション的行為が行われる政治的空間としての公共圏

　トランスナショナルな活動家たちのネットワークを，はたして「政治的空間」としてみることができるのであろうか．ここでは，公共圏論を触発したユルゲン・ハーバーマス（Jürgen Habermas）の議論を中心に，公共圏をめぐる議論を整理する．そして，公共圏を構成する行為原理として，コミュニケーション的行為を確認しておく．

　ハーバーマスの公共圏論（Habermas 1962, 1990=1994）は，私的個人たちが公的問題をめぐって協議，討議する「政治的公共圏」を中心に，後期資本主義，大衆消費文化時代における公共圏の危機，民主主義の危機に関して論じたものである．公共圏は，最初は，サロン，コーヒーハウスを中心に，文芸作品や新聞を読む，読書する公衆による「文芸的な公共圏」として形成された．しかし，読者の飛躍的増加，雑誌，新聞の定期刊行物生産の拡大などにより，文芸的な公共圏として形成された公共圏は，議論する公衆を中心とした政治的なものへと転換する（花田 1996）．

> ついでフランス革命が，当初は文芸と文化批評に限定されていた公共圏を政治的なものへと突き動かす引き金となった．それは，たんにフランスのみならず，ドイツにもいえることである．政見新聞の隆盛，検閲に反対し意見表明の自由を求める闘争といった「社会生活の政治化」が，一九世紀半ばまで拡大を続ける公共的なコミュニケーションのネットワークの機能の変動を特徴づけている（Habermas 1990=1994: iv）．

　公的問題をめぐる批判的コミュニケーション機能をもった政治的公共圏は，人民，市民の代表による議会を成立させ，国家機関へと制度化し，また，議論する公衆の制度と機関として新聞と政党を成立させた．しかし，こうした制度化は支配権力を監視し闘争することから，新たな支配権力を生むという矛盾を孕んだものにならざるをえなかった．ハーバーマスは，「立法の権能が旧来の諸権力との苛烈な闘争のなかでようやく戦いとられたものであることはあまり

にも歴然としているから，立法自身も一種の『権力』の性格を持つことを否認することはできない」（Habermas 1990=1994: 113）としている．そこで，公共圏による世論形成とそれによる支配の正当化において，誰でも参画できるという「公開性」の原則が求められる．

　しかし，後期資本主義社会，大衆文化消費社会，情報通信技術の進展などに伴い，政治的機能をもった公共圏は，「広報活動」，「広告」によって操作される公共圏，再封建化された公共圏へと構造転換する．ハーバーマスは，特に，議論する公衆の機関であった新聞のマスメディア産業化を指摘しながら，公衆からの世論形成ではなく，公衆からの同意形成へといった公衆の支配を問題視する．批判的機能をもっていた公開性の原則は，「（公衆の側から用いられる）批判の原理ではなく，（政府や民間団体，とりわけ政党という示威的機関の側から）操縦される統治の原理へ機能変化」（Habermas 1990=1994: 275）してしまったという．ハーバーマスは，民主主義の根幹となる公的問題に関する批判的コミュニケーションの場である公共圏の構造転換の分析を通じ，民主主義の危機に注意を呼びさまし，開かれた政党，開かれたマスメディア，開かれた公共機関など，公開性の復活と制度化を促した．

　ハーバーマスは，以後『コミュニケーション的行為の理論』（Habermas 1981=1985-1987）を通じ，公共圏に関する議論をより精緻化する．『公共性の構造転換』における国家と市民社会（親密圏と公共圏）という領域区分は，『コミュニケーション的行為の理論』においては，行為原理の違いに着目した，「システム」（国家行政，経済）と「生活世界」（私的領域と公共圏）という行為領域に区分された．システムは，成果の達成を重視する「目的合理性」（成果志向的行為），生活世界は言語による「コミュニケーション的合理性」あるいは「対話的合理性」（コミュニケーション的行為）を前提とする（Habermas 1981=1985-1987; 花田 1996）．ここで，コミュニケーション的行為は，相互主観的に意味が共有された生活世界を背景とし，意味の解釈作業を可能にする文化的解釈枠組に反省的態度を要求する（Habermas 1981=1985: 129）．すなわち，コミュニケーション的行為は，相互主観的な意味の共有のために他者の態度および視点を取り込むという相互性[4]を前提としており，相互行為者たちの行為の意図および行為を同意できるように調整するために，行為の状況に関して了

解を求める協同的解釈の過程が存在するのである[5]．こうした他者との相互性に基づく反省的な解釈の過程は，まさに世論形成における議論の場——公共圏を構成する行為原理となるであろう．

　一方，権力を媒体とする国家行政システムと貨幣を媒体とする資本主義経済システムは，生活世界と断絶されているわけではなく，交換関係にある．たとえば，「行政システムから公共圏へと政策決定という権力の影響が流れていくのに対応して，公共圏から行政システムへは大衆の忠誠という権力の承認が流れていく」(Habermas 1981=1985: 309–310)．ハーバーマスは，ヴェーバーが診断した近代の合理化による生活世界における様々な障害を，道具的合理性，目的合理性のシステムによる生活世界の内的植民地化として分析する．ハーバーマスの「空間のメタファー」に注目した花田達朗（1996）は，ハーバーマスの生活世界に対する「内的植民地化」について，以下のように述べる．

　　生活世界が形式的に組織された行為領域（システム）によってシステム命令を介して隷従化されていること（Mediatisierung）の隠喩であり，その空間的な表現である．この「システムによる生活世界の植民地化」の結果，生活世界（公共圏もそこに属する）では機能不全が起こり，記号的再生産で様々の病理現象，即ち近代の危機現象が発生する，と説明されるのである（花田 1996: 45）．

　以上のように，ハーバーマスは，生活世界の植民地化という民主主義においては悲観的な現状分析を行うが，公共圏の再建をうたっている点で『公共圏の構造転換』と共通している．『公共圏の構造転換』において，公開性の原則の制度化を中心に議論された公共圏の復活は，『コミュニケーション的行為の理論』，また，その後の『近代の哲学的ディスクルス』(Habermas 1985=1990) においては，「システムと生活世界の間で行われる交換を減速する装置やその交換を監視するセンサーの構築」という課題のための「自律的で自己組織化された公共圏」が求められるとする（花田 1996: 46）．これを法的・制度的アプローチからコミュニケーション論的転回と評する花田は，特に，ここでの公共圏が単数ではなく，複数形で表現されているところに注目する（花田 1996: 46）．新しい社会運動に注目したハーバーマスは，「日常の実践というミクロな領域か

ら自然発生的に，濃密なコミュニケーションの中枢が形成」（Habermas 1985: 422-423; 花田 1996: 46-47）され，自律的に発達した公共圏として，まさに多様なテーマをめぐって行われる社会運動の政治的，民主的機能に注目したのであろう．

　この点について，ハーバーマスは『事実性と妥当性』（Habermas 1992=2002-2003）でより明白に述べている．ハーバーマスは，公共圏を「社会全体に感応するセンサーを備えた警報システム」であるとし，民主主義の観点から公共圏は，「問題を知覚し同定するだけではなく，説得力がありかつ影響力をもちうるかたちで主題化し，論議の対象として提示し，議会によって取り上げられ処理されるよう，練りあげなければならない」（Habermas 1992=2003: 89）としている．ここで，①公共圏と議会の関係，②公共圏と社会運動の関係，の2つの論点について確認しておく必要がある．

　まず，①と関連して，ハーバーマスは，議会および単数形の政治的公共圏——立法・議決過程とのかかわりの公共圏——と複数形の公共圏——市民社会において共感（resonate）能力をもつ自律的な（autonomous）公共圏——を区分している．複数形の公共圏は，周辺部の紛争や葛藤を政治システムへ持ち込むために刺激を発する機能を担う．ハーバーマスの公共圏論を批判的に検討したナンシー・フレイザー（Fraser 1992=1999）は，こうした区分を「強い公共圏」（意見形成と議決をともに行う機関）と「弱い公共圏」（意見，世論形成を中心とする社会的空間）と名付け，複数形（弱い）の公共圏の役割により注目することを促す．

　また，②と関連してハーバーマスは，システムの機能不全は，もっとも感受性に満ちた生活世界で経験され，累積された問題，不満が市民社会——結社や社会運動——により，政治的公共圏へ発達していくとした．

　　いずれにせよ自生的に成立した団体・組織・運動は，社会的問題状況について私的生活領域のなかに存在する共感を取り上げ，集約し，増幅して政治的公共圏へと流し込むのであるが，このような団体・組織・運動によって市民社会（ツィヴィールゲゼルシャフト）は成り立っているのである（Habermas 1992=2003: 97）．

この点で，現代の市民社会の核心をなすのは，「自由意思にもとづく，非国家的・非経済的な共同決定および連帯的な結合」（Habermas 1992=2003: 97）である．すなわち，社会運動および市民運動などの自律的に組織化された社会的空間を指すのである．社会運動など市民社会における自律的な組織化は，システムによって脅かされたもっとも底辺の生活世界の苦痛を取り上げ，社会問題，アジェンダとして練り上げ，政治的公共圏へ流しこむのである．そして，こうした様々な複数の公共圏が，システムおよびすでに構築された公共圏への批判的監視と世論形成の機能を果たすのである．

　しかし，社会運動などの自律的に組織化された公共圏は，その影響力の面において，フレイザーの指摘どおり，意見形成中心の「弱い」公共圏に過ぎない．公共圏の制度と機関であった新聞を代表とする言論機関は，現代社会において，マスメディアによって支配されており，マスメディアを通じ一体化された抽象的公衆は，「客観的な問題を個人的な問題にすりかえてしまうこと，情報と娯楽の混同，断片的な編集，全体的な文脈の寸断」（Habermas 1992=2003: 108-109）などにより，批判的公衆から観客へと脱政治化されている．そして，生活世界の底辺の問題について，公共圏から上がるはずの主題の通路が妨げられることとなる．

　　マスメディアが，公共的コミュニケーション循環の討議的水準を高めるよりむしろ低下させるようなジャーナリズム的戦略を優遇しているあいだは，通常，主題は，中央から発し中央により制御される経過をたどるのであって，社会的周辺に由来する自生的な経過をたどるのではない（Habermas 1992=2003: 112）．

　こうした悲観的な状況にもかかわらず，ハーバーマスは，市民社会の行為者への希望を提示する．それは，核兵器の軍拡競争，核エネルギーの平和利用にともなうリスク，様々な科学実験に伴うリスク，エコロジー的危機，第三世界の貧困，世界経済の諸問題，フェミニズムが取り上げる諸問題，移民の増加に伴う諸問題など，「これらの主題のほとんどどれひとつとして，国家機構，大規模組織，社会的機能システムの指導者の側から最初にもちだされたことはなかった」（Habermas 1992=2003: 113）ことからわかるとする．市民社会の様々

な自律的なネットワークと運動は，様々な文化領域へと吸収されながら，マスメディアが問題を取り上げるように効果的に演出がなされ，マスメディアを通じ無数の大衆へつながり，公共的議題となっていく．したがって，ハーバーマスは，マスメディア権力の中立化，マスメディアの規範的自己理解が，市民社会における自生的で自律的な自己組織化されたネットワークと運動とともに要請されるとする（Habermas 1992=2003: 114）．

　以上のハーバーマスの公共圏論の展開は，ハーバーマスの公共圏に対する批判的研究に負っているところが多い[6]．特に，ナンシー・フレイザー（Nancy Fraser）は，「ブルジョア的，男権主義的な公共圏の概念」（Fraser 1992=1999: 129）を問題にしたうえで，公共圏の概念の中心となる４つの前提を批判している．それらの前提は，①対話者が地位の差異を括弧にいれて，あたかも平等であるかのように協議することが可能である，②単一の包括的な公共圏のほうが望ましい，③討議において私的な利害関心は望ましくなく，共通善に限定されるべき，④強い公共圏と弱い公共圏の区分，である．このほとんどの前提は，すでに，ハーバーマスの公共圏論の精緻化にともない解決されてきた．たとえば，多元的な，複数形の公共圏の想定，市民社会からの公共圏内・公共圏間の不平等への問題提起の可能性，「私的」な問題とされた事柄も，たとえばフェミニズム運動を通じ「公的」な議題に上ることができるなどと想定されている．しかし，討議が意見形成と決定形成を合わせて持つような強い公共圏である議会と決定過程から除外された，単に自律的なだけの意見形成の弱い公共圏を区分するのではなく，弱い公共圏が「もっと大きな役割を想いえがくことができるようポスト・ブルジョア的な概念」（Fraser 1992=1999: 157）が求められるとするフレイザーの要請に，どの程度答えることができたのかについては疑問が残る．

　ハーバーマスの公共圏論を批判的に検討したフレイザーは，特に，以上の議論のなかで，支配的公共圏に対抗する「対抗的公共圏」（対抗的公共性[7]）を概念化する．フレイザーは，20世紀後半の米国のフェミニストの運動——雑誌，書店，出版社，映画・ビデオ配給ネットワーク，公開講座，調査研究所，会議，大会，フェスティバル，地域の集会所など——を例にしながら，「対抗的公共圏」の概念を導出した．

女性，労働者，有色人種，ゲイとレズビアンのような従属的な社会集団の構成員は，もうひとつの公共性をつくりあげるほうが有利なことに機会あるごとに気づいていたのである．それを下位の対抗的な公共性と呼ぶよう提案したい．というのは，従属的な社会集団の構成員が自分たちのアイデンティティ，利害関心，要求をめぐってそれを覆すような解釈を定式化する対抗的な討議を考えだし，流布させていく同時並行的に存在する討議の舞台が，下位の対抗的な公共性なのだと宣言するためである（Fraser 1992=1999: 138）．

フレイザーの対抗的公共圏の概念は，フェミニズム運動だけでなく，システムにより支配されている公共圏に抵抗する様々な運動にも適用可能である．システムは同意を動員するための示威的公共圏[8]（Habermas 1962; 花田 1996）を求めるが，生活世界のなかではそれに対して様々な「対抗的公共圏」を形成するのである．「対抗的」という用語は，下からの申し立てを抑圧しようとする圧力の存在を想定しているところがある．すべての公共圏が対抗的とはいえないが，構造的な抑圧と排他性に抗する公共圏は，「対抗的公共圏」とみなすことができるだろう．内なる他者（女性，移民，有色人種など）に関心を寄せたフレイザーは，以後，急速なグローバリゼーションの進展のなかで，現在の世論形成が国境を越えて形成されていることから，公共圏論をよりトランスナショナル化しようと試みる（Fraser 2007）．

3　トランスナショナルな公共圏論の再考
——グローバルレベルにおけるシステムと生活世界

ここまで，ハーバーマスの公共圏論を検討し，その核心となる行為原理として，コミュニケーション的行為を確認した．すなわち，他者の態度および視点を取り込むという相互性とあらかじめ与えられた文化的解釈枠組に対する反省的態度を前提とした協同的解釈の過程が公共圏を形成していくのである．こうしたコミュニケーション的行為を前提にした，システムの機能不全を申し立てる活動家たちによる自律的な結社および社会運動は，公共圏としてみることができると確認してきた．しかし，国境を越えた活動家たちによるネットワークと運動はどうであろうか．ここでは，トランスナショナルな公共圏に関する議

論を，フレイザー（Fraser 2007）を中心に検討したうえで，トランスナショ
ナルな活動家たちによるネットワークと運動を世界システムレベルにおける実
態型としてのトランスナショナルな公共圏と思考することが可能であると論じ
る．

　トランスナショナルな公共圏に関する議論は，政治，経済，文化領域におけ
るグローバリゼーションの拡大，インターネットなどの情報通信技術の発達，
INGOs, NGOs の急成長，トランスナショナルな社会運動の出現などにより
2000 年前後から登場した（Guidry, Kennedy and Zald, eds. 2000; Volkmer 2003）．
しかし，トランスナショナルな公共圏に関する規範論的理論を提出したフレイ
ザー（Fraser 2007）の議論は，ただ新たな現象に注目することにとどまるの
ではなく，これからの公共圏論の構築において理論的に示唆に富んでいると思
われる．

　フレイザーは，既存の公共圏論は，国民国家を想定して議論されてきたとし，
ウェストファリア体制の国際政治——主権国家を主体とする国際政治システム
——の枠組みを当然視していると指摘する．そこでは，既存の公共圏論の前提
として，①公共圏で生み出される世論は国民国家に向けて発せられる，②公共
圏への参加者は，一定の領域内の政治共同体のメンバーである，③公共圏での
議論の主たるテーマは経済をめぐる国家的な統制である，④公共圏で世論を成
り立たせるのは国家的なコミュニケーションインフラ（新聞や放送）である，
⑤公共圏での議論は国家の言葉＝国語を用いてなされる，⑥公共圏の文化的起
源を，出版資本主義が国家という想像の共同体を生みだしたものとまったく同
じ土着的形態に根拠を置く，という 6 つが挙げられている[9]（Fraser 2007:
9-10）．そして，公共圏に対する既存の批判的研究の 2 つの傾向——排除され
た他者の存在など市民社会のなかの不平等に対する正当性の問題，形成された
世論の政治的効力の問題（議決・立法化される流れを妨げる構造的パワーに対す
る批判）——さえも，これらの前提を共有していると指摘する[10]．

　こうした批判は，公共圏概念自体に対する批判というより，国民国家の枠組
みに基づく公共圏論では，現在の国際政治におけるグローバルな世論形成の側
面——地球温暖化，移民，女性の権利，失業など——を説明できないと指摘す
るものである．公共圏論において今日まで当然視されてきた前提は，それぞれ

36——第Ⅰ部　トランスナショナルな公共圏論／連帯論

表 1-1　公共圏およびトランスナショナルな公共圏における世論の構成的要因

	公共圏	トランスナショナルな公共圏
誰　が	国家市民	散在した対話者の集合
何　を	国家経済	グローバル・リスクなど膨大な範囲
どこで	国家領土	脱領土的（ネット空間）
何を通じて	国語で媒介される活字メディア	言語を越えた膨大な関係網／重なり合うビジュアル文化
誰に向けて	主権国家	公的，私的なトランスナショナルな権力

注：フレイザー（Fraser 2007: 19）を参考．表および和訳は，筆者によるもの．

すべて再検討が迫られているのである．さきほどの公共圏論の 6 つの前提は，①すでに国家主権を越えた多くの国際機関，国家間機構——国際原子力機関，国際刑事裁判所などの例——の存在から，世論が国家に向けて発せられるとは限定されない，②移民，ディアスポラ，原住民，二・三重の市民権など，政治的市民権と公共圏が同じく重なっているわけではない，③多国籍企業，海外投資，アウトソーシングなど，主権国家はすでに国家経済の統制において限界であり，国際通貨基金（IMF），世界貿易機構（WTO），世界銀行などによって統制を受けている，④市場志向的グローバルメディア，より独立的な新聞，放送，そしてインターネットなどの情報通信技術の発達は，国家統制を越えた，より直接的なトランスナショナルなコミュニケーションを可能としている，⑤単一国語で結ばれた公共圏という前提は，ビジネス，文化，学問などにおける英語のグローバルな使用の点からみて疑わしい，⑥グローバルな文化が広がりつつあるなかで，公共圏の参加者に対しナショナルな文化に根ざした社会的想像力を要求することは難しくなっている，というのである（Fraser 2007: 15-19）．フレイザーが整理した公共圏の前提とトランスナショナルな公共圏で現れる特徴は，**表 1-1** のように整理できる．

　既存の公共圏論では説明できないトランスナショナルな公共圏たるディアスポラ公共圏，グローバル公共圏，イスラーム公共圏など様々な名の新しい現象に対し，フレイザーは，しかし，今日，「潜在的に影響をうけるすべての人々に開かれた，公正で包括的な討議を通じた正当な世論を形成することがはたしてできるのか」（Fraser 2007: 19，筆者訳）と問いかける．フレイザーは，公共圏論において捨てることのできない重要な 2 つの原則，「規範的正当性」と

1章　トランスナショナルな公共圏——37

「政治的効力」を中心にトランスナショナルな公共圏の課題を導出する.

　まず,「規範的正当性」について検討する. 世論は,「潜在的に影響をうける すべての人々が, 公共的コミュニケーションの討議において仲間 (peers) と して参加することができれば, そして, そうした限り, 正当である」(Fraser 2007: 20, 筆者訳) といえる. 正当性には, ①討議の結果に影響を受けるすべて の人々に開かれているとする「包含条件」(inclusiveness condition) と, ②参加 者たちが彼らの観点を述べ, アジェンダにあげ, 他者がもつ暗黙的で明白な仮 定を問いただす同等な機会と公正に開かれる機会をもつべきであるとする「同 等条件」(parity condition) とが要求される. 既存の公共圏論では, この①と② の条件は, 領土によって境界づけられた共同体の市民権を想定し論じられてき たが, 現在の国際政治環境のなかでは,「討議の結果に影響を受ける関連者 (relevant publics)」を「同一の市民権を有する人々」と想定することは難しく なっている. この点, トランスナショナルな公共圏においては, 市民権と関係 なく, 影響をうけるすべての人々が同等にコミュニケーション過程に参加する ことによって, 世論は正当性をもつ (Fraser 2007: 22).

　次に,「政治的効力」についてみてみよう. 世論は,「責任ある公的権力を有 する政治的拘束力として組織され, 公的権力の施行が市民社会の意思を反映す ると確信させるのであれば, そして, その限りにおいて, 政治的効力がある」 (Fraser 2007: 22, 筆者訳) のである. 政治的効力には, ①世論が立法化され, 行政的権力へ翻訳 (転換) される「翻訳条件」(translation condition) と, ②行 政権力が公衆の意思, 計画を現実化することのできる能力に関わる「能力条 件」(capacity condition) がある. ここで, トランスナショナルに形成される世 論が, 立法化され, 実行される「政治的効力」を有することができるだろうか, という疑問が生じる. はたして, 反戦, グローバル正義[11]などに関するトラン スナショナルな声が, 立法過程に翻訳され, 施行されることができるのか. フ レイザーは, こうした政治的効力の側面と関連し, 規範的正当性をもつ世論が 向けられるべき新しい制度あるいは機関を構築する必要があると主張する (Fraser 2007: 24).

　フレイザーの提言を考察すると, 世論は, 影響を受けるすべての人々が同等 に参加する開かれた討議を通じ形成され (正当性), それが強制力を持つ力と

して立法化され施行される（政治的効力）必要がある．しかし，この議論には，彼女がハーバーマスの議論に対し「強い公共圏」と「弱い公共圏」を区分していると批判したものとつながる批判が彼女自身に対しても適用されると考えられる．フレイザーのトランスナショナルな公共圏の規範論は，「強い」（意思形成と議決を同時に行う）トランスナショナルな公共圏の形成をうたっているのである．しかし，それがどのようにできるのか，また，「弱い」（意思形成中心の）トランスナショナルな公共圏の様々な形態とどのような関係にあるのか，といったより深い議論が要請されてくるのである．しかし，フレイザーの議論を，未来に向けたより理想的なトランスナショナルな公共圏の構築のためのものとしてみるのであれば，規範的正当性と政治的効力という2つの原理に基づくトランスナショナルな公共圏は，規範論，理念型として，現実の様々なトランスナショナルなネットワークと運動に示唆する点がある．

　一部の社会運動研究のなかでは，トランスナショナルな活動家たちのネットワークと運動を，トランスナショナルな公共圏としてみなしている（Guidry, Kennedy and Zald, eds. 2000; Della Porta 2005; Ylä-Anttila 2005）．グローバル正義のための運動，反戦平和運動，女性の権利運動，環境運動など，様々なトランスナショナルな運動が，国際的なアジェンダを設定していく重要な契機となっている．特に，フレイザーを含む[12]多くの学者，活動家たちは，世界社会フォーラム（World Social Forum，以下，WSF）[13]をグローバルな市民社会またはトランスナショナルな公共圏として論じている（Conway and Singh 2009: 63）．しかし，フレイザーのトランスナショナルな公共圏の概念が強い公共圏（意見形成と議決の機関）を目指すのであれば[14]，「決まった参加のルールや討議のルールもなく，自律組織，水平的構造と参加をもとにしたオープンスペース」（Conway and Singh 2009: 72，筆者訳）である WSF は，自律的な意見や戦略を組織化する空間であるにすぎない．その点，WSF のようなトランスナショナルな活動家たちのネットワークと運動は，「弱い」トランスナショナルな公共圏——それも，影響を受ける人々すべての参加と同等な参加の条件に対する決まったルールもない——としてみることは可能であろう．

　ここで，ハーバーマスのシステムと生活世界という行為領域に関する議論が，グローバルなレベルにおいても適用可能であると思われる．グローバルなレベ

ルにおけるシステムと生活世界は，グローバル・ガバナンス（世界政府は存在しないが，強大国および国際機関が中心となり安全保障など国際政治における統治の役割を果たしている）とグローバルな経済というシステムと，一方，それぞれの国家における市民社会，あるいは，それらをまたいで移動する人々の生活領域を，生活世界として想定することができよう．システムの機能不全によるストレスがもっとも感受性に満ちた生活世界で経験され，それらが結社および社会運動により公共圏を形成していくとしたハーバーマスの議論は，まさに，トランスナショナルな活動家たちによるネットワークと運動に当てはまるのではないだろうか．国家間機構や国際機関が規範的正当性と政治的効力の面で限界があるだけでなく，その多くが強大国と富裕国が主導するグローバルな経済システムによって支配されていることを考えると，他者との相互性に基づく反省的な解釈の過程を含むコミュニケーション的行為を前提とするトランスナショナルな活動家たちによるネットワークと運動は，グローバルなシステムおよびグローバル・ガバナンスを民主化させていくための重要な源泉となるであろう．

　以上の議論に基づいて，トランスナショナルな活動家たちによるネットワークと運動は，理念型としては，政治的効力をもたない弱い公共圏ではあるが，グローバルレベルにおいて正当性と政治的効力をもった強い公共圏なるものがない現状，システムやグローバル・ガバナンスの機能不全による，ローカル，ナショナル，グローバルなレベルで起こるストレスをくみ上げる，実態型としてのトランスナショナルな公共圏としてみることができる．

　それでは，トランスナショナルな活動家たちによるネットワークと運動によって形成されるトランスナショナルな公共圏は，どのように作動するのであろうか．システムの機能不全による反応としての社会運動は，それ自体，カウンター的，対抗的な性質をもっているものであるかも知れない．グローバルなシステムの機能不全は，システムのパワーにおいてもっとも敏感な，中心部から「植民地化」されたような地域，第三世界，途上国などで蓄積されていくであろう．しかし，周辺部に位置づけられた人々が，自ら影響を受ける議題に同等に参加し，同等な声として聞かれる機会を持っているとはいいがたい．むしろ，彼らの問題提起は，ローカルあるいは国内政権によって弾圧されやすく，抑圧

された対抗的な公共圏の次元で留まる場合が多い．そこで，彼らの声をグローバルに訴えるためには，ローカル・レベルで形成された対抗的公共圏をトランスナショナライジングする必要があるのではないだろうか．たとえば，フレイザーの理論を批判的に検討したジャネット・コンウェイとジャキット・シングは，WSFをグローバル経済システムと新自由主義をめぐるヘゲモニックな体制に対抗する，「対抗的トランスナショナルな公共圏」（Conway and Singh 2009: 71）としてみることができると指摘している．

> WSFは大まかにグローバル・サウスの現象である．それは，500年の起源をもつヨーロッパ帝国主義，植民地主義の歴史と，開発と近代化の戦後プロジェクトを通じたより最近の依存関係と，そして，より近年における新自由主義的グローバリゼーションと自由貿易を通じた不平等と搾取の拡張に対する，近代世界秩序の不平等と搾取の基盤に関する批判によって構築されている（Conway and Singh 2009: 77，筆者訳）．

コンウェイとシングは，フレイザーの公共圏の理解は，ウェストファリアからポスト・ウェストファリアへの比較的数少ない西洋社会の特殊な経験をもとにしたスムーズな転換を想定しているものであるとし，グローバル・サウスの経験と声とその多様性に注目する必要を促している．ここで，筆者は，トランスナショナルな公共圏は，急速なグローバル化とともにスムーズに形成されるものではなく，世界システムのレベルにおいて，「対抗的公共圏のトランスナショナライジング」という戦略とともに形成されうるのではないかと考える．以下，この点に関して世界システム論を手がかりに詳しく述べることにする．

4　対抗的公共圏のトランスナショナライジング
　　　——世界システム論を手がかりに

　世界システム論は，第三世界の近代化は先進国の経済発展に従属する形で行われるとした従属理論を展開したアンドレ・グンダー・フランク（Andre Gunder Frank）と歴史学における深層構造の理解を目指すアナール学派のフェルナン・ブローデル（Fernand Braudel）らの影響を受けたエマニュエル・ウォー

ラースティン（Immanuel Wallerstein）によって，提唱された．ここでは，ウォーラースティンの世界システム論の核心概念である「中核―半周辺―周辺」の関係で把握される「世界＝経済」を中心に，世界システムとその機能不全に対する生活世界の反応について考察してみたい．

　ウォーラースティンの世界システム論は，各国を独立した単位としてみるのではなく，1つの分業体制に組み込まれた広大な領域に対する巨視的歴史理論である．ウォーラースティンは，それまでの歴史学，政治学，経済学が一国に限定された分析であったとし，「いったいそれらの研究対象［つまり一国的に定義された対象］は実在するものなのか，そして実在するにせよしないにせよ，それらの対象を分析の中心に据えることは最も有効な方法なのかという問い」（Wallerstein 2004=2006: 53）から，新たな研究対象として世界システム（史的システム）への注目を促す．

　世界システムとは何であろうか．ウォーラースティンは，全世界が1つのシステムだという意味ではなく，1つの世界であるようなシステム——そして，それは全世界よりは小さな規模の地域を指すことが多い——という意味で，世界システムという用語を用いる[15]．ウォーラースティンは，近代におけるヨーロッパ的世界システムの拡大を分析しながら，そのもっとも核心的な概念として資本主義的「世界＝経済」（world-economy）を提示する．「世界＝経済」とは，16世紀以来の資本主義経済システムを指すもので，生産を中核的な産品と周辺的な産品とに分割する垂直的分業によって支えられている．中核的な産品の生産過程とは，独占に準ずる状況に支配されているような生産過程であり，周辺的産品の生産過程は，競争的な生産過程を指すものである．そこで，これらの生産過程の分業における交換には，不等価交換が起こる．

> 競争的に生産される産品は弱い立場に置かれ，独占に準ずる状況で生産される産品は強い立場を占める．結果として，周辺的な産品の生産者から中核的な産品の生産者への絶え間ない剰余価値の移動が起こる．これは，不等価交換と呼ばれてきた（Wallerstein 2004=2006: 78）．

　しかし，独占に準ずる状況のものは自己消滅していくものである．すなわち，

今日の中核的生産過程は明日の周辺的過程となるということである．その例として，ウォーラースティンは，「一八〇〇年ごろ，中核的生産過程の頂点にあったのが織物業であったとして，その織物業は，二〇〇〇年には，最も利潤率の低い周辺的な生産過程の典型」（Wallerstein 2004=2006: 80）となってしまったとする．そして，「中核的生産過程はつねに新しく現れるのであり，独占の度合いが低下した（すなわち総体的に競争的になった）生産過程は，それによって置き換えられ，もともと立地していた少数の諸国の外へ出ていくということが繰り返されてきたのである」（Wallerstein 2004=2006: 81）とし，資本蓄積を目標とする資本主義的「世界＝経済」の垂直的分業を説明する．ここで，中核的な生産過程が主な国を中核国家と呼び，中核的産品と周辺的産品の生産過程がほぼ相半ばして立地しているような国を半周辺国家，そして，周辺的産品の生産過程が支配的な国を周辺国家と呼ぶ．垂直的分業とは，中核から半周辺へ，半周辺から周辺への競争的生産過程の転移を特徴とする．

　こうした世界＝経済システムは，近代国家システムと密接な関係をもつ．ウォーラースティンは，近代世界システムの始まりの瞬間である 15 世紀末に，ヨーロッパに新しい王政が出現し，また，1648 年のウェストファリア講和条約で国家間システムが制度化されたとする．ウェストファリア講和条約は，理論的にはすべての国家は主権的であるとしているが，ウォーラースティンによると，「強力な国家は，弱体な国家の国内事項に対して，その逆の場合よりもはるかに容易に『干渉』することができるし，そのことを認識していないものはいない」（Wallerstein 2004=2006: 138）という．ウォーラースティンは，こうした国家間システムにおける不平等関係が資本主義的「世界＝経済」を維持させる働きをするという．

　強力な国家は，強力な国家に立地する企業にとって有益で利益をもたらすような生産要素の流通について，国境を開放するように圧力をかける一方，その点について相互的であることを求める弱体な国家からの要求には抵抗するような関係をとりむすぶ．……（中略）……強力な国家は，弱体な国家に対して，強力な国家にとって受け入れうるような人物が政権に座るように圧力をかけ，さらに強力な国家の政策的必要に合わせるよう，他の弱体な国家に強力な国家が圧力をかけるのに協力させるような関係をとりむすぶ（Wallerstein 2004=2006: 138）．

ウォーラースティンは，「世界＝経済」システムは1450-1640年において長期的に形成され，植民地主義，帝国主義を経ながら拡大し，1945年以後，米国の覇権のもと支配されていたが，1969-73年を契機に西ヨーロッパと日本の経済力の強化とともに米国の力が相対的に弱体化していき，1989-91年の東ヨーロッパの崩壊とともに，移行期の不確実性に直面しているとみた[16]．

ウォーラースティンの世界システム論は，もちろん，以上の資本主義的「世界＝経済」と，中核―半周辺―周辺の関係の議論以外にも様々な議論を含んでいるし，1970-80年代には第三世界を中心として活発な議論と賛否があった．国家の自律性の問題やヨーロッパ中心主義であることなど様々な視点からの批判があることも周知のとおりである．しかし，本書では，トランスナショナルな活動家たちによるネットワークという空間を把握するうえで，資本主義的「世界＝経済」と，中核―半周辺―周辺の国家間関係は重要な示唆を与えていると考える．

世界における国家間関係は，平等な関係をもつ多元的な社会では決してなく，すでに歴史が明らかにしているように，軍事力と経済力が支配する無政府状態に近いものである．しかし，世界システムに対する反動，カウンターの運動が長らく続いてきたこともまた事実である．社会主義に基づいた労働者運動，民族解放運動（独立運動），女性運動，マイノリティー運動など，システムを支えるイデオロギーへの，またはシステムによる直接的な弾圧と抑圧への対抗的な運動が行われてきたのである．また，今日におけるグローバル正義を求める運動も世界システムへの抵抗として続いている．

それでは，こうした運動はどのようにしてトランスナショナルな波及力，訴求力をもつのであろうか．システムの命令によって中核―半周辺―周辺へと繋がる垂直的分業の「世界＝経済」において，システムの機能不全によるストレスに虐げられる民衆は，まず，そのシステム全体ではなく，彼らの社会を統治する国家の権力層へ対抗するようになる．それは，帝国主義の時代においては植民地統治の政府に対する反植民地・独立運動という形のこともあれば，新植民地主義といわれる従属開発の時代には，経済成長という名の下で人権を侵害する自国政府への対抗もある．そして，今日の金融を中心とする資本主義的「世界＝経済」の新自由主義の下では，それぞれの政府に対し，不正義，格差，

貧困の問題を問う運動として現れている．システムの命令に対しもっとも感受性に富んでいる生活領域のエントロピーが増幅し，まず，当該の政府に対する社会運動あるいは反政府運動という形で始まるが，その政府の選択肢までをも狭めている世界システムを自覚するにはそれほど長い時間を要しない．すなわち，「われわれが持つ選択肢を決定している社会的現実［の枠組み］は，われわれのそれぞれが市民として帰属している多数の国民国家でなく，もっと大きな単位，すなわちいわゆる『世界システム』」（Wallerstein 2004=2006: 12）であることが認識されるのである．したがって，当該社会を支配する政府の変化を求める運動は，その内部で解決されない場合，その政府の選択肢に関与するより高いレベルへの問いと繋がることとなるだろう．それは，周辺国（半周辺国）の民衆から見た中核国家への問いとなることもあれば，世界＝経済システムのあり方，それ自体への問いにもなりうる．

　しかし，当該社会あるいは政府の選択肢に関与しているより高いレベルへの問いかけは，なかなか国際的な世論として力を得ることが難しい．それは，「まさにそのシステムが作り出しているヒエラルキーの現実を受け入れられるようになることを，つねに望んでいる」，そして，「今あるシステムをそういうものとして受け入れさせる神話，修辞，理論といったものが内面化されることを望んでいる」（Wallerstein 2004=2006: 99）諸権力により，政治的コミュニケーションにおいて排除されるからである．周辺国（反周辺国）の民衆の声は，公共圏の理念型が想定しているように，国際社会において同等な参加者として扱われているとは想定しがたい．そこで，自分たちのアイデンティティ，利害関心，要求をめぐって，システムの諸権力が生産する言説に対抗的な言説を形成し，流布させていく討議の舞台である「対抗的公共圏」を形成しようとする．そして，国境を越えて（他地域・他国家・他民族における）彼らの主張に共鳴するような社会運動グループ，連帯グループまたは，同じイシューにおいて形成された運動グループと結びつきながら対抗的な言説をトランスナショナライジングしていくのである．トランスナショナルな活動家たちは，こうした「対抗的公共圏」のトランスナショナライジングという戦略を通じ，支配的公共圏およびシステムの機能不全に対し絶え間ない民主化への刺激を与えることができる．

5 ナショナルなメディア空間を越えて
　　——マスメディア・ジャーナリズムへの問い

　多くの場合，周辺部に位置するはるかかなたの他者の苦痛や問題は，マスメ
ディアによって「翻訳」され，われわれに伝わることとなる．本節では，対抗
的公共圏のトランスナショナライジングの過程に関して，特に，マスメディ
ア・ジャーナリズムを中心に，「国益」を中心とするナショナルな公共圏と，
トランスナショナルな公共圏の対立という難題を確認しておきたい．

　今日のメディア環境は，コミュニケーション通信技術の発達によって，以前
よりも豊富になっている．様々な地域の出来事は，新聞，雑誌，テレビ，イン
ターネットなどを通じ，全世界に届けられている．地震，洪水などの災害情報
から，香港の民主化運動，アラブ革命，世界的な人気を誇るセレブリティのゴ
シップ情報なども，国家，民族，言語などを異にする人々に共有されている．
インターネットに繋がるだけで，即座に世界と繋がることができるという点で，
今日のメディア環境は，トランスナショナルな意思形成，世論形成に以前より
適したものとなっているとも考えられる．しかし，こうしたニュースとなるよ
うなトピックあるいはイベントが，以前より共有されやすくなったことは確か
であるが，「私たちは，意味というものが遠くへ素早く伝達されるとき，その
伝達は無垢でも無傷でもありえないということを知っている」（Silverstone
1999=2003: 237）．すなわち，世界に向けられた認識および解釈の窓としてのメ
ディアは，他者の苦痛を，まさに当事者が願うような，ありのままの状態で，
トランスナショナライジングしているわけではないのである．そこには，新聞，
テレビといったマスメディア産業が依拠してきた，あるいは，構築してきた，
社会的，文化的な意味の解釈の枠が働いているのである．

　社会的，文化的意味の解釈の枠は，新聞，雑誌，テレビなどのマスメディア
の産業化の過程と密接にかかわっている．マスメディアの産業化は，自由主義
経済システムのなかで，より多くの潜在的な消費者に広告を届けたいという広
告主と，紙面の「空間」を広告主に提供することで安価に「マス」オーディエ
ンスを獲得し，それにより，新聞事業の安定的な財源を確保しようとする新聞

経営側の利害関係が合致して導かれたものである．そこでは，「新聞やテレビといったマスメディア空間や時間はそれ自体では経済的な価値は持たず，ニュースや娯楽内容を通じてどれほどの規模のオーディエンスを獲得できるのかがその価値となる」（Wilson and Gutierrez 1995: 39，筆者訳）のである．マスメディアにおけるジャーナリズムを研究した林香里は，「マスメディアは，18 世紀から 19 世紀にかけて台頭していった自由主義思想に支えられて成長・発展した制度」であるとし，以上の「マス」オーディエンスを獲得しようとするマスメディアの経済的側面と，「最大多数の最大幸福」という功利主義思想を制度倫理とすることによって発展してきたという（林 2008: 28）．そして，マスメディア・ジャーナリズム（林 2002, 2008）は，まさに「最大多数の最大幸福」における自由主義思想の「市民」——ブルジョア層の男性——像を基盤とし，「国語」で結ばれた「想像の共同体」（Anderson 1983=2007），すなわち，「国民国家」を中心に実践されてきたとする．たとえば，「日本のジャーナリズムは，日本人が興味を持つ報道，日本人に関連する報道，国益にかなった報道，日本政府に迷惑をかけない取材など，ナショナルな境界線に合わせてニュースのフレームが築かれていった」（林 2008: 29）のである．こうした，「男性」国民像や「国益」に基づくジャーナリズム実践は，日本だけでなく，世界的に共通して見られる傾向であるし，まさにこれがマスメディアにおける社会的，文化的な解釈の枠を提供してきたのである．

　マスメディアの産業化の過程で培われた「マス」の視点，すなわち，ブルジョア男性市民像を基盤とする国益の視点は，世界システムにおける他者の苦痛や声を，ナショナルな解釈の枠というフィルターを通じて翻訳し伝えることとなる．そこで生じうる問題としては，他者の苦痛と境遇を，もともと他者の性質に備わったものとしてステレオタイプ化し，支配側の眼差しで表象することによって，支配側の利益を再生産，維持することになるような他者化言説の形成をあげることができる（李 2009, 2010）．ここで，他者化言説とは，第三世界の移住民，同性愛者，女性などを中心から切り離し，周辺部に位置づけ，固定するような知識，表象の総体（李 2010: 182-183）であり，それによって，他者の苦痛は，そもそも他者に備わっている問題（われわれとは関係がない），あるいは，われわれに危険かどうか（馴致できるものかどうか）といったようなナ

1章　トランスナショナルな公共圏——47

ショナルな解釈の枠で翻訳されることとなる．こうしたマスメディア・ジャーナリズムを通じた，はるかかなたの他者の現前は，公共圏におけるコミュニケーション的行為で要請されるような，他者の態度および視点を取り込むという相互性や，協同的解釈の過程，そして，意味の文化的解釈の枠への反省的な態度とはほどとおいもののように見える．

　国民国家および国益を前提とし，それを支えるためのマスメディアといったナショナルなメディア空間のなかでは，世界システムの機能不全による他者の声や視点をトランスナショナライジングし，国際的な問題提起と世論形成のためのトランスナショナルな公共圏を形成しようとする活動家たちの動きは，それが「国益」と合致するものでなければマスメディアに現われることはめったになく，むしろ「売国」「スパイ」などと罵られることさえもある．すなわち，他者の苦痛が自国（の支配層）の安全や繁栄を支えることに繋がっている場合，「国益」を前提にしたマスメディアに支えられたナショナルな公共圏とそれに対抗する言説を持ち出すトランスナショナルな公共圏は，対立と矛盾を内包するのである．

　こうした難題に対する1つの試みとして，林（2009, 2011）のケアの倫理に基づくケアのジャーナリズムの理論化をあげることができると考えられる．ケアのジャーナリズムとは，連帯，相互依存性，相互責任，関係性などの価値をコアとするケアの倫理に基づき，沈黙させられている，あるいは，表現することの難しい「絶対的な弱者」へ寄り添うジャーナリズム実践を意味する．ここで，「絶対的な弱者」となる取材源の基準については，林によると，「生命の尊厳」にかかわる問題——暴力，貧困，病，障害など——であることとしている（林 2009: 140）．世界システムのレベルで考えると，リベラリズムにおける独立した，自立した「負荷なき自己」は理想像に過ぎず，現実には個々人，そして，その個々人が根付いている地域，国家は相互的に依存し，関係しているのである．そこで，ケアのジャーナリズムは，グローバルレベルにおける「生命の尊厳」にかかわる諸問題を，まさに相互依存，相互責任，そして，関係性の側面から解釈していく可能性を開くのである．彼方の他者の苦痛は，「独立した個人（民族，国家）」と関係ないところで生じているのではなく，グローバルな相互依存，関係性のなかで生じているのであり，それに対する応答の責任

をも，ケアのジャーナリズムは見せてくれるのではないだろうか．

　ナショナルなメディア空間を超えるジャーナリズム実践は，トランスナショナルな活動家たちのネットワークによるトランスナショナルな公共圏の形成をより強力に，そして，よりひろく拡大させる要素となるだろう．その点，マスメディア・ジャーナリズムを超えて，相互依存，相互責任，連帯の価値に結びつくケアのジャーナリズムは多くの示唆を含んでいる．すなわち，言語，民族，国家，ジェンダーなどを異にする他者の苦痛をめぐって形成される活動家たちのネットワークと，相互依存と連帯の価値を重視するケアのジャーナリズムの実践が，他者の視点や態度を取り込み，問題となる状況を協同的に解釈し，既存の解釈の枠を反省的に捉えなおすコミュニケーション的行為の行われるトランスナショナルな公共圏を可能にしていくと考えられる．

6　小　括——トランスナショナルな公共圏へ向けた想像力

　ここまで，公共圏論およびトランスナショナルな公共圏論の検討を通じ，他者の態度および視点を取り込むという相互性を基盤とした協同的解釈の過程，そして，意味の文化的解釈の枠への反省的な態度を前提とするコミュニケーション的行為が行われる限りにおいて，トランスナショナルな活動家たちのネットワークは，実態型としてのトランスナショナルな公共圏としてみることができると論じた．トランスナショナルな活動家たちのネットワークは，世界的なシステムの機能不全による生活世界の議題を公的な協議の場に推し進めていく，トランスナショナルな意思形成，世論形成の公共圏となるのである．また，世界システム論を手掛かりに，その1つの形成戦略として，対抗的公共圏のトランスナショナライジングについても提示してきた．こうしたトランスナショナライジングの過程には，国境を越えて活動する人々の直接的な対面，協議，交流もあるが，国際世論として一般の人々の関心と支持を得るための，グローバルなレベルにおける相互依存と相互責任，そして，関係性に敏感なジャーナリズムとメディアの実践が重要であることも確認した．

　以上，トランスナショナルな活動家たちのネットワークを中心にトランスナショナルな公共圏の形成の可能性を論じてきた．ここで，こうしたネットワー

クの形成には，周辺化された他者の「呼びかけ」に対し「応答」しようとする態度，すなわち，当事者とかかわろうとする，あるいは，連帯しようとする人々がいなければならない．彼方の闘う人々の「呼びかけ」に対する「呼応」，「共鳴」，「応答」などを通じ，ローカルな対抗的公共圏がトランスナショナルな公共圏へと形成されうるのであろう．それでは，はたして国家・民族・言語などを異にする他者との連帯を求めるということは，どのような意味を持つのであろうか．次章では，この点について詳しく検討することにする．

1) ただ，グローバリゼーションが全地球的に進み，様々なところまでを連結する共通網，連絡網，通信技術の発達，グローバルメディアの成長などによって，トランスナショナルな現象が以前にもまして体験されるようになったのは，確かであろう．

2) トランスナショナル・アドボカシー・ネットワークの先駆的事例として，1864-72 年の第 1 インターナショナル（the First International）を挙げた研究（Nimtz 2002）もある．

3) リッセほか（Risse, Ropp and Sikkink, eds. 1999）では，ケニアとウガンダ（Schmitz 1999, 2006），南アフリカのアパルトヘイト撤廃運動（Black 1999），チュニジアとモロッコ（Gränzer 1999），インドネシアとフィリピン（Jetschke 1999），チリとグアテマラ（Ropp and Sikkink 1999），東ヨーロッパ（Thomas 1999, 2001）などの 11 カ国における様々な事例の比較分析が提示されている．事例分析の大きな枠組みは，トランスナショナル・アドボカシー・ネットワークを通じ，国際機関および米国（の外交政策）を中心とした国際世論の圧力の形成と，それに対するターゲットとなる国の変化を比較分析することである．

4) コミュニケーション的行為の前提としての相互性については，藤井・高橋の議論も参照している．ハーバーマスは，ミードのコミュニケーション論（象徴的相互作用論）において他者の態度取得を記号に媒介された相互行為への契機として注目している（藤井・高橋 2005: 58）．

5) 詳しくは，ハーバーマス（Habermas 1981=1985: 133, 151-152）を参照．コミュニケーション的行為は，参加者たちが「協同して解釈する過程という意味で了解が行われる」（Habermas 1981=1985: 151-152）という調整の社会的行為である．

6) その批判として，当初ハーバーマスが概念化した「公共圏」（市民的公共圏）が持った構造的排他性に関するものを挙げることができる．無産者階級および人民に対する公共圏からの排除の問題に関し，人民的公共圏――「人民的公共圏とは，いわばその社会的諸前提が止揚された市民的公共圏なのである」（Habermas 1990=1994: vii）――の成立に関する E. トンプソンの研究や公共圏の基礎をなしていた私的所有と家父長制に関する問題提起を行ったキャロル・ペイトマンの論文などがある．ハーバーマスは『公共性の構造転換』の新版の序文で，こうした批

判的研究に対し，公共圏から排除された「他者」の存在，カウンター的な公衆，支配的公衆に対抗する公衆の存在——フェミニズム運動，労働運動など——を議論できなかった点を認めている．

7) フレイザーの和訳では，対抗的公共性となっているが，本書では，フレイザーの引用箇所を除き，public sphere を意味するものをすべて「公共圏」と統一している．

8) ヨーロッパ中世封建制では，私的領域から分離された公共圏はなく，ただ，支配を示威ないし誇示する行為が行われた．ハーバーマスは，被支配者の眼前で支配関係を可視的に顕在化するための場を「示威的公共圏」と呼ぶ．

9) この6つの前提の和訳は阿部（2006: 118）からの引用である．ただし，⑥については，安部の訳ではなく，筆者によるものである．

10) フレイザーは本人による公共圏に対する批判的再考（Fraser 1992=1999）も含まれているとする．

11) グローバル定義に関するトランスナショナルな運動は，反グローバリズム運動とも呼ばれてきたが，もともとグローバリゼーションを拒否，否認するものではなく，それによってもたらされるグローバルな不正義の問題を取り上げる運動である．

12) 詳しくは，*Theory, Culture & Society* の中のフレイザーの論文（Fraser 2007）とともに載せられたインタビュー記事を参照（Nash and Bell 2007）．

13) 2001年，世界経済フォーラムに対抗する形で，グローバルに偏在する富の不公平，不正義を問いただすため結成された，非政府組織や活動家たちで構成されたネットワーク．

14) しかし，フレイザーが理念型として，規範的正当性（影響を受ける人々すべてが同等に参加する）と政治的効力（立法などによる市民意思の反映）を提示しているにもかかわらず，フレイザー自身も，実態型として WSF により新しい可能性——特に，グローバルな経済システムに対する様々な構成員間の連帯の可能性——を見出しているところは興味深い．

15) 詳しくは，ウォーラースティン（Wallerstein 2004=2006）の用語解説を参照．

16) 詳しくは，Hopkins and Wallerstein（1996）の *The Age of Transition: Trajectory of the World-System, 1945-2025* を参照．

2章　トランスナショナルな連帯と再帰的民主主義

　国家，民族，言語などを異にする他者の視点と態度を取り込むといった相互性に基づくコミュニケーション的行為は，実態として，そうした他者とつながろう，結びつこうという倫理的な姿勢あるいは態度を要するものである．本章では，トランスナショナルな公共圏の形成における他者との連帯のあり方を，トランスナショナルな連帯として概念化し，他者との連帯を求めることの意味，その政治的含意について考察していくことにする．

　以下では，まず，連帯の概念をめぐる既存の論議を検討したうえで，今日ますます要請されている国境を越えた連帯のあり方を，政治哲学上の論議を中心に考察する．ユルゲン・ハーバーマスのコスモポリタンな連帯，トマス・ポッゲの制度的責任，アイリス・ヤングの政治的責任に基づく連帯のあり方などを考察したうえで，「トランスナショナルな連帯」の概念，理念型を導出することを試みる．そして，他者との相互依存，相互責任，そして，関係性を基盤とするトランスナショナルな連帯が，自己のあり方への問いを通じた自己変革の民主化，すなわち，再帰的民主化への道程であることを論じることにする．

1　連帯とは何か——「社会的連帯」と「政治的連帯」

　連帯とは何かという問いに答えることはたやすいことではない．自由や平等については，「表現の自由」，「機会の平等」のように，一般化され語られていても，連帯については，一言で表現するのはなかなか難しい．以下ではまず，「連帯」の概念について既存の論議を踏まえながら，その意味の変遷を振り返ってみることにする．

連帯は，一般的に，フランス革命の「友愛」に起源すると考えられているが，もともとはそれより長い歴史を持った「法的」概念に由来するものである．ローマ法において「共同体の責任または義務ないし保証」を意味した用語，*Solidum*[1)]が，フランス民法において，「連帯保証」という債権法的意味で定着したのが，連帯（*Solidarité*）である（Zoll 2000=2008; Brunkhorst 2005; ホン 2010; 重田 2010）．連帯の意味の歴史的変遷を追ったライナー・ゾール（Rainer Zoll）によると，たとえば，フランスの啓蒙主義を代表する作品である『百科全書』でも，連帯は「債務者が借金を返す覚悟ができていることを認める義務の性質」（Zoll 2000=2008: 31-32，筆者訳）と説明されている．しかし，フランス革命を経た後，『フランス学術院事典』（1835 年）および『フランス語大辞典』（1877 年）では，連帯は連帯保証という債権法的意味だけでなく，「この概念は日常語で 2 人以上の多数者の間で成立する相互的責任についても適用」（Zoll 2000=2008: 33-34，筆者訳）するとされる．すなわち，フランス革命において，連帯という用語が日常において口語的に使用されるなかで，その意味が債権法的な意味を超え，人々の間で形成される相互責任としても用いられるようになったのである．

　それでは，フランス革命の間，連帯はどのような意味で使われたのであろうか．1789 年 10 月 28 日，革命指導者であるミラボーは，フランス国民議会で，「公的信念と私的信念の間に連帯を形成することが，道徳的に重要である」と述べており，革命政治家であるダントンは，1793 年 4 月 1 日，「われわれは行動の同一性を通じ，みな連帯的である」と述べている（Brunkhorst 2005: 1，筆者訳）．すなわち，連帯は債権法的意味をはるかに超え，共同体的結束とつながりを表す用語として使われたのである．

　しかし，フランス革命の間，人々の結束やつながりをうたう言葉として代表的に用いられた語は，連帯ではなく，友愛であった．友愛は，すでにキリスト教を中心に広く使われていた兄弟愛からきた用語である．兄弟愛は職人ギルドの集会場所などに「兄弟を愛せよ」と書かれていたことなど，すでに血縁的関係を超えた人々の結びつきを意味していた（Zoll 2000=2008: 55）．こうしたキリスト教的，ギルド的な兄弟愛または友愛は，フランス革命の間，革命家たちによって，自由，平等とともに，革命における人々の結束を訴えるために用い

られたと考えられる[2]．このように，連帯という言葉がフランス革命の間，社会的，共同体的結束やつながり，相互依存や相互責任という新たな意味を獲得していったことは確かであるが，当時はまだ兄弟愛，友愛という用語が広く使われていたのである．

　しかし，資本主義の発達，宗教の世俗化，マルクス主義の影響などにともない，宗教的起源を持つ兄弟愛または友愛に代わって，「連帯」がより広く定着していく．兄弟愛，友愛は，それが男性中心的用語であることからもわかるように，フランス革命以後，女性および労働者階級から激しい挑戦を受けることとなる．兄弟愛の「自由な男性同士の相互的結束（mutual bonds of free men）」（William 1980）への問題提起には，1789年のフランス革命の「人間と市民の権利宣言」に対する1791年の「女性および女性市民の権利宣言」（Olympe de Gouges）の発表を挙げることができる．こうした動きを起点に，19世紀においては様々な女性運動が台頭し，フェミニズムの歴史が始まるのである．また，産業革命，初期資本主義の発達およびマルクス主義の影響とともに，よりはっきりとあらわれた資本家／労働者という階級対立の問題が，労働運動における労働者同士の連帯へと発展していく．19世紀におけるマルクス，エンゲルスの率いる「第1インターナショナル」など，以後「連帯」という言葉が，労働者の団結，結束を表す用語として広く使われることとなる．

　それでは，連帯にはどのような類型があるのか．ハウケ・ブルンクホルスト（Hauke Brunkhorst）は，連帯の類型を，①人間的連帯（1つの大きな道徳的共同体の想定），②社会的連帯（社会統合），③政治的連帯（共通の利益や目標に基づいた連帯），④市民的連帯（福祉国家）として区分している[3]（Brunkhorst 2005, 2007）．ここでは，社会的連帯の制度的発展形態を福祉国家における市民的連帯としてとらえ，主に社会的連帯と政治的連帯を中心に，「連帯」がどのように議論されてきたかを検討することにする．もちろん，人間であることからくる人間同士の普遍的道徳性を前提にした人間的連帯も重要であるが，この議論については，第2節におけるコスモポリタンな連帯の議論とつながるので，この節では省略することにしたい．

　まず，社会的連帯は，フランスの社会学者であるエミール・デュルケム（Émile Durkheim）によって概念化された．デュルケムは，「個人は，なぜいよ

いよ個人的になると同時にますます連帯的になりうるのか」（Durkheim 1893=1971: 37）という疑問から，1つの道徳生活の科学的分析を行うことを目指した．デュルケムにとって，現代社会（文明社会，近代化）における二律背反（個人化とともに連帯化）の疑問を解決するカギは，「分業のたえざる顕著な発展による社会的連帯の変化」（Durkheim 1893=1971: 37）であった．すなわち，機能の分担という意味の「分業」は，仕事の分担・専門化という経済的効率性以上に重要な意味があり，「分業の真の機能は二人あるいは数人の間に連帯感を創出すること」（Durkheim 1893=1971: 58）であった．そして，「社会の凝集が確保されるのは，分業によってのみである」（Durkheim 1893=1971: 64）とする．デュルケムは分業による社会的連帯の優越性を「機械的連帯」と「有機的連帯」という連帯の進化（転換）によって論証する．

　機械的連帯とは，類似から生ずる1つの社会的結束の形態で，個人は社会に無媒介的に直接結びつけられる．デュルケムによると，「この連帯がその力を行使する瞬間において，人間の人格は消滅」するが，その理由はそのときわれわれは「もはや自己自身ではなく，集合的存在だからである」（Durkheim 1893=1971: 128）とする．無機物体の諸分子のように，全体として動くという種の連帯を「機械的」と呼んだのである．一方，分業から生ずる1つの社会的結束，紐帯は，職業の専門的な性質の増大と多様性により，個人は社会を構成する諸部分に従属する形態で社会に結びつけられる．このような社会でみられる社会的結束は，「その各要素のひとつひとつが固有の動きをもつようになると同時に，全体としてますます活動的」であり，まさに，「高等動物に観察される連帯」と似ていることから，有機的連帯という（Durkheim 1893=1971: 129）．機械的連帯と有機的連帯は，一方がなくなり，他方が生まれるような関係にあるものではない．デュルケムは，類似性＝共同意識，集合意識で結ばれる連帯と，多様性（差異）＝個性，自律性で結ばれる連帯が共存する形で存在しているとする．ただ，デュルケムは，社会進化（近代化）とともに共同意識（機械的連帯）は弱まっていくのであるが，その統合（有機的連帯）はより強いものとなっていくと主張する．

　こうしたデュルケムの議論は，グローバルな経済システムにおける分業の進行もやはり「連帯」的であり，グローバルな社会統合が形成されているとみる

ことができるのか，という疑問を触発する．グローバルな分業体制に支えられる世界システムはますます拡大してきているが，その一方，グローバルな共同体，グローバルな連帯，グローバルなアイデンティティは，様々な議論はあるが，たやすく達成されるものではない．ここで，社会学者として分業（近代化）による社会的連帯，社会統合を概念化したデュルケムと異なり，社会政策として社会的連帯を制度化しようとしたレオン・ブルジョアについて検討しておきたい．

　デュルケムと同時代人でもあるブルジョアは，フランスにおける社会政策に大きな影響力を発揮した政治家および政治理論家である．1919 年の国際連盟結成に際しては初代議長となり，連盟設立と関連し「国際連盟の精神的父」と呼ばれ，1920 年にはノーベル平和賞を授与された．ブルジョアは，デュルケムと同じく伝統的な社会結束の力が弱まっていくこと，社会不安状態を憂慮したが，デュルケムのように，文明の進化（分業）により社会組織の質的変化（機械的連帯→有機的連帯），または，「個々の利害が異なるからこそ互いを必要とするという，分業に特有の一種のパラドクス」（重田 2010: 47）を強調してはいない．フランスの社会連帯主義の思想を追った重田園江によると，ブルジョアはデュルケムと同じく，当時の最新科学の議論を援用しながらも，「健康な有機体においてはあらゆる要素が生に向けて協調している」とし，相互依存の法則は，「生物の諸部分だけでなく，生物同士，生物とその生存環境においても見出される」（重田 2010: 47）とする．すなわち，ブルジョアにおける「連帯」とは，文明の進化とのかかわり以前に，自然における生命の維持に必要不可分の法則である．しかし，自然における「連帯」とは異なって，人間社会が持つ「連帯」は，「正義」に向けたものであることが強調される．

　　自然に固有の目的があることを理解すると，それはわれわれの目的とは違うことがわかる．社会に生きる人間に固有の目的は正義である．だが，正義は決して自然の目的ではありえない．自然は不正義というより，没正義 ajuste（正義の不在）だからである（ブルジョア 1896: 169，重田（2010: 48）の引用による）．

　ブルジョアにとっては，個人化，産業化，近代化していく社会を，自然にお

ける連帯に任せておく（自由放任主義）ことは様々な社会問題を引き起こすことであり，こうした状態に対する人々の危機感こそ，「ほかでもなく現存の政治経済社会の諸制度と道徳理念とが一致しないという感情」（重田 2010: 48）から由来しているものであるとする．こうしたブルジョアの論拠から，人間社会における連帯のためには，相互依存的「生」という道徳性（感情）を満足させる，「正義」という目的が意識されなければならないという．

重田によると，ブルジョアのいう正義は「社会構成員として生まれた以上，すべてのメンバーに課せられる共通かつ最低限の決まりで，それなしには道徳感情の要求する基準を充たせないような，社会の基本ルール」（重田 2010: 54）を意味する．すなわち，社会に生まれ育つ以上，すべての人々は何らかの「社会への負債」を持っており，「社会への負債」にまつわる義務を果たすことを通じ，利益の共同の享受（無償教育・労働時間短縮など）およびリスクへの共同の備えなどができるとしているのである．こうしたブルジョアの考え方は，「後の時代からフランス福祉国家への布石としては最も重要な第三共和制の遺産」（重田 2010: 59-60）になっていく．

ここまで，社会的連帯について，特にフランスの思想家であるデュルケムとブルジョアを中心にみてきた．どちらも，社会統合および社会安定の維持および発展に注目したが，デュルケムが社会学者として社会的連帯を分析したとすれば，ブルジョアはより実践的なレベルで社会的連帯を制度化するのに寄与したとみることができる．しかし，こうした社会的連帯の範囲は「国家」に限定されていた．すなわち，「社会と国家がぴったり重なりあうもの」（Beck 1997＝2005: 129）として考えられていたのである．社会的連帯は，福祉国家において国民の範疇を越え，一部の社会保障制度を移住者に対しても適用するといった「市民的連帯」へと拡大されるが，基本的に，社会的連帯の担い手は国家（政府）であり，その対象は国民となることが想定されている．しかし，新自由主義の流れは福祉国家を危機に晒しており，国民国家をコンテナとしてきた社会統合の枠組み，社会的連帯は大きく揺らいでいる．

次に，「政治的連帯」について検討しておこう．今日「連帯」の響きにおいて，もっともたやすくイメージされるのは，労働者運動にみられる「連帯」の呼びかけであろう．社会主義運動の理論的な父であるマルクスは，上部構造が

下部構造により決定されるとし，生産性を高める資本主義が充分成熟した時，資本主義の矛盾に対する階級闘争を通じて，共産主義に移行するという唯物史観を提唱した．ここでは，マルクスの思想に触発を受けた19世紀のヨーロッパおよびその他の地域の労働者たちが，どのように「連帯」をうたったのかを考察してみる．

　1848年からヨーロッパ各地でおこった革命は，フランス革命に続く，政治的，社会的自由と平等を求めたものであった．こうした政治社会変動の背後には，産業技術の発展や資本主義の発達といった近代化による経済変動のなかで，労働者たちが抱いた不満および不安が大きく作用していた．すなわち，労働者たちの声をより政治的な場で挙げようとした闘いが，反政府運動ひいては革命に至ったのである．労働者たちの主張は，基本的にフランス革命における「自由・平等・友愛」の精神を継承したものであった．ドイツでは，1848年革命以前から活動した組織として「労働者友愛会」という，労働者の境遇の改善と政治的参加の拡大を要求した組織があった（西川 2007）が，組織の名前に見られるように，フランス革命でうたわれていた友愛という用語がまだ広く使われていた．しかし，ブルンクホルスト（Brunkhorst 2005）によれば，こうした状況は，1848年以後，連帯への呼びかけに変わってゆくことになる．

　「友愛から連帯へ」の背景には，フランス革命でうたわれた友愛，兄弟愛に潜んでいたブルジョアジーと労働者という階級対立が，革命以後，徐々に自覚されるようになったことがある．国際労働運動史研究者である西川正雄は，『社会主義インターナショナルの群像 1914-1923』（西川 2007）において，19世紀のヨーロッパでは，様々なローカル・レベル，ナショナル・レベルの労働者協会[4]が結成され，葛藤や摩擦もあったが，ブルジョワ民主主義から分離された社会民主主義という概念と，名望家によらない，労働者（同士）の「自助」の精神がうたわれたプロセスを詳細に記述している．この時期は，マルクスの『共産党宣言』（1846年）や『資本論』（1867年）などが出版されており，労働者階級の団結，連帯の意識は国境を越えるものとして呼びかけられていた．1864年には，世界初の国際的な労働者組織であった「第1インターナショナル」が創立され，マルクスは，その創立宣言において『共産党宣言』と同じく「万国のプロレタリア，団結せよ」と訴えているのである．

その後，国境を越えた連帯の「夢」はどうなったのであろうか．まず，第1インターナショナルは，労働者運動の指導部内の意見の相違と衝突のなかで，1872 年以後活動を停止した．第2インターナショナル（1889-1914 年）では，女性および植民地の問題も議論されたが，結局，第1次世界大戦の勃発とともに，それぞれの国家（政府）を支持していくこととなり解散となった．第2インターナショナルの綱領の第1部「理論」では，「貧困と抑圧を無くし最高度の福祉を実現するには，生産手段の私的所有を社会的所有に転化しなくてはならない」（西川 2007: 226）としていたのであるが，第2部で列挙されている当面の要求は，「普通選挙法，表現・結社・集会の自由，男女平等，宗教の私事化，医療の無料化，累進的な所得税・財産税，八時間労働日，児童労働・夜間労働の禁止，団結権の保障など」（西川 2007: 226）であり，労働者連帯への訴え（政治的連帯）が，社会的連帯における社会保障制度と通じるところがあることを示している．第3インターナショナル（コミンテルン，1919-1943 年）は，1917 年のロシア革命以後，1919 年にレーニンの提案によって，国際共産党（マルクス・レーニン主義）として組織された．ロシアの共産党を中心に国際的なプロレタリアの革命のための協議体として創設され，最後の世界大会（1935 年）では，ファシズム，戦争に対する反対と帝国主義に対する国際的な統一戦線および人民戦線の活動方針が決定されたが，第2次世界大戦の勃発とともに解散した．コミンテルンは，1924 年，レーニンの死後，スターリンによる「一国社会主義」へ方針を変え，国境を越えるべき社会主義において「ナショナリズム」，「国境」の障壁が確認されることとなった．

　こうした「国境」の障壁については，加藤哲郎による『モスクワで粛清された日本人』（加藤 1994）および『国境を越えるユートピア』（加藤 2002）で，詳細に描かれている．プロレタリア国際主義を夢見て，「ソヴィエト社会主義共和国連邦」に渡っていった人々を追跡した加藤は，以下のように述べる．

　　当時の日本では，天皇を批判すれば不敬罪に問われ，「国体」を問題にすれば治安維持法に抵触したように，当時のモスクワでは，共産党や社会主義を批判すれば，極刑に処された．いずれの国境内にも，言論・思想の自由はなかった．日本を捨てて飛び込んだ国際主義の楽園は「社会主義」という名の国際主義のもとで，

強固な国境に囲まれていた（加藤 2002: 200）.

　マルクス主義および社会主義に基づいた政治的連帯は，このように，社会主義国家建設という夢のなかで，それが闘っていたファシズムと似たような独裁的体制を生むこととなった．しかし，以上のような労働者運動が，普通選挙権という政治的市民権の拡大と，労働者の処遇と関連する社会，経済的権利の改善とで繋がっており，社会不安に対する社会保障制度導入の動因となったことは確かであろう[5]．こうした意味で，異なるもの同士の連帯（社会的連帯）を達成するためには，同じもの同士の連帯（政治的連帯）を必然的に必要としていたとみることもできる.

　これまで，連帯の概念をめぐって，社会的連帯と政治的連帯の類型を，既存の議論を中心に検討してきた．ここで注目しておきたい点は，どちらも「国境」を越えることの難しさを露呈してきたということである．その点，近代における「国民国家」は，もっとも成功した連帯の枠組みであったことがわかる．しかし，今日のグローバル化の社会において，国民国家の危機は多方面で議論されている．一国の範囲で解決できるものを越えたところで様々な問題が発生しており，近代化が自己破壊に転化した再帰的近代化（Beck *et al.* 1994=1997）の状況に直面している．こうした状況に対し，国家および市民社会のレベルで，国境を越えた様々な協力，連携の動きがあらわれてきていることも事実である.

2　コスモポリタンな連帯と制度的・政治的責任に基づく連帯

　国境を越えた連帯は，古くは，イマヌエル・カントの『永遠平和のために』（Kant 1796=1985）までさかのぼることができる．カントの永遠平和のための構想は，共和主義的な国家法と連邦主義的な国際法と世界市民法によって構成されている．特に，世界市民法は，各個人がそれぞれの国家の国民や市民でありながらも，それを超えた普遍的「世界市民」として平和状態の主体でもあり，客体でもあることを論じている．各個人が世界市民でありうる根拠は，普遍的な人間としての道徳性——ブルンクホルスト（Brunkhorst 2005）における「人間的連帯」の基盤——にあるとされる．こうしたカントの世界市民の構想

2章　トランスナショナルな連帯と再帰的民主主義——61

は，コスモポリタニズムとして広く知られている．ここでは，カントの議論を今日において再解釈したハーバーマスの議論から始め，国境を越えての連帯に対するこれまでの議論を踏まえることにする．こうした議論のうえで，国境を越えた連帯にまつわる問いとして，①アイデンティティ――普遍的アイデンティティか特殊的アイデンティティか――の問題と，②こうしたアイデンティティが本質的に備わった（カントのような，人間として持つ道徳性）ものなのか，構築されていくものなのか，を検討する．

　ハーバーマスは，*Postnational Constellation*（Habermas 1998=2001）において，コスモポリタンな連帯およびポスト・ナショナル時代におけるグローバル・ガバナンスについて議論している．ハーバーマスは，カントと同じく，トランスナショナルな意思形成の法的および制度的手続きを擁護する．こうした国境を越えた法的秩序の確立および擁護は，デビッド・ヘルド（David Held）の「コスモポリタン民主主義法」（Held 1995=2002）の議論ともつながる．彼らの国境を越えたレベルにおける法的秩序への構想は，世界政府や世界共同体といったものの形成を主張するわけではなく，ましていわんや国民国家を解体し，なくそうというものでもない．またそれは，不可能でもあり，求められるものでもない．ハーバーマスもヘルドも，国民国家間における政治（国際関係およびインターステート・システム）を越えて，国際協力に向けた国内政策の形成といった「世界ドメスティック政策」（ハーバーマス）や「コスモポリタンな民主主義」（ヘルド）へと，多層的なグローバル政治を構想しているのである．しかし，はたして，国民国家を越えて人々が相互に依存し，責任を持つという「意識」なしに，グローバル政治は「民主主義」に適った形で行われるのであろうか．ここで，ハーバーマスは，憲法的愛国主義（Constitutional Patriotism）というアイデンティティを基盤とした，国民国家のレベルを越えた新たな連帯のモード――コスモポリタンな連帯――を提唱する．

　憲法的愛国主義とは，国民国家における「濃い」（thick）アイデンティティを基盤とするものではなく，民主主義的な抽象的信念に基づいて共有された「薄い」（thin）アイデンティティを基盤とするものである．グローバル化とともに，排外主義が再び声を挙げている状況のなかで，同等な人間（市民）としての自由と平等といった，より「薄い」アイデンティティへの要請である．ハ

ーバーマスによると，こうした抽象的な民主的，憲法的信念を基盤とした国境を越えた連帯をコスモポリタンな連帯という（Habermas 1998=2001）．国家が国際的な共同体の一メンバーとして国際協力をドメスティック政策の一部分として認識するには，こうしたコスモポリタンな連帯が必要となる[6]．ハーバーマスは，コスモポリタンな連帯の意識を育む主体として，市民社会と政治的公共圏の重要性に言及している．

　したがって，決定的な問いは，市民社会と政治的公共圏が義務的なコスモポリタンな連帯の意識を育むことができるかということである．市民たちの転換された意識だけが，グローバルな行為者たちにして，協力を義務とする国際的共同体の一メンバーとしての自己理解を改め，また他者の利害も考慮にいれるように，充分に圧力を掛けることができる（Habermas 1998=2001: 55，筆者訳）．

　コスモポリタンな連帯を通じて，国内（ドメスティック）政策は，「世界ドメスティック政策」として現れることとなる．ハーバーマスによると，こうした新たなプロジェクトは，「国境を越えて広がる社会運動や非政府組織などの市民社会の活動的なメンバー」（Harbermas 1998=2001: 56，筆者訳）によって行われるとしている．

　確かに，同等な人間同士のつながりを意識して，ただ自国および自己の利益や利害だけでなく，他者（自然をも含む）をも考慮にいれようとする活動的な市民たちがいる．そして，無数の非政府機構と国際的な非政府機構が，ローカル，リージョナル，グローバル・レベルの様々な課題に取り組んでおり，「グローバル正義」の運動のように，より正義に適った秩序を求める国境を越えた運動も存在している．しかし，そうした運動が，はたして，ハーバーマスがいう憲法的愛国主義，抽象的な民主的，憲法的な信念を基盤としているのかどうかについては疑問が生じる．それは，国境を越えた連帯を想像することにおいて，コスモポリタンな連帯は，その一部分を構成することはできるとしても，その全体を表すことはできないのではないかという疑問である．そこで，ハーバーマスが論じている普遍的な民主的，憲法的信念について，より具体的に検討してみることにしたい．

ハーバーマスは，コスモポリタンな連帯は，人権（Human Rights）という道徳的普遍性を支持するものでなければならないとする（Harbermas 1998=2001: 108）．それは，「権利の侵害に対する憤りを通じた反応的な性格（reactive character）」を持っている．

　福祉国家の再分配的な政策をもっとも維持させた，市民同士の積極的な連帯（active solidarity）と比べ，世界市民の連帯は反応的な性格（reactive character）を持つ．世界市民（world citizens）の連帯は，権利の侵害，すなわち，国家によって行われる人権に対する侵害と弾圧に対する憤りの感情を介して，コスモポリタンな結びつきを発生させる（Harbermas 1998=2001: 108，筆者訳）．

　ハーバーマスは，こうした反応的な性格を持った，「薄い」アイデンティティで結ばれるコスモポリタンな連帯が，ポスト・ナショナルな政治の布置状況のなかで，社会統合と政治的正統性のための資源として必要であると強調する．
　しかし，すでに指摘したとおり，はたして，ポスト・ナショナルな政治の布置状況のなかで行われているトランスナショナルな活動家たちのネットワークと運動が，反応的で「薄い」アイデンティティで形成されるものであろうか．もちろん，アジアおよび南米における多くの人権侵害に対する北米，西欧の人権擁護の動きは，反応的で，人間としての「薄い」アイデンティティを基盤としたものであったと見ることもできよう．しかし，それだけで，トランスナショナルな活動家たちが求めた連帯の意識を充分に説明することができるのか，疑問が残る．すなわち，人権侵害の持つグローバルな政治経済の構造的問題やグローバル正義の問題に取り組む活動家たちの活動をハーバーマスのいう憲法的愛国主義に基づいたコスモポリタンな連帯と解釈することは，いささか不十分であると考えられる．
　そこで，同じく「人権」を基盤とする国境を越えた連帯を擁護しながら，より積極的な性格をもった連帯のあり方を主張する，トマス・ポッゲ（Thomas Pogge）の議論を参照していきたい．ポッゲは，『なぜ遠くの貧しい人への義務があるのか』（Pogge 2002=2010）においてグローバルな貧困問題，グローバルな不正義に関し，制度的秩序自体を問題にする必要があると主張する．そこ

で，人権侵害や貧困の問題は，ただ向こう側の出来事ではなく，われわれ自身をも含むグローバルな関係性の上で考えられることとなる．そのとき，国境を越えた連帯は，普遍的，民主的，憲法的信念を越えて，より具体的な現実態としてわれわれの責務および義務として論じられていくことになる．

　ポッゲにとって，人権侵害とは，彼方にある途上国における，国家による人権の侵害と弾圧にとどまるものではない．それは，彼方にいる諸国とわれわれの国の間に存在するグローバルな秩序によって支持されているものである．たとえば，ポッゲは，世界貿易機関（World Trade Organization，以下，WTO）と関連し，「保護主義的免除措置や種子・医薬品に対する我々の『知的所有権』による独占レントの徴収やその他の重荷になるような公約をより貧しい国々がするようにと，我々の諸政府が我々のうちの一部の者たちの必ずしも重要とは言えない物質的儲けのために固執していなければ」（Pogge 2002=2010: 48），多くの死が回避できたとする．こうして，先進国（富裕諸国）が様々な負荷を外部化することで受益を得，それによって途上国（貧困諸国）が外部化の負担を抱えることで，貧困状態および抑圧状態からなかなか出られずにいるという．こうした不正義なグローバル経済秩序は，不均衡で不平等な交渉を通じ，従属的に編み込まれてきたものである．

　　我々の代表たちが交渉相手に見出すことのできる弱み・無知・腐敗的性質などとともに，自分たちのはるかに優越した交渉力や，専門的ノウハウを容赦なく利用して1つ1つの合意を我々に最大の便益をもたらすように調節する，そのような交渉の中でそれが形づくられるからなのである．そのような交渉においては，富裕諸国同士では相互的な譲歩はしても，弱者に対しては滅多にしない．度重なるこのような交渉と合意の累積的な結果が，世界的経済成長の便益の最大の分け前が最富裕諸国へと流れていくようにできている，とてつもなく不公平な世界的経済秩序なのである（Pogge 2002=2010: 53-54）．

　こうした視点は，ウォーラースティンの世界システム論と相通じる部分がある．ウォーラースティンは，16世紀以後の世界経済を中核―（半）周辺関係を中心に分析したものであったが，それはまさに，ポッゲのいう「世界的経済成長の便益の最大の分け前が最富裕諸国へと流れていく」構造なのである．ま

た，彼方の貧しい状況および人権侵害が，ただ彼らの政府や政権の問題に収斂できないとした点も，ウォーラースティンと共通に見られる点である．

> われわれの政府が貧しい国々で多くの圧制的な支配者たちの暴力的な就任を教唆扇動したこと，軍事政権や専制君主たちが権力の座にとどまるのに必要な武器を売っていること，我々の企業が外国の役人たちに賄賂を贈ることを許したり，そのような賄賂に税控除を与えて祝福したり，そのような不正な富のための安全な避難所を提供したりして腐敗の文化を育んできたことなどである（Pogge 2002= 2010: 56）．

ポッゲは，WTO体制における不公平な関税問題や先進国（富裕諸国）の負担の外部化への様々な事例を通じ，現在のグローバルな制度的秩序の不正義を暴露している．彼は，こうした議論を通じ，制度的な不正義による「害」がわれわれに避けられない深刻な道徳的問題を突きつけているとする．

　その「害」とは，まさにわれわれが不正義な制度を通じて「人権」を侵害しているという問題である．ポッゲにとって人権とは，思想信条の自由，政治参加への自由だけでなく，人間生活の倫理的および個人的な価値にとって重要な，もっと基礎的な基本財である身体的安全性，生活必需品，移動や行為の自由，教育や経済活動への参加などに対し，最小限で適切な取り分への確実な「アクセス」をも含むものである[7]．したがって，不正義なグローバルな制度的秩序は，以上の基本財へのアクセスを制限し，妨げてしまうという点で，深刻な人権侵害を呼び起こすとみなすことができる．そこで，ポッゲは，彼方にいる諸国とわれわれの国の間に存在するグローバルな制度的秩序に着目し，われわれは彼方における「人権侵害」に対する「制度的責任」（institutional responsibility）があると論じる．

　制度的責任がわれわれに突きつけている深刻な道徳的問題とは何であろうか．ポッゲによると，一般にグローバルな貧困がわれわれに問いかける道徳的問題には，2つの解釈があるという．それらは，「我々は苦境にある諸個人を救わなければならない」という積極的義務（positive duty: 〜しなければならない）からくる道徳的問題と，不正義な制度を「国益」のために押し付ける政府を自分の手で選び，また，そうした不正義な秩序のうえに，利益を受けてはならな

いという消極的義務（negative duty: 〜してはならない）からくる道徳的問題である．ここでポッゲは，不正義なグローバル秩序に対するわれわれの制度的責任は，積極的義務からでなく，消極的義務から問われるとする．

　まず，積極的義務とは，苦境にいる諸個人を「助ける」といった，普遍的な人間性の発現としての義務である．確かに，富めるものからの貧しいものへの「慈善」行為などは，容易に道徳的な行為として見ることができる．多くの慈善行為は，こうした普遍的な人間的道徳性から行われると説明されるものであろう．また，こうした行為は，一般に称賛される良きものとして認められる．しかし，こうした積極的な義務には，コストがかかる，また，自分に利益にならないと思ったとたん，やめることのできるような弱い性質を持っている．

　　それがもたらす道徳的理由は弱く裁量的なものに過ぎないと考え，それがとくにコストのかかるものである場合には大義を促進する義務があるとは考えない人もいる．多くの人々は，地球の裏側にいて共同体や文化の紐帯をまったく共有していないまったく見ず知らずの人々のために一肌脱ぐよりも，自らの選択するよき目的——彼らの教会や母校，癌研究や環境——を少なくとも優先する権利があると考えるのだ（Pogge 2002=2010: 304-305）．

　このように，積極的義務は，確かに道徳的な行為であるに違いないが，ポッゲがいう制度的責任における「害」を根源的になくすものにはならない．

　次に，消極的な義務とは，他者の不正義な貧困化へ寄与したり，そこから利益を受けたりしないという義務のことである．富める者がグローバルな貧困に手を貸している，または，そうした制度的秩序から利益を得ているという「制度的責任」は，まさにこの消極的義務からくる道徳的問題である．こうした議論に基づき，ポッゲはグローバルな秩序を，より正義に適った方向へ修正，改革するための制度および政策の提言も行う[8]．その詳細は，ポッゲの著書に譲ることにし，ここではポッゲの主張した「制度的責任」がどのような道徳的な問題を提示しているのかを確認した．すなわち，積極的義務を十分に果たしていなかったということからではなく，不正義なグローバルな秩序を通じ「人権侵害」に加担してはならないという消極的義務からくるものである．

　ポッゲの制度的責任に関する議論は，政治学者のアイリス・ヤング（Iris

Young）の議論においても見出せる（Young 2003, 2004）．ヤングは，グローバルな衣類生産業におけるアジア，ラテン・アメリカの低賃金の労働力搾取の問題——スウェットショップ（sweatshop）——と関連した消費者，市民，学生運動に注目した．ヤングは，運動の言説のなかで，「ただ苦しい境遇にいる彼方の労働者への道徳的感情」ではなく，「複雑な構造的問題への注目」が行われていることに，新たなグローバルな連帯の可能性を見出す．

　　労働者たちの苦しみは，何よりもまず，極度の低賃金と非人間的な長時間労働とそうした条件に挑戦しようとするものを脅かす工場の所有主と管理者から起因する．これら所有主と管理者たちは，しかし，彼らの行為を後押しし，こうした行為を修正する能力を制約する巨大なグローバルシステムのなかにいる．そこには高度の競争的な環境のなかで弱体化する恐れという現実的な恐怖が存在する．反スウェットショップ運動は，こうした制約を作り出す構造的過程に参加するすべての人々および機関が，労働者たちの状況に対する責任を負うと主張する（Young 2003: 40, 筆者訳）．

　こうした構造的責任を強調する運動の言説に着目したヤング[9]は，反スウェットショップ運動のなかで，一般的な責任論における「意図があり，不正義な結果をもたらした特定の行為者」や「意図はなかったが，不正義な結果をもたらした特定の行為者」への過ちや罪に対する法的推論ではなく，「不正義な結果をもたらす構造につながっている，あるいは，それを維持している人々および機関」に対する「政治的責任（political responsibility）」が唱えられているとし，変化のための主体はまさにわれわれ自身であるべきという問題提起について高く評価している．「制度的責任」や「政治的責任」といった用語は異なっているが，ポッゲやヤングの指摘している「彼方の苦しみ」へのわれわれの責任は，援助や慈善を越えたものであることが確認できる．
　以上の議論から，国境を越えた連帯は，ハーバーマスのように，民主的信念，憲法的原理を基盤とした人間としての普遍的道徳性の反応的性格を持つものと，ポッゲやヤングのように，構造的・制度的関係からくる責任という性格を持つものがあるとみることができる．国民国家のナショナリズムを「濃い」アイデンティティとし，カントのような世界市民としてのコスモポリタニズムを「薄

い」アイデンティティとみなしたとき，ハーバーマスの議論は，よりカントの議論に近い場所に位置し，ポッゲやヤングは濃いアイデンティティではないが，薄いアイデンティティでもない中間に位置すると想定することができる．なぜなら，制度的責任や政治的責任とは，グローバルな相互依存，関係性，繋がりへの自覚と省察によって，それぞれのローカル，ナショナル，地域的アイデンティティを捨てることではなく，むしろ，それが意識されると同時に現れてくる責任であるためである．その点で，ポッゲやヤングの議論は，社会運動論者シドニー・タロー（Sidney Tarrow）が新たなトランスナショナル・アクティヴィズムの主体として注目した「根ざしたコスモポリタン[10]（Rooted Cosmo-politan）」（Tarrow 2005）とも繋がっている．彼は，「根ざしたコスモポリタン」を，地域性から離れることなしに，ローカルやナショナルな条件を越えるような関係を持った人々あるいはグループとしている（Tarrow 2005: 42）．この点で，根ざしたコスモポリタンは，ポッゲやヤングにおける制度的責任や政治的責任を担うような，新しいトランスナショナルな闘いの潜在的活動家たちを構成している．

　ここで，われわれがグローバルな秩序をより正義に適う方向へ修正，改革していこうとするのであれば，抽象的な民主的信念および憲法的原理を基盤としたコスモポリタニズムを越えて，自己の根づいた社会，地域，国家と他者の相互依存関係を自覚し，そこで現われてくる不正義に対する責任的性格を持つ連帯が望ましいように考えられる．ハーバーマスのいう人間としての道徳性は，民主的，憲法的信念に基づくものであったが，こうした民主的，憲法的信念に基づいたコスモポリタンな連帯は，すでに民主主義や人権が法的に整えられている西欧社会（先進諸国）を模範例としたもので，「遅れている国々」に対して望ましいとされる制度や政策などを一方的に要求することにつながりかねない．それは，グローバルな不正義による秩序のなかで，外部化された負担とともに再びもう1つの大きな負荷として作用することになるだろう．こうした点で，不正義の根源的問題における道徳的問いかけは，普遍的な民主的理念をもとにした，ただの人間としての道徳性ではなく，より制度的・構造的責任における道徳性であることがわかる．もちろん，反応的な人間的道徳性の意味を低く評価するわけではない．実際，制度的・構造的責任の問題は，まずこうした

普遍的，人間的感受性（共感）を必要とするものが多い．したがって，問題は，国境を越えた連帯における「ローカル，ナショナル，地域的なアイデンティティが自覚されながら，それを異にする他者との相互依存と責任」が，どのように構築されるかであろう．

国境を越えた連帯への想像力は，どのように構築できるのであろうか．ハーバーマスのコスモポリタンな連帯も，また，ポッゲやヤングの制度的，政治的責任の議論においても，連帯意識を育むことのできる，市民社会，公共圏，社会運動の重要性が言及されている．人権侵害に対する憤りといった道徳的な感応は，自然に備わるものではなく，問題となる状況に対する情報，解釈，関心が要請され，それが「問題」として自覚されなければならない．また，制度的・構造的責任における道徳性も，グローバル政治経済秩序における「相互依存や関係への自覚と省察」という過程を通じ，彼方の苦痛への連帯意識と責任を認識する必要がある．その点で，ハーバーマスのコミュニケーション的行為は，まさに，国境を越えた他者との連帯において要請されるものであるだろう．すなわち，他者の声を聞き，他者の考えを知り，自分と他者の関係に関して共通の理解を求めるコミュニケーション的行為なしには，制度的，政治的責任に繋がる連帯意識を構築することはできないだろう．

ここまで，国境を越えた連帯がこれまでどのように議論されてきたかを主にハーバーマス，ポッゲ，ヤングを中心に考察してきた．そこから，国境を越えた連帯は，ただの普遍的人間性からでも，特殊で偏狭なナショナリズムからでもなく，まさに，相互依存と責任が自覚され，省察される過程の中で構築されるものであることが確認された．以下では，トランスナショナルな連帯への理念型の導出の前に，国境を越えた他者との連帯が構築されるべきである理由について検討しておくことにする．

3　他者との連帯が求められる理由

国境を越えた連帯を構築することは様々な困難を抱えている．第1章でも述べたが，「国民国家」に基づいたナショナルなメディア空間は，他者の声を「国益」に奉仕する形で翻訳し伝えるという問題がある．ポッゲは，こうした

翻訳，解釈の態度を「弁明的ナショナリズム」（explanatory nationalism, Pogge 2002=2010）と呼んでいる．ポッゲによると，「弁明的ナショナリズム」は，苦しい状況にいる当該国，貧困国の苦痛が内在的なものであるとする因果的説明を好む．それは，他者の苦しみを彼ら自ら選んでしまった，腐敗した無能な指導者によるもの，あるいは，他者の属する社会文化的な特性に起因するものであるとステレオタイプ化する．そこで，他者の苦しみは，「われわれ」と道徳的に無関係であるように見せかけられる．他者との関係性を問おうとする連帯を構築するにおいて，こうした「弁明的ナショナリズム」は大きな妨げになるのであろう[11]．

　このような困難にもかかわらず，国境を越えた他者との連帯を構築していくべき理由を，以下，社会的連帯の理由について議論した齋藤純一の議論を参照して，検討していく．齋藤は，グローバル化と共に揺らいでいる福祉国家の現状を分析しながら，「国民の排他的な統合に依拠することなく，むしろ，それからの脱却をはかりながら，安定した社会的連帯を形成することがいかにして可能になるか」（齋藤 2004: 3）といった問いから，今日再び「社会的連帯」の理由を問わなければならないという．そして，その理由を，「生のリスク」，「生の偶然性」，「受苦への感応」，「生の複雑性」としてあげている．齋藤の議論は，社会保障制度と社会保障の担い手としての国家（政府）を想定したものであるが，ここで述べられている社会的連帯の理由は，グローバルな環境における国境を越えた連帯へとつなげて考えることもできると考えられる．

　第1の「生のリスク」は，「自己におけるリスクの回避・コストの軽減」という，「もっぱら自らの生に配慮することによって結果的にもたらされる連帯」（齋藤 2004: 288）であり，他者の生に配慮するものではない理由である．まさにそのため，自己の負担がより大きいと判断されるや否や，連帯からの離脱が始まる可能性がある．グローバル化のなかで，移民，難民，外国人労働者が増加し，彼らに対する社会保障を負担として把握する動きは多く現われており，したがって，この自己のコストの軽減を目的とした理由は，グローバルな環境において社会的連帯の決して十分な理由にはならない．

　第2の「生の偶然性」は，ジョン・ロールズ（Rawls 1971）のいう「無知のヴェール」の状態——どのような時代・社会に生まれるか，どのような身体を

もって生まれるか，などを知らない状態——における生の偶然性を理由とした
ものである．生じてしまった生の偶然性に対し，より正義に適った社会を作る
ための連帯である．ロールズの議論を引用し，齋藤は正義に適った社会とは，
「偶然性が人びとの生に現に及ぼしている効果をできるだけ無効にする——偶
然性そのものはすでに生じており，それを解消することはできない——ことが
可能となる社会である」（齋藤 2004: 290）とする．そして，その原理として，
ロールズの『正義論』における「正義の二原理[12)]」（公正な機会の平等と格差原
理）が，「『最も不利な立場に置かれている人びと』の境遇を改善していくのに
役立つように再編するという形をとる」（齋藤 2004: 291）とする．偶然性は，
何をもって，どこまでを偶然性として定義することができうるかという議論の
余地は残っているが，自らの生の偶然性を省みる機会に開かれている点で評価
できる．

　第3の理由は，「他者の生の受苦に反応する感受性」である．齋藤は，他者
の苦しみをみて自分も苦しむというのは，「人間の本性」からくるものではな
いと主張する．むしろ，他者の痛みを楽しむ快楽もあるという．まさにそのた
め，「他者の受苦への感応」が学習される必要が出てくる．齋藤は，リチャー
ド・ローティ（Rorty 1989=2000）の言葉を借り，連帯は，「つまり見知らぬ
人々を苦しみに悩む仲間（fellow sufferers）とみなすことを可能にする想像力
によって，達成されるべきである」（齋藤 2004: 294）という．確かに，国境，
宗教，人種などを越え，「拷問への撤廃」を求める「人権文化」がグローバル
に形成されたことは，まさにこうした想像力，すなわち，他者の苦しみへの感
受性が育まれてきたことを示している．

　最後の理由は，「生の複雑性」である．「生の複雑性」には，生の保障が「人
びとが支配的な価値に順応的ではない生き方を試みるための条件」（齋藤 2004:
296）であるとする生の自律を主張するリベラリズムの視点からの側面と，「私
たちは，自らとは異なった生を生き，異なった世界を生きる他者の存在を求め
ている」（齋藤 2004: 297）という，それぞれの「ほかならぬ生」への尊重とい
う視点が含まれている．齋藤は，以上の4つの社会的連帯の理由を検討し，社
会的連帯を促進するうえで，それぞれの理由が排他的に作用するものではなく，
相互的に作用しうる点を強調する．

齋藤の挙げた社会的連帯の4つの理由は，それぞれグローバルな環境における国境を越えた連帯を想像する際にも適用可能である．ますますグローバルな相互依存が深化している今日，「リスクの回避」は，ベックの「危険社会」（Beck 1986=1998）でも議論されているように，一国では解決できないような状況であり，「生の偶然性」は，自分がどの人種，民族，国家で生まれるか，といったグローバルな次元における想像力の拡大へつながる．また，「他者の生の受苦に反応する感受性」は，齋藤も指摘したとおり，グローバルな人権レジームの形成としてすでに現れている．ここで，前節で検討したとおり，カントおよびハーバーマスが人間の普遍的道徳性としてみた他者の苦しみへの反応的感受性は，齋藤の議論で論じられたように「構築」されるものであることが，もう一度確認できる．そして，最後の「生の複雑性」は，まさに多様な生，多様な文化，多様な言語が共生できるための，国境を越えた連帯の理由となりうるのである．

　ここで，どのようにすれば，社会的連帯のもっとも成功した基盤である国民国家を越えて，こうした理由がグローバルに偏在する不正義をより正義に適った方向へ修正，調整する契機となりうるのか問われることとなる．「他者の生の受苦に反応する感受性」は，確かに人権侵害に対する国際社会のある程度の共有された支持の基盤となっている．しかし，その「共感」に基づく状況解釈が，弁明的ナショナリズムによって行われることとなれば，不正義なグローバルな制度的秩序は温存されることとなる．もちろん，すべての人権侵害が不正義な制度的秩序に起因するとは言えないが，多くの人権侵害がグローバルな経済構造に起因していることは確かである．たとえば，米国および世界銀行などが推し進めてきたラテン・アメリカにおける新自由主義政策は，ボリビアにおける2000年の「水戦争」を起こした．グローバルな秩序において優位な地位にいる米国の多国籍企業が，生命の根源となる「水」を独占することによって，水の大幅な値上げにより，人々が水を飲めなくなるという状態が触発されたのである．ボリビアの市民たちの抗議活動は，戒厳令などを通じたボリビア政権の弾圧によって反政府運動の様相を見せるが，そこには，まさに，不正義なグローバルな経済秩序が潜んでいたのである．そこで，「他者の生の受苦に反応する感受性」がどのように他者との相互依存および関係への省察へ向けて「構

築」されうるかが問われる.

　同じことが「生の偶然性」にも問われることとなる. ロールズのいう「正義の二原理」（公正な機会の平等と格差原理）が国境を越えて適用されるとすれば，確かに，不正義の秩序を改善できる大きな進歩となるだろう. しかし，前述したとおり，依然としてどこまでが偶然性によるものかといった議論が残っている. また，実際，ロールズは国内的には最小限の経済的正義は擁護しても，国際的にはこうした原理を適用できないとする，ダブル・スタンダードをとっている（Pogge 2002: 108）. その点，正義の原理をグローバルに拡大できうるか，どうすればできるかなどについては，様々な議論が必要であろう. ここでは，「生の偶然性」が，国民国家のナショナリズムを越えて「他者の立場」に生まれる，置かれることへの想像を促す点において，国境を越えた連帯へ向けた意識の形成に十分な可能性を与えることを確認することにとどめる. ここで，「他者の立場」に生まれる，置かれることへの感受性，想像力が，どのように育まれるのか，ということが重要課題となるだろう.

　そのほか，「リクスの回避」「生の複雑性」という理由においてもグローバルな環境への適用には様々な課題がある.「リスクの回避」は，前述のとおり，自己のコスト軽減という目的からくる. 西欧の近代化のなかで推し進められた負担の外部化により，低開発地域は様々な環境問題，人権問題に晒されている. そうした地域に対し，リスクへの公正な負担はどのようなものであるか，議論が必要である. また，多様な生，多様な文化，多様な言語といった異なった生を生きる権利と，そうした他者の存在を要する「生の複雑性」という理由は，ただ寛容ではなく「異なった」価値への「尊重[13]」がなければならない. しかし，オリエンタリズムをめぐる議論は，こうした異なった文化や価値が消費と支配の対象として欲望されたことはあっても，「尊重」の対象にはなれなかったことを教えてくれる（Said 1978=1993, 1993=1998, Bhabha 1994=2005）. その点，ナショナルな枠組みでの連帯が長い歴史のなかで培われてきたように，国境を越えた連帯も，様々な課題に取り組むための長い時間を要するのであろう.

　以上，齋藤の社会的連帯の理由として議論された「生のリスク」，「生の偶然性」，「受苦への感応」，「生の複雑性」をグローバルな次元で置き換えて検討してみた. 国境を越えた連帯は，様々な困難と課題を抱えながらも，以上の4つ

の理由でますます要請されているものであることが確認できた．特に，他者の苦痛への感受性や他者の生への想像力など，越境した他者への連帯は，構築されていく必要があることを確認した．それは，ポッゲが指摘したような，われわれと他者の関係の性質を問う中で，すなわち，グローバルな相互依存がますます進行する今日，そうした不正義な制度を形成，維持してきた暴力的な歴史に対する応答をも含む批判的な討議と協議の過程を通じて構築される必要がある．以上の議論を踏まえ，次節では，ここまでの議論のまとめと共に，トランスナショナルな連帯の理念型を導出することにする．

4　トランスナショナルな連帯へ向けて

　ここまでの議論を通じ，国境を越えた連帯における1つの理念型として，「トランスナショナルな連帯」を概念化してみる．国境を越えた連帯について，国際連帯，コスモポリタンな連帯，グローバルな連帯，トランスナショナルな連帯，などという用語が様々にあるが，ここでは，「トランスナショナル」という用語を用いることにする．その理由は，国際という用語が持つ「国家間」といった意味合いや，グローバルという用語が持つ「全地球的」およびコスモポリタンという用語が持つ「世界市民的」という意味合いとは異なり，「トランスナショナル」は，「国境を越えた相互作用」（Piper and Uhlin 2004: 5; Risse-Kappen, ed. 1995）という意味合いも内包しているためである．つまり，自己と他者の間の関係性を問うという点で，トランスナショナルな連帯という用語がより適切であると考える．

　トランスナショナルな連帯は，①他者との相互作用を通じた，②他者への共感を含む，他者と自己の生における相互依存と責任に基づいているもので，③具体的な行動を含んだ構築的性格と，④批判や問題提起に開かれた性格を持つものである．そして，こうしたトランスナショナルな連帯は，他者の視点，態度を取り込むことにより，他者と自己の関係を学ぶことにつながり，結局，自己のあり方への問いかけへつながるという点で，再帰的（reflexsive）である．近代社会における人間行為の特徴として再帰性を議論したギデンズは，「人間はすべて行為の不可欠な要素として，日常的に自らがおこなうことがらの根拠

と不断に『接触を保ち続けている』」(Giddens 1990=1993: 53)という．そして，省察は，自らの行為の根拠を絶えず確認し不断に修正していくという再帰性の基盤をなしている（Giddens 1990=1993: 57）．国家，人種，民族を異にする他者について学び，省察を通じ，自己の行為にも影響を及ぼすといった再帰的なプロセスは，自己と他者をつなげる不正義な制度や関係への修正と改革，すなわち，自己を取り巻く社会をより望ましいものへと修正，改革していく動きにつながる点で，トランスナショナルな連帯は，「再帰的民主化」への道程となるのであろう．

　まず，トランスナショナルな連帯は，他者との相互作用を必要とする．それは，他者の存在と他者の声に対する何らかの直接的な情報に接することを要求し，また，質問と応答が行き来する他者とのコミュニケーションを包含するものでなければならない．他者とのコミュニケーションは，物理的な空間における直接的コミュニケーションの形から，時空間の差を持った間接的なコミュニケーションの形もありうる．そこで重要なことは，ある問題状況に関して，共通の問題意識および理解へ向けたコミュニケーション的行為が行われていることである．

　次に，トランスナショナルな連帯は，他者と自己の生の関係における相互依存と相互責任を意味するものである．それは，人権侵害に対し憤るといった普遍的な道徳性を包含するものである．多くの場合，人権侵害に対する人間としての普遍的道徳性の作用によって，苦しむ人々へ注意が向けられるのであろう．しかし，トランスナショナルな連帯は，共感や憤りといった普遍的道徳性にとどまるものではなく，それを越えた他者と自己の生の関係における相互依存と相互責任を要求する．それは，すでにグローバルにつながっている生の条件のなかで，不正義に対する責任を公正に持つということである．

　また，トランスナショナルな連帯は，「構築」していくものである．すなわち，現に行われている多くの国境を越えた活動家たちのトランスナショナルなネットワークと運動が必要とされる．それは必ずしも市民活動家だけを含むものではない．シドニー・タローが「根ざしたコスモポリタン」(rooted cosmopolitan)と表現した，活動家と緊密な連絡を持つ企業家・弁護士・国際機関従事者・政府機関従事者・メディアなど「共通の目標を達成するために国内的・

国際的資源と機会を利用・動員する人々およびグループ」（Tarrow 2005: 29, 筆者訳）を含めた，より拡大された人々のネットワークと運動を指すのである．

　最後に，トランスナショナルな連帯は，多様な声に開かれたものでなければならない．トランスナショナルな連帯を構築，推進していくことは，他者との相互作用の過程でもある．そこでは，多様な異見が現れることもあるだろう．そうした異議申し立てを，重要でないもの，副次的なものと無視することはできない．「グローバル・フェミニズム」をめぐる批判的な議論（第三世界フェミニストによる第一世界フェミニストに対する批判）においてもすでに見られるように，異見とは，次のより民主的な，より正義に適った連帯を結んでいく契機ともなるのである．他者との連帯において，異見や葛藤は当然ありうるということ，それを分裂や解体へ導くのではなく，コミュニケーション的行為を通じた協議へ導く過程は，トランスナショナルな連帯の持続的な構築において何よりも重要なことであろう．

　以上，トランスナショナルな連帯の概念化を試みたが，トランスナショナルな連帯は「連帯」という言葉の一般的な響きからくる「対等なもの」同士の「相互的支持（物質的であれ，精神的であれ）」とは異なることを指摘しなければならない．また，まったく逆に「手をさしのべる」慈善的な行為とも異なることを指摘しなければならない．

　まず，対等なもの同士の相互的支持は，政治的連帯でいう同じもの同士の権益追求を意味しやすい．あるいは，「生のリスク」を理由とした連帯における，見返りとしての「戻ってくるという期待感」に繋がりやすい．もちろん，われわれは，人間として地球に生まれた対等な存在であることは確かである．しかしわれわれは，自分が生まれる場所を選択することはできない．すなわち，われわれは，はじめから異なった場所（人種，国籍，言語，ジェンダー，階層など）で位置づけられている．こうした「生の偶然性」のなかで，トランスナショナルな連帯は違うもの同士の連帯へと拡大されなければならない．

　また，トランスナショナルな連帯は，相互的なものであることは確かであるが，それは物資的な相互交換を意味するものではなく，相互依存的な関係への注目，関心，省察を意味するものである．まったくの慈善的行為として他者と連帯するということは，トランスナショナルな連帯を構成する一要素とはなり

えても，他者との関係性への省察および自己への問いにつながらなければ，トランスナショナルな連帯とはいえない.

そして，何より，トランスナショナルな連帯は，他者を無能で，いつまでも助けを待っているような存在としてみることを拒否する. むしろ，世界システムのうえで権力を持っている富裕諸国（先進国）の議会，政治的公共圏に影響を及ぼすために，無数のローカル，ナショナルな運動が様々な戦略を工夫しているのである. しかし，多くの場合，それらの主張は正当に扱われる機会自体を持たないか，あるいは，他者の苦痛は，彼らの内在的なものであるとする因果的説明を好む「弁明的ナショナリズム」（Pogge 2002=2010）や「マスメディア・ジャーナリズム」（林 2002, 2008）などによって断面的にしか伝わっていない. また，ドナー機関となるINGOsの多くも，その理念にもっとも合致する適当なケースを支援の対象として選ぶのであり（Bob 2005），実際，われわれに伝わっていない無数の，多くのたたかう他者が存在するのである.

自己と他者の関係を問うトランスナショナルな連帯における他者との相互作用は，1つの「学習」過程でもある. 多くの「知らなかった」ことが発見され，そこから自己のあり方と世界のあり方を学ぶのである. この終わりなき学習の過程は，自己の革新を含んだ民主化への道程であろう. トランスナショナルな連帯は，様々な異見に開かれた終わりなき学習，相互作用の過程を通じた「再帰的民主化」へとつながる点で，民主主義と見られている多くの国々・社会に対し，民主化とは終わりなき過程であることをもう一度確認させてくれることとなるだろう.

5　小　括——トランスナショナルな連帯を通じた再帰的民主化

本章では，まず，連帯の概念に関するこれまでの議論を「社会的連帯」そして「政治的連帯」を中心に検討し，社会保障制度や社会主義の「インターナショナル」のいずれも国境を越えた連帯の形成はたやすいことではないことを確認してきた. そこで，ハーバーマスのコスモポリタンな連帯，ポッゲの制度的責任に基づく連帯，ヤングの政治的責任に基づく連帯に関する議論を考察した. 憲法に基づく普遍的価値（民主主義や人権）を中心としたコスモポリタンな

連帯は，抽象的な民主的，憲法的価値によって結ばれる新たな連帯のモードを意味する．こうした普遍的価値を中心としたコスモポリタンな連帯の可能性を評価しながらも，「他者」と「われわれ」の関係を規定する政治経済的制度や構造を問おうとするポッゲやヤングの議論は，今日のグローバル正義の問題を含め，人権侵害に潜んでいる国際政治や経済システムへの問題提起を可能にする点で評価できる．ポッゲの制度的責任やヤングの政治的責任は，他者との関係性（相互依存）への自覚，省察を通じ，そこから見られる不正義に対する責任を論じるものである．すなわち，普遍的，民主的価値に基づく繋がりとともに，歴史的生産物である国際的な政治経済構造を考慮にいれた連帯のモードである．こうした新しい連帯を担うのは，地域（ローカル）と世界政治（グローバル）を繋げるトランスナショナルな活動家たち——「根ざしたコスモポリタン」（Tarrow 2005）である．しかし，こうした新たな連帯のモードを構築することはたやすいことではない．他者とわれわれの関係性に対する自覚と省察は，自然に生起するものではなく，終わりなき「学習」の過程を要する．しかし，第1章でも述べたが，「国民国家」および「国益」に基づいたナショナルなメディア空間は，他者の苦しみや訴えを「われわれ」と道徳的に無関係であるように見せかける．こうした困難にもかかわらず，グローバル化が急速に進展している今日，グローバルな「生のリスク」「生の偶然性」「他者の生の受苦に反応する感受性」「生の複雑性」という様々な側面から国境を越えた連帯はたえず想像され，構築されることが要請されている．

　以上の議論に基づき，本章ではトランスナショナルな連帯の理念型を導出することを試みた．トランスナショナルな連帯は，①他者とのコミュニケーション的行為を要する，②他者と自己の生における相互依存と責任に基づくもので，③具体的な行動を含んだ構築的なものであり，④批判や問題提起に開かれた性格のものである．こうしたトランスナショナルな連帯は，自己と他者の関係性（自己と他者を関係付けるグローバルな政治経済構造）への省察を通じ，より望ましい自己と他者の関係，より望ましい自己（国家，社会）への自己変革に繋がる．すなわち，トランスナショナルな連帯は「再帰的民主化」への道程となる．

1) ローマ法的概念として，*Solidum* は，全体に対する義務，共同責任，共通の負債，連帯的義務（*obligation in solidum*）を意味していた．詳しくは，ブルンクホルスト（Brunkhorst 2005）を参照．

2) フランス革命の間，もっともよくうたわれたフレーズは，広く知られているとおり「自由・平等・友愛（*Liberté, Égalité, Fraternité*）」である．

3) ブルンクホルストの分類のほかにも，トマス・オルセン（Thomas Olesen）による，①政治的連帯，②第三世界連帯，③権利連帯，④道徳的連帯といった区分がある（Olesen 2004）．

4) たとえばドイツでは，1863年「全ドイツ労働者協会」が結成された（西川 2007: 221）．

5) 齋藤純一によると，「実際，社会保障の制度は，社会主義の台頭を抑えるべく階級対立を緩和し，社会の統合を達成しようとする統治の関心に沿って導入され，それが飛躍的に拡充されたのは，戦時期における動員体制のもとであった」（齋藤 2004: 287）という．

6) 詳しくは，ハーバーマス（Habermas 1998=2001: 55）を参照．

7) 詳しくは，ポッゲ（Pogge 2002=2010: 91-92）を参照．

8) ポッゲは，途上国における民主制の達成および維持のための憲法改定の提案やグローバルな資源配当（Global Resource Dividend）の提案を行う．非立憲的，非民主的政府が招いた負債を回避できる制度設計やクーデター成功にともなう見返りを減らすことによって，そもそものクーデターの動因を弱めることなど，民主制の達成および維持に寄与するという発案である．詳細は，ポッゲの「第6章 民主制を達成する」『なぜ遠くの貧しい人々への義務があるのか』（Pogge 2002=2010）を参照のこと．

9) ヤングは，こうした責任論が新しいものであるとしたが，60年代，70年代における第三世界に対する連帯運動のなかでみられた従属理論の展開を考えると，今の議論が新しいものであるというより，より長いスパンで培われてきたと見ることが適切であると考えられる．

10) 和訳「根ざしたコスモポリタン」は，シドニー・タローの *The New Transnational Activism* を書評した高柳（2007）から採用したもの．

11) 一方的な視点，情報に対抗した国際的な動きも存在した．1970年代，すでに第三世界を中心に「声の不均衡さ」に対する問題提起と「自由で均衡な情報の流れ」（fair and balanced information flow）への要求として，新国際情報秩序運動が起こっていた．1980年には，ユネスコ（UNESCO）総会にマクブライト報告書，『多くの声，一つの世界』が提出されるなど，進展が見られるところであったが，80年以後，新国際情報秩序に関する議論は国際舞台において徐々に消滅していく．その背景には，様々な理由が挙げられるが，当時，米国がユネスコに対し「政治化」したと批判したこと（新国際情報秩序運動は自由市場と自由言論に対する拒否であるといった非難）や米国，イギリス，シンガポールのユネスコ脱退などによる影響があった．詳しくは，キム（2007）を参照．

12) 「公正な機会の平等」は，資産などの社会的偶然性の効果を，「格差原理」は，

「生来の才能や能力」という自然的偶然性の効果をできるだけ打ち消そうとするものである（齋藤 2004: 291）.

13) 齋藤は，社会的連帯における「生の複雑性」という理由を説明する際に，「私たちが他者を尊重するのは，その他者が生物学的に私たちと同じ種に属する」からではなく，「どのような生も有用性といった共約可能な尺度ではその価値をはかりえないからである」という（齋藤 2004: 297）.

第 II 部

トランスナショナルな社会史
日韓連帯運動

3章 日韓連帯運動の展開

広がる裾野

　本章では，日本における韓国の民主化運動への支援，連帯の動きがどのように行われたのか，「日韓連帯運動」の展開を整理することを試みる．「日韓連帯運動」とは，「祖国」の闘いに連帯しようとする在日韓国・朝鮮人や「在日韓国人政治犯」として「当事者」となってしまった在日韓国人政治犯の家族，友人，知人だけでなく，日本の一部の進歩的知識人，文化人，そして，キリスト者たちが，民主主義と人権のために闘う韓国の人々へ連帯と支援の動きを見せた運動である．今まで，日韓連帯運動は，参加者による自伝や記録など（池2003, 2005; 飯島 2003, 2006; 鄭 2006; 東海林 2009; 富山 2009; 柳・和田・伊藤編2013 ほか）で言及されてきたものの，個人の体験に基づく運動史の整理，あるいは，在日朝鮮人，キリスト者といった一部の注目対象に限られた記述が中心であった（趙 2006; キム 2007; 李 2012）．本章では，こうした個別の注目対象を越えて，日本の戦後社会史における 1970-80 年代の「日韓連帯運動史」の概略的な記述を試みる．

　以下では，まず，日韓連帯運動の社会史的背景として，戦後日本社会においてアジアという他者への認識がどのように台頭してきたのかを，ベトナム反戦運動，在日韓国・朝鮮人による民族差別に対する告発，そして，ニューレフト学生運動における華僑青年闘争委員会（以下，華青闘）の決別宣言を中心に振り返る．そのうえで，1970-80 年代の「日韓連帯運動史」なるものを，様々な運動主体のネットワークの形成過程を中心に記述することにする．ここでいう「ネットワーク」とは，「運動組織間の連携に先行する社会的な紐帯のこと」（藤田ほか 2014: 2）である．ネットワークの形成は，異なった組織間の連合体や共通のタスクへの取り組みなどの社会運動組織間の連携を生むうえで，社会

運動の発生，発展，持続において重要となる．

　本章で試みる「日韓連帯運動史」は，主に筆者が集めてきた1次資料（チラシ，機関紙，パンフレットなど）と，直接連帯運動にかかわっていた人々への聞き取り調査および彼／彼女らの自伝や回顧録を基盤としている．全体的に東京，首都圏中心の活動記録に偏っているという点，公式のアーカイブではなくインタビューの過程で得られた資料に依拠せざるを得なかった点などによる限界については，あらかじめ留意しておきたい．

1　戦後日本社会における「アジア」の台頭
——ベトナム反戦運動／在日韓国・朝鮮人の告発／華青闘の告発

　戦後日本社会において，いわゆる「政治の季節」は1960年の安保闘争の敗北で終わりを告げたとされている．戦後日本社会を論じた吉見（2009）は，見田（1995, 2006），大澤（1996），北田（2005）の議論を参照しながら，大文字の「理想」（アメリカン・デモクラシーとソビエト・コミュニズム）や「夢」（現実としての戦後民主主義と旧左翼との対決）を掲げた時代を戦後社会と呼び，イメージ・記号消費で特徴づけられる1970年代半ば以後をポスト戦後社会と呼ぶ．吉見によると，「六〇年の安保闘争は，文字通り『国民的』な広がりをもった運動」であり，「この闘争は，街頭デモによって展開される社会運動が国の歴史を左右することができた最後の瞬間」（吉見 2009: 14）ともなったという．この安保闘争の敗北により，「政治の季節」は終わりを告げ，浅間山荘の連合赤軍事件（1971-72年）を「戦後からポスト戦後への臨界点」とし，1970年代半ば以降，日本社会はポスト戦後時代に入ったと述べる（吉見 2009）．

　しかし，そんな日本とは裏腹に，世界的には「政治の季節」は続いていた．その点，吉見も，1959年のキューバ革命，ベトナム戦争，中国における文化大革命，そして，韓国，台湾，フィリピンなどのアジアにおける独裁政権の支配など，世界はまさに「政治の季節」であったことを指摘する（吉見 2009: 17-18）．ただ，「平均的な日本人にとって，アジアの紛争や革命は，ますます縁遠い世界の出来事としか感じられなかった」（吉見 2009: 20）のであった．「政治の季節」が終わりを告げ，平穏に見える日本社会は，その一方，戦後処

理問題と関連し，ビルマ，フィリピン，インドネシア，南ベトナム，韓国，台湾，中国[1]など，様々な国々と交渉し，賠償問題を生産物と役務と借款の提供などによる「経済協力」という形を中心に解決し，海外直接投資といった形で経済進出を積極的に行っていた[2]．日本は，1973年の為替の固定相場制から変動相場制への移行とあいまって，すでに政治経済的な変動が渦巻くグローバル社会と密接な関係を結んでいた．

　こうしたグローバル社会の変動は，確かに，日本社会内部で暮らす「平均的な日本人」にとってはあまり感じられないものであった．しかし，その変動は「政治の季節」を主導してきた大人たち（文化人・知識人）や，学生運動を主導した若者たちによって，それぞれの問題意識と文脈のなかで意識的・無意識的に吸い込まれていた．すなわち，1960年代以後においても，「政治の季節」は，その規模における「大衆」と，極端な「形式主義[3]」を脱落させながら，続けられていったと見ることができる．吉見によると，「一九七〇年代初頭，いまだ『政治』の季節のなかにあった若者たちは，少しずつ，自己を否定し続けるのでもなく，またその袋小路に絶望して自己と社会への問いそのものを放棄してしまうのでもなく，否定しなくてもいい関係の構築に向けて歩き始めていた」（吉見 2009: 33）という．形式に埋没していく形式主義的「自己否定」や「シラケ」に走るのでもない社会運動，市民運動が，それまでの運動に対する反省をも含めた形で1970年代以降続いたのである．そこには，社会に対する自己責任から社会変革への積極的な参加を呼びかけるアンガージュマン[4]の思想や，「加害」と「責任」の意識を呼び起こすベトナム反戦運動の平和思想，そして，「否定」から「肯定」へという逆転的要素を持ったウーマンリブ運動の思想が働いていた．こうした背景とともに，戦後日本社会は，韓国の民主化運動の闘う人々と出会うこととなるのである．

　戦後日本社会において，韓国は特別に注目を集める対象ではなかった．むしろ，無関心，または蔑視の対象[5]であった．しかし，1970年代に入ると，日本の学生運動が，「三里塚」「狭山」「日韓連帯」という3つのキーワードで語られるほど[6]，韓国への注目が高まることになる．以下では，より詳細に，1960年代後半における「アジア」という他者の台頭について考察していくことにする．

韓国が社会運動のテーマと関連して初めて注目されたのは，1964-1965年に
おける日韓会談反対運動（「日韓闘争」）の頃である．当時，韓国では軍事政権
による統制下にあったにもかかわらず，1960年4.19[7]以後最大となる大規模
なデモや示威行動が起きていた[8]．韓国における日韓会談反対運動は，日韓両
政権が，国民の意思に基づいた植民地過去清算を行わず，「経済協力」や「援
助」という美名のもとで日韓関係を早急に正常化しようとすることに対する異
議申し立ての行動であった．特に，韓国での日韓会談反対運動は，韓国政権が
植民地支配に対する謝罪や責任を追及できていないことに憤慨し，反政府運動
の様相を見せながら高まっていた．こうした運動の高まりは，韓国の軍事政権
が，日韓会談のために東京に派遣していた韓国代表団に帰国命令を出さざるを
得ないような状況をも作り出した[9]．

　一方，日本における日韓会談反対運動は，全体的に盛り上がりに欠ける状態
にあった（高崎 1996: 154）．歴史学者である高崎宗司によれば，日本の日韓会
談反対運動は，経済協力という美名のもとでの韓国への無償・有償の借款に対
し，「朴にやるなら僕にやれ」というスローガン[10]に見られるようなエゴイズ
ム的な性格があった．また，安保闘争（日米安全保障条約反対闘争）における
「70年安保に向けての党勢拡大」的な性格が強かった．たとえば，日韓条約の
批准が迫った際に，共産党系が「日韓条約批准阻止，ベトナム侵略反対，安保
条約破棄」と呼びかけた集会は，「七〇年安保に向けての党勢拡大と社共統一
戦線の結成」（高崎 1996: 193）に目的を置いていたという[11]．

　このように，日韓両社会において，日韓会談および日韓条約をめぐる反対運
動が起こったにもかかわらず，共通の認識や行動には至らなかったのである．
このとき，戦後日本社会で初めて韓国との関係をめぐって社会運動が形成され
たのであるが，その主な焦点は，日本の「国益」（利益）の保護か，米国の率
いる日米韓の安保体制への反対（共通の敵へのたたかい）か，という枠組みが
中心であった．ただ日韓条約の採決の後，一部の知識人を中心に，「植民地主
義的思想」が依然として日本の政権内に，そして，国民のなかに清算されずに
いることが明らかであるとし，植民地問題に対する認識の欠落を指摘する声が
上がってくる．『世界』「戦後民主主義の危機と知識人の責任——日韓強行採決
をめぐって」（1966年1月号）における討論記事（石田雄，日高六郎，福田歓一，

藤田省三）で，日高六郎は下記のように「反省」の気持ちを述べている．

　　［植民地支配の過去を］なるべく早く忘れたいというのは，政府や自民党の意識
　　だけの問題ではなくて，一般国民というか，われわれの内部にもまったくないと
　　言えない，真っ正面（原文ママ）から朝鮮問題を直視する態度になりきれないと
　　ころがやはりある．ヴェトナム問題については，「反戦」という次元で，わりに
　　ストレートにみんなが糾合した．それに比して，日韓条約の問題については，必
　　ずしもそういかないというところには，なにかそういう心理的なメカニズムが，
　　われわれの内部にさえあるのではないかと反省したいという気がします（石田ほ
　　か 1966: 131，傍点は筆者）．

　ここでも確認されるが，ほぼ同時期に日本で形成されたベトナム反戦運動は，
マスメディアを含む大衆的なレベルにおいても，運動の規模の面においても，
日韓会談反対運動をはるかに超えたものであった．このベトナム反戦運動を通
じて，戦後日本社会がはじめてアジアに目を向けることとなったとも言われて
いる[12]．「ベトナムに平和を！市民連合」（以下，べ平連）のスポークスマンと
なる小田実は，反戦運動における平和思想として，「被害者でありながら，加
害者であるメカニズム」を説いた．小田は，1966 年『展望』の「平和の倫理
と論理」において，日本の戦後思想を築き上げた「被害者体験には重要な欠陥
があった」とし，「自分がすくなくとも原理的には戦争遂行者の一員であった
という事実はうやむやにされる」（小田 1966=2008: 60）と指摘した．

　　自分がかつて加害者になり得たかもしれない，実際にそうであったかも知れない，
　　あるいは，将来もいつ何時そうなり得るかもしれないという意識なのだが（極端
　　な場合には，被害者であることがそのまま加害者である場合もあるだろう．そし
　　て，ある場合には，被害者の被害の度合いが激しければ激しいほど，それだけい
　　っそう狂暴な加害者となる），私たちの被害者体験はその意識を特徴的に欠いて
　　いた（小田 1966=2008: 65-66）．

　小田は，「被害者」としての想像力だけでは，「『戦争は茶の間の絵物語にす
ぎない』だろう」（小田 1966=2008: 69）とし，「自己の内なる加害者体験（ある
いは，その可能性）を自覚し，それを他者の加害者体験と同時に，しつように

3章　日韓連帯運動の展開——89

告発していく態度」、あるいは、「他者の加害者体験を自分のそれと同時に告発して行く」（小田 1966=2008: 82-83）態度の必要性を訴える．ここで，小田が自分とともに告発していくとした，いわゆる「自己」を確認してくれる存在としての「他者」とは，ベトナム戦争という加害を行っている米国であったことが窺われる．

　すなわち，小田の「被害者でありながら加害者である」というメカニズムは，「他者」となる米国を告発するなかで見えてくる「自己の内なる加害」がベトナム反戦運動のなかで自覚されてきたことによって提唱されたとみることができる．小田は，『難死の思想』（小田 2008）のあとがき[13]において，ベトナム反戦運動のなかで見えてきたものを以下のように述べる．

　　ベトナム反戦運動を始めるなかで，ベトナム戦争に対する日本の，いや，私たち自身の戦争への荷担が明瞭に見えて来たとき，同時に私の眼にはそのかつての私たちの姿もありありと見えて来た．その「発見」は重い「発見」だった．さまざまに「難死」をとげた，私自身が目撃した，そして，私自身がいついかなるときにもその仲間入りをする可能性をもっていた，空襲後の焼跡に黒焦げの虫ケラのごとく死んでいた，まったくの被害者としてしか言いようのない人びとが，まさにそうあることによって加害者であったのだから．私は重い思いで「平和の倫理と論理」を書いた（小田 2008: 307）．

　ここで，かつての日本と重ねることで，日本の姿を確認してくれる「他者」とは，ベトナムやアジアではなく，米軍兵士であったことがわかる．国家によって戦争に送りこまれた一個人が被害者でありながら，まさにそれによって加害者となってしまうメカニズムが，ベ平連運動のなかで得られた重い「発見」であったのである．

　実際に，ベ平連運動のあり方を考えてみると，ベ平連運動における「他者」とは，米国および米軍兵士であったことが分かる．「ベトナムに平和を！日米市民会議」（1966 年）などで見られるように，反戦のために直接的に最も密接な関係を結んでいたのは米国の反戦活動家たちであり，ベ平連運動が生みだした「JATEC（Japan Technical Committee to Aid Anti War GIs），反戦脱走兵援助日本技術委員会」の活動も「反戦」の意思を表明した米軍兵士らへの支援が中

心であった．また，ベ平連運動は，米軍基地周辺での集会・デモ・反戦放送な
どを通じ，米軍兵士の戦争加担を告発・意識化しようとした．米軍兵士のなか
には，米国のなかでも人種差別に晒されている黒人兵士が多くいたことは言う
までもない．そうした彼らへの戦争加担を問題視する運動は，まさに，かつて
の日本の普通の個人の戦争協力の姿，「被害者でありながら加害者となるメカ
ニズム」を連想させたのではないだろうか．そして，一方で米国を糾弾しなが
ら，日米の安保条約を基盤とし米国の戦争遂行に「協力」している日本に対し
ても目を向けるようにしたのではないかと考えられる．小田が「他者の加害」
を告発しながら，「自分のそれ」もともに告発していくというのは，まさに，
「他者」たる米国を告発しながら，「自分」の米国との関係——日米安保条約に
基づいた日米軍事同盟——へ問題提起していくことと繋がっていったのである．

　ベトナム反戦運動のうねりのなかで，被害者としての自己ではなく，加害者
としての自己，あるいは，内なる加害を告発し，責任を追及するといった態度
は，1960 年代後半の様々な運動においても広がりを見せはじめた．特に，在
日韓国・朝鮮人による民族差別への告発は，身近であるが見えない存在だった
在日マイノリティに眼を向けるきっかけになった．そのなかに，金嬉老（キ
ム・ヒロ）事件がある．

　金嬉老事件とは，在日朝鮮人である金嬉老が，1968 年 2 月 20 日，暴力団員
2 人をライフルで射殺した後，寸又峡温泉（静岡県）の旅館で 13 人を人質とし
て籠城した事件である．当時，金嬉老の籠城は日本社会の各家庭に普及してい
たテレビで中継され，人質解放の条件として警察官による在日朝鮮人への蔑視
発言について謝罪することを要求したため，在日朝鮮人への差別問題が取り上
げられることとなった．そこで，この民族差別という問題提起に共感する一部
の文学者および在日文学者（金達寿）と弁護士らが金嬉老裁判の対策委員会に
関わっていく[14]．その中心的なメンバーの 1 人である鈴木道彦は「テレビに映
し出された旅館の状況と，命がけで朝鮮人への差別を糾弾する金嬉老の言葉は，
視聴者に強烈な衝撃を与え，『籠城』中の彼の許には全国から約四〇通の電報
とそれをはるかに上まわる手紙が寄せられた」（鈴木 2007: 160）とし，この事
件は「日本の知識人と呼ばれる人たちのなかに，衝撃とともに在日朝鮮人のか
かえた問題を強く印象づけた」（鈴木 2007: 164，傍点は筆者による）とする．ま

た，当時 65 万人といわれた在日朝鮮人のなかにも金嬉老の行為に自分を重ね，共感する人々も多かった．鈴木によると，金嬉老事件を契機に高史明（コ・サミョン）をはじめとする一部の在日朝鮮人が，在日朝鮮人の民族差別問題および市民権獲得運動に積極的に活動し始めたという（鈴木 2007: 182）．また，1970 年には，「日立就職差別事件」が起こり，在日朝鮮人に対する民族差別問題に関心をもった日本の一部知識人，学生たちが在日朝鮮人とともに訴訟で闘うことを始めた．

　このように，在日韓国・朝鮮人による日本社会における民族差別への直接的な告発は，日本社会に衝撃を与えた．それは，米国の遂行する戦争に「間接的」に「協力」している日本を告発する，という態度を越えて，より「直接的」に日本の内なる加害あるいは責任を告発するものであった．こうした直接的な加害あるいは責任を問う内なる告発のなかで，日本のニューレフト運動に大きな衝撃を与えたものとして，1970 年 7 月 7 日の「華僑青年闘争委員会（華青闘）の決別宣言」を無視することはできない．

　華青闘の告発のあった 1970 年は，1960 年代半ば以後のベトナム反戦運動はもとより，三里塚や砂川などの住民闘争，沖縄闘争，70 年安保などのイシューで学生運動が動き出した時期であった．そのなかに，日本社会におけるマイノリティと直接関係する出入国管理法案をめぐる「入管闘争」があった．入管闘争は，「それまでの出入国管理令（入管令，五一年発布）に代わる出入国管理法案（入管法）の国会上程が予定されていた六九年の春頃から」（絓 2006: 156）始まり，在日韓国・朝鮮人，在日中国人等の一部の在日外国人らが当事者の問題として運動を展開した．しかし，当時の新左翼運動の諸党派のなかでは，在日マイノリティ・グループによる入管闘争への呼びかけは，副次的な問題に留まっていた．新左翼系運動において「入管闘争は党派の要員をピックアップするためのカンパニア的な運動としてしか位置づけられていなかった」（絓 2006: 164）のであった．こうした態度に対し，1969 年 3 月に結成され，日本の新左翼運動との共闘にも積極的であった華青闘は，全共闘八派が参加した 1970 年 7 月 7 日の盧溝橋事件 33 周年集会の場で，日本の新左翼との決別宣言を行ったのである．

本日の集会に参加された抑圧民族としての日本の諸君！

本日盧溝橋三十三周年にあたって，在日朝鮮人・中国人の闘いが日本の階級闘争を告発していることを確認しなければならない．盧溝橋三十三周年の問題と，在日朝鮮人・中国人の問題とは密接不可分であり，日本人民はそれを知るべきである．諸君は日帝のもとで抑圧民族として告発されていることを自覚しなければならない．

今日まで植民地闘争に関しては帝国主義の経済的膨張の問題としてのみ分析されがちであったが，しかし日本の侵略戦争を許したものは抑圧民族の排外イデオロギーそのものであった．

　……（中略）……

このように，勝手気ままに連帯を言っても，われわれは信用できない．日本階級闘争のなかに，ついに被抑圧民族の問題は定着しなかったのだ．日韓闘争の敗北のなかに根底的なものがあった．日本階級闘争を担っている部分にあっても裏切りがあった．日共六全協にあらわれた悪しき政治的利用主義の体質を，われわれは六九年入管闘争のなかに見てしまったのである．今日の日共が排外主義に陥ってしまったのは必然である．

われわれは，このかん三・五の「三・一朝鮮万才革命五十一周年入管闘争阻止決起集会」と四・一九の「南朝鮮革命十周年，全軍労闘争連帯，安保粉砕，沖縄闘争勝利，労学総決起集会」で声明を出し，その内容を諸君らが受けとめ自らの課題として闘っていくことを要求した．四・一九革命[15]に無知でありながら国際闘争を語るようなことでどうするのだ．

われわれは戦前，戦後，日本人民が権力に屈服したあと，我々を残酷に抑圧してきたことを指摘したい．われわれは，言葉においては，もはや諸君らを信用できない．実践がなされていないではないか．実践がないかぎり，連帯といってもたわごとでしかない．抑圧人民としての立場を徹底的に検討してほしい．

われわれはさらに自らの立場で闘いぬくだろう．

このことを宣言して，あるいは決別宣言としたい[16]．

　1970年の華青闘の決別宣言は，当時の日本の左翼勢力の階級闘争のなかで，日・朝・中の人民の連帯というインターナショナリズムの裏側に潜む「排外主義」「民族差別」を糾弾したものであった．入管闘争を副次的な問題としか考えず，むしろ党派勢力を増やすトピックとしかみない新左翼系運動に対し，華青闘は「裏切り」という強い用語をもって，「抑圧人民」としての立場を検討

することを要求している．すなわち，小田が被害者意識を基にした平和思想は限界にきていると憂慮し加害者意識への想像力を促そうとしたのであれば，華青闘の決別宣言は，まさに内なる他者によって直接的に抑圧，加害への側面が問いかけられる1つの場面であったのである．

　こうした内なる在日マイノリティからの告発は，日本が直接的に応答しなければいけない加害の問題，責任の問題へ注目を促した．1960年代末と1970年代の初めにかけて，学生運動が日本社会の問題として在日韓国・朝鮮人の問題に注目し始めたことには，ベ平連運動および内なる告発によって「加害」，「責任」への意識化と繋がっていたのであろう．華青闘の決別宣言が「排外主義」「民族差別」を告発した同じ年に，日立就職差別問題に取り組む市民運動が形成されたことは，一部の活動家たちが中心であったとしても，日本および日本社会の直接的な加害と責任の問題が共有され始めていたことを示している．また，華青闘の決別宣言があった翌年の1971年に，東大法共闘編の『告発・入管体制』（亜紀書房）が出版されたのもただの偶然ではないのであろう．こうしたなかで，1970年代初期のベトナム反戦運動においても，米国を経由しての間接的な日本の責任ではなく，より直接的な日本の責任を問おうとした動きが現われていた．和田春樹らの「大泉の市民の集い」の活動を1つの事例としてあげることができる．

　「大泉の市民の集い」とは，ベ平連と緩やかに繋がりながら活動した地域中心のローカル運動で，初期は，ベトナム戦争からの傷病兵を収容する朝霞野戦病院をターゲットとし，「ベトナム戦争に反対」「戦場に戻るな」と訴えていた．たとえば，米兵にビラを配ったり，新聞を制作したり，また，「反戦放送」なるものを基地に向けて放送した．しかし，1970年の朝霞基地の野戦病院閉鎖に伴い，ベトナム戦争で儲けようとする企業，南ベトナムに進出した企業を問題にしていく．すなわち，日本企業が米軍兵器の部品を供給する[17]など，日本の大手企業の多くが戦争中，南ベトナムに進出し利権を得ており，日本政府は「援助」という形で南ベトナムを支持しているとして，日本がベトナム戦争に「直接的に」加担していると糾弾したのである．こうして，より直接的に日本政府あるいは企業とアジア（ベトナム）の関係が問われ始めたなかで，1973年の金大中拉致事件は，日本の韓国への「援助」の問題や日韓の問題により注目

するように促すきっかけとなった．和田によると[18]，「自分たちは南ベトナム
に対する援助のことを問題にしてきたが，金大中事件が起こり，韓国はどうか，
ものすごく多いのではないか」と「大体ベトナム反戦運動をしていた人は，こ
の事件を受けて，韓国の問題が深刻だということがわかって，やっぱり何かし
なければならないと思った人が多かった」という．

　このように，1960年代から1970年代初期にかけて，ベトナム反戦運動およ
び内なる他者からの告発は，それまで日本社会において視野に入っていなかっ
たアジア（ベトナム）および在日マイノリティに眼を向けるように促し，アジ
アからの，あるいは，在日マイノリティからの声に日本社会が耳を傾ける背景
を形成していたのであった．また，ベトナム反戦運動のなかで培われていた加
害や責任意識は，ベトナム戦争への間接的あるいは直接的な責任とともに，在
日マイノリティの置かれた状況に対する日本社会の責任意識と共鳴しながら，
1970-80年代における日韓連帯運動の背景を形成していったのである．

2　日韓連帯運動の始まり ──「金芝河」と「徐君兄弟」の「救援運動」

　日韓連帯運動は，1970年代の初め，韓国の抵抗詩人として知られた金芝河
（キム・ジハ）と在日韓国人の徐勝（ソ・スン），徐俊植（ソ・ジュンシク）兄弟
の「救援運動」として形成され始めた．韓国で拘束された個々人の救援組織が
一部の知識人や友人・知人を中心に成立したのである．しかし，まだ韓国の民
主化運動に関する情報も少なく，「連帯」という用語も登場していなかった．
以下では，金芝河と徐君兄弟の救援運動を中心に，救援運動として始まった日
韓連帯運動の初期を概観する．

⑴　抵抗詩人「金芝河」の救命運動

　日本社会において韓国の民主化闘争の代表的な人物としてもっとも最初にク
ローズ・アップされたのは抵抗詩人と呼ばれる金芝河[19]であった．韓国知識人
の主要論壇を形成していた総合雑誌『思想界』の1970年5月号で発表された
「五賊」は，日韓会談反対闘争にも参加していた金芝河が，韓国の権力支配層
を「日韓併合において売国した」といわれる「五賊」に比喩し辛辣に批判した

3章　日韓連帯運動の展開──95

風刺詩である。朴正煕の率いる軍事政権は，この詩を載せた『思想界』を廃刊とし，反共法[20]容疑で作家や編集者を拘束するといった筆禍事件を起こす。

　日本では，1970 年 6 月に『週刊朝日』が「五賊」を全訳し掲載しており，金芝河の逮捕・拘束は日本の新聞でも報道された。7 月 20 日には，千田是也[21]ら文化人 18 人が韓国政府の弾圧を非難し，「我が国の言論の自由にとっても危険な影響を及ぼすおそれがあり……到底，黙視していることができない」（『朝日新聞』7 月 21 日）と声明を出した。千田是也は，本名は伊藤圀夫，演出家・俳優である。千田是也（せんだ・これや）という名前は，関東大震災の際，千駄ヶ谷で暴徒に朝鮮人に間違えられ殺されかけた経験から「千駄ヶ谷のコリアン」をもじり，千田是也としたという。

　このように，金芝河は韓国（朝鮮）に関心を持っていた一部の文化人，知識人やメディア（金芝河の地下会見について『サンデー毎日』（1971 年 10 月 17 日号）などが報道）により知られ始め，中央公論社（中井毬栄[22]が編集）は，1971 年 12 月 25 日，いちはやく金芝河の日本での初めての作品集『長い暗闇の彼方に』を渋谷仙太郎[23]の訳で出版することとなった。渋谷は訳者後記において，金芝河が属する韓国の「民主守護国民協議会」によって出された「民主守護宣言」を引用している。「日本は経済的支配から政治的，（自衛隊幹部の訪韓をうけ）軍事的支配まで進み，わが民族の地上の課題である統一を阻害する勢力として登場している」と批判する内容である。渋谷は，こうした「朝鮮人の真の声，切実な訴えがはたしてどれだけ日本に伝えられているだろう」と疑問を呈する。そして，この訳書が朝鮮人の心を伝えるのに役に立つことを願っている。

　　かれを含めた韓国の愛国勢力に理不尽な暴力を加えているものが，ほかならぬキム・ジハが糾弾してやまぬ「親日買弁政権」の朴政権であるが，その背後にはこれに年々数億ドルを供与して弾圧の手助けをしている日本政府の存在がある。この訳書が，現在の韓国での事態を知るための一助となり，漱石[24]の時代をくりかえさせないための何らかの力となるならば，そして南北を問わず朝鮮人との友好を願うひとりの日本人の友情のしるしとなるならば，私のよろこびはこれに過ぎるものはない（渋谷 1971: 273）。

資料3-1　詩人　金芝河の逮捕について
アムネスティ・インターナショナルロンドン本部へ要請文を送ったことを知らせる内容．富山妙子氏提供．以下，とくに表記のない場合は同様．

資料3-2　良心の捕囚
金芝河の詩をモチーフにした富山妙子の作品．「徐君兄弟を救う会」など，良心犯（政治犯）救援運動に広く用いられた．

　渋谷は解説において，当時日本では『韓国夜の観光ガイド』のたぐいのものは大量に出版されていても，文学者の翻訳書は1冊もないと指摘している．1970年代の初めごろは，韓国に関する情報は，妓生（キーセン）観光のような歓楽・娯楽的なものや日本人による紀行文に限られたものが多かったことを窺わせる．一方，渋谷が指摘しているように，韓国人の視点から韓国の状況を伝える書物・情報はほとんどなかった．

　1972年，流言蜚語を素材とした金芝河の長編風刺詩「蜚語」が韓国カトリック系機関紙『創造』4月号に発表された[25]．雑誌は発禁処分となり，金芝河は再び反共法違反で逮捕・拘束される．ここで，日本においては初めて金芝河と関連する救援運動が生まれることとなる．2つの救援組織がほぼ同時期に形成された．「金芝河救援委員会」は4月18日，画家の富山妙子[26]，アムネスティ・インターナショナル（Amnesty International）日本支部の有志，劇団民藝の米倉斉加年らおよび劇団三十人会などの新劇人の文化人が中心になって，結成された組織である．ほぼ同時期の5月9日には，「ベトナムに平和を！市民連合」（以下，ベ平連）と関わる知識人・文化人が中心となり「キム・ジハ救

3章　日韓連帯運動の展開——97

援委員会」を組織した．また，1972 年 7 月には青木書店から，姜舜（カン・スン）訳によって『五賊　黄土　蜚語』という金芝河詩集が出版された．

　「金芝河救援委員会」は文化的創作活動を通じ金芝河について日本社会に知らせることを中心としていた．代表となった富山妙子は，1972 年 4 月 18 日の金芝河逮捕のニュースを受け，アムネスティ・インターナショナルのロンドン本部に金芝河を「良心の囚人」として救援することを要請した（**資料 3-1**）．また，友人たちとともに「表現の自由」を守るためのアピール行動を開始した[27]．

　富山妙子による金芝河の詩に寄せるリトグラフの制作活動——「良心の捕囚」（**資料 3-2**）——とともに，「金芝河救援委員会」では金芝河作の戯曲「銅の李舜臣[28]」と，詩「五賊」全篇，「黄土」「蜚語」の抜粋を日本語にして上演することを決めた（**資料 3-3，資料 3-4**）．こうした上演は，『市民運動[29]』の記録によると，1972 年 5 月初旬，馬山（マサン）で金芝河と面会してきたデンマークの記者（アンデルセン氏）が来日し，アムネスティ・インターナショナル日本支部の有志と会合の結果，金芝河救援のための劇上演の計画が立てられたという．この計画は吉松繁牧師の努力で具体化し，6 月には演出の岡村春彦，民藝の米倉斉加年，岩下浩，三浦威らによって「詩人金芝河・劇と詩の朗読の集い」の上演が決定されたという．当時，演出の岡村春彦は「署名・カンパ活動とは一応別個に，金芝河の作品を表現していくことを通して，彼を支援していきたい[30]」と述べている．このように，「金芝河救援委員会」は，絵画や劇という文化活動を中心に救援運動を広げていった．「金芝河救援委員会」は，1973 年，アムネスティ・インターナショナル日本支部のなかに第 6 グループ「架橋」が結成されたのを機会に解散し，「架橋」グループに合流した[31]．

　一方，「キム・ジハ救援委員会」は知識人が中心で，海外著名人を含んだ署名を韓国政府に伝えるなどの方法をとっていた．「キム・ジハ救援委員会」は，1972 年 5 月 9 日，ベトナム反戦運動に関わっていた作家の小田実，哲学者の鶴見俊輔らを中心に結成された．そして，金芝河の釈放と自由な活動の保証を求めるため，海外著名人に救援運動への参加を呼びかけた[32]．発足のきっかけは，イギリス人のデビッド・ボケット（David Boggett）からの呼びかけであった．鶴見俊輔は在日朝鮮人知識人の総合雑誌である『季刊三千里』の創刊号（1975 年 1 号）にて次のように述べている．

資料 3-3 詩人金芝河・劇と朗読の集い
金芝河の戯曲「銅の李舜臣」の「金芝河救援委員会」による上演を知らせるチラシ．

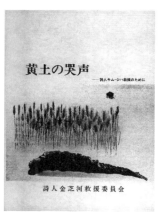

資料 3-4 黄土の哭声
「金芝河救援委員会」による「銅の李舜臣」の上演に関するパンフレット．

[ボケットという人は，ヨーロッパにおける] 韓国人留学生の蒸発事件[33]，あれについての調査委員会がイギリスでできていて，そこから派遣されてきた人なんですね．韓国を中心にしてアジアの問題を見ていく，というその視点をもって日本に滞在してずっと調査報告などをしてきた人なのです．その人物と私はいくらかつき合いがあった．彼から夜中に近いところに電話がかかってきて，唐突なんですよ．「小田実の電話番号を教えてくれ」と言うんです……（中略）……「金芝河という韓国の詩人がつかまったと，それについて小田氏の力を借りたいから頼みたい」そういうわけですよ（鶴見・金 1975: 13）．

こうして，ベ平連のスポークスマンであった小田実が中心となり，著名人の署名を集め，金芝河の釈放要求依頼状を韓国政府に伝えるべく「訪韓市民連合」が組織された．訪韓団は鶴見俊輔，真継伸彦，金井和子[34]の3人となった．ソウルで池學淳（チ・ハクスン）司教に会い，馬山の療養所のなかで軟禁状態にいた金芝河とも会えたことで鶴見は，この活動を契機に韓国と日本の関係について考えていくようになったという．

［韓国に］いったらね，詩人というものの定義がまったく違う，韓国の社会状況の中はね．……（中略）……敗戦直後の日本だったらやっぱりいくらかわかったでしょうが，占領が終わってからの高度成長というやつがくせものなんで，それからやっぱり日本と韓国はなにか表裏になるような関係となって，同じ言葉のもつ意味が違ってしまう条件ができた．金芝河の問題は，私にそれを考えさせる手がかりを与えてくれた（鶴見・金 1975: 18-19）．

　ここにみられるように，鶴見俊輔や真継伸彦は最初から金芝河の問題に関心を持ち，韓国の状況あるいは日韓関係に関心を持っていたわけではなかった．鶴見は訪韓直前に金芝河の作品集を手にとったし，真継は飛行機のなかで読んでいたという（鶴見・金 1975）．むしろ，こうした訪韓の体験や韓国の民主人士と言われる人々と「直接」に会話する経験が，日本と韓国について新たに考える契機となったのである．特に鶴見はここでの金芝河との出会いのなかで強い印象を受けたとしている．金芝河と会った際，鶴見の「ここに，あなたを死刑にするなという趣旨で，世界中から集めた署名があります」という発言に，金芝河が「Your movement cannot help me. But I will add my voice to it to help your movement（あなたがたの運動は私を助けることはできない．しかし，私は，あなたがたの運動を助けるために，私の声をそれにくわえよう）[35]」（『日韓連帯ニュース』（号外）1974 年 7 月 19 日，鶴見 1976: 219-220）と答え，鶴見は驚いたという．鶴見は，当時の驚きについて，回顧録『戦争が遺したもの』（鶴見ほか2004）のなかで，以下のように記している．

　これはすごい奴だと思ったよ．朝鮮人か韓国人とか，そういうことを超えて，人間としてすごいと思った．もし私だったら，死刑になりそうになっている自分のところへ，署名をもって外国人がいきなり訪ねてきたら，何が言えるだろう．「サンキュー，サンキュー」ぐらいが関の山でしょう（鶴見ほか 2004: 337）．

　こうした，まったくの対等な人間としての発言に「驚いてしまった」鶴見らについて，彼らの金芝河訪問に関し，批判の声もあがったようである．「銅の李舜臣」の劇評を『週刊読書人』に書いた松本健一は，「キム・ジハに，のこのこと会いにいった日本の知識人たちがいた．いかにも良心的なかれらと，

100——第Ⅱ部　トランスナショナルな社会史

［「銅の李舜臣」をみながら］キム・ジハってラジカルだね，としたり顔にいう
ものたちとは等価」であると批判する．すなわち，「銅の李舜臣」や「五賊」
のなかで金芝河が問題提起する日韓併合と日韓条約へと繋がる日韓の歴史的な
関係性を知らず，「詩の文字面から韓国の貧富の格差を視，支配階級の横暴ぶ
りを非難するものたちは，歴史を無視することによって帝国主義者とさして変
わりない」というのだ（松本 1972）．そして，鶴見や真継に向けられた金芝河
の言葉は，松本の解釈によれば，（日帝および帝国的な姿勢に対する）「婉曲な
拒絶の言葉」であり，「かれは，拒絶こそが唯一の連帯の道である，とそこで
説いているのだ」という．こうした松本の解釈は，広く受け入れられたようで
ある．金芝河の言葉は，日本の支援，連帯運動勢力のなかで，「日本の安易な
支援運動を拒絶する」「日本人自身を助け出す運動にするべき」と解釈されて
いく[36]．

(2) 在日韓国人政治犯「徐君兄弟」の救命運動

　金芝河の「五賊」に対する筆禍事件が起きた約 1 年後，1971 年 4 月 27 日，
朴正煕軍事政権は，金大中という大衆に人気のある野党の大統領候補と大統領
選で競争しなければならない状況を迎えていた．韓国では大学生を中心とした
国家安保・反共教育の教練授業反対闘争が大統領選挙における選挙闘争と絡ん
で盛り上がっていた．こうした状況のなかで，陸軍保安司令部は，大統領選の
1 週間前である 1971 年 4 月 20 日，北朝鮮の指令をうけ国家転覆を企図したと
して，徐勝（ソ・スン），徐俊植（ソ・ジュンシク）を含む在日韓国人留学生な
ど合計 51 名をいわゆる「在日僑胞留学生スパイ団事件」で逮捕した．「首魁」
と名指された徐勝は，調書作成過程における尋問と拷問で焼身自殺を図り，顔
面に大やけどをし，両耳はなくなり，唇もわからないほどのケロイド状態とな
った[37]．1 審判決では，徐勝は死刑，弟である徐俊植は懲役 15 年が宣告され
た．この事件を受け，日本では徐勝・徐俊植の友人，同窓会，キリスト者グル
ープ，在日韓国学生同盟（以下，韓学同）および在日韓国青年同盟（以下，韓
青同）などが，救援活動を行うこととなった．

　そのなかでも代表的な組織として，「徐君兄弟を救う会」（以下，救う会，
1971-1990 年）を挙げることができる．救う会は，徐勝の母校（東京教育大学，

現：筑波大学）での「徐君を護る東京教育大学同窓生の会」と，京都での「徐君を守る西ノ京中学・桂高校同窓会の会」など，東京と京都などでの各地の運動を連結するために，1971年10月23日，東海林勤牧師を代表に迎えて結成された組織である．東海林勤は，1971年12月8日「救う会」の代表として初訪韓し徐兄弟と面会している（東海林 2009）．「救う会」の代表となり，また訪韓したことについて，東海林は「私が牧師であることが，韓国で政治的意図を疑われずに行動しやすいことが，理由」（東海林 2009: 27-28）とされ頼まれたという．東海林によると，当時の「私は日韓の歴史的，現在的な関係についても，朝鮮半島南北の対立についても，ほとんど無知であったので，政治的意図は持ちようもなかった」ので，「いわば人道的立場で行くことはできる」と考えたと述べている（東海林 2009: 28）．

　このように，徐勝・徐俊植との個人的な面識がなくても，「人道主義」的な立場から救援運動に参加した人々が多かったと考えられる．『徐君兄弟を救うために』の準備号（1971年10月）では，「日本の地に生まれ育ち，青春の日々の幾里霜かを，この日本の地で過ごした若い在日韓国人兄弟が非人道的な処遇の末獄舎に，過酷な政治的情況の下での〈死〉と対面させられている時，私達日本人はどうして黙って見過ごせるでしょうか」と，「日本の地で生まれ育った」彼らへの支援を訴えている．また，〈徐勝・徐俊植両君の逮捕後1周年にあたってすべての皆様に改めて訴えます〉（徐君兄弟を救う会，1972年4月20日）という訴え文も「日本で生まれ育った在日韓国人兄弟」という文句から始まっている．しかし，在日韓国・朝鮮人の「存在」に対する歴史的責任を問うものもいた．東海林によれば，「私には，学生たちがこの運動を在日朝鮮人に対する自分の責任と考えていることにも促される思いがあった」（東海林 2009: 28）という．救援運動は基本的に「日本の地で生まれ育った」，「われわれ（日本人）と変わりのない」在日韓国人への人道主義的な訴えで行われていたが，一部の学生たちのなかでは南北分断や在日韓国・朝鮮人の問題を日本との歴史的関係で把握しようとしたことが窺われる．

　こうした人道主義的な訴えを超えていく契機の1つとして，東海林は最終審に向けて出された徐勝の最終陳述（1972年11月23日）を挙げている（東海林 2009）．東海林は「京都YWCA徐君兄弟を守る会」の活動報告（1973年5月

頃）を引用し，活動家たちが民族統一への志向と積極的民族主義をあきらかにした徐勝の最終陳述に刺激を受け，「私たちは人道的な救援の意味を超えて，統一を阻む日本の政策を，在日朝鮮人を焦点に，歴史的に問い直したい」，「そして，自分たち自身も，徐兄弟が主張を曲げずに出獄するよう支援しながら，自己解放の過程を歩みたい」（東海林 2009: 62-63，傍点は筆者）と述べたところに注目した．すなわち，救援運動がただ一方向の活動ではなく，「自国の歴史と自分の生き方を問い直すという，双方向の姿勢が示されている」（東海林 2009: 63）という．ちなみに，徐勝が最終陳述のなかで述べた積極的民族主義とは，以下のようなものであった．

> 日本にいる僑胞は韓国人としての意識をもってはいても，それはどこまでも基礎的なものにすぎず，差別されるが故に自らが韓国人であることを感じ，意識する．逆にいうならば，積極的な意味での真の民族意識を自覚し得ないでいるのであります．積極的民族主義というのは，先程も述べたように，自国の文化，歴史，伝統，言語その他全ての事柄を深く理解し，認識し，それらを愛し誇りとすることであり，そして実際に豊かな統一された世界に誇るに足る祖国をもつことであり，更には全民族的一体感を確固とし，紐帯を強めることであります．このような三つの条件を内容にして，積極的民族主義が成立するものと私は考えます（徐君兄弟を救う会編 1992: I, 166）．

徐勝の積極的民族主義は，当時の日本社会における民族差別への対抗としてみることができよう．みずからを「否定」するのではなく，「肯定」すること，それが当時の在日韓国・朝鮮人——とりわけ，2世以後——の「生存」（アイデンティティの獲得）において大きな課題であったことが窺われる．救う会は「日本の地で生まれ育った」徐君兄弟への支援の訴えから，このように在日韓国・朝鮮人という「異なった」焦点から，民族的マイノリティを差別し否定する日本のあり方，歴史，政策などを問題提起していくことにしたのである．

「徐君兄弟を救う会」の活動は，運動への協力を求める署名運動，駐日韓国大使館などを対象とした嘆願書作成や提出，韓国への裁判傍聴活動，カンパ活動，会報制作などであった．特に，アムネスティ・インターナショナルロンドン本部[38]が動き，調査活動を行うことと関わり，「徐君兄弟を救う会」はアム

ネスティ・インターナショナル日本支部と協力しながら活動を行うこととなった．また，「母国留学生救済」を掲げる韓青同，韓学同，在日大韓基督教会などによる救援運動とも，緩やかな協力関係を持っていた．

　以上のように，1970年代の初めごろは，金芝河および徐君兄弟らの事件をめぐって，一部の知識人・文化人，在日韓国人，友人・知人といった少数のグループによる救援活動が行われ始めていた．この初期の救援活動は，まだ「連帯」という用語も使っていないもので，大衆的な関心もそれほど高くなかった．しかし，以下，金大中拉致事件をきっかけに以上のような状況は変わっていく．

3　日韓連帯運動の拡大──金大中拉致事件と民青学連事件

　1973年8月8日の金大中拉致事件は，韓国の軍事政権のあり方や韓国の民主化運動を日本の大衆が初めて認識するきっかけとなった．また，1024名という大規模な逮捕が行われ，180名が拘束・起訴された1974年4月の民青学連事件[39]は，韓国における民主主義のための闘いにより多くの注目を集めた．1973年の金大中拉致事件以後，在日韓国人民主団体の活動が本格化し，また，ベトナム反戦運動に関わっていた活動家たちが韓国問題と関連し活発な活動を展開していく．そのなかで，韓国の民主化運動への「連帯」という用語も登場していく．こうした連帯ムードの形成とともに，在日韓国・朝鮮人と日本の活動家たちが，民族的・組織的な境界を越えて連合行動をとるに至った．

(1)　金大中拉致事件の余波──「連帯」組織の出現

　韓国の野党の代表である金大中は，1972年末の維新憲法[40]の成立とそれに伴う統制と圧迫のなか，1973年から積極的に海外の韓国人同胞社会を中心に海外での韓国民主化および統一運動を展開しようとしていた．国内における政治機会の閉鎖的状況から，海外の活動家たちとネットワークを形成することによって，韓国の軍事政権に影響を及ぼそうとしたのである．金大中は，海外の韓国人同胞との研修会などを通じ，1973年7月6日には米国で「韓国民主回復統一促進国民会議」（以下，韓民統）本部を結成し，その4日後に来日，在日韓国人民主人士らによって構成された主要幹部会議を通じ日本における韓民

統結成を議論していた．8月8日には，民団東京本部，神奈川県本部の役員，有志懇談会，韓青同[41]，婦人会の幹部などが韓民統結成に向けて最終的な打ち合わせを行っていた（鄭 2006: 130）．韓国国会議員との会談のためホテル・グランドパレスに出かけた金大中は，そこで韓国中央情報部（Korean Central Intelligence Agency, 略称 KCIA[42]）により拉致された．

　金大中拉致事件を受け，まず在日韓国人の活動家たちと組織が動き出した．事件当日，韓民統結成と関わっていた人々が，救出対策委員会の発足を決め，翌日の8月9日には「金大中先生救出対策委員会」（以下，救対委）が成立した．救対委の委員長である鄭在俊（チョン・ジェジュン）によると，アジア問題や韓国に関心のある国会議員[43]への協力を要請する一方で，「連日連夜，日比谷公会堂や数奇屋橋公園などで集会や断食闘争を行い，また数十回に及ぶ講演会，デモ行進などを実行して，日本国内外に大変な反響を巻き起こした」（鄭 2006: 131）という．金大中は，5日後の13日にソウルの自宅に戻ったが，この拉致事件をめぐって，日韓関係は急速に悪化することとなる[44]．韓国政権による日本の主権の侵害という批判と，金大中の現状回復（再来日）を要求する声が高まったためである．

　韓民統結成に関わった人々は，13日「韓国民主回復統一促進国民会議日本本部発起大会」を開催し，金大中を議長とした韓民統日本本部を結成した．韓民統は「金大中先生救出対策委員会」と緊密に協力しながら，「金大中先生を日本に送り返せ」「朴独裁を打倒し，民主回復を闘い取ろう」などのスローガンを中心に拉致事件の真相究明や責任者の処罰などを訴えた[45]．金大中の「現状回復」や「独裁政権退陣」を求める声は，「金大中先生救出対策委員会」が，大阪，京都，名古屋など各地方，地区にも続々と出来上がるなかで，韓青同や韓学同などの在日韓国人社会を中心に高まった．具体的な活動としては，韓国大使館への抗議デモ，集会，民衆大会，日本の首相や各党，国連事務総長，米大統領などへのアピール，日本各界への協力要請，署名運動など様々であった[46]．

　この拉致事件を受け，日本の野党や社会のなかでは，日本政府の対応を問題にする声が上がってきた．日本政府の対応への批判的な議論は，「韓国によって日本の主権が侵害された」といった主権侵犯論をもとにしていた．「日本を

舞台にこの種の事件を起こされるのは日本の主権が踏みにじられたわけで当然強い抗議をすべき」であり、「無礼な韓国政府」に対し「けしからん」といった強い抗議姿勢をとることを日本政府に注文する（『朝日新聞』1973年8月14日）という論調が主流となっていた。国際法上における「自国内で他国の公権力を行使させない」といったことに違反するので、「主権」を貫くことを政府に要請し、新聞や雑誌では「主権を貫いた」西ドイツの事例も紹介されていた[47]。しかし、こうした「主権侵害論」には、大国主義や排外主義的な姿勢が含まれていたのであり、「人権」という普遍的原理から金大中という個の人間にアプローチすべきだったという指摘もあった[48]。

　日本の活動家のなかで、いち早く金大中拉致事件に反応したのは、ベトナム反戦運動に関わったグループである。ベトナム反戦運動の活動家たちの多くが名を連ねている1973年8月23日の「声明」では、日本政府に対し、韓国中央情報部の活動を日本国内で一切許さないこと、韓国政府に対し、金大中とその家族の安全を確保すること、そして、日韓両政府に対して、金大中の来日を早急に実現させることを要求した。「声明」の賛同者には、「キム・ジハ救援委員会」の鶴見俊輔、小田実とともに、べ平連の事務局長である吉川勇一を含め、武藤一羊、大江健三郎、小中陽太郎、和田春樹らのベトナム反戦運動に関わっていた人々が名を連ねている[49]。この点において、べ平連運動、ベトナム反戦運動が終結に向かっていくなかで、これらの反戦運動に関わっていた人びとが、金大中拉致事件をきっかけに、韓国問題に関わってきたと考えることができる。すでに、第1節の最後の部分でも言及していた通り、ベトナム反戦運動の活動家のなかで、日本の南ベトナムへの援助や日本の企業進出を問題にしていた人々がおり、金大中拉致事件をきっかけに同じような問題意識で日韓関係を問題視し始めた人々がいたのである。

　金大中拉致事件の余波で、9月7日に控えていた日韓閣僚会議がその前日に延期となった。また、9月の始めには、拉致現場から駐日韓国大使館の金東雲（キム・ドンウン）一等書記官の指紋が検出され、拉致事件と韓国政府および韓国中央情報部との関係がより強く問われることとなった。それにより、日韓条約の時の「経済協力」の性格が問われていくこととなる。しかし、9月7日、衆院本会議で田中角栄首相は「日韓友好優先」「援助打ち切りなし」（『朝日新

聞』1973 年 9 月 8 日）などと発言し，日本政府は真相究明もままならぬ状態で，韓国側の継続的な捜査努力を条件とし，自宅軟禁状態の金大中を「現状回復」とみなし，韓国政府と政治的決着（一次政治決着）をつけた．そして，延期されていた日韓閣僚会議を行うことにした．

　こうした政治決着と日韓閣僚会議に反対し，韓民統と救対委はデモ行進を続けることになる．12 月 9 日は，「本国同胞の救国闘争を支援し，韓日閣僚会談に反対して，金大中先生の再来日を要求する在日韓国人大会」を開催した[50]．救対委の委員長である鄭在俊は，この日を前後にして「日本の市民団体などはそれぞれの立場から金大中氏救出運動を多様に展開」（鄭 2006: 137）したと記録している．その多様な展開のなかには，連日マスコミの関心が注がれた金大中拉致事件で浮かんできた日韓関係のあり方や日本政府のあり方に対する批判が存在していた．

　1973 年 10 月 2 日，韓国では維新体制下の沈黙を破り，中央情報部の即時解体と金大中事件の真相究明を求めるソウル大学生のデモが起こり，このニュースは日本の各メデイアでも報道されることとなった．また，その後，韓国で大いに盛り上がった「維新憲法改憲請願 100 万人署名運動」も報じられ，金大中拉致事件を契機に，韓国国内の闘いもより詳細に報道され始めた．こうした背景のなかで，1974 年 1 月 15 日に韓国キリスト者と緊密な関係にある日本キリスト者を中心に「韓国問題キリスト者緊急会議」（以下，緊急会議）が結成される．また，4 月 18 日には日本知識人を中心とした「日本の対韓政策をただし，韓国民主化闘争に連帯する日本連絡会議[51]」，すなわち，「日韓連帯連絡会議」が結成されることとなる．この組織は，韓国民主化闘争および日韓関係と関わる様々な運動をつなげるために出来たアンブレラ組織である．当時，ベ平連運動やベトナム反戦運動に関わっていた人々が中心であったため，最初はベ平連の事務所を使っていたという[52]．このように，1974 年には，1970 年代初期の個別的な韓国政治犯救援運動を超え，それらをつなげる運動組織までが現れることとなった．そして，この組織の名前から窺えるように，運動組織名に「救援」や「支援」だけでなく，「連帯」といった言葉が使われるようになった[53]．

(2) 民青学連事件——活動家・組織間の連携

　1974 年 4 月 3 日の民青学連事件では，1970 年代初期にすでに「五賊」「蜚語」「銅の李舜臣」などで知られていた金芝河と日本人の早川嘉春，太刀川正樹[54]が逮捕され，彼らの釈放を要求するデモ，示威行動が活発に行われることとなった．「日韓連帯連絡会議」（以下，日韓連）の事務局長である和田春樹の記録によると，日韓連帯運動がより広がりをもったのは，7 月の金芝河らへの死刑求刑の発表後である．

　　日韓連の中にはその構成グループの一つとして，七二年に「蜚語」の発表で追求
　　された金芝河支持のために結成された金芝河救援委員会[55]が入っていたが，七
　　月九日の死刑求刑ののちに，この委員会が「金芝河らを助ける会」に発展し，日
　　韓連と表裏の関係になって，積極的に運動を展開した（和田 1975a: 54）．

　「金芝河らを助ける会」は，7 月 9 日夜，詩人・金芝河ら 7 名に対し，大統領緊急措置第 4 号に基づいて軍法会議が死刑を求刑したとのニュースを受け，翌日の 7 月 10 日，日本人と在日韓国・朝鮮人がともに作った連合組織[56]である．1973 年金大中拉致事件における救命運動のなかで，在日韓国人と日本人の活動家たちが以前と比べ，交流する機会が多くなったことがこうした背景にあると考えられる．

　民青学連事件と関わり，韓民統，緊急会議，日韓連，金芝河らを助ける会，徐君兄弟を救う会など様々な組織が，個々の活動家が持つ緊密な人的ネットワークを通じ，多くの連携した行動を行った．たとえば，それぞれが主催する集会，デモ，署名運動，講演会などに互いに参加していた．1974 年 6 月 27 日の「韓国民主化闘争に連帯する集まり」（日韓連主催，全電通会館）の発言者は鄭敬謨（チョン・ギョンモ），郭東儀（カク・ドンイ，韓民統），大塩清之助（緊急会議），小田実，真継伸彦（キム・ジハ救援委員会，7 月 10 日以後，金芝河らを助ける会）で構成された．すなわち，日韓連帯運動が個人および運動組織を越えてネットワーク的に繋がって構成されていることを示している．

　また，それぞれの組織は記者会見，集会，講演会などを通じて，韓国の内部から伝わったという地下文書や録音テープなどを公開し，様々な方法で入手し

た韓国内部の闘う人々の声を共有していた．たとえば，1974年6月11日，日韓連は，民青学連事件の際に配られたビラのなかで秘密裏に伝わった，当時，金芝河の作とみられた「民衆の声[57]」（姜舜訳）という詩を記者会見で公開した．また，1974年7月25日，日韓連と金芝河らを助ける会共催の「金芝河ら全被告を釈放せよ，殺すな！集会」では，金芝河の詩を作家本人が朗読したテープを流した．祖国統一在日知識人談話会と日韓連共催の「民族詩人金芝河の夕べ」（1974年7月30日，読売ホール）では，鄭敬謨によって，民青学連事件で逮捕された金東吉（キム・ドンギル）教授の逮捕直前の演説テープが流された．このように，それぞれの組織はお互いに連携し，入手した韓国の生の肉声を公開，共有しながら運動を盛り上げていった．

　こうした日韓連帯運動における連携は，一部の日本の政治政党とも繋がっていたようである．1974年8月8日の金大中拉致事件1周年には，金大中が拉致されたホテル・グランドパレスで，社会党委員長，共産党委員長，公明党委員長と青地晨，小田実が参席した会談が開かれ，小田の作成した「共同の訴え」が修正・決定され発表された．この「共同の訴え」は，全政治犯の釈放，対韓援助の根本的再検討を要求し，9月中旬に集会とデモを呼びかけるものであった．こうした呼びかけにより，9月には，「朴政権に全政治犯の釈放を求め，政府・財界に対韓政策の根本的転換を迫るための九・一九国民大集会」が開かれた．この集会について，日韓連の和田の記録によると，発言のなかには，「理解できない表現もあった」が，韓国民衆の闘いが人々に強い印象をあたえていることが感じられたという（和田 1975b: 60）．「理解できない表現もあった」ことからは，集会において一部の政治政党が繋がり，規模的な面では拡大したが，まだ，運動における問題意識の共有，先鋭化には至らなかった状態であったことが窺われる．

　こうした政治政党が関わった背景の1つとして，1974年8月15日の文世光（ムン・セグァン）事件[58]における，韓国政府の態度および韓国での反日デモに対する批判が挙げられる．大統領の夫人を暗殺した在日韓国人の文世光の背後関係として，パスポートや銃の獲得経緯で日本人の共犯や総連との関わりなどが問題とされた．韓国政府は，日本政府に謝罪と防止のために総連の活動への監視を要請した．これに対し，「謝るのは向こうの方じゃないか．外国人で

3章　日韓連帯運動の展開——109

資料 3-5　連帯を求めて――ハンスト

「金芝河らを助ける会」による断食闘争（『世界』1974年11月号のグラビア，撮影・大植太三朗）．

資料 3-6　連帯を求めて――9.19国民会議
上：国民会議において発言する小田実・大江健三郎．
下：国民会議後の街頭行進．
（『世界』1974年11月号のグラビア，撮影・大植太三朗）

ある韓国人が日本の警察のピストルを盗み，日本人をだまし旅券を入手，向こうへ行って，つまり自国に帰ってああいうことをやった」「被害を受けたのはこっちなんだ」「それなのに日本に『謝罪』しろというのは主客転倒だ」という声[59]が日本の政党側で挙がったのである．この文世光事件は，「解放後一番日韓関係を悪化させた事件で，国交断絶直前まで行かせた事件[60]」であったという．1974年11月号の『朝鮮研究』における「座談会『反共反日』デモをどう見るか」では，（韓国の）「『民衆はそれほどでもないが，政府はけしからん』という考えを，たとえば，九・一九の集会に行く多くの人は持っているんじゃないか」（『朝鮮研究』編集部 1974: 16）と記している．すなわち，1974年9月19日の国民大集会の背景には，韓国の民主化のために闘う民衆と繋がろうとする動きとともに，主権侵害論や「被害や迷惑はむしろこっちが受けた」といった意識がともに作動していたと考えられる．その点，和田の言う「理解できない表現もあった」のは，金大中拉致事件後の韓国の民主化運動への注目と関

心のなかには，韓国民衆の闘いに対する共感，連帯意識からではなく，「民衆はそれほどでもない」が「反日デモはけしからん」，そして，「韓国（政府）はけしからん」というある種の排他的な態度からの関わりが混ざっていたことを窺わせる．

こうしたなかで，特に注目に値するのは，日本人と在日韓国・朝鮮人が民族を越えてともに「金芝河らを助ける会」を組織したことである．「金芝河らを助ける会」は，共同で断食闘争を行うなど，新しい動きを見せていた．たとえば，1974年7月16日から三日間行われた断食闘争（1次ハンスト：真継伸彦，金石範，金時鐘，南坊義道，李恢成）と7月27日から同じく3日間行われた断食闘争（2次ハンスト：鶴見俊輔，金達寿，針生一郎，李進熙）は，著名な日本人作家と在日韓国・朝鮮人作家たちがともに参加したことでメディアにも取り上げられ注目を集めた（**資料3-5，資料3-6**）．また，金芝河らを助ける会は，小田実の国際的な繋がりをもったベトナム反戦運動の経験を生かし，米国のノーベル賞受賞者，アジア学者，ベトナム反戦運動の活動家，その他タイ，西ドイツ，イギリス，ノルウェーなどにおける様々な著名人らを，金芝河らを助ける国際委員会に参加させた[61]．金大中拉致事件1周年には，金芝河らを助ける会国際委員会訪韓団が1万7000人の署名簿をもって韓国に渡った．団長は日高六郎で，大島孝一，藤枝澪子，ジョージ・ウォールド，フレッド・ブランフマンの5人である．民青学連事件と関わった様々な運動の模様は，ただ1つの局面で整理されるものではなく，在日韓国・朝鮮人と日本人の共同の動き，そして，日韓をも越えた世界的な動きと繋がっていた．

1974年に入りこのように盛り上がった日韓連帯運動は，1975年の4月9日の人革党関連者の死刑，7月22日の金大中拉致事件における日韓の第2の政治決着，そして，22名の在日韓国人が逮捕された11月22日の「11.22学園浸透スパイ団事件」などを経て，より拡大していく．朝鮮文学者の田中明は，当時，日韓連帯運動を「いい子ぶりにすぎない」「主体性が欠けている」ものと批判しながらも，「いま，日本では韓国政府に対する批判と，反政府運動に対する支援の声が澎湃として起こっております」（田中 1975: 148）と記している．

1975年，民青学連事件を背後で操縦したとされた人革党関連者8人に対し，判決から1日も経たないうちに死刑が執行されたという苛酷な状況のなかで，

3章 日韓連帯運動の展開──111

7月22日，韓国側は日韓間の問題となっていた金大中拉致事件の金東雲駐日韓国大使館一等書記官について，捜査結果「日本側が提示した疑惑を立証する十分な証拠がなかったため不起訴処分」としながら，「金東雲は日本で疑いをもたれるような行動をとったことで公務員としての資質と品位にもとるので懲戒免職処分にした」という内容の口上書を日本側に伝えた．日本側は，韓国側の「金大中の海外での言動は一切不問に付す」という条件を確認したうえで，「金東雲についてこれ以上追及しない」「きれいになった」との認識を表した[62]．すなわち，日本政府も，韓国政府の主張を支持し，指紋が出ていた金東雲は「疑惑」に過ぎず，拉致事件における中央情報部などの韓国政権側の関わりを否定したのであった．この1975年の第2次政治決着を通じ，両政府間においては，金大中拉致問題は完全に解決されたこととなった．しかし，こうした一連の政治決着は日本市民にとっても不可解なものであり，日本政府のあり方や日本の民主主義のあり方についての疑問を植え付けた．また，この政治決着における金大中の「海外での言動は一切不問に付す」との約束は，1980年光州事件における金大中裁判において再び問題となる．韓国の新たな軍事政権が，金大中の日本での言動を問題（韓民統との関係）としたのである．日韓連帯運動は金大中拉致事件と関連し政治決着を批判しながらも，1980年には「日本政府は韓国政府に政治決着時の約束を守らせろ」と，政治決着の際の密約を逆手にとって日本政府に要求・抗議を行うことになる．

4　日韓連帯運動におけるネットワークの拡大
——在日韓国人政治犯救援運動／アジアの女たち／芸術文化活動

　1973年の金大中拉致事件，1974年の民青学連事件，また，それに続く人革党事件などを通じ，日韓連帯運動は既存の救援運動の視点・態度を超え，韓国の民主化運動に対する「連帯」を掲げるようになった．組織名，集会名においても「連帯」という用語が用いられるようになる．また，在日韓国・朝鮮人と日本人の民族的な境界を越えて連携，連合行動を行うようになった．もちろん，個人や組織間の視点・立場の違いは見えていたものの，連帯活動においては，協力的なネットワークを形成していった．こうしたネットワークの形成は，

112——第II部　トランスナショナルな社会史

1975 年以後になると，運動部門を越えてより拡大していく．以下では，日韓連帯運動のなかで 1970 年代の初めごろから重要な軸を構成していた「在日韓国人政治犯救援運動」が消極的な助命・救命運動から，積極的な告発や政治的問題提起へと拡大していった過程，他の運動部門とのネットワークの形成過程を概観する．また，国内だけでなく，国際的なネットワークを形成することになる芸術文化作品を通じた連帯活動と，女性運動部門の日韓連帯運動とのネットワーク形成についても検討していくことにする．1970 年代末からは労働運動部門も日韓連帯運動へ参画することとなるが，次節でより詳しく論じることにし，ここでは若干触れることに留める．

⑴　在日韓国人政治犯救援運動におけるネットワークの拡大

　日韓関係の改善と親善がうたわれることとなった 1975 年末，22 名の在日韓国人が逮捕される「11.22 学園浸透スパイ団事件」が起きた．韓国に留学などの理由で滞在していた在日韓国人を狙った様々な公安事件が 1971 年の「学園浸透スパイ団事件」以後も続いていたが，この事件はそれまでよりもはるかに大規模であったため，在日韓国人社会だけでなく，日本社会にとっても衝撃的な事件であった．

　在日韓国人政治犯問題は，1971 年「学園浸透スパイ団事件」以後も継続し，そのなかにはすでに死刑執行された人々もいた[63]．1974 年 3 月 15 日に発表された「鬱陵島スパイ団事件」では，東京に滞在し難を避けることができた李佐永（イ・ザヨン）が，彼の経営する会社の韓国工場に出張中の職員が受けた逮捕・拷問について，日本ではじめて朴政権の拷問の実態を暴露する記者会見を行った（吉松 1986: 236）．この時期を中心に，在日韓国人政治犯救援運動は消極的な助命嘆願運動から朴政権のあり方を非難し暴露するといった積極的な告発へ転換する（吉松 1986）．そこで，李佐永，孫順伊（ソン・スンイ，1974 年 4 月 28 日に逮捕された崔哲教（チョイ・チョルギョ）の妻）など，在日韓国政治犯の家族は，1975 年 5 月に「在日韓国人政治犯家族協議会」（以下，家族協議会）を結成するに至る．前後関係は不明確であるが，同じ 5 月に死刑確定判決を受けた崔哲教から家族に当てられた獄中メッセージは，こうした組織結成や活動に影響を与えたように考えられる．

3 章　日韓連帯運動の展開——113

資料 3-7 記録映画「民衆の声」と「告発」

「民衆の声」と共に『告発』——在日韓国人政治犯レポート」が上映されると知らせるチラシ.

今後とも私のために支援運動を幅広く積極的に推し進めてほしい．そして，この運動が韓国の民主化と統一の達成の一助となることを願っている．いずれ断頭台に立つ身であるが，その瞬間まで外部の運動に呼応して闘う決意である．この国の民主回復と平和的統一のためにはずかしくない犠えとなるなら，私にとって幸福であると思っている[64]．

こうした在日政治犯本人による問題意識の先鋭化や呼びかけに伴い，今までは逮捕された当事者への報復活動を恐れ，いわゆる政治的活動（民主化運動や統一運動）に見える団体・組織との付き合いを避けていた韓国政治犯救援運動が，韓民統，韓青同，韓学同などとも共闘関係を作り上げるようになった．特に，家族協議会と韓民統は，在日韓国人政治犯レポート「告発」という映画を「私は貝になりたい」で知られた岡本愛彦監督の手で仕上げ，在日韓国人政治犯問題をより広く知らせるための上映運動を行った（**資料3-7**）．「告発」の上映運動は，1975年11月14日，新橋消防ホールで第1回の上映が行われて以後，2年余にわたり，全国200カ所，5万5000人に上る観客を動員した（吉松 1986: 238）．

1975年11月22日に発表された「11.22学園浸透スパイ団事件」では22名の在日韓国人が逮捕され，うち3名は死刑，その他も重刑を宣告された．その家族たちは，5月にできた家族協議会に参加し，友人や活動家を中心に支援活動を行った．1976年6月20日には「在日韓国人『政治犯』を支援する会全国会議」（代表：宮崎繁樹，事務局長：吉松繁）が結成された．吉松の記録によると，結成の趣旨は，①獄中政治犯の生命と人権を守る，②政治犯と家族の利益を守る，③人道上の立場から思想・信条の差異をこえて救援運動をすすめる，④国内と国際世論の喚起をはかる等，である（吉松 1986: 238）．そして，家族協議会を始めとした政治犯家族たちと，救援運動を行っていた在日韓国人青年

有志らは,「在日韓国人政治犯を救援する家族・僑胞の会」を1977年6月4日に結成する.

これらの韓国政治犯救援運動組織は,政治犯救命のための,日本内部における運動の拡大化と世論形成,韓国政府に対する抗議と政治犯本人への支援活動,そして,国連派遣活動などの国際世論形成活動などを行った.集会,デモ,ハンスト,署名活動,学習会,演劇,映画,上映活動,そして,政治犯本人の裁判闘争支援,差し入れ,面会や傍聴のための渡韓活動などを行う.

資料 3-8 在日韓国人「政治犯」家族代表団
1980年1月7日の在日韓国人「政治犯」家族代表団の国連派遣活動について報じている(『日韓民衆連帯ニュース ポム(春)』1980年1月15日).渡辺哲郎氏提供.

こうした活動は,徐々に活動の範囲を広げていき,1977年10月からは労働組合(労働者)も加わること[65]になり,光州事件がおこった1980年末には,社会党議員を中心に「在日韓国人政治犯を支援する国会議員懇談会」が結成され,対日本政府交渉や国会質問が行えるようになった.また,1980年1月には,在日韓国人政治犯と救援会代表らが国際連合及びアムネスティ・インターナショナル国際事務局などの国連非政府機構を訪問し(**資料3-8**),家族らの人権を訴える国連派遣活動を行うことになった[66](金 1986: 215-216).

また,1973年8月結成の在日韓国人で組織された韓民統や救対委は,金大中の現状回復及び出国の自由への訴えとともに,1974年の民青学連事件及び1976年の民主救国宣言[67]と続く韓国の民主化闘争と関連し連帯運動を行った.集会,街頭行進,ハンスト,署名運動,講演会,上映運動などを行い,また,日本を含む世界各国の政党,団体,著名人へのアピール書簡を発送,駐日韓国大使館前での抗議示威,日本の首相官邸訪問などを行った.特に,韓青同は,1976年,日本全国での100万人署名運動を展開していく[68].

こうした活動の背景には,1970年代前半を経て出来上がってきた様々な日韓連帯諸団体の緩やかなネットワークが存在していた.たとえば,1976年8月8日の金大中拉致事件3周年の「再び金大中氏事件を告発する8.8集会」は,

救対委と「金大中先生を救う会」（青地晨ら）とが共催で開催したもので，「両国民衆の連帯」が決議された（鄭 2006: 142）．また，その後1976年8月12日から14日まで，韓民統は小田実らとともに「韓国問題緊急国際会議」を開催する[69]．この「韓国問題緊急国際会議」の参加者たちは，その翌日である8月15日，「韓国の民主化闘争を支援する緊急国際大集会」を日比谷公会堂で開催した．そして，12月23日には，韓青同が100万人署名運動を報告する「百万名署名を超過達成し，3・1民主救国宣言を支持して，全政治犯の即時釈放を要求する韓日大集会」を開き，これらの署名を国連に伝えるため，日韓連の青地晨らの国連派遣を決議する（鄭 2006: 143）．

韓民統，救対委，韓青同らの在日韓国民主団体は，以後，世界的な韓国民主団体のネットワークのなかで，海外の韓国民主団体とともに国際連合組織を結成する．1977年8月11日から14日まで，東京ではアメリカ，ドイツ，カナダなど海外韓国人民主諸団体代表が参加したなかで「海外韓国人民主運動代表者会議」が開催された[70]．そして，8月15日の日付で「民主民族統一海外韓国人連合」（韓民連）を結成した[71]．当時，この結成大会の会場には，朴政権支持勢力が襲撃し，韓青同のメンバーを暴行するといった乱闘があったという（裵 1985: 15）．朴政権による，韓民統などの海外の民主団体の活動の弾圧のなかで，韓民統は1978年6月，韓国大法院（最高裁）で「反国家団体」と規定される．後の1980年5月光州事件と関連し，韓国の軍事政権は，金大中が「韓民統」の議長であること，すなわち，「反国家団体」の議長であることを口実に死刑判決を下すこととなる．

(2) 芸術文化作品を通じた連帯活動

一方，1974年の民青学連事件の余波のなかで，1972年結成の金芝河救援委員会で活動していた富山妙子らの文化人たちは，それぞれの個々人のネットワークのなかで絵画制作・演劇公演などの活動を行っていた．1975年には，金芝河の獄中記「苦行1974」が『東亜日報』（1975年2月25日，1面）に掲載され，それを見た富山妙子らの活動家たちは衝撃を受けた（富山 2009）．獄中で人革党事件が拷問によってでっち上げられたものだと知った金芝河は，「苦行1974」のなかで，民青学連事件で逮捕されたソウル大学生の金秉坤（キム・ビ

ョンゴン）が 1974 年 7 月死刑を
宣告された時の様子を，以下のよ
うに描写した．

資料 3-9　富山妙子の詩画集『深夜』
金芝河の詩をモチーフにして制作された富山妙子の詩
画集の宣伝チラシ（1976 年）．

　　金秉坤（ソウル大）の最終陳述
　　が始まった．
　　開口一番，彼は言ったのであっ
　　た．
　　「光栄です」と．いったい何とい
　　う言葉だ．
　　「光栄です！」死刑の求刑を受け
　　るや「光栄です」とは．
　　いったいどうしたことなのだ．
　　わたしは魂をゆさぶられる衝撃に巻きこまれるのを感じた[72]．

　「苦行1974」に接した富山妙子は「雷に打たれたような魂の衝撃を受けた」
とし，その衝撃をもとに「苦行1974」を「深夜」となづけて，リトグラフの
制作に取り掛かる（富山 2009: 172）．金芝河の獄中記と風刺詩をもとに制作し
たリトグラフは 1976 年末，詩画集『深夜』として出版された（資料 3-9）．添
付レコード（資料 3-10）は，金芝河の作詞で，韓国の民主化運動の代表的な民
主人士である朴炯奎牧師が獄中で作った讃美歌「しばられた手の祈り」を代表
的な在日韓国人知識人の 1 人である鄭敬謨が歌ったものである．
　1976 年に富山が発表した詩画集『深夜』を受けて，日本テレビでは「宗教
の時間」という番組のなかで，金芝河を主題とした「暗黒の中のキリスト者・
金芝河」を放送することが決まった．この番組は，日本キリスト教協議会の中
嶋正昭牧師（「韓国問題キリスト教緊急会議」の代表）が宗教者の立場で，画家
の富山妙子が『深夜』を手がけた絵描きの立場で金芝河について語るといった
内容であった[73]．しかし，番組の録画も済ませた段階で，「国際親善を損なう」
ということを理由に「放送中止」となる．当時，富山は，この事件を，日米韓
をつなぐ黒い結びつきによる自主規制であると，以下のように批判している．

3 章　日韓連帯運動の展開——117

資料 3-10 金芝河の詩による音楽　しばられた手の祈り
音楽レコード.「しばられた手の祈り」の歌詞が右（レコードの裏面）に記されている.

　二月から三月にかけて，ロッキード事件さわぎのなかで，チラリと姿を見せる児玉誉士夫，小佐野賢治，田中角栄，岸信介といった人たちと，朴政権の黒い結びつき，アメリカの CIA や，韓国の KCIA の暗躍，日米韓の暗部に流れる黒い影を浮彫りにさせるとき，この放送中止は，緊迫してきた韓国状況を考えての自主規制であろう……（中略）……エログロ番組では女の人権をふみにじり，放送基準法ぎりぎりいっぱいに拡大させているテレビ局が「国際親善」ということで，人権問題をすっとばし，自己規制しているのは，いったいなぜなのか——そこに戦中も戦後も変わらない，日本の報道の姿がある（富山 1976: 144）.

　そこで，富山妙子は金芝河の詩をもとに制作した絵をスライドに作ることにした[74]．このスライドとともに，米国，メキシコ，チリなどに渡り，米国における韓国民主化闘争支援・連帯の人々と交わり，また，第三世界の解放運動との交わりを持った（富山 2009）.
　米国およびラテン・アメリカでスライドの力を確認した富山は，金芝河のメッセージに絵と音楽をのせ，スライド映画を制作することにする．水俣病の記録映画製作で知られる土本典昭が制作スタッフとして協力し，音楽は黒沼ユリ子，林光，高橋悠治らの協力のもと，「しばられた手の祈り」を完成させる．「しばられた手の祈り」は各地で上映運動（**資料 3-11**）が行われた．また，アジア太平洋資料センター（PARC）の武藤一羊らや Documentation of Action

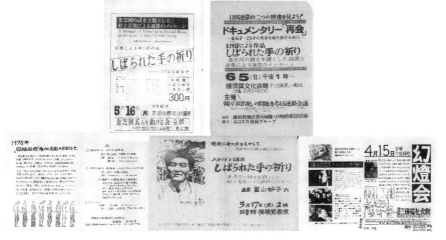

資料 3-11　しばられた手の祈り――上映案内
東京・首都圏地域だけでなく，京都，大阪などの関西地方，また，北海道でも上映会が持たれていた．

Group for Asia[75]のフェリス・ハーヴィー（Pharis Harvey）などの協力のもとで，「しばられた手の祈り」は英語版，スペイン語版（**資料 3-12**）も制作された．

　以後も，富山妙子は金芝河の詩をもとに「めしは天」「蜚語・六穴砲崇拝」の作品制作，スライド制作を続ける．これらも同じく各地の上映運動と繋がっていく．こうした上映運動は，以下の「土と海と風と」（**資料 3-13**）で見られるように，三里塚問題，水俣問題といった開発・環境（公害）問題とともに挙げられてもいた．すなわち，運動部門を越えた緩やかな連携活動が行われていたことを窺わせる．

　一方，1972年富山妙子らとともに金芝河救援委員会で活動していた米倉斉加年は，民青学連事件の1974年，所属の劇団民藝を中心に金芝河の詩をもとにした演劇活動を手がけていく．まず，1972年に上演したことのあった「銅の李舜臣」を，劇団民藝で独自に上演することにした．東京だけでなく，大阪，名古屋などにも巡回した（**資料 3-14，資料 3-15**）．

　米倉斉加年と劇団民藝はその後も，1977年，総合雑誌『世界』で連載さ

資料 3-12　しばられた手の祈りの英語版・スペイン語版の宣伝
「しばられた手の祈り」(スライド映画)は，アジア太平洋資料センター(PARC，武藤一羊)の協力により英語版，スペイン語版としても制作された．

た「韓国からの通信」をもとにした劇「燕よ　お前はなぜ来ないのだ……」を演出，上演した[76]．米倉(1977)の記録によると，最初の脚本は60年代のシュプレヒコール劇に近いもので「私にはわかり良い，なじみ深い台本」であったが，日本人(俳優)の口を通じ韓国の良心の叫びを直接話法的なスタイルで伝えることには，演出者で俳優である米倉には「あまりにも，日本人そのものの歴史と現実を無視している」ような気がしたという．

　韓国人の語り口を私たち日本人にいいかえることが出来るのであろうか？という疑問である．韓国の問題を日本の問題としてとらえ直すことは可能だし，そうとらえる為の今回の公演ともいえる．しかし，韓国人になりかわって直接話法で日本人の語り口で韓国人の代理人にはなり得ないのではなかろうか(米倉 1977: 344，傍点は原文のまま)．

　日韓の「関係」を無視して，直接話法で，まさに「受難する韓国人」になり済ますことはできないと感覚的に感じた米倉は，台本作者との話しあいを通じ，劇を「演じて見せる」といった芝居性を取りやめ，「韓国からの通信」の語り

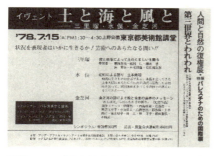 

資料 3-13 「土と海と風と——三里塚・水俣・金芝河」のイベント模様
三里塚（開発問題），水俣（公害問題）とともに，金芝河をあげている．

口や文体をそのまま取り上げる「通信劇」というものにした．反応については，「いじわるな揚げ足とりもなくはないが，それはとるにたりない」とし，この劇が「多くの日本人，朝鮮民族の友人たちによって支えられている」と記している．

(3) 日韓連帯運動と女性運動の連携——「アジアの女たちの会」

　日韓連帯運動のなかで芸術文化活動が活発化していく一方，女性運動部門においても日韓連帯運動との連携が形成されていった．日韓の女性運動部門における連帯は，1973年の「キーセン観光」反対運動に遡ることができる．1970年代の初めごろから，韓国と台湾では日本からの売春観光が社会問題となっていた．1973年7月に開かれた史上初となる日韓教会協議会では，韓国教会女性連合会からの特別要請により，キーセン観光問題が議題として上程される．日本のキリスト者女性参加者たちは，それに対する応答として，「キーセン観光に反対する女たちの会」を結成することになる[77]．韓国や台湾での売春観光問題に関心を持っていた『朝日新聞』の松井やよりも，「キーセン観光に反対する女たちの会」に加わっていた．ここで成立した日韓を越えた緩やかな女性運動のネットワークは，キーセン観光実態調査などを通じ，より緊密になっていく．

　アジアにおける女性問題に取り組むグループが必要であるという提案は，1974年6月の「アジア人会議」（Conference of Asians on the Future of Economic

資料 3-14　劇団民藝による公演——金芝河作品の上演
「銅の李舜臣」の上演とともに「蜚語」を朗読した（1974 年）．

Development and the Environment）のなかで出された．アジア人会議は，小田実を中心に，桑原武夫，宇井純，中嶋正昭等が呼びかけ人となり，日本の経済侵略，公害輸出問題を中心にアジアの活動家たちのネットワークを作り，情報と運動戦略を共有しようとして呼びかけられた．タイ，フィリピン，マレーシア，シンガポールからの活動家および在日韓国・朝鮮人（韓国とインドネシアの活動家たちは直接参加することができなかった）の 40 名ほどのアジア人活動家たちと，日本およびその他の活動家，知識人らを含め総計 250 名程度が参加した[78]．この会議に参加していた富山妙子は，松井やよりとともに，この会議は女性の視点が欠如しているという思いで，アジア人会議におけるグループ討論の時間に女性問題を考える討論グループを作ることを提案したという．富山の記憶によると，当時は 3-4 名しか来なかったというが，そのときの個々人のネットワークが維持され，松井やよりが中国（1975-76 年）から戻った後[79]，本格的にアジアの女たちの会が開始されることとなった[80]．松井やより，富山妙子，山口明子[81]，湯浅れい，安藤美佐子，五島昌子，加地永都子が集まり，朝鮮の 3.1 独立運動の日を記念して，「アジアの女たちの会」を結成した（富山 2009: 181）．1977 年 3 月 1 日の創立宣言文は，以下の通りである．

　　日本が明治維新以来なしとげた「近代化」は，すなわちアジア侵略の歴史であり，

資料 3-15　劇団民藝による公演──「銅の李舜臣」
「銅の李舜臣」の上演の様子（雑誌名不明）．

　この百年の間を生きてきた女たちもまた，侵略に加担したアジアへの加害者であった．この事実を，私たちはいまようやくたたかうアジアの女たちから学びつつあります．……（中略）……今日，東南アジアや韓国など第三世界で，女たちは，民族の解放と女の解放のふたつのたたかいに起ち上っています．このふたつは切り離せないことを彼女たちは私たちの前に示しています．……（中略）……朝鮮の女たちが，日本の支配に抵抗し生命をかけた三一独立運動の記念すべきこの日，新たな一歩を踏み出さんとする私たちは，このたたかいの輪を，しっかりと広げていきたいと思います（傍点は筆者）．

　闘うアジアの女たちから，日本の進めてきた近代化の侵略的な性格について

資料 3-16 アジアの女たちの会『アジアと女性解放』
左（創刊準備号，1号）：韓国の3.1民主救国宣言により逮捕された金大中らの民主人士の妻たちが口に黒いテープを貼り，裁判所の前で沈黙示威を行っている様子．
中（2号）：東一紡織の女性労働者の運動を，1979年3月10日アジアの女たちの会が上演した様子．
右（3号）：「護送車の中で自由の歌をうたう韓国繊維女子労働者」というキャプションが付けられている．

学んでいるとしていることから，アジアの国々の女性の闘いへの連帯を通じて日本とアジアの関係を省察的に考察しようとする姿勢がはっきりと現われている．アジアの女たちの会は，韓国を含むアジア諸国における女性問題に関心を持ち，労働問題，人権問題，そして，戦争責任問題などにも関心を示した．なかでも，アジアの女たちの会の機関誌である『アジアと女性解放』の1-3号の表紙（**資料 3-16**）がすべて韓国女性の闘いと関連していることや創立日を三一独立運動の記念日の3月1日としていることなどから，とりわけ韓国の女性たちの闘いに注目してきたと考えられる．たとえば，**資料 3-17**のように，「『しばられた手の祈り』を見ながら，韓国，アジアの問題にどうかかわるか」を考えようと呼びかけていることから，アジアと女性解放において「韓国」を1つの切り口としてアプローチしていたことがわかる．

このように，「アジアの女たちの会」は，当時，韓国の女性たちが人権問題，労働問題などにおいて韓国の軍事政権と闘っていたことに連帯の意識を持っていた．松井やよりを中心に，「アジアの女たちの会」は，1970-80年代に培われたアジア，とりわけ，韓国の女性運動との連帯を深め，1990年代の初めご

ろからは日本軍「慰安婦」問題に取り組んでいくこととなる．このように，日本軍「慰安婦」問題をめぐる市民運動の国際的なネットワークは，ある日突然現れたものではなく，女性の立場からアジアの人権運動，労働運動を学んでいく，連帯していくなかで，形成されてきたのである．

以上，日韓連帯運動は，金芝河，金大中，在日韓国人政治犯などの様々な問題について，在日韓国人，女性活動家，文化人，知識人などの異なる分野に身を置く人々の横の繋がりが活発化するなかで形成されたネットワークによってより拡大していった．そのなかに，次節でより詳しく見るように，労働運動も加わっていくこととなる．

資料 3-17　アジアと女性解放──「しばられた手の祈り」
アジアの女たちの会は，韓国はもちろん，東南アジアの女性たちの闘いにも注目していた（1977年）．

5　日韓連帯運動の最高潮──光州事件と金大中の生命の危機

日韓連帯運動のネットワークが拡大していくなかで，1980年5月の光州事件をきっかけに，労働運動部門も日韓連帯運動に関わっていくこととなる．また，既存の社会運動組織を超えた，様々な連携組織および連携集会が開かれた．1980年の光州事件およびそれに伴う金大中の生命の危機で高まった日韓連帯運動は，以後，80年代半ばを経て，植民地過去問題，在日韓国・朝鮮人の民族差別反対運動へ取り組んでいくこととなる．

(1)　「金大中を殺すな！」の声──拡大したネットワークと連携

1970年代に徐々に広がり続けた韓国民主化闘争への支援，連帯運動は，1980年の光州事件と金大中の生命の危機により，規模の面において最高潮に達することとなる．1980年5月の光州事件（5月18-27日）とは，韓国の民主回復をうったえる光州市民を，独裁権力が流血鎮圧したもので，この事件は，

資料3-18　倒れた者への祈禱　1980年5月・光州（富山妙子）
リトグラフ作品の中で表紙及び右の作品は後の日韓連帯において象徴的なイメージとして様々な運動団体によって広く使われた．

　日本および世界各地でテレビ，新聞を通じて報道され，海外滞在の韓国人や韓国民主化闘争に関心を持ち，支持していた人々に大きな衝撃を与えた．1979年10月26日の朴正熙暗殺事件以後，新たに権力の座に躍り出た全斗煥（チョン・ドゥファン）をはじめとする新軍部勢力は，言論統制の下で，光州での出来事を再び北朝鮮の指令を受けた共産勢力による政府転覆企図として宣伝し，その背後操縦者として金大中を名指し，5月21日には「金大中内乱陰謀事件」と発表した．すでに，光州事件の前に金大中をはじめ，文益煥（ムン・イクファン）牧師，李文永（イ・ムンヨン）ら韓国の民主化運動の指導者たちと，いままで金大中および民主人士の弁護に携わってきた代表的な人権弁護士である韓勝憲（ハン・スンホン）などが逮捕されており，すぐに内乱陰謀等の疑惑で軍法会議にかけられることとなった[82]．このような事態に対し，新軍部勢力に対する非難と民主人士の救命運動が世界各地で起こった．

　日本では，1970年代に成熟していた日韓連帯運動のネットワークを通じ，様々な組織や個々人が緩やかな協力関係のなか，「金大中氏を殺すな！」の声に結集していった．まず，在日韓国人の様々な組織がもっとも敏感に反応していくこととなる．1973年8月8日の金大中拉致事件を受け結成されていた救対委は，1980年3月の「ソウルの春[83]」に金大中の自由保障を確認したとし

て解散したが，5月18日光州事件当日に復活，韓民統など在日韓国人民主諸団体と集会を開き，韓国大使館前で抗議デモを行った（鄭 2006）．特に，6月10日は民団と総連という壁を超えた在日韓国・朝鮮人による「光州大虐殺糾弾・犠牲者追悼集会」が開かれ，「血の抗争の記録」の上映などが行われた[84]．

こうした在日韓国人民主団体とともに，日韓連帯諸団体も本格的に活動を開始し始める．まず，5月23日に青地晨（日韓連帯委員会[85]）ら15人の名で5月17日の「クーデター」を批判し，日本政府・外務省に対して，①「今回のクーデターを支持しないと言明し，民主主義を願う韓国国民の願いに敵対しないようにすべき」，②「金大中氏ら逮捕された人々の身柄の安全に重大な関心を抱いている

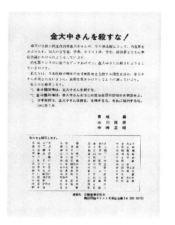

資料 3-19 「金大中さんを殺すな！」の呼びかけ
1980年7月，青地晨，市川房枝，中嶋正昭の名により「金大中さんを殺すな」市民署名運動が呼び掛けられた．飯島信氏提供．

と表明すべき」という要望を行った．しかし日本政府は，5月28日，前田特命全権大使と全斗煥国軍保安司令官の会見を行い，事態収拾と安定の定着化に焦点を合わせることで，新軍部勢力を認めるような行動に出た．これは，全斗煥国軍保安司令官が外国の要人と持つ初めての会見でもあった．そして，1980年7月4日，全斗煥政権は金大中らの民主化運動の指導者たちを内乱罪，国家保安法，反共法，外国為替管理法違反などの罪名で起訴した．

金大中の生命の危機が危惧されるなか，7月10日「光州の死者たち・金大中氏らとわれわれ」集会が日韓連帯委員会と韓国問題キリスト者緊急会議共催で開かれた．この場では劇団民藝有志たちによる全羅南道の詩人たちの詩の朗読が行われ，また，画家・版画家である富山妙子が制作したスライド「一九八〇年五月・光州——倒れた者への祈禱」（音楽：高橋悠治）が初めて上映された（**資料3-18**）．

この集会の決議文では，韓国の全斗煥政権に対する日本政府の態度に対する批判が中心となっている．決議文の一部を以下に示しておくことにする．

ただちに前田特派大使を送り，その支持を表明し，つづいて木内アジア局長を訪韓させ，対韓政策不変を表明させた．金大中氏に対する告発の中に，七年前の政治決着により不問にされることとなったはずの金大中氏の海外での言動が大きく取り上げられても，外交措置をとれない政府は，また二通信社，二新聞社のソウル支局が閉鎖されている事態に対して，当然とるべき対抗措置をとろうとしない．そればかりか，七月九日通産省は，一二七名よりなるかつてない大型経済使節団を韓国に派遣し，クーデター政権のテコ入れをはかっている[86]．

資料 3-20　日韓民衆連帯首都圏連絡会議の結成
1979 年 11 月 13 日に結成．機関紙『日韓民衆連帯ニュース　ボム（春）』創刊号（1979 年 12 月 15 日）．渡辺哲郎氏提供．

集会の参加者たちは，民主主義を求めて闘い続けてきた韓国民衆の闘いを支持するとし，日本政府の態度を改めるための努力を行うことを決議した．そして，日韓連帯委員会と韓国問題キリスト者緊急会議は「金大中さんを殺すな」市民署名運動を行うこと決め，青地晨（日韓連），市川房枝（参院議員），中嶋正昭（緊急会議）を呼びかけ人として運動への参加を呼びかけた（**資料 3-19**）．

このようにして，キリスト者と知識人の運動組織が連携した「"金大中氏を殺すな"市民署名運動」が始まった．7 月 21 日には東京高田馬場駅前に事務所を借り，この事務所を拠点に，集会，デモ，祈禱会などの案内状を送ったり，『署名運動ニュース』（創刊号，1980 年 11 月 10 日）を送ったりなどの活動が展開されることとなる．

一方，総評などの労働運動の陣営も日韓連帯運動と関わることとなる．最初は，総評の枠を超えた個々人の労働運動活動家や個別労働組合を中心に，「日韓民衆連帯首都圏連絡会議」（以下，首都圏連）というものが 1979 年末に結成された．この組織は「日韓連帯委員会」の青地晨，元ベ平連のスポークスマンで作家の小田実，そして，在日韓国人「政治犯」を支援する会全国会議の宮崎繁樹を代表にして，様々な構成団体と個人活動家のゆるいネットワーク組織と

して1979年11月13日に結成
されたものである（資料3-20）．
この組織の結成の背景と活動経
緯については当組織への参加を
呼びかける宣伝文により詳しく
出ているので，以下で引用して
おく．

資料3-21　1980年7.4集会への呼びかけ
この集会は，社会党・総評・社会党都本部・東京地評・日朝連帯東京行動委・統一支持日本委・日韓連帯首都圏連・「政治犯」全国会議・日朝国民会議などが主にかかわっている．渡辺哲郎氏提供．

韓国釜山における学生，市民，労働者の反政府闘争は，ついに釜山に非常戒厳令（10月18日），馬山，昌原に衛戍令（10月20日）をひき出し，朴政権内の矛盾の激化は，その直後の10月26日，ついにKCIA部長による朴大統領の射殺という衝撃的な事件へと発展しました．日韓連帯の民衆の闘いは，これまでと全く異なる段階を迎えていると言わなければなりません．韓国の真の民主化のために，ますます日本民衆自身のあり方が鋭く問われていくでしょう．さて，78年8月8日，金大中氏ら致事件五周年の集会を首都圏の諸団体が共催して以来，政治犯救援運動をはじめ，全泰壱[87]焼身抗議八年の集会とオモニ上映運動（78年11月13日〜），労働者人権宣言二周年合宿討論（79年3月10日），韓国クリスチャン・アカデミー関連事件緊急会議（79年4月28日〜），今こそ日韓ゆ着に怒る大反撃を！六月行動，79年8・8集会と，少しずつ共同行動を積み重ねてきました．その間，恒常的な連絡組織の必要性が現実行動の中で痛感され，共同認識に高められてきました．五月に準備会がつくられ，具体案が立案・検討され，この度11月13日に正式に発足いたしました（「日韓民衆連帯首都圏連絡会議」への参加のお願い）．

首都圏連は，首都圏を中心に活動する在日韓国人の諸団体，日本知識人および活動家諸団体のネットワーク的な組織で，1980年の光州事件と金大中らの死刑反対，在日韓国人政治犯釈放運動などで，社会党・総評との緩やかなネットワークとともに積極的に活動することとなる．1980年7月4日には，「血を流して闘っている韓国民衆への支持を表明し，連帯する闘いを強化するため」

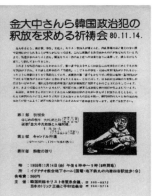

資料 3-22　金大中を殺すなの声——キリスト教における活動
左：祈禱会においてよくうたわれた「ウリスンニハリラ」（We shall overcome）及び「プリパ」（根っこ派）．緊急行動スケジュールなどの情報が共に案内されている（1980年9月）．
右：韓国問題キリスト者緊急会議，日本カトリック正義と平和協議会の合同祈禱会の案内ビラ（1980年11月14日）．飯島信氏提供．

に集会を開くことにし，以下の資料でみるように，社会党，総評，東京地評らとともに，「軍事独裁政権に全面対決する韓国民衆に連帯し対韓政策の転換を要求する 7.4 集会」を呼びかける（**資料 3-21**）．

このように，キリスト者中心の緊急会議と日韓連による「"金大中氏を殺すな"市民署名運動」と，労働運動陣営を含んだ首都圏連による活動が 7 月に広がっていくなかで，1980 年 7 月 11 日には「金大中救出緊急各界代表者会議」が持たれることとなった．社会党，総評，共産党，革新自由連合（革自連），社会民主連合（社民連），中立労働組合連絡会議（中立労連），日朝協会，日韓連は「金大中氏の身体，生命の確保，軍法会議への起訴撤回，即時釈放と政治活動の自由の保障を求める」ことを共通の目標として「金大中救出日本連絡会議」を発足する．そして，7 月 19 日には，全国「1000 万署名運動[88]」の実施が決定され，「金大中氏を殺させるな！国民大会」をほぼ毎月行うこととなった．ここで，総評のような労働組合の全国組織が加わることで，動員できる人の数や資金が以前にもまして拡大していった．

1980 年を前後にして，社会党・総評ブロックが日韓連帯運動にかかわるようになった背景には，1970 年代における在日韓国人と日本市民グループによ

る日韓連帯運動の高まりがあった．当時，東京地方労働組合評議会（以下，東京地評）の政治局書記であった渡辺哲郎によると，もともと社会党・総評では「日『朝』なる運動はあったとしても，日『韓』なる運動やシンパは皆無であった」のであり，「1973年の金大中拉致事件を受けてからも，韓国問題に対する反応はかなり鈍い感じであった」という[89]．しかし，

資料3-23 金大中氏の死刑判決阻止11.27全国総決起大会

日比谷野外音楽堂．様々な人々の集会挨拶とともに，白竜は日本でレコード化の禁止を受けた「光州シティ」などをうたった（『世界』1981年2月号，撮影・橋口譲二）．

韓民統，「在日韓国人『政治犯』を支援する会全国会議」などの在日韓国人および日本人活動家から，協力・支持・署名・動員などを求められるなかで，徐々に「韓国のことにも関心を持たざるを得なくなっていく」状況となったという．すなわち，東京地評を含む社会党・総評ブロックは，日本社会における在日韓国人の運動や在日韓国人政治犯救援運動などの市民運動からの刺激のなかで，鈍かった重い腰を少しずつ動かしていったのである．

以上の市民運動，労働運動の陣営は，1980年9月17日の金大中の死刑判決により，以前よりも勢いを増して緊急行動を展開していくこととなった．「緊急会議」などのキリスト者組織，文化人・知識人らによる市民運動組織，首都圏連や総評などの労働運動組織，在日韓国人「政治犯」と関わる諸団体，韓民統，韓青同などの在日韓国人民主諸団体が，1970年代に築き上げた協力関係のなかで，様々な緊急行動を共同に企画，あるいは，互いの活動に参加し合っていた．たとえば，金大中死刑判決を受け，韓民統は緊急記者会見を開き，日本政府への抗議，要請行動を行い，午後には「金大中救出日本連絡会議」が呼びかけた「軍法会議を中止せよ！金大中氏らを釈放せよ！9.17国民大会」が

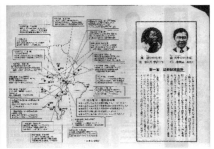

資料 3-24 日韓民衆連帯首都圏連絡会議の活動
首都圏の地図（右）を利用し，各地における日韓連帯運動を紹介・案内している．渡辺哲郎氏提供．

開かれた．また，この日は国鉄労働組合や全日本港湾労働組合も死刑宣告に抗議し，すべての港湾で韓国船籍に対する貨物の積み下ろし作業を拒否した（鄭 2006: 153）．1973年以来救対委の委員長を務めていた鄭在俊は「この『9.17国民大会』は日本人による金大中救出運動を日本全域に拡大する契機となり，以後，各地で労働者，政治家，学者，文化人，市民らによる各種の集会やデモが連続的に行われ，各家庭の居間で救出運動が話題になるなど，日本社会は金大中先生救出運動一色に包まれる雰囲気が続いた」（鄭 2006: 153-154）と当時を回顧している．こうした雰囲気は，1981年1月23日，金大中に対する死刑判決が無期懲役に減刑されるまで続いた．

資料3-23で見られるように，「金大中氏を殺させるな！国民大会」は，金大中拉致事件7周年となった1980年8月8日に1万5000人が参加して第1回目が持たれ，12月まで続くこととなる．9月17日の第2回目には1万7000人，11月13日の第3回目は6000人，11月27日の第4回目は7000人，12月5日の第5回目は7000人，12月22日の第6回目は1万5000人となる．そして，7月19日に決定された「1000万署名運動」は，1981年4月の時点で，525万8819名となった[90]．また，緊急会議を中心としたキリスト者活動家たちは，12月10日と11日両日，米国，西ドイツの参加者とともに「金大中氏の生命を憂慮する緊急国際会議」を開いた．首都圏連も「金大中氏らに自由を！死刑・重刑判決を許さない12.13大集会」を行うなど，金大中の死刑に反対する様々な動きが加わっていた（**資料3-24**）．

金大中の無期懲役減刑により，「金大中を殺すな」と結集した日韓連帯運動の熱気は徐々に収まっていく．まず，「殺すな」の声は，金大中らの自由を求める運動へと転換していく．特に，日韓連と緊急会議が中心となった「"金大中を殺すな"市民署名運動」は，1981年1月30日，市民集会「"殺すな"の声は勝利した！」という集会を開き，市民署名運動を締めくくった後，4月11日，市民運動「金大中氏らに自由を[91]」を結成し，①金大中氏と韓国民衆の自由のために，②民主主義を求める日韓両民衆の連帯のために，③日本政府の韓国への政策を改めさせるために，声をあげ，力を合わせ行動する[92]と宣言する[93]．そして，3世代がともにする運動であるということから

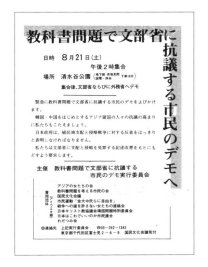

資料3-25　教科書問題の触発
賛同団体として，アジアの女たちの会，市民運動「金大中氏らに自由を」などが名を連ねている（1982年8月21日，集会／文部省・外務省へのデモの案内）．飯島信氏提供．

『三世代通信』（創刊号，1981年5月11日）という名の機関紙を出すことになる．

　「金大中氏らに自由を」は，金大中や韓国だけをテーマとして掲げたのではなく，関連したイシューとして核問題や歴史教科書問題なども掲げていくことになる．たとえば，米レーガン政府の下での日韓同盟の高まりと核兵器を批判し「八年目の金大中氏と私たち」（1981年8月6日），ポーランドにおける「連帯[94]」への弾圧と関連し「韓国とポーランドそして金大中」（1981年11月30日），また，核問題や歴史教科書問題[95]と関連し「ヒロシマの日に金大中を想う」（1982年8月6日）という集会を行うなど，韓国および金大中らの自由を中心テーマに，世界と日本の平和と民主主義を繋げるような集会を立ち上げていた．要求・要望も，「金大中さんたちを釈放せよ」「対韓援助の増額に反対」「日韓首脳会談を開くな」（1981年8月6日）から，「日本と韓国から核兵器をなくせ」「教科書における誤った朝鮮記述をただせ」「韓国・朝鮮の人々の批判

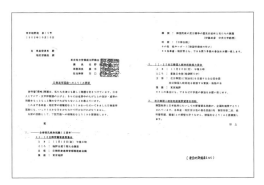

資料3-26 「日韓連帯運動への取り組み要請」の通達文

日韓連帯運動の取り組み要請として，韓国の労働運動烈士である全泰壹の12周年集会，11・22在日韓国人政治犯救援大集会，在日韓国人政治犯救援要望署名活動を挙げている．この通達文の冒頭は，「教科書問題」から始まっている．渡辺哲郎氏提供．

に学べ」「植民地支配を謝罪し，朝鮮半島の緊張緩和のためになしうることをなせ」(1982年8月6日)と，扱うテーマを拡大させていく(**資料3-25**).

(2) 日韓連帯運動における活動課題の拡大および転換

　1982年，日本の教科書改正に対する韓国，中国からの批判により，「金大中を殺すな」を中心に結集した日韓連帯運動は，徐々に日本の植民地問題を取り上げることとなった．このことは，労働運動陣営にも見られた．どれほど真剣に取り組まれたかは不明であるが，東京地評から通達(1982年10月16日)された，以下の「日韓連帯運動への取り組み要請」(**資料3-26**)においても，「教科書『侵略』問題は，私たち自身にも厳しく問題を突きつけています．日本人とアジア・太平洋諸国の人々，さらには世界中の人びととの友好・連帯の活動をもっともっと強めなければならないことを教えています」と始められている．ここから，韓国民主化運動への支援，連帯を掲げた日韓連帯運動が，第1節で見てきたような，戦後日本社会において回避されてきた植民地支配問題について，「自己の課題」として認識しようとしていることを窺わせる．しかし，植民地支配問題は言及されているにすぎず，具体的な行動や記述はまだ欠如していた．

　光州事件以後，韓国の民主化運動の高揚と国際世論などにより，1982年12月23日，金大中は，刑執行の停止を受け，家族とともに米国へ亡命するという形で，強制出国となった．こうした動きにともない，日韓連と緊急会議の市民運動「金大中氏らに自由を」は1983年4月16日に終結宣言を行う[96]．自らの運動を評価する部分を以下で引用しておく．

私たちは金大中さんたちの釈放という成果を得て，市民運動「金大中氏らに自由を」を終結させます．"金大中氏を殺すな""金大中氏らに自由を"と訴え続けてきた私たちの声も，韓国の人たちの民主化を求める声にいささか加わって，かの人びとの釈放に貢献できたものと確信しています．……（中略）……しかしながら韓国の軍事政権を支援し，民主化を求める人たちの抑圧に加担してきた日本政府の対韓政策は，いっこうに改まっていません．……（中略）……ついに中曽根首相は訪韓し，四〇億ドル援助をとりきめ，全斗煥政権をはっきりと支持しました．これによって日本と韓国の軍事的なにおいのする提携が表立ったものとなりました．軍事色を強め，日韓関係をより悪くした中曽根政権に反対し，その退陣を求めることは，日本国民の責任です．……（中略）……みんなが自分のいい心を出

資料 3-27 「在日韓国人『政治犯』を救おう」
朝鮮問題研究会議，在日韓国人「政治犯」を支援する会全国会議，在日韓国人政治犯を支援する家族・僑胞の会による全国行動の呼びかけ．

し合ったこのつながりを大切にして，よりよい再会を求めつつ，私たちの責任を果たしていきたいと思います（1983 年 4 月 16 日，「終結宣言」）．

　一方，首都圏連など民衆労働運動陣営では日韓労働者連帯を訴え，1977 年 3 月 10 日に出た韓国労働者人権宣言の 5 周年集会（1982 年 3 月 10 日）を開き，また，在日韓国人「政治犯」関連諸団体は引き続き全国キャンペーン（1982 年）を行う（**資料 3-27**）が，全体的に日韓連帯運動は 1982 年以後，徐々に一般大衆の関心から遠ざかることとなった．
　金芝河や「徐君兄弟」をめぐり救命，救援運動として始まった「日韓連帯運動」は，在日韓国人をはじめとする，多岐にわたる組織，団体，個々人のネットワークのなかで出来上がったもので，こうした組織，個人，部門運動の緩やかでありながら緊密な協力関係のなかで拡大していったものであった．そして，このときに形成された様々な形のネットワーク，問題意識などが，その規模と形と構成員を異にしながらも，後の全斗煥訪日反対闘争（1984 年），在日韓

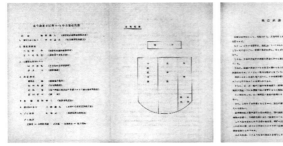

資料 3-28　全斗煥来日反対 9.4 中央集会
左：日本社会党と総評が主催となっており，決議表明者としては日韓連の和田春樹，在日韓国人政治犯を支援する会全国会議の吉松繁，画家の富山妙子らが登壇している．
右：決議案（1984 年 9 月 4 日）．

国・朝鮮人の指紋押捺拒否運動（1985 年[97]），スミダ闘争[98]（1989 年），日本軍「慰安婦」問題をめぐる日韓および国際連帯運動などと繋がっていた．

　たとえば，**資料 3-28** に見られるように，全斗煥訪日反対闘争における決議文は，これからの運動において，植民地過去の清算と在日韓国・朝鮮人の市民権運動に対する共闘をはっきりと掲げているのである．以下，決議文のなかで関連した部分を引用しておく．

　　全斗煥の来日は，日・韓両国の当局が強調する「新時代」のはじまりでは決してない．また，天皇の「お言葉」なるもので，過去の植民地支配と戦争の責任がかたづくものではない．植民地支配と戦争責任の真の解決は，国の最高機関である国会の決議をはじめ，国民の意思で，全朝鮮民衆に対して謝罪をおこなうことからはじまるものである．……（中略）……われわれは，全斗煥の来日に反対し，本日の集会を契機に，日本と朝鮮の真の友好関係の確立のため，民衆レベルの連帯を基礎にし，指紋押捺制度の廃止など在日朝鮮公民の生活と権利の擁護にとりくみ，朝鮮の平和統一に向けての運動をさらに強めていく（傍点は筆者，「集会決議案」）．

　このように，韓国の民主化運動への連帯と支援の動きが，運動を経ながら，植民地過去の清算や在日韓国・朝鮮人の処遇・差別の問題に取り組んでいこうとしたことがわかる．もちろん，植民地過去の問題に関する研究活動や在日韓

国・朝鮮人の民族差別撤廃闘争は，日韓連帯運動と緩やかなネットワークを持ってはいたが，独自の流れを持っていた．しかし，1980 年代に入り，日韓連帯運動勢力がこれらの運動，学習活動へ糾合し，さらに勢いを増すことができたと考えられる．特に，1993 年に政権交代を果たした社会党は，日本軍「慰安婦」調査結果と関連し，河野洋平内閣官房長官により慰安婦の存在とその強制性を認め，謝罪を行った「河野談話」（1993 年）と，より包括的な戦争および植民地支配の責任と謝罪を盛り込んだ「村山談話」（1995 年）を発表している．しかし，こうした談話は，国会議決を得たものではなく，また，法的責任と賠償の有無，歴史教育問題などをめぐり，論争を残している．それにもかかわらず，それらは日韓の歴史問題において最小限の共通認識を基礎付けるものであり，後に韓国の大統領となった金大中と小渕首相との「日韓パートナーシップ宣言」（1998 年），韓国の日本文化開放などに続く基盤となった．すなわち，1970-80 年代の日韓連帯運動は，一時的なものではなく，運動の経過のなかで培われたネットワークと問題意識を自らの社会変化へまでつなげるような可能性，そして，日韓関係をも変化させるような可能性を持っていたのである．

6　小　括──戦後日本社会史における日韓連帯運動

　本章では，戦後日本の社会史において 1970-80 年代の「日韓連帯運動」を概観してきた．第 1 節で確認したように，日韓連帯運動には，ベトナム反戦運動における「被害者でありながら加害者である」という日本とアジアの複雑な関係性の発見，在日韓国・朝鮮人からの民族差別問題の告発，新左翼運動に対する在日マイノリティ（華青闘）の告発などによる，1960 年代末〜1970 年代初期の戦後日本社会における（内なる）アジアという他者が台頭してきた社会史的な背景が作用していた．いわゆる，1970 年のパラダイム転換[99]（小熊 2009b）の時期に，日韓連帯運動が形成されていったのである．

　日韓連帯運動は，初期の政治犯救援運動から，韓国の民主化運動に連帯し，日本のあり方を問おうとする運動へ展開していった．そして，1960 年代の日韓会談反対運動では回避，忌避されていた植民地過去の問題が，1980 年代の半ばには自己の社会の問題として取り組んでいこうとする動きとして現れてい

3 章　日韓連帯運動の展開──137

た．こうした運動の展開のなかでは，個々人の活動家や運動組織のネットワークだけでなく，女性運動，労働運動といった運動部門をも越えるネットワークの形成があった．確かに，1960年代の「運動する大衆」の時代は過ぎ去り，従来の社会運動と比べ規模は小さくなったと思われるが，日韓連帯運動の事例で見られるように運動部門を越えた，また民族的な境界を越えた「運動する人々のネットワーク」の時代は持続し広まっていた[100]．

　ただ，以上のネットワークの形成，連携が緊張や葛藤を孕んでいなかったわけではない．韓国の民主化運動に対する支援・連帯勢力は，北朝鮮および朝鮮総連との関係において制限を受けていた．支援・連帯の相手が「北のスパイ」と疑惑されているなかで，北朝鮮および総連と関係を持つことは，まさに支援・連帯の相手をより窮地に追い込むことになるためである．小田実は，韓民統とともに国際会議を開くなど日韓連帯運動に積極的に参加していたが，1970年代後半北朝鮮を訪問した後，日韓連帯運動からは離れていくこととなった[101]．また，次章でより詳しく見ることとなるが，キリスト者のネットワークは，韓国の民主化運動に関する地下情報を運ぶなど，韓国の活動家たちとより直接的な関係を持つため，キリスト者の活動はより「保守的」であったという．軍事政権の思惑どおりに，韓国の民主人士が「共産主義者」であるという「口実」を，支援，連帯の運動が与える可能性，また，それによって韓国のたたかう人々の「生」が危機に晒されることについて警戒していたのである[102]．韓国の民主化運動が置かれていた冷戦・反共の構造をそれ自体打破すべきものとしてみていた活動家たちからすれば，このような構造のなかでできるだけ（軍事政権から見て）「ラジカル」と見られる人々やグループと距離を置いていたキリスト者活動家たちは，「保守的」に見えざるを得なかったであろう．

　また，日韓連帯運動と在日韓国・朝鮮人の民族差別撤廃運動に参加した在日韓国人の間には緊張や摩擦があった．日韓連帯運動と民族差別撤廃運動は緩やかなネットワークは形成していたが，日韓連帯運動には，いわゆる「祖国志向」（本国学生と連帯し，韓国の民主化と朝鮮半島の統一による民族主体性の回復をうたう）の在日韓国人活動家たちが多く，民族差別撤廃運動は，いわゆる「在日志向」（生活の基盤となっている日本社会における民族差別と闘う）の活動家たちが中心であったという．当時，「祖国志向」の韓青同や韓学同は，たと

138——第II部　トランスナショナルな社会史

えば，「日立の就職差別問題に対しては，共感しながらも冷淡であった」という[103]．しかし，1980年代半ば広がりを持った指紋押捺拒否運動のなかでは，どちらの活動家たちも，組織やグループと関係なく参加していた．

　こうした冷戦構造と分断構造の制限を受けていた，韓国の民主化運動，在日韓国・朝鮮人の運動に対して「連帯」を求めることは，まさにこうした構造と自己の社会の関係を問うものであった．運動で出会う他者との関係が意識され，その関係を構築してきた自己（の政府や社会）の責任を問おうという動きが，後に植民地過去清算や指紋押捺拒否運動への連帯に現われたと考えられる．こうしたダイナミズムは，道場親信によると，1960年代後半から70年代にかけて様々な社会運動，市民運動で現われた特徴であるという．道場は，反公害運動，反開発運動などの地域闘争を振り返りながら，1960年代後半から70年代は，それまでの階級的ないし職能的なカテゴリーを軸に集権的に展開してきた運動とは異なり，「市民」「住民」「消費者」「生活者」等の「社会運動の主体として名乗ったことのない集合的なアイデンティティに仮託して新たな社会問題の告発や異議申し立てが行われた時代であり，名乗ることにおいて主体のあり方が問われ，他者との関係性が問い直される，そうしたダイナミズムをもった時代であった」（道場 2009: 104，傍点は筆者）という．

　こうしたダイナミズムは，部落解放運動や民族差別撤廃運動への支援，連帯運動など様々な市民運動に広がっており，また，アジアの民主化運動に対する支援，連帯運動にも広がっていった．1960年代後半のニューレフト運動の軌跡をたどった安藤丈将は，1970年代，ニューレフトが学習運動を通じてアジアの遠くの他者の苦しみへ連帯しようとしたとし，その具体的な事例としてフィリピンのバナナ問題に関する学習・調査運動と，フィリピンの飢餓問題に対する「日本ネグロス・キャンペーン委員会」（1985年12月結成）を挙げている．日本とフィリピンの不正義・不公正な経済関係やマルコス政権と日本企業との癒着関係，そして，第2次世界大戦でのフィリピン占領の歴史を含む，他者（フィリピン）との繋がりを知ることができたことは，安藤によると，「日本のアクティヴィストの反省的な自己変革は，ネグロスの人びととの実際の付き合いの中で，具体的な形となって結晶したのである」（安藤 2013: 196，傍点は筆者）としている．安藤は「ネグロスの人々との実際の付き合い」の詳細までは

3章　日韓連帯運動の展開──139

記述していないが，ニューレフトにおける反省的な自己変革が社会思想史的に「自然に」達成できたものでなく，そうした「他者との実際の付き合い」のなかで具体化されたということが窺える．

　以上，戦後日本社会における 1960 年代後半から 70 年代という時代は，ベトナム反戦運動をはじめとする日本社会における（内なる）アジアの台頭という背景のなかで，他者との関係性が認識されるダイナミズムをもった時代であったことを確認した．また，「徐君兄弟」と「金芝河」の救援運動から始まり，「金大中拉致事件」を契機に韓国の民主化運動との連帯を求める運動へと展開した日韓連帯運動が，他者（韓国）との関係性のなかで反省的，省察的に植民地過去問題への取組みに転換していったことを，戦後日本社会におけるダイナミズムのなかで位置づけうることと確認してきた．

　本書は，こうした日韓連帯運動の位置づけに加えて，日韓連帯運動における越境した他者との「実際の付き合い」をより詳細に考察していこうとする．日韓連帯運動の形成，展開，そして，転換における具体的な取組みへの結晶化には，韓国の闘う人々との「実際の付き合い」，すなわち，直接的あるいは間接的な出会いとコミュニケーションが存在していたのであろう．そこで，第 4 章では，日韓連帯運動の背後で動いていたトランスナショナルな活動家たちの情報交換を中心としたネットワークの形成と活動を考察し，第 5 章では，こうしたトランスナショナルな情報交換のネットワークの一翼を担っていた総合雑誌『世界』を中心に，日韓連帯運動のフレーミング過程を分析することにする．以上の分析を通じ，日韓連帯運動のダイナミズムにおける他者との「実際の付き合い」の詳細を明らかにし，その政治的含意――トランスナショナルな公共圏と連帯――を考察することとする．

　　1)　中国と台湾という「2 つの中国」の問題と絡み，日本は台湾との国交を断絶する
　　　　形で，中国との国交を結ぶこととなった．それに対し，中国は，日本への賠償請
　　　　求を放棄した．
　　2)　詳しくは，山田（2006），内海（2002）を参照．内海の『戦後補償から考える日
　　　　本とアジア』によると，アメリカのアジア戦略とアジアの冷戦は，賠償問題にお
　　　　いて日本に非常に寛大で有利に働いたという．そのため，「冷戦構造が崩壊したの
　　　　ちに，アジアから補償を求める動きが出たのも偶然ではない」（内海 2002: 27）と

いう.

3) 詳しくは, 北田（2005）を参照. 連合赤軍派における極端な「自己否定」——総括——では, まさに「内容」というものは削ぎ落とされ, 終わりなき反省の「形式」だけが残されたのである.

4) アンガージュマンという概念は, 巻き込まれた, すなわち, 拘束された（engagé）状況のなかで, 自分を積極的にそこに巻き込む（s'engager）ことを選ぶといった態度, 信念（主義）である（海老坂 2013）. マルクス主義の「条件付け」（貧困→革命家）に対し, サルトルは「社会的, 歴史的条件づけから出来事や人間の行為を説明するのではなく, 逆に, こうした『条件づけ』を人間がどのような投企によって自分の『状況』に変えていくか, に思考の力点が置かれていた」（海老坂 2013: 17-18）という. 海老坂によれば, こうした人間の自由な投企という視点は, 後年のマルクス主義者としてのサルトルにおいても保持されたという.

5) 詳しくは, 鄭（1995）および西岡（1980a, 1980b, 1980c）を参照. 鄭は, 1945年から1965年の20年間, 「朝鮮半島に対する眺めに特徴的なのは, 無関心と避関心の態度であった」（鄭 1995: 14）という.

6) 石坂浩一（2012年2月16日）, 山田貴夫（2011年11月1日）, 池田五律（2012年7月6日）は, インタビューのなかで1970年代の運動を描きながら, 共通してこの3つのキーワードで語られたと説明した.

7) 4.19は, 「4.19学生革命」「4月革命」とも呼ばれている. 1960年3月15日に行われた大統領選挙における大規模な不正選挙に反発し, 高校生, 大学生, 知識人らの市民が全国的なデモ行動を繰り広げた. 4月11日, 馬山（マサン）で示威行動に参加し失踪していた高校生, 金朱烈（キム・ジュヨル）の死体（催涙弾が打ち込まれたままの凄惨な遺体であった）が発見され, 街頭デモが再び燃え上がった. こうした全国的なデモにより, 当時の大統領であった李承晩（イ・スンマン）が下野した. 最も大規模なデモが行われた日が4月19日であることから, 4.19という.

8) 1964年3月には, 全国規模の「対日屈辱外交反対汎国民闘争委員会」が結成された.

9) 高崎（1996: 151-152）を参照. 「韓日会談反対運動」については, 韓国民主化運動記念事業会で出版された, キム・ギソン『韓日会談反対運動』（キム 2005）を参照.

10) 詳しくは, 『朝鮮研究』編集部（1977）を参照. 日本朝鮮研究所は日韓会談と関連し『私たちの生活と日韓会談』（1962年）というパンフレットを出したが, そこで「日本国民にとって悪いものはすべてアメリカと, 韓国と台湾からやってくる. …だいたい, いまの日本で, およそ平和と民主主義に反するいっさいが十年前の朝鮮戦争と時をあわせてはじまったことをあらためて思い出す必要があります」とした（『朝鮮研究』編集部 1977: 5）. 1977年7月号の『朝鮮研究』（日本朝鮮研究所の雑誌）の特集「いま『連帯』を考える」には, 当時「朴にやるなら僕にやれ」といったスローガンに表れるエゴイズム的, 排外主義的ムードを作り上げるのに当研究所も役にたってしまったと反省している. 日本朝鮮研究所は, 『私たち

の生活と日韓会談』以後，日韓間の植民地過去の問題をも指摘する『日本の将来と日韓関係』というパンフを翌年に出版するが，前者が7万部売れたのに対し，後者は1万部しか売れなかったという．また，1964年には『日・朝・中三国人民連帯の歴史と理論』というパンフを出し，日本民衆も植民地主義・帝国主義により抑圧されたこと，そこでも植民地主義・帝国主義に対抗する日・朝・中三国人民連帯があったことなどを指摘した．こうした当時のパンフを振り返って，『朝鮮研究』編集部（1977）は，最後のパンフでとりわけ「被害者の立場に立って，はじめて世界全体が見えてくる」と主張しているところを評価しつつも，「実際これらのパンフからは，韓国民衆が何を以て日韓会談（条約）に反対したのか，そのスローガンすら読みとることができないのである」（『朝鮮研究』編集部 1977: 11, 傍点は筆者）とし，当時は朝鮮研究所さえも，韓国のたたかう人々の問題認識に対して乏しい認識にとどまっていたことを如実に示している．

11) 機関紙『前衛』の11月号では，「日韓条約批准阻止闘争を安保破壊の飛躍台」にと呼びかけており，日韓条約反対は究極的には，70年の安保闘争のためであったことが窺われる（高崎 1996: 193）．

12) 詳しくは，Avenell（2010）を参照．

13) 小田はこのあとがきを1991年に書いたと記している（小田 2008）．

14) 詳しくは，鈴木（2007）を参照．彼らは，籠城中の金嬉老に対し，「法廷に立つ道を選んでください」「弁護団を組織し力になりたいと思います」「そのことを通じて，朝鮮人に対する偏見を日本人の中からなくすため努力したい」との「呼びかけ」を行った．当初，こうした「呼びかけ」や，「寸又峡に出かけて行った者たちの行動は，マスコミとくに週刊誌から批判の集中砲火を浴び，罵倒や嘲笑の対象になった」（鈴木 2007: 162）という．

15) 当時の有名なエピソードとして，日本のニューレフト運動のなかでは，民族的マイノリティが置かれている状況を知らないことに対する批判的な迫り方として，「あなたは4.19を知っているのか」，（知らなければ）「あなたたちは何も分かっていない」というような迫り方があったという．山田貴夫へのインタビュー（2011年11月1日）．

16) 全文は，http://konansoft.com/zenrin/html/huajingtou77.htm でみることができる（最終アクセス：2013年6月21日）．中核派の機関誌『前進』（1970年7月13日）に載せられたもの．

17) 詳しくは，Avenell（2010）を参照．米空軍のいわゆる「スマート爆弾」が，ソニーのTV案内システムを装着していた．Avenell は，まさにそのテレビがベトナムの人びとの苦しさを伝えているのと同時に，その苦しさを作るのに使われたというアイロニーを指摘する（Avenell 2010: 144）．

18) 和田春樹へのインタビュー（2012年1月25日）．

19) 1971年日本で初めて出された金芝河の作品集『長い暗闇の彼方に』を編集した中井毬栄は，김지하（キム・ジハ）が漢字表記で金芝河になった経緯について，「『週刊朝日』に掲載の際に，翻訳スタッフは知恵をしぼって김지하の音から当てはめて，〈金芝河〉にキムチハというルビをつけて発表してしまったのだろう」

（中井 1977: 39）と推測している．ちなみに，김지하の本名は金英一（キム・ヨン
イル）で，ペンネームとして김지하を使っていたのである．中井（1977）による
と，後に김지하から「金地下」であるといわれたというが，金芝河という表記は
日本だけでなく，韓国でも定着したものとなった．

20)　反共法は，朴正熙の率いる軍事クーデター後，直ちに制定された法律で，共産
主義活動に加担あるいは幇助したものを処罰するものである．1980 年 12 月，国家
保安法改正により廃止される．

21)　1960 年代初頭，日本人高校生らによる朝鮮学校学生に対する集団暴行事件の続
発と関連し，弁護士を中心に調査団が結成されたが，最初の調査団結成の発起人
の 1 人となる．調査団は，1963 年「在日朝鮮人の人権を守る会」に発展する．詳
しくは，山田を参照（2006）．

22)　『朝日新聞』に 1976 年 2 月 27 日から 4 月 25 日（東京朝日の場合）まで 50 回に
わたって連載された「65 万人——在日韓国・朝鮮人」の企画担当者であった．

23)　本名は萩原遼．『赤旗』で記者として 1988 年まで活動．

24)　渋谷は，夏目漱石のような知識人を含め，「朝鮮における日本帝国主義の蛮行を
許した一つの原因が漱石をも含めた当時の日本人の朝鮮での事態に対するただし
い認識の欠如にあった」としている．

25)　逃亡・潜伏中に発表．金芝河は韓国民主化運動における代表的な人物の 1 人で
ある池學淳（チ・ハクスン）司教との縁でカトリックに入信する．潜伏中であっ
た金芝河は，4 月 16 日ごろ中央情報部により逮捕された．

26)　富山妙子はアムネスティ・インターナショナル日本支部の創立メンバーの 1 人
であった．旧植民地（満州）で育った経験を持つ．富山妙子は 1970 年 6 月に，金
芝河の逮捕ニュースで抵抗詩人の存在を知り，韓国への旅に出た．そこで，ハル
ビン高等女学校時代の朝鮮人同期生にも出会い，植民地と戦争，そしてその傷痕
について語りあった．富山は，「七〇年韓国への旅でわたしの人生は変わった．旧
植民地満州で少女時代を過ごした記憶がよみがえり，植民地体験と戦争体験が人
間としてわたしが立つべきアイデンティティに思われた．韓国をテーマにして知
る，日本の植民地支配が残した深い悲しみがテーマとなった」（富山 2009: 274）
という．この 1970 年のソウル訪問は，『展望』（1971 年 2 月号）の記事となり，そ
れを読んだというある在日韓国・朝鮮人からの依頼で，徐勝に会いに韓国に行く
（「良心の受刑——ソウル刑務所の徐勝君」『展望』1972 年 1 月号）．このようにし
て，富山は「絵」というメディアをもって，韓国（朝鮮）および植民地をテーマ
にした活動をし続けた．

27)　富山妙子へのインタビュー（2014 年 4 月 12 日）．『日教組教育新聞』（1972 年 4
月 25 日）を参照．

28)　富山妙子へのインタビュー（2014 年 4 月 12 日）によると，日本で「銅の李舜
臣（イ・スンシン）」を上演するようになったのは，その 1 年前にソウルの梨花女
子大学で「銅の李舜臣」が演じられたというニュースを聞いたことから，日本で
も上演してみようという話になったという．

29)　『市民運動』（1973 年 10 月 1 日）．

3 章　日韓連帯運動の展開——143

30) 『朝日新聞』（1972 年 9 月 5 日）．

31) 『市民運動』（1973 年 10 月 1 日）．

32) 詳しくは，『朝日新聞』（1972 年 5 月 10 日）．作者の小田実，京都大学名誉教授桑原武夫，哲学者の鶴見俊輔，評論家の松田道雄，随筆家の岡部伊都子，花園大学教授市川白弦，中央公論社の編集者中井毬氷，神戸でアジア問題に関する英文誌「ROJIN（浪人）」を発行するイギリス人デビッド・ポケットらが中心となっている．『朝日新聞』の報道によると，「海外著名人にも参加を呼び掛け，朴大統領に金氏の釈放，自由な活動の保証を求めること」が主な活動となっている．

33) 1967 年，韓国中央情報部がヨーロッパ在住の韓国人教授や留学生ら 194 人を，韓国に対する北朝鮮のスパイ活動を行った等の嫌疑で逮捕した「東ベルリン事件」を指す．この事件は，フランスに在住していた画家の李應魯（イ・ウンロ），ドイツに在住していた作曲家の尹伊桑（ユン・イサン）などの著名人を含んでおり，彼らに対する死刑や無期懲役などの重刑に，当時，韓国内外で軍事政権に対する激しい批判世論が形成された．西ドイツを中心としたヨーロッパ各国の批判世論により，1970 年，同事件のすべての関係者に対し，刑執行免除および死刑囚の釈放が行われた．

34) 鶴見によると金井は，もう 1 人韓国への入国許可がおりる人物として小田実が推薦した学生だという（鶴見・金 1975: 15）．

35) 同じ発言を「あなたがたの運動は，わたしを助けることはできない．しかし，わたしは，もう一つの声をそれにつけ加えることによって，あなたがたの運動を助けよう」（松本 1972）と伝えているものがある．また，後の回顧録である『戦争が遺したもの』では，「Your movement can not help me. But I will add my name to it to help your movement」（あなたたちの運動は，私を助けることはできないだろう．しかし私は，あなたたちの運動を助けるために，署名に参加する）と記されている（鶴見ほか 2004: 336）．

36) 詳しくは，和田（1975a）を参照．

37) 詳しくは，徐勝（1994）を参照．

38) アムネスティ・インターナショナルのゲルハルト・ブライデンシュタイン博士（西ドイツ，神学者，延世大学教授）についてはいくつかの記事に載っている．「ブ博士は『拷問の事実にまちがいはない．これは政治的陰謀による裁判だ』として九月にルクセンブルクで開かれたアムネスティ第十回世界大会でも調査団派遣を提唱している」（『救援』1971 年 11 月 10 日）．

39) 1972 年末の大統領の永久執権を可能とする維新憲法体制の成立および 1973 年の金大中拉致事件により，反独裁・反維新体制運動が高まっていった．1974 年 4 月 3 日，朴政権は，反体制運動の背後勢力として「全国民主青年学生総連盟」があるとして，学生たちの授業拒否および集団行動を一切禁じる緊急措置 4 号を発令した．この措置により，1024 名が連行，取り調べを受け，180 余名が人民革命党（以下，人革党），朝鮮総連，革新系左派の背後操縦を受け，韓国に共産政権を樹立しようとしたという疑惑で拘束・起訴された．このなかには，前大統領の尹潽善（ユン・ボソン）を含め，新・旧キリスト者知識人，抵抗詩人の金芝河らが

含まれていた.

40) 維新憲法は,1972年10月17日の非常戒厳令の下で行われた国民投票で1972年12月27日に制定された憲法である.大統領は,国会議員の3分の1を任命し,緊急措置権および国会解散権を持つ.また,6年の任期で重任に回数の制限がない.また,大統領の選出方式を直接選挙から,代議員によって構成される「統一主体国民会議」の間接選挙方式に変え,朴正熙の永久執権を可能にした.

41) 金大中は軍事政権により身の危険に晒されていたので,特に韓青同の青年たちがボディーガードとして付いていた.

42) 1961年に設置された韓国中央情報部は,全斗煥の率いる新たな軍部政権の登場とともに,1981年国家安全企画部に改編された.1999年には,国家情報院に改編され,現在に至っている.

43) 代表的な人物としては自民党の宇都宮徳馬(アジア・アフリカ問題研究会)が挙げられる.自民党内の左派系議員であったが,金大中拉致事件やロッキード事件に対する日本政府の対応に抗議し1976年脱党する.

44) 国際関係,特に,日米韓関係の専門家であるヴィクター・チャ(Victor D. Cha)によると,1973年(金大中拉致事件)と1974年(文世光事件)で日韓関係は最悪の状況であったという(Cha 1999=2003: 127-136).

45) 詳しくは,鄭(2006: 134).

46) もちろん,こうした運動は,日本だけで行われたものではない.在米韓国人の代表らも日本政府に事件の真相を究明すること,そして金大中の再来日のために協力することを日本政府に要請する(『朝日新聞』1973年8月17日)など,在米韓国人社会も米国や日本の協力を得るために動いていた.

47) 『朝日新聞』(1973年8月25日)の「『主権』を貫いた外国の教訓」.

48) 飯島信へのインタビュー(2011年11月10日).たとえば,「日本外交の体質と軌跡――金大中氏事件に見る」『世界』(1973年11月号)という論評記事(今津1973)は,日本の主権侵害論のなかでは亡命者保護問題および普遍的人権意識が貧弱であると指摘している.

49) 詳しくは,青地・和田編(1977: 62-63)を参照.その他の賛同者の名は,岡本精一,久保圭之介,左幸子,宮原昭夫,青地晨,小沢遼子,古賀正義,長沼節夫,平野謙,丸山儀四郎,飯沼二郎,中野好夫,針生一郎,石田雄,小幡操,小林直樹,中村哲,福富節男,森恭三,石垣綾子,尾崎秀樹,作田啓一,野間宏,日高敏隆,本山幸彦,石本泰雄,大岡昇平,佐々木秀典,野口雄一郎,藤島宇内,山本明,市川白弦,小野山卓爾,佐藤忠男,中村武志,星野安三郎,猪俣浩三,梶谷善久,島田虔次,長洲一二,堀田善衛,吉田喜重,弥永昌吉,梶山季之,角南俊輔,仁木悦子,本多勝一,上田正昭,笠原芳光,関寛治,橋本峰雄,真継伸彦,臼井吉見,片山寿昭,瀬戸内晴美,橋川文三,松田道雄,河野健二,千田是也,羽仁進,松本清張,岡田茉利子,久野収,竹内泰宏,花柳幻舟,丸山邦男,岡部伊都子,桑原武夫,高柳信一,樋口謹一,宮崎繁樹.

50) 詳しくは,鄭(2006)を参照.

51) 代表は評論家の青地晨,事務局長は当時東京大学社会科学研究所助教であった

和田春樹である．1978 年「日韓連帯連絡会議」は，「日韓連帯委員会」と組織を改編．

52) 和田へのインタビュー（2012 年 1 月 25 日）．

53) たとえば，1977 年の時点であるが，「日韓連帯神奈川民衆会議」「静岡日韓人民連帯会議」「日韓連帯・愛知県民の会」などが挙げられる（青地・和田編 1977）．

54) 太刀川正樹は，韓国の学生運動を取材していたフリー・ジャーナリストで，早稲田大学の学生であった．また，早川嘉春は通訳を務めたソウル大学大学院生であった．詳しくは，為田（1974）を参照．

55) 小田実，鶴見俊輔などがかかわっていた「キム・ジハ救援委員会」のこと．

56) 経緯については，和田（1975a, 1975b）を参照．

57) 後に，張基杓（チャン・ギピョ）によるものであったことが分かった．『ハンギョレ』連載の「和田春樹回顧録」（2006 年 9 月 28 日）の下の訂正部分を参照（http://www.hani.co.kr/arti/culture/culture_general/160921.html 最終アクセス：2013 年 5 月 9 日）．

58) 在日韓国人青年が朴正煕を暗殺しようとしたが，朴正煕の夫人である陸英修（ユク・ヨンス）を狙撃した事件．

59) 詳しくは，『朝鮮研究』編集部（1974）を参照．「座談会『反共反日』デモをどう見るか」において，宇都宮徳馬氏の発言を座談会参加者の B が引用した形である（『朝鮮研究』編集部 1974: 15）．

60) 当時，駐韓日本大使館政治部一等書記官であった町田貢へのインタビュー記事．韓国の『聯合ニュース』（2005 年 1 月 21 日，http://news.naver.com/main/read.nhn?mode=LSD&mid=sec&sid1=100&oid=001&aid=0000891101 最終アクセス：2013 年 5 月 31 日）．

61) 詳しくは，和田（1975b: 56）を参照．

62) 詳しくは，『朝日新聞』（1975 年 7 月 25 日）を参照．

63) 1974 年 11 月 5 日に発表された「大物スパイ団事件」では，民団東京本部副団長まで歴任したことのある陳斗鉉（ジン・ドゥヒョン）が逮捕，死刑判決を受けることとなる．その他，数々の在日韓国人政治犯に関する情報は，金泰明（1986）を参照．

64) 崔哲教から家族に当てられた獄中メッセージは，金（1986: 223）から引用．

65) 『在日韓国人「政治犯」の即時釈放と金大中氏の現状回復を要求する署名活動ニュース』（以下，署名活動ニュース）（No. 1）は「職場・地域に日朝・日韓連帯闘争を構築しつつ百万人署名を断固勝ちとろう!!」とタイトルづけられている．この『署名活動ニュース』は，「今回の国民署名運動は，はじめて労働組合，平和団体による全国的な規模での在日韓国人『政治犯』救援の共闘活動が開始されたことに大きな意義がある」と伝えている．署名推進団体としては，日朝国民会議，社会党，総評，護憲連合，反安保，在日韓国人「政治犯」を支援する会全国会議，他．

66) 金（1986）によると，1985 年まで 11 回の国連派遣運動を行ってきたという．また，1985 年夏には，直接拷問を受けた元在日韓国人留学生も参加し，自身が受

けた拷問事実を報告したという．

67）　3.1民主救国宣言事件あるいは「明洞事件」と呼ばれる．1976年3月1日，3.
1節記念礼が行われた拝明洞聖堂では，金大中をはじめ代表的な民主化運動人士が
作成に関わった民主主義と統一を掲げる宣言文が朗読された．朴政権は，新旧キリ
スト教指導者たちを含む民主化運動の代表らを政府転覆扇動容疑で拘束した．

68）　「救国宣言を支持　政治犯釈放要求　100万名署名運動　在日韓国青年同盟が展
開」『民族時報』（1976年6月21日号）を参照．

69）　韓国問題緊急国際会議の記録については，小田編（1976）『世界の中の韓国問
題』を参照．

70）　詳しくは，『民族時報』の「韓民連」結成特集(1)（1977年8月21日号）と(2)
（9月1・11日号）を参照．1967年「東ベルリン事件」で韓国に拉致され死刑を宣
告されたことのある，尹伊桑（ユン・イサン，在独民主社会建設協議会議長）も
参加した．

71）　韓民連は，海外韓国人民主諸団体の緩やかなネットワークのなかで活動を継続
し，韓国での民主化宣言（1987年）および「祖国統一汎民族連合」（汎民連，1988
年）発足に伴い，より「統一」課題に焦点を合わせた「汎民連」に統合されるこ
ととなる．

72）　この訳文は，富山（2009）から引用したものである．

73）　15分の長さで3月21日の朝6時に放送される予定であった．

74）　富山によると，「その放送中止の番組は日本キリスト教団の有志や，担当ディレ
クターの手で，スライドでの再現」（富山 2009: 172）が行われたという．

75）　Documentation of Action Group for Asia については，次章でより詳しく述べる．
韓国を含むアジアの様々な地域の情報収集および研究センターで，アジアキリス
ト教協議会によって設立された組織である．

76）　初日，1977年6月4日．詳しくは，米倉（1977）を参照．

77）　詳しくは，高橋（1974）を参照．

78）　詳しくは，小田編（1976），英文雑誌『AMPO』（Vol. 6, No. 3-4, 1974）の「ア
ジア人会議」特集を参照．小田実はベトナム反戦運動以後に運動が進む方向とし
て，アジアに視点を置くことでみえる米国—日本—アジア諸国の政治経済システ
ムを正そうとする「よなおし運動」（*Yonaoshi*: Straightening out the system）を
提唱する．

79）　松井やよりによる「アジア人会議」の回想および中国滞在については，松井
（2003）を参照．松井は，アジア人会議について「大変勉強になったが，この会議
もキーセン観光をはじめ女性の問題はほとんど無視された」（松井 2003: 89）とし
た．

80）　富山へのインタビュー，2017年7月22日．

81）　山口明子（韓国問題キリスト者緊急会議の実行委員）は，キリスト者として
「キーセン観光」反対運動に参加しており，アジアの女性問題に関心を注いできた．

82）　金大中らは光州事件前日である5月17日にすでに逮捕・拘禁状態におかれ，光
州での出来事については7月10日に合同捜査団長が「光州事態」関連の新聞を置

いていったことで初めて知ったという．詳しくは，金（2010）ほか多数．

83) 朴正煕暗殺事件以後の政治的過渡期のなかで，民主主義を求める声が以前よりもまして様々な形で噴出した．そうした様子を「ソウルの春」という．

84) 詳しくは，鄭（2006）および『民族時報』（1980 年 6 月 15 日号，2003 年 10 月 1 日号）を参照．

85) 日韓連帯連絡会議は，1978 年「日韓連帯委員会」へ改組される．和田の記録によると，事務局長であった和田が研究のため，ロシアへ 1 年近く行くことになり，そこで，知識人中心の日韓連帯委員会と日韓調査グループ，そして，青年たちの運動とに分かれることになったという（和田 2013: 184-185）．日韓連帯委員会は，和田のほか，青地晨，高崎宗司，清水知久，倉塚平，鶴見俊輔，中井毬栄，日高六郎らで構成された．

86) 決議文，1980 年 7 月 10 日．

87) 韓国では全泰壹（チョン・テイル）と表記する．

88) 渡辺哲郎によると，総評がかかわった「1000 万署名運動」には，60 年安保改定阻止運動，核兵器廃絶運動，公務員制度改革反対，国鉄分割民営化反対があり，「外国人を掲げたのは金大中死刑阻止が最初で最後であろう」という．渡辺へのインタビュー（2011 年 11 月 9 日）．

89) 渡辺へのインタビュー（2011 年 11 月 9 日）．

90) 「金大中氏を殺させるな！国民大会」の参加人数および署名総人数については，和田（1982）における日誌を参考にした．

91) この名称については，当初「日本と韓国の民主主義を考える市民の会」としていたが，「言葉がかたい」などの名称に対する反対意見で，二転三転するなかで，「市民運動『金大中氏らに自由を』」という名称になったという．詳しくは，『署名運動ニュース』終刊号（1981 年 4 月 11 日）あるいは清水・和田編（1983）を参照．

92) 運動行動は月例デモ，定期的街頭ビラ配り，ニュース発行，学習会などである．

93) 詳しくは，清水・和田編（1983）を参照．

94) ポーランド自主管理労働組合．ポーランドにおける民主化運動を牽引した．

95) 1982 年教科書改正においてアジアへの「侵略」を「進出」に，三・一運動を「暴動」とするなどの記述に対し，中国，韓国からの批判が起こった．日本では，こうした海外からの批判の声を「内政干渉」として逆非難する声も高かったが，日韓連帯運動にかかわっていた人々にとっては，こうした教科書改正問題は日本の民主主義や平和とも直結する問題であった．詳しくは，清水・和田編（1983）ほか．

96) 緊急会議と日韓連が中心となった「"金大中氏を殺すな！"市民署名運動」と「市民運動『金大中氏らに自由を』」について，より詳しくは，清水・和田編（1983）を参照．

97) 指紋押捺拒否は，指紋押捺制度ができた翌年の 1956 年から始まり続いていたのであるが，1980 年在日韓国人一世の韓宗碩（ハン・ジョンソク）による意思表明が指紋押捺拒否運動の火付け役となり，1985 年には全国で 2 万人以上もの押捺拒否・留保者を出すほどの大きなうねりとなった（李 2008: 4）．

98) 1970 年代の日本企業の韓国進出の流れのなか，スミダ電機も韓国の馬山自由貿
易地域に 100％ 子会社である「韓国スミダ電機」を作った．しかし，1989 年，企
業が韓国における賃金上昇などを理由に工場を中国に移転すると決め，日本本社
からのファックス 1 枚で「韓国工場閉鎖，450 名全員解雇」と通告した．ファック
ス 1 枚での解雇に対する謝罪と退職金などを求め，労働者たちは闘争を決める．
本社との交渉のため，労働組合は代表として 4 名を東京に送り，日本での闘いを
展開する．当時，カトリック教会の大倉一美神父や首都圏連に関わっていた活動
家，在日韓国政治犯問題に関わっていた活動家などが関わり，「韓国スミダ労組に
連帯する会」を結成，支援・連帯運動を行う．こうした工場閉鎖に続く労働者の
闘争は，スミダだけではなく連続して行われた．

99) 小熊は，パラダイム転換の内容として，①「戦後民主主義」の肯定から批判へ，
②「近代合理主義」の肯定から批判へ，③「被害者意識」から「加害者意識」へ，
という 3 つが，1960 年代末から 1970 年代初頭にかけておきた転換として挙げられ
ると指摘する（小熊 2009b: 172）．

100) 日本のキリスト者活動家たちは，日本の市民運動との接点ができたことを，日
韓連帯運動における 1 つの重要な成果と語った．東海林勤へのインタビュー
（2010 年 2 月 17 日），山口明子へのインタビュー（2011 年 10 月 15 日）．

101) 小田実は，北朝鮮訪問記として『私の朝鮮』（1977）と『北朝鮮の人びと』
（1978）を出している．和田春樹によると，小田は北朝鮮を訪問した後，「僕らが
日韓連帯運動に戻ってくるな，などと言ったわけではないけど，戻れなかった」
とした．和田へのインタビュー（2012 年 1 月 25 日）．

102) 呉在植へのインタビュー（2011 年 5 月 26 日）．当時，呉在植は，「北」との関
係が疑われそうな人々や組織と関係を持つことを徹底的に注意，拒否したという．
追跡され，口実となる可能性があるためであったという．しかし，それによって
「反共主義者」と批判されることもあったという．このインタビューのなかで，彼
は，「連帯」とは，弱い立場の人々に強い立場の人々が付くことであって，強い立
場の人々に弱い立場の人々が合わせることではないと強調した．

103) 裴重度へのインタビュー（2011 年 12 月 6 日）．裴重度は，いわゆる「在日志
向」の民族差別問題に取り組んできた活動家である．一方，「祖国志向」の在日韓
国人政治犯救援運動にかかわっていた鄭剛憲（チョン・ガンホン）へのインタビ
ュー（2012 年 2 月 11 日）からも「在日志向」と「祖国志向」の隔たりについては
同様に指摘された．また，日立就職差別問題と関連して「朴君を囲む会」で活動
した山田貴夫によると，「朴君を囲む会」の事務所に韓青同の人が来て「裁判闘争
も大事だけれども，やっぱり，祖国の民主化とか，統一への支援とか，そういう
ことにもっと関心を持ってほしい」と，議論をふっかけられたこともあるという．
山田によると，在日韓国人のこうした「祖国志向」と「在日志向」については，
日本の市民運動の活動家たちは，それほど緊張や葛藤があったわけではないとし
ながらも，いわゆる「日韓連帯派」と「在日朝鮮人支援派」の間では距離があっ
たという．山田へのインタビュー（2011 年 11 月 1 日）．

4章 トランスナショナルな情報交換のネットワークの形成と活動
T．K 生の「韓国からの通信」を中心に

　本章では，1970-80 年代における日韓連帯運動の形成と展開の背後にある，トランスナショナルな情報交換のネットワークの形成と活動を明らかにする．前章では，日韓連帯運動を戦後日本の社会史的な背景のなかで概観してきたが，他者との連帯へ向けた動きには，他者の考え，他者の生の肉声など，他者に関する様々な情報が必要となる．まず，他者（の抱える問題）の存在が現われる場がなければ，他者との連帯に向けた動きも存在し得ないだろう．そこで，本章では，韓国軍事政権の情報統制の下で，民主化運動勢力の声がどのように国境を越え，日本および世界の活動家たちのネットワークのなかで共有，議論されることとなったのかを追跡する．

　以下では，まず，韓国軍事政権下で民主化運動勢力の声がどのように抑圧・弾圧されたかを，特に，軍事政権の言論統制政策を中心に考察する．次に，こうした言論統制に対する韓国民主化運動勢力の対応を，韓国国内の次元と国外の次元で整理する．特に，国内外における対応のなかで，海外のアクターたちを巻き込むトランスナショナルなネットワーク形成のダイナミズムを確認する．具体的な事例として，総合雑誌『世界』で連載された「韓国からの通信」を中心に，抑圧された抵抗勢力の声がどのようにトランスナショナライジングしていったのかを明らかにする．以上の分析を通じ，日韓連帯運動の背後には，日韓だけではない，世界的な情報交換のネットワークが存在していたこと，そして，こうしたネットワークの活動家たちが，直接的あるいは間接的なコミュニケーションを通じて意味構築の過程に携わったことを確認する．

151

1 韓国における言論統制——コミュニケーションの閉鎖状態

　韓国における軍事政権の登場は，表現の自由，言論の自由を抑圧することから始まったといえる．1948 年に制定された冷戦の産物である国家保安法[1]に続き，1961 年の軍事クーデターによって政権を握った朴正煕（パク・チョンヒ）は，同年，「反共」を国是と掲げ，人々の思想を検閲する反共法[2]や情報政治の機関である中央情報部（Korean Central Intelligence Agency, 以下 KCIA[3]）を成立させた．冷戦という時代背景を理由に成立した国家保安法，反共法，そして，中央情報部は，軍事政権下で基本的人権を求める一般市民の声までも抑圧するシステムを作りあげた．以下では，韓国軍事政権がどのように韓国民主化勢力の声を抑圧してきたのかを，法律的・制度的・行政的な装置を中心に検討する．

⑴　国内における言論統制の法律的・制度的・行政的措置

　まず，非常戒厳令下では基本的に言論の事前検閲が行われた．1961 年 5 月16 日，朴正煕を中心とした軍事クーデター勢力は国家の最高統治機関として「軍事革命委員会[4]」を設置，それをもって全国に非常戒厳令を宣布し，同時に布告第 1 号を出した．布告第 1 号には，屋内・外の集会禁止，国外旅行禁止，言論の事前検閲実施，夜間通行禁止などといった様々な非常措置が含まれていた[5]．すべての言論活動が事前検閲下に置かれ，特に，以下の 9 つの事項については一切の報道を禁止した．9 つの事項とは，①敵に利益となる事項，②軍事革命委員会の諸目的に違反する事項，③反革命的世論扇動・宣伝を目的とする事項，④治安維持に有害な事項，⑤国民世論および感情を阻害する事項，⑥軍の意気を阻害する事項，⑦軍の機密に抵触する事項，⑧虚偽および歪曲された事項，⑨その他，指示する事項，を指す．このように，軍事クーデター勢力は，軍事政権に不利となり得る一切の言論活動の自由を奪うことから始まったのである[6]．このような言論の事前検閲は，基本的に，朴正煕および全斗煥（チョン・ドゥファン）に続く軍事政権では，非常戒厳令のもとで施行された言論統制の一般的な形式である．しかし，非常戒厳令が解かれた常時においても，

152——第Ⅱ部　トランスナショナルな社会史

様々な言論統制が行われていた.

　正統性に弱い軍事政権にとって最も都合のよい言論統制の手段は,「合法的」に言論を統制できる構造を作り上げることであろう. そのため, 様々な制度的, 法的装置の構築が試みられた. たとえば, 民政委譲・民政不参加の約束を破棄し1963年大統領選挙で当選した朴正熙は, 1964年「言論倫理委員会法」を推進した. その背景には, 朴政権の登場とともに再開された日韓会談に対する反対闘争がある. 学生たちは, 日韓会談を「屈辱外交」として批判し激しいデモ行動を行った. これに対し, 朴政権はソウルに非常戒厳令を宣布し,「『一部政治家の無軌道な言動, 一部言論の無責任な扇動, 一部学生たちの不法行動, そして政府の行き過ぎた寛容』があったという認識のもと, 言論規制立法を急いだ」(キム 2008: 309-310, 筆者訳) のである. こうした背景で誕生した「言論倫理委員会法」は, 報道内容の審議会を設け, 審議会が停刊如何を決定し, それを不服とする発行人は懲役に処するとし, 新聞の停刊・廃刊の任意決定を許す毒素条項を含んでいた. 韓国の言論統制史を著したキム・ジュオンによると, 政権の言論規制の動きに対し, 韓国新聞発行人協会, 通信協会, 韓国新聞編集人協会, 国際新聞編集者協会韓国委員会, そして, 8月中旬に創立された韓国記者協会を含め, 言論倫理委員会法撤廃闘争が始まった (キム 2008: 310-312). その結果, 言論倫理委員会法は朴政権の言論社主に対する圧力にもかかわらず, 野党, 宗教界, 社会団体などによる世論の批判が高まるにつれ,「留保」という形で阻止されることとなった.

　朴政権は, 言論倫理委員会法の例のように, 立法を通じ言論を規制しようと試みたが, 言論界および社会からの批判を受け一旦は退いた. この点, 1960年代は, 言論人および言論社に対する個別の脅迫[7]・懐柔はあるものの, 後の1970年代と比べ, 比較的自由を保っていたと言える. たとえば, 韓国の知識人の代表的な雑誌である『思想界』では,「1967年の学生たちの示威は比較的詳細に報道されたが, 1969年改憲反対デモにおいてはほとんど報道されることはなく, 報道されたとしても学生たちの宣言や決議内容は詳細に報道されなかった」(『思想界』1969年7月号: 150, 筆者訳) と記述されている. このように, 三選改憲という, 朴正熙の政権持続の意思が明らかになるにつれ, 言論統制も激しさを増していったのである.

1970 年代に入ると，朴政権の言論統制はより高度化していく．朴正煕は，
1969 年の三選改憲に対する社会各界の批判的な意見を公権力で抑圧し，1971
年の大統領選で三度大統領に当選した．しかし，大統領選において野党の大統
領候補であった金大中（キム・デジュン）に僅差で勝ったという危機意識と，
1969 年のニクソン・ドクトリン[8]などに見られる米国の対アジア政策の変化と
相まって，朴正煕は 1972 年 10 月 17 日全国非常戒厳令を宣布する．そして，
①国会解散，政党および政治活動の中止等の現行憲法の一部条項の機能停止，
②機能停止された一部憲法条項の非常国務会議による遂行，③非常国務会議に
よる憲法改定案の準備，④改定された憲法案によって年末以前の憲政秩序回復
を公表する，という 4 つの非常措置を含んだ特別宣言を行った[9]．非常国務会
議で準備された改定憲法案は，「統一主体国民会議」の代議員たちの投票で大
統領が選出されるという間接的な大統領選挙方式と，大統領の権限として緊急
措置権を認め，憲法上の国民の自由と権利を暫定的に停止することも可能にし
た．こうした改憲憲法案を「維新憲法」と呼んだ朴正煕は，永久執権の道を固
め，大統領個人に立法・司法・行政を集中させ，大統領の命令が法の上にある
とする軍事独裁の体制を作りあげた．1972 年末に始まった維新憲法に基づく
維新体制は，憲法に対する一切の異議申し立てを禁ずるなど，様々な言論統制
の制度的，法的装置を作りあげていった．

　そのなかでも，維新体制下の最も露骨な言論統制・批判世論弾圧の手段は，
大統領緊急措置である．維新憲法が宣布された直後は，韓国民主化運動を先頭
で牽引してきた学生運動までも沈黙を強いられたが，1973 年 10 月 2 日のソウ
ル大学学生の維新反対運動を皮切りに，維新憲法反対闘争が本格化していった．
11-12 月における全国の各大学における学生運動[10]をはじめ，12 月 24 日は教
授・言論人などの知識人グループによる「維新憲法改憲請願 100 万人署名運
動」が始まったのである．維新憲法に対する公開的で全面的な抗議行動に，朴
政権は 1974 年 1 月 8 日，緊急措置 1 号および 2 号を発令する[11]．緊急措置 1
号は，憲法を否定，反対，誹謗する一切の行為，流言蜚語を流布する一切の行
為を禁じ，それに違反したものには 15 年以下の懲役に処することを内容とし
たものである．また，緊急措置 2 号は，緊急措置を違反したものを審判するた
めの非常軍法会議の設置を命じた内容である．

154──第Ⅱ部　トランスナショナルな社会史

こうした緊急措置は，維新憲法に対する反対の声があるという事実の報道すら難しくすることで，徹底的に政権に有利な世論環境を作った．そして，わずか3カ月後に，緊急措置4号が発令される．その背景には1960年代末と1970年代の初めにかけての全国大学の緩やかな連絡網の形成[12]による反維新行動の噴出があった．学生運動陣営は，1974年3月末から4月にかけて全国の大学で大規模な反維新行動を計画し，4月3日にソウル大，延世大，高麗大などの各大学で同時デモを行った．当日，学生運動の宣言文として「全国民主青年学生総連盟」（以下，民青学連）という名義の「民衆・民族・民主宣言」が撒布されたが，この4月3日の大規模な学生運動を受け，朴政権は以下の緊急措置4号を発令した．

〈緊急措置4号〉
① 全国民主青年学生総連盟とこれに関する諸団体（以下，団体という）の組織，加入，団体や構成員の活動に対する称賛，鼓舞，同調，またはその構成員との会合，通信その他の方法による連絡，構成員の潜伏，会合，連絡その他の活動のための場所や物件，金品，その他の便益の提供，およびその他の方法で団体や構成員の活動に直接または間接的に関与する一切の行為を禁ずる．
　　……（中略）……
⑤ 学生の正当な理由のない，出席，授業，試験の拒否，学校関係者の指導，監督下の正常な授業，研究活動を除く学校内の集会，示威，糾弾，籠城，その他一切の個別の集団行為を禁ずる．ただし，儀礼的および非政治的な活動は除外する．
⑥ この措置で禁じた行為を勧誘，扇動，宣伝したり，放送，報道，出版，その他の方法で他人に伝える一切の行為を禁ずる．
⑦ 文教部長官は大統領緊急措置に違反した学生に対する退学，停学処分あるいは学生の組織，結社，その他の学生団体の解散またはこの措置の違反者が所属した学校を廃校処分にすることができる．学校の廃校処分にかかわる諸般措置は文教部長官が定める．
⑧ 第①項ないし第⑥項に違反した者，第⑦項による文教部長官の処分に違反した者およびこの措置を誹謗した者は死刑，または5年以上の有期懲役に処す．有期懲役に処す場合は15年以下の資格停止を併科しうる．第①項ないし第③項，第⑥項違反の場合は未遂であっても予備，陰謀した者も処罰する．
　　……（中略）……

⑫　同措置は 1974 年 4 月 3 日 22 時より施行する[13].

　このように，緊急措置 4 号は，以前の緊急措置 1 号に比べ，大幅に処罰の強度を強めている．学生運動に関する表現物を所持することや，何らかの形で間接的に関与するだけであっても処罰の対象になり，そのうえ，学校までもが廃校処分になりうるという脅迫は，学校に対し，学生の管理・監視の強度を強めることを命令するものである．また，何より学生運動に同調したり，緊急措置が禁じたことを何らかの形で表現することで，「死刑」ともなり得るということは，暴圧的な措置でしかない．それは，学生運動およびそれに同調するどのような勢力にも「死」という恐怖を与え，まさに，圧殺しようとしたものであろう．

　民青学連事件では，1024 名が連行，取り調べを受け，180 余名が人民革命党（以下，人革党），朝鮮総連，革新系左派の背後操縦を受け，韓国に共産政権を樹立しようとしたという疑惑で拘束・起訴された．このなかには，前大統領の尹潽善（ユン・ボソン）を含め，新・旧キリスト者，抵抗詩人の金芝河（キム・ジハ），また学生運動を取材していた太刀川正樹と早川嘉春という日本人 2 名も含まれる．特に，人革党と関連し起訴された 8 名が 1975 年 4 月 8 日に死刑判決を受け，それから 24 時間も経たないうちに死刑が執行された 4 月 9 日は，「司法史上暗黒の日」とも呼ばれている．しかし，民青学連事件は，弾圧の強度を高め維新体制への反対を沈黙させようとした政権の狙いと反し，国際的なネットワークを有していたキリスト教指導者および海外に名の知られた金芝河[14)]を拘束したことで，国内ではもちろん海外においても，韓国の抵抗運動，民主化運動への関心が高まる結果となった．

　学生運動の高まりは，特に言論統制下の言論人にも大きな衝撃を与えた．維新体制下，沈黙を破った 1973 年 10 月 2 日のソウル大学学生の示威では，①国民の基本権を保障する自由民主体制を確立せよ，②対日隷属化を即時中止し，民族自立経済体制を確立し，国民の生存権を保障せよ，③中央情報部を即時解体し，金大中拉致事件の真相を即時明らかにせよ，④既成政治家と言論人は覚醒せよ，という 4 つの要求事項が掲げられた（韓国キリスト教教会協議会人権委員会 1987a; 274-275，筆者訳）．日韓条約以後の対日経済隷属化の問題と 1973

年8月8日の金大中拉致事件という問題とともに，言論人への呼びかけが行われたのである．1969年の三選改憲以後は，公安または情報を専担する機関員が編集局（報道局）に常駐し，特定の記事の削除，保留，強調，縮小を「依頼」していたが，これらは「依頼」の形式を借りた，事実上の「指示」であった（キム 2008: 340）．このような環境のもと，言論人に対する自省と行動を促すきっかけとなった1974年の民青学連事件を受け，言論人たちも維新体制に対する「自由言論守護闘争」を始めた．

　1974年10月24日，『東亜日報』記者たちは「自由言論実践宣言」を発表し，中央情報部の報道指針を守ることを拒否した．これに対し，朴政権は広告弾圧という手段で新聞の経営陣を圧迫した．広告の取り消しによる白紙の広告欄は，言論人の闘いを支持する個々人の匿名の広告掲載運動によって埋められていたが，『東亜日報』の経営陣は，結局，政権に屈服し，示威に加担した言論人たちを大量に解雇する結果となった．自由言論実践運動は，1974年12月『朝鮮日報』にも波及し記者たちの籠城などが行われたが，結局，これも政権の権力によって記者たちは解雇されることとなった．こうして，東亜日報・朝鮮日報から解雇された記者たちは1975年以後，出版活動などを通じ韓国言論闘争を先導する役割を担うこととなる．

　緊急措置1号・4号は，1974年8月23日をもって解除されるが，民青学連事件関連の拘束者釈放運動など，維新反対運動はより強くなっていた．1975年4月8日には，高麗大学に休校を命ずる緊急措置7号を発令，国防部長官が軍兵力による学校秩序の維持を許可したことは，その間の学生運動の高まりを如実にあらわしている．特に，4月9日の人革党関連者の死刑執行を受けて，学生運動は再燃していく．4月11日には，ソウル大学学生の時局糾弾大会のなかでリーダーの1人であった金相鎮（キム・サンジン）が「良心宣言」を朗読後，割腹自殺した．1975年に入っても各大学における維新反対運動は止まることなく激しく行われていた．そこで，軍事政権は1975年4月末の南ベトナム政権の崩壊など安保危機を理由に，1975年5月13日，緊急措置1，4，7号を総合したような緊急措置9号[15]を発令する．この緊急措置9号は，1979年10月26日，朴正熙が暗殺されるまで続き，この時代に大学生であった世代を韓国では「緊措（9号）世代」とも呼ぶ．

以上の言論の自由，表現の自由に対する全面的な弾圧は，社会各所における管理，監督，監視を強めることにより，抵抗の声を沈黙させることが目標であった．こうした言論統制の様々な手段は，1979 年末，全斗煥の率いる新軍部勢力の登場以後も，基本的に継続していた[16]．

　新しく台頭した全斗煥政権は，1980 年末から言論社統廃合を断行した．全国 64 の言論社のうち，新聞 14 社，放送 27 社，通信 7 社の統廃合と，地方紙の「一道一社」，通信社の単一通信社化，公営放送と商業放送の二元体制の施策が行われた（キム 2008: 238）．そのうえ，多くの正論誌を標榜した週刊誌，月刊誌を含め，172 の定期刊行物を廃刊させた．また，言論人に対する強制解雇も相次いだ．そして，1980 年 12 月には，潜在的抵抗言論を沈黙させるため，「言論基本法」を制定する．言論基本法は，新聞，通信，放送，それ以外に年 2 回以上の同一題名で発行される出版物を含め，すべての言論に対する一律的な規制の内容を含んでいる．記者の強制解雇，言論社統廃合，言論基本法，報道指針[17]など，当時の多様な言論統制は，「言論大虐殺」ともよばれる．このような状況は，1987 年民主化宣言（6.29 宣言）以後の 11 月に開かれた国会で，悪法として知られた言論基本法が廃棄されることによって大きく改善されていくこととなる．

(2)　海外言論および情報に対する統制

　こうした様々な言論統制は，国内の言論だけを対象としたものではなかった．海外の言論に対しても，様々な法律，制度，行政的な統制策が取られた．

　まず，朴正煕は，軍事政権の成立直後に，「外国刊行物輸入配布に関する法律」を制定，「外国新聞あるいは時事雑誌に掲載された特定記事または記事の部分的な内容が政権に不利であると判断された場合，随時当該新聞の紙面をハサミで切断し削除したり，その部位を黒く塗るなどして，国内の読者が読むことができないようにした」（キム 2008: 398，筆者訳）．このため，同時代の国内のニュースだけでなく，海外における韓国と関連したニュースについて，韓国の国内にいた人々は十分な情報を得ることができなかった．

　また，緊急措置および刑事法を通じた統制も行われた．1974 年 1 月 8 日発令された緊急措置 1 号は，「この措置が韓国に滞留している外国人にも適用さ

れるので法秩序を守ること」を要求した．1月11日，文化広報部はこれを不服とする日本新聞，通信，放送特派員たちに対する警告文を発表し，「もし，これからも継続して緊急措置に違反する場合は，適法措置を取る」と警告している[18]．すなわち，海外言論に対しても国内言論と同じく維新憲法に対する批判や問題提起を一切報道しないように強制しようとしたのである．しかし，海外言論を国内言論のように暴圧的装置で弾圧することは，国際関係上，たやすくできることではない．そのため，朴政権は1975年3月に刑事法を改定し，「国家冒瀆罪」を新設した．国家冒瀆罪は，「①国民が国外で，国家および国家機関を冒瀆，誹謗あるいはその他の方法で国家に害を及ぼした場合，7年以下の懲役あるいは禁固に処する，②国民が外国人あるいは外国団体などを利用し，国内で①の行為をした場合も同様である，③第2項の場合10年以下の資格停止を併科することができる[19]」とし，外国言論に接触する韓国人取材員を弾圧する方策を講じた．すなわち，韓国民主化運動に関する韓国人の取材を制限させ，また，韓国人を雇用している外国言論においても報道に注意を払うように促すことが可能となったのである[20]．

　こうした法的，制度的装置による海外言論に対する影響力行使の努力は，問題記事のある海外新聞の回収命令，支局閉鎖，外国人特派員に対するビザ発給の遅延，特派員監視・盗聴・尾行，そして韓国への招待などによる懐柔策が試みられた．特に，東京に支局を置き，韓国をカバーしていた欧米新聞社とは違って，韓国に支局を置いていた日本の新聞社は，支局閉鎖および特派員の国外追放の対象となる場合が多かった．たとえば，1973年8月23日，金大中拉致事件と関連し，韓国中央情報部の関与について報道した『読売新聞』[21]は，2日後の25日にソウル支局の閉鎖と特派員3名の国外退去処分を受けた．その他にも，1979年1月12日には『毎日新聞』の特派員の前田康博が国外追放となり[22]，特に，1980年の光州事件の際は，共同通信，時事通信，『朝日新聞』のソウル支局閉鎖，特派員の国外追放の措置が取られ，『産経新聞』も特派員の出国勧告を受けている[23]．海外特派員に対するKCIAなどによる警告と懐柔には，基本的に民主化運動に対する取材や韓国政府への批判的な取材をやめさせ，文化および観光分野に対する取材を促進する意図があった[24]．こうした意図が最も明らかになったのは，韓国政府が米国議会に影響力を及ぼそうとし

4章　トランスナショナルな情報交換のネットワークの形成と活動──159

た「コリアゲート」事件[25]を端緒とする米下院国際関係委員会傘下の国際機構小委員会による調査であった．国際機構小委員会の調査で，KCIA の対米言論工作計画が明らかになったのである[26]．韓国の人権問題などに対する米国世論を韓国政府に有利に変えようとしたものであるが，こうした計画は米国に限定したものではないだろう．

　以上の 1970-80 年代における言論弾圧は，緊急措置，戒厳法，反共法，国家保安法，放送法，新聞通信等の登録に関する法律，外国刊行物輸入配布に関する法律，刑事法などにおける法律的統制だけでなく，各政府機関に対する取材制限措置，言論機関に対する協調依頼（報道指針），政府機関員の言論機関出入，任意同行形式の連行調査なども行政的に行われた．また，海外言論への影響力行使のための法律改定なども行われ，軍事政権が国際的な世論・イメージに対し，相当気を使っていた点を反証している．

(3) 「反共」イデオロギーに支配された政治的公共圏

　このように，維新体制下の 1970-80 年代の韓国社会は，「コミュニケーションの閉鎖状態」であった．そのなかで，軍事政権は政権側が認める「事実」だけを報道させ，政権が誘導する「フレーム」で社会を認識するように強制したのである．すなわち，権力側の一方的言説が支配する支配的公共圏を形成していった．しかし，支配的公共圏は，それに対抗する言説の流布を抑圧するために，法的・制度的装置だけではなく，それらの装置を正当化するイデオロギーを要する．韓国軍事政権にとって，それはまさに国是とする「反共」イデオロギーであった．

　韓国の「北」との対立による緊張関係は，政権が「安保および国益に害する」という理由で，民主化運動を沈滞化し，抑制する口実ともなっていた[27]．政権が一方的に発表した情報以外の事実を流布・伝達することも抑圧されていたところ，民主化勢力を「政府転覆企図」「北傀の指令を受けたスパイ」などと決めつけることで，政権は民主化勢力および潜在的な活動家たちを沈黙させることができた．そして，「安保に害する／北に利益となる」抵抗勢力を無力化させることで，政権の措置が正当であることを一般大衆に宣伝する．まだ朝鮮戦争の記憶が新しい韓国社会にとって，政権の「反共」イデオロギーの巧み

な利用は確かに有効であった．「安保」を掲げ，「北の侵入」を防ぐことで，「北との関連者（グループ）」および「共産主義者」に対する弾圧が正当化され，容認される状況であったのである[28]．

　一度「北のスパイ」のレッテルが貼られると，当事者およびその家族までもが社会から白い目で見られる状況は，政権側として運動の鎮圧にもっとも有効であった．たとえば，1967年の総選挙における不正選挙と関連し全国的な抗議行動が起こった時の「東ベルリン事件[29]」では，同事件を発表することで，南北対峙・安保危機を第1の問題として煽り，政権に対する抗議行動の沈滞を図った．また，1971年，軍事教育強化に反対する学生運動が盛り上がった時には，「在日同胞留学生スパイ事件[30]」を通じて，1973年末から1974年初めまでの維新憲法反対闘争は，民青学連・人革党事件を通じて，運動の盛り上がりを抑えようとしたのである．こうした公安事件は70年代に入り，より多くなっていく[31]．

　以上のように，政権に異議を申し立てる様々な表現・言論活動は，「反共」イデオロギーによって反国家活動および共産主義活動と見なされ，様々な法的・制度的装置を通じ弾圧された．まさに全面的なコミュニケーションの閉鎖状態であったと言えるだろう．しかし，こうした統制を持続的に行うこと自体，あらゆる弾圧の装置が設けられてもなお，異議を申し立てる人々の声と行動が止まなかったことを反証している．むしろ，軍事政権の暴力と脅威に対する抵抗と反発は，各運動部門の結束と連帯，また，運動部門を越えた連携の成長のなかで，拡大していった[32]．また，国内にとどまらず，海外の韓国人グループとの連携や海外の支援者との連携も積極的に図られた．以下，これまで見てきたコミュニケーションの閉鎖状況に対する民主化運動勢力の対応について考察していく．

2　コミュニケーションの閉鎖状況への対応①
——韓国キリスト教の人権運動を中心に

　政権側の支配する政治的公共圏に対抗する言説空間——対抗的公共圏——は，多種多様な形で密かに形成されていた．大学においては，政府機関および学校

当局の監視にもかかわらず，学生会活動，サークル活動，文芸活動のなかで読書，討論，演劇などの形を通じた議論，表現の場が一部の学生活動家たちによって形成されていた．それは，場合によっては示威や集会という形で結集することもあった．また，ビラ，地下新聞，大字報[33]（壁新聞）など，様々なコミュニケーション手段を通じ，マスメディアや政権の一方的な言説空間に対抗しようとした．大学教授・言論人などの知識人においては，危険を感受しながらの様々な個別政論誌の発行，あるいは，論文，詩，小説の発表などの活動が行われた．こうした動きは，労働運動においても同様で，生存権および労働条件改善などの問題をめぐって勉強会や労組運動などが行われた．こうしたミクロで多種多様な対抗的公共圏は，各運動部門の連携により，1970年代を経てより拡大し，組織化されていくのであるが，それは，リーダーたちの逮捕・拘束といった政権による弾圧に影響されやすく，起伏のあるものであった．その点，政権側によって作り上げられた支配的公共圏に対抗する，比較的安全な議論の場を提供したのが教会であった．

　キリスト教会は，学生運動・知識人運動・労働運動における様々な対抗的公共圏と連携しながら，政権の弾圧による影響を最小限にすることができた．それは，キリスト教会が，①キリスト教が持つ「共産主義」と対極のイメージや象徴性が，政権側が用いる「反共」イデオロギーから比較的自由で[34]，②世界的な教会ネットワークと繋がっており，③国際的規範である「人権」を掲げた点で軍事・経済援助のため国際世論に気を使っていた政権としては[35]，その弾圧の程度を抑えざるを得なかったためである．すなわち，教会は様々な運動部門のシェルターの役割をしながら，政権の支配的な言説に対抗する言説を共有する場となることができた．したがって，第1節で検討したコミュニケーションの閉鎖状態下における，キリスト教の人権運動は注目に値する．

(1)　韓国キリスト教の人権運動の形成——「人権委員会」を中心に

　韓国キリスト教が正式に人権運動を標榜したのは1974年であったが，教会における社会参加[36]を訴える声が，すでに60年代に現れていた．戦後，韓国キリスト教は韓国政権と「有益な関係」にあったが，1960年4.19学生革命を契機に，教会内部からの教会批判，そして，社会参加を訴える声が台頭し始め

162——第Ⅱ部　トランスナショナルな社会史

たのである．後に韓国民主化運動をリードした代表的な人物の 1 人である金在俊[37]（キム・ジェジュン）は，4.19 以後，旧政権の悪行に教会が全面的に責任を持つべきだと叫ぶキリスト者までも現れてきたとし，キリスト者の自省と変革を促した[38]．社会の現実と離れた教会に対する批判と社会参加という問題意識は，カトリックとプロテスタントの教派を越えた結束をうたう世界的なエキュメニカル運動のなかで議論された「教会の責任」と軌を一にしていた[39]．こうした議論に繋がる形で，韓国では，主に進歩的キリスト教団体およびキリスト者が中心となり，1960 年代末から 1970 年代初期にかけて「都市産業宣教[40]」および「学生社会開発団運動[41]」が形成された．都市産業宣教も学生社会開発団運動も，運動の形式や内容の面で，学生運動・労働運動の重要な土台を形成した[42]．都市産業宣教や学生社会開発団運動が形成された 1960 年代末や 70 年代初期は，キリスト者の民主化運動への参加が目立つようになった時期でもある．その一例は，1969 年に結成された「3 選改憲反対汎国民闘争準備委員会[43]」の委員長を金在俊牧師（韓国キリスト教長老会）が務めたことである．また，1971 年に結成された「民主守護国民協議会」では，咸錫憲（ハム・ソクホン），池學淳（チ・ハクスン，司教），金在俊（牧師）らが共同代表となり，キリスト者（プロテスタントとカトリック）が組織の代表役を担っていた．これは，教会次元というより，個人の次元での参加であったが，すでに指摘したように，そこには韓国でキリスト教が持つ「反共」という象徴性が闘争においても要求されていた側面があったと考えられる．このように，60 年代における個人的次元でのキリスト者の民主化闘争への参加は，70 年代以後，進歩的キリスト教教会を中心に教会の次元で参加する方向へと進展する．

　それは，基本的に維新体制下におけるキリスト者を含む多くの人権被害者問題への対応という多少消極的な性格で始まった．1972 年末，維新憲法の宣布とともに公的に憲法に対する否定，非難，改正を要求するすべての行為が抑圧されるなか，1973 年の 10 月 2 日のソウル大学生による示威がその沈黙を破ったとされている．しかし，すでに同じ年の 4 月に復活祭の礼拝においてキリスト者による示威行動が計画されていた．この示威は，礼拝中に配るチラシや横断幕などが準備されたが，実行に至らず失敗に終わった．しかし，6 月に関連者が逮捕・連行されることによって「復活祭事件」として知られることとなっ

た．この事件は，維新体制に反対した理由で，後の韓国民主化運動の代表的な人物として知られる朴炯奎（パク・ヒョンギュ）牧師を含め，伝道師らが内乱陰謀罪に問われ，拘束された事件であった．この事件を受け，韓国キリスト教教会協議会，キリスト教長老会，その他の教団や外国人宣教師らは，牧師らの救命運動に取り掛かった．朴炯奎牧師は，「海外の教会からも反応が大きく，元老牧師たちと集まった席で，朴正熙が『朴炯奎とは誰なのか，なぜこんなにも海外でも注目されるのか』と驚いていたと聞いた[44]」と語る．

当時，唯一の全国的・国際的ネットワークを持っていたキリスト教ネットワークは，この「復活祭事件」を契機に，韓国の政治社会問題に対し，より積極的に声をあげていくこととなる．また，同年5月には日本に滞在していた韓国人キリスト者と韓国キリスト教教会協議会の総務であった金觀錫（キム・グァンソク）の連携によって作成された「韓国キリスト者宣言」が地下発表される．また，8月8日には金大中の拉致事件が起こり，10月2日にはソウル大学学生示威が決行されるなかで，韓国キリスト教教会協議会（Korean National Council of Churches，以下 KNCC）は，1973年11月23-24日，各界の指導者を招き「信仰と人権」という主題の協議会を開く．ここで，「人権宣言」の採択と，「人権」をテーマとした常設機構の設置が決議された[45]．

KNCC のなかで「人権」をテーマとする常設機構が設置されたのは，キリスト教学生たちが多く関わった民青学連事件の直後であった．キリスト教学生組織は，キリスト学生会と大学 YMCA（The Young Men's Christian Association，以下 YMCA）を1969年11月23日，韓国キリスト者学生総連盟（Korean Student Christian Federation，以下 KSCF）として統合していた[46]．KSCF は，1973年12月29日の「1974年キリスト学生宣言文」を通じて，「維新撤廃，総選挙を通じた民主憲法制定，反日救国闘争，労働者・貧民・農民の生存権闘争，言論自由，学園自由，司法権独立を勝ち取るための闘争を行動目標とし，改憲請願署名運動を積極的に支持する」（韓国キリスト教教会協議会人権委員会 1987a: 14，筆者訳）と掲げ，維新反対闘争を行った．請願署名運動の関連者たちが連行・拘束されるなか，1974年4月3日の民青学連事件で，学生を含む多くのキリスト者が拘束されることとなり，KNCC は4月11日人権委員会を発足するに至る．しかし，当時は「まだ具体的な組織と予算，人権状況に対す

る代案を持っておらず，韓国の教会も一般的に人権問題に対する深刻な責任の認識が欠如していた」（韓国キリスト教教会協議会人権委員会 1987a: 15，筆者訳）という．

　人権委員会は，維新体制下，1024 名という多くの人々が連行された民青学連事件を受け，4 月に急いで発足されたが，5 月には 6 個の教団からそれぞれ 2 名の代表と，労働・学界・社会・法曹などから専門委員を選出し，各方面の運動部門との連携を図ることで組織構成を完備した．人権委員会の活動は多岐にわたるものであった．たとえば，多方面における人権侵害問題について総合的に考察・検討し，対策を樹立するため定期的な人権問題協議会を開催したり，拘束者のために祈禱する人権週間礼拝を指定したり，民青学連事件関連の拘束者家族を中心に始まった「木曜祈禱会[47]」を後援したりすることなどが挙げられる．1975 年 11 月に開かれた第 2 回人権問題協議会[48]では，1976 年以後の人権運動の方法と戦略を議論し，今までの活動を整理したうえで，これからの人権委員会の基本的事業と対策活動の内容を以下のようにまとめた．

① 　総合的な実態調査
② 　参加拡大のための政策研究と意識化
③ 　現場の対策——人権侵害事例告発センターを運営し，事例別，事件別（政治・経済・教育・産業・言論・女性・教会）の啓導活動を通じて人権蹂躙防止と保護措置を取る．
④ 　国内外教会および機関との協力活動
⑤ 　基盤育成と財政後援活動——世界教会の献金に依存した財政を国内教会による財政支援となるよう後援活動を展開し，地方キリスト教連合会の組織，連合礼拝の開催，地方組織を通じた人権活動などを展開する．
⑥ 　資料整理と出版活動（韓国キリスト教教会協議会人権委員会 1987a: 18-19，筆者訳）

　人権委員会は，継続的に増加する人権侵害の事例に対応しながら，1977 年 4 月からは「人権侵害の実態を全国に知らせ，それを通じて地域組織を拡大する計画を樹立」し，その活動の一環として地方における「人権報告大会」を推進

した．また，機関紙『人権ニュース[49]』を発行し，新聞に報道されない人権侵害事例を伝えた．1977 年度の人権問題協議会では「教会および一般の人権関連団体を合わせた人権運動連合体の構成を提言し，1977 年 12 月末には人権運動協議会が出帆」（韓国キリスト教教会協議会人権委員会 1987a: 20，筆者訳）することとなった．このように，キリスト教における人権運動は 1970 年代前半，維新体制における人権弾圧問題をはじめ，女性・児童・貧民・環境（公害）などに至る様々な問題と関連しながら，1970-80 年代の学生・労働・知識人運動とともに積極的に民主化運動を構成していった．

(2)　韓国キリスト教における「情報交換」の場——木曜祈禱会および司祭団を中心に

　韓国キリスト教の人権運動の形成を人権委員会の活動を中心に見たが，特に，維新体制というコミュニケーションの閉鎖状況のなか，どのように情報が交換されたかを検討する必要がある．人権運動は，人権侵害と関連する信頼できる情報がなければ形成自体が困難である．民青学連事件関連の拘束者家族を中心に形成された「木曜祈禱会」は，まさにこうした情報を交換できる場となった．民青学連およびその背後にいると目された人革党関連の拘束者の家族たちは，政権側の発表する「事実」は事実でないと主張することすら禁じられているなか，当該事件に関する情報を互いに共有する場を切実に必要としていたのである．

　　拘束者家族たちが最初に会うこととなる場所は拘置所の庭である．これから事件がどう展開するか，弁護士はどう探すか，もどかしかったかれらは互いの困難を共有するようになる．……（中略）……この時，この人々にドアを開けてくれたところが教会であった．キリスト教会館は拘束者家族たちの居間の役割をずいぶんと果たした．心を開いて話すこともできなかった時代に，ここキリスト教会館ではどんなことを言っても問題がなかった（キム・イ 2007: 46，筆者訳）．

　民青学連事件と関連し拘束された金芝河の母や KSCF 幹事の安載雄（アン・ジェウン）の妻らの訴えにより，女信徒会を中心に「拘束者のための祈禱会」が組織され，キリスト者の家族でない家族も一緒に 1974 年 7 月 18 日キリスト教会館で初祈禱の席を持った．これが，その後木曜日ごとに定期的に開かれる

「木曜祈禱会」の誕生であった[50].

　この木曜祈禱会は，KNCC の人権委員会があるキリスト教会館で行われ，拘束者に関する情報を人権委員会と共有した.「拘置所面会を終えた家族たちは自然にキリスト教会館に集まり，その日その日の状況を共有しながら，孤立している拘束者たちにお互いの情報を知らせていた」（キム・イ 2007: 49，筆者訳）のである．拘束者は家族面会も制限されるほど，厳しい統制下に置かれ，様々な方法で「自白」を促すための拷問を受けていた．そこで，拘束者家族たちは木曜祈禱会のなかで，拷問など捜査過程の問題や裁判過程の問題について告発し，それを人権委員会および関連した民主化勢力と共有していた．宣言文や声明を通じた情報公開，礼拝という形式での情報共有等，木曜祈禱会は 75年に入ってより安定していった[51].　しかし，抑圧し統制しようとした情報が生産され，共有される場は，政権としては好ましくなく，政権側は，木曜祈禱会に私服の政府機関員を入り込ませることや祈禱会の開かれる場所・機関を圧迫することなどで，木曜祈禱会を弾圧しようとした．1976 年の「3.1 民主救国宣言[52]」事件では，金大中をはじめ，元大統領の尹潽善，在野知識人の咸錫憲などの拘束者家族を中心とした金曜祈禱会[53]が形成された．木曜祈禱会，金曜祈禱会は，1970 年代後半および 1980 年の光州事件以後，当局の制止により中断されながらも維持された．そして，1982 年 2 月 11 日に木曜祈禱会として統合され，再開する．

　キリスト教会館の人権委員会および「木曜祈禱会」は，韓国に滞在していた外国人宣教師，海外支援勢力および外国人記者たちにとって，政権側の一方的な「事実」ではない事実を知ることのできる重要な情報源となっていた．たとえば，1980 年代，拷問問題を公開的かつ全面的に取りあげることとなった事件として，1985 年の金謹泰（キム・グンテ）拷問事件がある．拷問事件暴露の状況について，妻であり活動家でもある印在謹（イン・ジェグン）は以下のように語る．

　（面会した時，金謹泰から詳細な拷問事実と証拠までも得て）その日が木曜日であったようだ．キリスト教会館で木曜祈禱会があることを知ってそこに入っていき暴露し始めた．……（中略）……翌日朝からキリスト教会館人権委員会で籠城

し始めた．そこで拷問暴露を行い，多くの人々が訪ねてきて激励もしてくれた．多くの外信記者（外国人記者）たちが来て取材していった．外信に多く取り上げられたことで，むしろここ（韓国の新聞）でも，この問題を扱わなくてはいけなくなった．外国にいる同志たちが来て私の証言を録音して，外（国外）で人権集会をしたりした[54]．

　当時，民主化運動と関連し，重要な情報源となっていたのは木曜祈禱会だけでない．1975 年に安炳茂（アン・ビョンム），李文永（イ・ムンヨン），徐南同（ソ・ナムドン），文益換（ムン・イクファン），文東換（ムン・ドンファン），李海栄（イ・ヘヨン），李愚貞（イ・ウジョン）など，キリスト者で大学を追放された教授たちを中心に形成された「ガリラヤ教会」は，木曜祈禱会（金曜祈禱会）と密接な関係を持ちながら，韓国民主化運動および人権問題と関連した国内外の重要な情報源となっていた[55]．

　こうした国内外に向けての重要な情報源を形成していたのは，プロテスタント教会だけでなく，カトリック教会でも同様であった．カトリックは，ローマ・バチカンを中心に全世界的なネットワークを持っており，第二次バチカン公議会（1962-1963 年）を基点に人権，貧困，新植民地（経済的植民地）問題など社会に対する教会の責任を強調した[56]．韓国では 1960 年代末からカトリック労働青年会（Jeunesse Ouvrières Catholiques，英語では Young Catholic Workers，以下 JOC）が中心となって積極的に労働運動や貧民運動に参加し，1970 年代以後は，カトリック正義具現全国司祭団およびカトリック正義平和委員会を中心に，維新体制下の人権運動を繰り広げた．特に，1969 年には初の韓国人枢機卿として金壽煥（キム・スファン）枢機卿がバチカンから任命され，韓国カトリックによる民主化運動を弾圧することは世界的な教会の注目を集めやすく，政権側は容易に弾圧に踏み切る事ができなかった．

　カトリック正義具現全国司祭団は，池學淳（チ・ハクスン）司教の救命運動を契機に組織された．池學淳司教は 1974 年 7 月 6 日緊急措置違反で拘束されたが，拘束が解けた 23 日に，維新憲法を批判しその無効を主張する「良心宣言」を発表したことで再び中央情報部に連行，懲役 15 年を宣告された[57]．この事件を受け，1974 年 9 月 26 日明洞聖堂では神父 40 名，修女 300 名，平信

徒など200余名が，正義と民主回復，そして池司教のための祈禱会を開いた[58].
「維新憲法撤廃しろ」などの横断幕を持って街頭示威を行い，時局宣言と決議
を朗読した後，カトリック正義具現全国司祭団（以下，司祭団）を発足させた
（ソ 2007: 227）．特に，明洞聖堂は，1976年「3.1民主救国宣言文」が朗読さ
れる場となり，以後，民主化運動の象徴的な場所となった．

　司祭団の活動には，言論統制下にあった様々な情報を国内外に知らせること
もあった．たとえば，1980年の5月の光州事件に際し，5月22日に全州教区
は実状を知らせるため，「全斗煥光州殺戮作戦」という印刷物と抗議声明書を
各聖堂に配布し，屋外マイクなどを通じて市民に知らせることにした．また，
全国教区に金壽煥枢機卿の名による特別祈禱を要請するなど，光州事件を全国
に知らせようとした．特に，光州事件の収拾委員会委員であった金成鏞（キ
ム・ソンヨン）神父は，光州事件の最後の日の27日に光州を脱出，31日に光
州抗争日誌と録音テープを作り，世に知らせようとした（ソ 2007: 236）[59].
「全斗煥光州殺戮作戦」および日誌などは，日本の総合月刊誌『世界』のみな
らず，『民族時報[60]』など日本における連帯勢力による運動メディアにおいて
も掲載されている．政権はこうした越境した情報の流通の動きを弾圧しようと
した．

　　戒厳捜査当局は，12日「光州事態」の真相を故意に歪曲・虚偽事実の印刷物を
　　大量製作，一般市民に流布したり，聖堂礼拝を通じ信徒と朗読するなど，戒厳布
　　告令に違反したカトリック正義具現司祭団所属のソウル教区事務局長呉泰淳神父
　　をはじめ，楊弘，金澤岩，安忠錫，張德弼，金成鏞ら6名の神父と，ソウル明洞
　　聖堂労働問題相談所の鄭マリアンナ修女，計7名を先日8日に連行，調査してい
　　ると発表した．……（中略）……「光州事態ある目撃者の証言」という録音テー
　　プを日本など外国へまで伝播し，対外的な悪性的国際世論を助長させ，国家の威
　　信を大きく損傷させた疑惑も合わせて調査しているという[61].

　このように，エキュメニカルな新旧キリスト教のネットワークは，コミュニ
ケーションの閉鎖状況のなか，政権の人権弾圧に対して抵抗していた．その活
動の核心は，今まで確認した通り，言論統制下の情報を「知らせる」ことにあ
った．もちろん，すべての教会がこのような活動に賛同したわけではない．む

しろ宗教の政治的活動として保守的教会の批判を受けなければならず[62]，いくつかの進歩的教会および個人が担ってきた側面も否定できない．しかし，様々な統制のなかでも教会および聖堂は，情報の共有と議論を可能にする時代のアゴラとなり，訴えと告発の申聞鼓（シンムンゴ）[63]の役割も担っていた[64]．

(3) 韓国における外国人宣教師グループ「月曜のつどい」

　最後に，言論統制下，情報の流通において重要な役割を果たしたものとして，KNCC の人権委員会や木曜祈禱会，カトリックの司祭団などとともに，韓国に滞在していた外国人宣教師グループの「月曜のつどい」を挙げなくてはならない．韓国の政治社会状況に対し，大多数の宣教師は沈黙していたが，1970年代初めごろから一部リベラルな外国人宣教師を中心に，新旧教を越えて「韓国人同僚，学生，隣人に何が起きているのか」を共有するため，集まりが始まった．それが，「月曜のつどい[65]」である．

　月曜のつどいは，米国，カナダ，オーストラリア，ドイツなどから来た，様々な宗派に所属していた人々によって構成され，普通は 8-10 人で，最大 20名程度の小規模の集まりであった（Stentzel 2007: 19）．人数は少なかったが，外国人であるという点で，外国との外交問題や外国の世論問題を起こしたくない韓国政府としては，たやすく弾圧できないものであった[66]．また，キリスト者宣教師である彼らが，国際的な教会組織および言論ネットワークとの迅速な接触が可能であったという点も，同様に韓国政府の介入を困難にしていた．月曜のつどいのメンバーたちは，韓国のキリスト者とのネットワーク，KNCC，木曜祈禱会などと密接な関係を持ちながら，特に，国外との情報交換において重要な役割を担っていた．

　　多くの海外言論社は，東京支局で得た情報を報道した．外国人特派員たちは，韓国に来てもソウルだけで，それも緊急時に短期間滞留するのみであった．韓国に来ても，外国人特派員たちは政府と大使館の情報源に大きく依存する傾向があった．しかし，外国人特派員たちが月曜のつどい会員たちと会うことで状況は変わった．宣教師たちは外国人特派員たちに，大使館職員が知らなかったり，知らせようとしなかった情報を伝えた．すぐさま外国人特派員は，国際教会組織の代表

170——第Ⅱ部　トランスナショナルな社会史

および人権団体の人々が毎週の月曜日のつどいで共有した膨大な情報を活用し始めた．……（中略）……1970 年代半ば，月曜のつどいは核心的な国際通路になった．月曜のつどいは韓国で禁止された外国の言論記事を海外から得，韓国のなかで適切に配布した．より重要なこととしては，月曜のつどいは政治犯となった人々のリスト，拷問に関する報告書および民主化宣言文などの資料を収集，整理して韓国の外へ密かに搬出した．メンバーたちは資料を直接もって東京やより遠いところまで運搬したりした（Stentzel 2007: 20，筆者訳）．

　月曜のつどいで共有された情報に基づいた事実報告書の作成は，1973 年の南山復活祭事件で拘束された朴炯奎牧師と関連して第 1 号が 10 月 1 日の日付で作成された．拘束・罪目・裁判過程に関わる告発とともに，報告書の最後は，対応行動として①祈禱すること，②国会議員に手紙を送ること（とくに，米議会外交委員会），③韓国キリスト教教会協議会（KNCC）に支援金および支援物資を送ること，④人権関連団体に加入することや手紙を送り韓国の状況をしらせ，朴牧師とその同僚たちに対する支持を求めること，を挙げている．ここで言及する人権関連団体とは，1961 年にイギリスで創立されたアムネスティ・インターナショナル（Amnesty International，以下 AI）が代表的で，韓国でも1972 年に韓国支部が結成されている．月曜のつどいは確かに小さいグループであったが，こうした小さいグループとつながっている様々な海外のネットワークを通じ，コミュニケーションの閉鎖状況のなか，韓国民主化運動および人権問題に対する国際的関心を引く重要な情報源となっていた．

　その代表的な事例としては，民青学連および人革党事件を挙げることができる．月曜のつどいのメンバーたちは，1975 年 4 月初め，米国下院傘下の人権委員会議長であるドナルド・フレイザー議員が彼の補佐官たちと訪韓した時に，政治犯と拷問についての情報を提供するミーティングの席を設けた．また，1975 年イギリスの BBC 放送が全世界の宗教と民族に関するドキュメンタリー・シリーズ[67]制作のために韓国を訪問した際，人革党関連の 8 人の死刑が執行され，BBC は人革党事件の家族や新旧教キリスト者のインタビューなどで構成された民主化運動および人権問題についての番組に変更した．月曜のつどいは，BBC のメンバーを月曜のつどいに呼ぶなどし，韓国のキリスト教にお

ける緊急事項について知らせ，番組の変更に助力したのである[68]．また，同じく 1975 年 AI から派遣され訪韓した調査団[69]に対しても，情報提供，通訳などの面で協力した．こうした活動は韓国政府としては好ましくなく，1974 年 10 月 9 日の木曜祈禱会で人革党事件が政権によって操作された事件であると暴露したジョージ・オグール（George E. Ogle）牧師は 1974 年 12 月 14 日に，1974 年の東亜日報に対する政権の弾圧と 1975 年の人革党事件と関連し抗議活動を行ったジェイムス・シノト（James Sinnott）神父[70]は 1975 年 4 月 30 日に，それぞれ韓国から追放された．

　以上，維新体制下のコミュニケーション状況における対応について検討してきた．それは，何よりもまず，政権が統制しようとする「情報」への希求として現れた．政府の発表する内容に基づいた支配的言説に抵抗するための，比較的安全に情報の共有・議論の場となったのは，教会と聖堂であった．拘束者に対する釈放運動を中心に形成された教会と聖堂の人権運動は，韓国に滞在していた外国人宣教師の活動とともに，国内外の様々な運動・支持勢力に対する重要な情報源の役割を果たした．こうした抑圧された「情報」の生産と流通は，韓国国内だけでなく，国外においても行われた．

3　コミュニケーションの閉鎖状況への対応②
——世界的なネットワークの形成

　維新体制下のコミュニケーションの閉鎖状況は，国外の韓国人およびその支援勢力にも対応を触発させていた．以下では，閉鎖的コミュニケーション状況に対する対応として，韓国の民主化運動と在外韓国人組織との連携を検討したうえで，韓国の民主化運動を支持する世界的なキリスト者ネットワークの形成について考察する．

(1)　在外韓国人の民主化運動組織の結成
　まず，韓国民主化運動のリーダーの 1 人で民主化運動を象徴する人物である金大中による，海外の韓国人を中心とした民主化運動の組織化がある．1972 年 10 月 17 日の全国非常戒厳令および憲法改正の動きの際，金大中は日本に来

ていたが，18 日にこの非常戒厳令に対し「これは憲法違反行為であり，祖国統一を成就しようとする国民の念願を踏みにじるものだ[71]」との抗議声明書を発表した．維新憲法が宣布され，維新体制が始まると，金大中は海外の韓国人とともに国外でも民主化運動を行うようにした．金大中は，1973 年 7 月 6 日，米国で「韓国民主回復統一促進国民会議」を結成させ，8 月には日本でも「韓国民主回復統一促進国民会議」（以下，韓民統）を結成しようとした．しかし，8 月 8 日東京のホテル（ホテル・グランドパレス）で中央情報部により拉致されることとなる．拉致事件を契機に「祖国の民主化」を求める海外韓国人組織を中心に金大中救出運動が行われ，日本においては「金大中先生救出対策委員会」が発足するかたわら，8 月 15 日には金大中を議長とした，韓民統が発足した．韓民統は，1973 年以後，日本における韓国民主化運動の中心的役割を果たしながら，機関誌『民族時報』を通じて韓国の情報を日本社会へ知らせた．

　発足に金大中が関与した韓民統以外にも，海外に滞在していた韓国の知識人・留学生・労働者などが中心となり散発的に様々な組織が発足した．これらの組織は，海外においても韓国に関する情報を集め，共有し，韓国の民主化運動を支援する活動を行った．当時，韓国政権に対し最も影響力のあった米国，在日朝鮮・韓国人が最も多く住んでいた日本，そして，1960 年代に外国人労働者（鉱夫・看護師）として多くの韓国人が集団的に移住した西ドイツを中心としたヨーロッパ地域で，韓国の民主化運動への支援・連帯運動が起こった．海外の韓国運動組織は，民主化運動および統一への理念・思想・戦略の差異などにより，分裂や葛藤を経験することもあった．しかし，日本の韓民統，米国の「米州民主国民連合[72]」，ドイツの「民主社会建設協議会[73]」を中心に，初めての海外連合組織として 1977 年「民主民族統一海外韓国人連合」を結成するなど，海外での民主化運動を結合させようという試みも行われた．それぞれの地域における韓国民主化運動への支援・連帯運動については，今後より詳しい研究が求められる．しかし，こうした海外における韓国人社会の動きの核心には，韓国社会内部で強まる弾圧に対し，「韓国で何が起こっているのか」という「情報」の共有と「何ができるのか」という議論への希求があった．どの組織においても共通して見られる運動メディアの生産，すなわち，それぞれの機関誌の発行は，韓国関連の記事や韓国関連の報告書などを集め掲載し，同胞

社会の様々な意見を載せるなどして，コミュニケーションの閉鎖状況にある韓国の民主化運動を海外から支援・連帯するための場を提供しようとするものであった．

(2) トランスナショナルな韓国キリスト者組織の結成

韓国におけるコミュニケーション閉鎖状況への対応として，米国，日本における韓民統および様々な国・地域における自主的な組織結成とともに，特に，国内の情報源がキリスト教を中心に形成されていたことから，韓国教会と密接な関係を持つ海外の韓国人キリスト者のトランスナショナルな組織の形成があった．

そこには，偶然にも海外の重要な教会組織に韓国人が配置されていたという大きな要因がある．1967年から，韓国人としては初めて世界教会協議会（World Council of Churches，以下WCC）の幹事となった朴相増（パク・サンジュン）は本部のジュネーブに，アジア・キリスト教協議会（Christian Conference of Asia，以下CCA）の都市産業宣教会の呉在植（オ・ジェシク）は日本に，1969年3選改憲反対闘争において汎国民闘争準備委員会の委員長を務めた金在俊はカナダに，後に米国の教会協議会の議長になった李昇萬（イ・スンマン）は米国に，そして張聖煥（チャン・ソンファン），李三悅（イ・サムヨル）らは西ドイツに，というふうに各国の教会組織に散らばっていた[74]．韓国の神学大学などで先輩・後輩関係にあった彼らは，WCCやCCA関連の神学大会等で顔を合わせるだけでなく，当時の通信手段の電報や電話を通じて緊密に連絡をとっていた．こうした緊密であると同時に緩やかな個々人の連絡網が，1975年11月のWCCの世界宣教委員会の集まりの場をきっかけに正式に組織を結成させることとなる．

海外にいた韓国人のキリスト者の連絡網が正式な組織として結成されたのは，韓国の人権問題に対して国際的な関心が高まるなか，情報および戦略に関する国際的な調整のためであった．1975年11月6-7日，WCC世界宣教委員会（ジュネーブ）は，韓国教会と情報を交換し，長・短期支援活動を論議するため，韓国問題に関する緊急非公式集会を呼びかけた．そこには，米国，スウェーデン，ドイツ，カナダ，日本，イギリス，シンガポール，スイス，オランダ

のキリスト教団体から40人ほどの人々が参加し（キム 2007: 206-207），WCC やその会員の各国の NCC における海外支援活動強化と国際的調整ネットワーク構成を議論した．会議の前日の5日と会議の後の8日には，韓国人キリスト者たちで別途の会議を持ち，これまでの国内外の運動の限界を反省したうえで，「これからの運動は，国内の運動団体が積極的に活動することが難しい状況であるなか，海外に本部を置き，運動を組織化，専門化，職業化する段階に至った」（キム 2007: 208）という問題意識から「韓国民主社会建設世界協議会」（World Council for Democracy in Korea，議長：金在俊牧師）を結成することになる．韓国民主社会建設世界協議会は，1977年10月のニューヨークでの会議で，その名称を「韓国民主化キリスト者同志会[75]」（International Christian Network for Democracy in Korea，以下，民主同志会）と変えた．このように，海外の韓国キリスト者の間の緊密で緩やかな連絡網は，維新体制下で更に厳しくなった韓国のコミュニケーション閉鎖状況への対応として現れたのである．

　民主同志会は，韓国キリスト教教会協議会（以下，KNCC）との緊密な関係のもと，日本および米国など，各地から入る情報を収集・分析・相互交換し，国内外の運動の方向を議論するといった活動が中心であった．「韓国民主化キリスト者同志会の結成と活動」で民主同志会の会議文書などを分析したキム（2007）によると，最初の組織結成の段階には，議長のいるカナダ（トロント）にセンターを置き，その機能を「①情報資料の収集・評価・分配，②世界世論形成のための外交的活動，③広報宣伝活動，④国内運動の物質的・戦術的支援活動，⑤海外の各運動団体と活動の連絡調整など[76]」（キム 2007: 208，筆者訳）としている．民主同志会は，1975年の設立から80年代まで基本的に毎年，民主化運動[77]の理念，目標，方法などを議論し，調整するための会議を開いた．また，機関誌『民主同志[78]』を通じ，各地にいた韓国民主化運動の支援連絡網と情報を交換した．このように，民主同志会は，韓国教会との緊密な関係のうえ，韓国民主化運動を支持する海外の韓国キリスト者および民主化運動団体とのネットワークを調整し，また，1974-1975年にかけて形成していった米国，日本，ドイツなどでの支援・連帯組織との国際的ネットワークを調整する，情報交換を核心とする緩やかな情報連絡網の組織であった．

⑶　海外キリスト者と連携した「情報交換」の連絡網──日・米を中心に

　韓国キリスト者を中心とした国内外の情報交換および海外での運動の組織化は，韓国人の闘いを支援し，連帯しようとする海外の動きを伴っていた．1974-1975年にかけて，日本では「韓国問題キリスト者緊急会議」が，米国では「韓国人権問題のための北米州連合」（The North American Coalition for Human Rights in Korea）などが結成された．こうした組織が結成された背景には，世界的なエキュメニカル運動のなかで，KNCCとの緊密な連携を持つこととなった宣教師らの個人的な繋がりや教会レベルの定期的な対話の場が存在していた．以下，日本と米国で，韓国教会との緊密の連携を形成していた組織の形成についてそれぞれ検討する．

　韓国と日本の教会関係は，戦後しばらくの間，断絶されていたが[79]，1965年の日韓条約，1967年の日本キリスト教団の「戦争責任告白[80]」などを背景に，1973年，第1回の日韓教会協議会が開催された．その後，日韓教会協議会は，日韓教会における常置の対話の場として毎年開かれることになり，参加者たちの問題意識が共有され，議論される場となった．1973年7月2-5日にソウルで開かれた第1回日韓教会協議会では，「アジアでの平和」を主題とした会議であったが，基本的に日韓における当時の様々な問題をめぐる議論の場となった．当時，韓国教会は，以下の韓国キリスト教教会協議会（KNCC）人権委員会の記録のように，韓国における日本の「再登場」，すなわち新植民地主義的な政治経済的影響を憂慮していた．

　　1965年の日韓国境正常化を契機に韓国への進出を再開した日本は，韓国の軍事政府自体による必要と軍事政府が推進した経済開発政策に乗って1970年代初めから活発に経済進出を行っていた．1970年4月に開かれた日韓協力委員会で日本の財界は，鉄鋼，アルミ，石油科学，造船，電子工業，プラスチックなどの主力産業が用地確保や公害の問題で困難を抱えており，日本での拡大が限界にきているという理由から，これを韓国が分担することを希望し，これに応じて同年9月に始まった馬山（マサン）輸出自由地域には続々と日本企業が入り，韓国政府が与える特恵を受けることとなった．……（中略）……こうした急激な日本の韓半島進出は社会的にはキーセン観光問題などを起こしながら，心ある韓国の人々の怒りをかっていた（韓国キリスト教教会協議会人権委員会 1987a: 242，筆者

176──第Ⅱ部　トランスナショナルな社会史

訳).

　こうした KNCC の当時の社会状況に対する認識は，韓国学生運動などの民主勢力の認識と相通じていた．たとえば，1970 年 4 月 19 日，4.19 を記念して出された宣言文形式の白書『学生運動の進路』では，1970 年代の運動として「民族運動，民生運動，民権運動を志向する」としたうえ，「具体的には，反独裁，反買弁，反外勢闘争として集約される」とし，第 1 に，日本の動向を警戒することを求めた．

　　第一に，われわれは，大東亜共栄圏の昔の夢を復活させようとする日本の動向を警戒し，同時に，当面する経済的破綻，政治的不安定等すべての問題の解決をひたすら日本に依存しようとする朴政権の親日事大的偏向を警戒する．経済協力という美名のもとにおこなわれる日本資本の進出を自主的に拒否し，倭色文化の浸透を未然に防止することによって，正当な歴史意識を普及し，誤った民族的劣等感をとり除き，どのような干渉にも対決し得る力量をそなえることによって，経済的，政治的，軍事的対日隷属化へのあらゆる傾向を粉砕し，自主経済と自主政治を建設することを志向する民族運動の主体となることを誓う（中川 1972:191)[81].

　KSCF（韓国キリスト者学生総連盟）の 1971 年 7 月 30 日の夏大会宣言文でも，「また，36 年の抑圧を再現しようとする日本の新植民地主義政策について全教会はキリスト者の良心で新しい覚醒を起こさせなければならない」（韓国キリスト教教会協議会人権委員会 1987a: 95，筆者訳）としている．このように，朴政権への批判は，朴政権との共生関係にある日本政府への問題提起といった形をともなっていた．1973 年の第 7 回日韓閣僚会談を控えた 1973 年 12 月 17 日には，牧師たちによって宣言文が採択され，各教会での無期限のハンガー・ストライキに突入した．宣言文では日韓閣僚会談を「韓国経済の日本隷属化を助長し公害産業の輸入と政治資金調達という結果を持ちこむ疑惑が濃い」とし，維新体制以前の体制に戻すことを要求するなど，5 つの事項を宣言する．その 3 つ目は，「日本政府は帝国主義的経済政策を即時中止し，日本のキリスト者および良心的民主人士たちはアジアの平和のために，日本政府が植民地主義的

経済政策を即時中止するように促せよ」（韓国キリスト教教会協議会人権委員会 1987a: 306，筆者訳）とされている．維新体制への批判は，維新体制の軍事政権と利益をともにする日本への抗議，問題提起，要求や訴えをともなって行われていたのである．

　韓国教会および韓国社会において，こうした公害輸出やキーセン観光問題などの日本外資の進出にともなう様々な問題は，当然ながら，日韓教会協議会においても重要な課題として登場した．第1回目の協議会の共同声明書には，①経済進出問題（韓国経済の日本資本による隷属への警戒），②在日韓国人の生活および権利擁護の問題，③サハリン居住韓国同胞問題，④出入国法案問題，⑤韓国人被爆者救済問題，⑥靖国神社法案問題，⑦（キーセン）観光問題，⑧歴史教育問題が共通課題として言及されている[82]．日韓に今なお残っている様々な問題が，本格的に国境を越えて市民同士で議論され始めたとみることができる．なかでも特に，韓国教会女性連合会から特別要請を受けて議論されたキーセン観光問題は，「韓国のキリスト者女性の要望に，何らかのかたちで日本のキリスト者女性として答えねばならない[83]」という反応を引き出し，日本では「キーセン観光に反対する女たちの会」が結成され，資料集制作活動や示威行動[84]が行われるなど，連帯的行動が生まれた．こうした日韓における定期的な対話の場を通じた問題意識の共有とともに，1973年8月金大中拉致事件など一連の社会状況の刺激を受け，1974年1月15日には，韓国民主化運動に対する連帯組織として，日本キリスト教協議会（National Christian Council in Japan，以下 NCCJ）を中心に「韓国問題キリスト者緊急会議」が結成されることとなる．このように，1973年から定期的に行われた日韓教会協議会は，韓国社会一般の日本および日韓関係に対する問題提起の場でもありながら，日韓教会が共通課題に取り組むための協議の場ともなった．

　また，カトリック教会においても，「正義と平和協議会」（Council for Justice and Peace）を中心に日韓のカトリック・キリスト者の間の緩やかなネットワークが形成された．韓国と日本のカトリック・キリスト者はローマでの留学を通じて知り合っている人々が多い．こうした背景のなかで，韓国で池學淳司教など多くのキリスト者が逮捕されることとなった1974年の「民青学連事件」は，日本のカトリック教会にも驚きを与えた．1974年，再編成[85]された日本

178——第Ⅱ部　トランスナショナルな社会史

資料 4-1　NHK スペシャル『戒厳令下の韓国』
1980 年 5 月 26 日に放送された NHK スペシャル『戒厳令下の韓国』のなかで，アナウンサーが光州から密かに伝えられたとする目撃者証言を読み上げている．

資料 4-2　NACHR——光州からの目撃者証言
同じ目撃者の証言の内容を，日本から受け取ったとし，NACHR が発信している（Special Collection on Democracy and Unification in Korea, Collection Number 358, Charles E. Young Research Library, UCLA）．

　カトリック正義と平和協議会（以下，正平協）は，国内の課題に取り組む他の委員会に先立って「韓国委員会」を設置し，韓国のカトリック教会への連帯活動および韓国教会からの情報を日本語に翻訳するなどの活動[86]を行った．
　米国では，1950-60 年代に韓国に宣教師として滞在し，後に米国に帰った人々を中心に，韓国の人権問題に取り組む様々な組織が形成されていた．1975 年 11 月 19 日には，米国およびカナダにおけるこうした様々な組織のネットワーク組織として，「韓国人権問題のための北米州連合」（The North American Coalition for Human Rights in Korea，以下，NACHR）が組織された．プロテスタント，カトリックを超えたエキュメニカルな組織で，初代の代表は，1953 年から 1963 年の間，韓国の釜山で宣教師として滞在していたペギー・ビリン

4 章　トランスナショナルな情報交換のネットワークの形成と活動——179

グス（Peggy Billings）であった．NACHR の主な活動は，米国の議会（ワシントン）および国連における韓国問題への関心表明とともに，韓国の政治状況とかかわる情報の収集，記録，研究，そして，発信にある（Lee 2014a）．

　韓国の教会の闘いを支援，連帯する日本と米国の組織は，互いに韓国と関連した「情報」を中心に，緩やかでありながら緊密なネットワークを形成していた．たとえば，1980 年の光州事件の際，韓国のカトリック・キリスト者によって光州から運び出された「光州事態ある目撃者の証言[87]」は，こうしたネットワークを通じて，日本に運ばれ，日本を経由し，米国にも伝わっている．

　コミュニケーションの閉鎖状況に対する国境を越えた対応には，このように韓国キリスト者の闘いに連帯し，支援しようとした日本および米国（北米）のキリスト者との「情報」を中心としたネットワークが存在していた．こうしたネットワークは，維新体制下の対抗的公共圏が――抑圧され，弾圧された問題意識，言説，要求など――国境を越えること，すなわち，トランスナショナライジングすることを可能にしていた．

　こうしたネットワークは，ただ一方的な情報の行き来にとどまるものではなかった．日韓教会協議会で見られたように，具体的な共通課題に対する問題提起，意見交換，議論をも可能にしていた．たとえば，韓国の軍事政権に対する対抗的言説のなかには，「軍事政権と利益をともにすることで，韓国民衆の抑圧に手を貸している外国勢力への厳しい抗議と問題提起」がともなっていた．韓国の民主化勢力による日本に対する新植民地主義への警戒は，当時，日本の知識人社会でも広く知られていた，第三世界による第一世界に対する新植民地主義批判の議論と同じ脈略を形成しており，共鳴する部分があったのであろう．それは，海外の支援や連帯が普遍的な人権や道徳の問題を越えて，「自己」と「他者」の政治経済的な関係性を問うなかで行われていたことを示す．

4　トランスナショナルな情報交換のネットワーク
――T. K 生の「韓国からの通信」を中心に

　それでは，維新体制下の対抗的公共圏は，具体的にどのようにしてトランスナショナライジングしたのであろうか．ここでは，その最も代表的な事例と考

資料 4-3 総合雑誌『世界』に伝えられた韓国からの地下文書の例
(左上)「韓国学生の主張——『地下パンフレット』から」(1972年4月号).
(中央)「韓国学生の声——三つの宣言」編集部により、「ここに紹介するのは、起ち上がった学生たちのアピールである」(1980年12月)とある.
(右下)《五月二三日、ソウルに届いた光州レポート》全斗煥の光州殺戮作戦」(1980年7月号) 光州から届いたとするこのレポートの最後には、「このプリントを拾われた方はコピーをして周囲の人々に廻して下さい。これは真実の報道に背を向けた新聞に代わるものです」と書かれている.

えられる，日本の総合雑誌『世界』で1973年から1988年までの15年間連載されたT. K生の「韓国からの通信」を中心に，より詳細に考察していくことにする．

(1) 雑誌『世界』における朝鮮問題とT. K生の「韓国からの通信」

1946年1月に創刊された総合月刊雑誌『世界』は，戦後日本における平和思想を主導しながら，日本知識人社会における議論の場，「論壇」を形成していた．1972年に『世界』の第2代編集長となった安江良介[88]は，1977年9月号『世界』の「朝鮮政策転換の方向」の討論の冒頭で，『世界』が朝鮮問題を重視していると述べる．

> 私たちの雑誌は，かねてから，朝鮮問題を重視してきました．それは，朝鮮問題は日本人にとって今日，最大の課題ではないかと思わざるをえないからです．その理由の一つには，日本と朝鮮との関係が正常な関係にないということがあります．日本と朝鮮とが正常な関係にないことは，北との関係ではいうまでもないことですし，南との関係でいっても，法的には一九六五年の日韓条約によって韓国

との関係はいちおう正常化したという見方がなりたちうるかもしれませんが，……（中略）……それが韓国という国家や韓国民という国民との和解には結びつかず，政治的に朴政権を強化する目的だけが実現されるものとなりました[89]．

　しかし，安江が述べる，以上の問題認識に基づく「朝鮮問題の重視」は，安江が編集長となった1970年代からといった方がより正確である．『世界』は1960年代までは「朝鮮」や「韓国」に対しそれほど関心を持っていなかった．『世界』の朝鮮関連記事（1946-1965年）を分析した西岡力（1980a, 1980b, 1980c）によれば，戦後20年にわたり『世界』で共通に見られるものは，「植民地支配に対する問題意識の欠如」，「朝鮮を『主体』としてより国際政治の『舞台』としてみる視点」，そして「無関心または（朝鮮に対する）優越者の立場」の3点である．すなわち，朝鮮や韓国に関して，『世界』は主に「国益」や「国民」（ナショナリズム[90]）に基づく思想形成を行う言説空間であったといえる．しかし，1960年代後半，革新自治体運動に関わっていた安江良介が，1972年『世界』の編集長になるとともに，それまでの「朝鮮問題」へのアプローチとは異なるものとして，韓国（朝鮮）の主体的な声により注目しようとしたと考えられる．

　その点，1970年代後半の，『世界』の朝鮮問題に対する関心は，韓国から秘密裏に伝わる韓国民主化運動勢力の声明文や地下文書を翻訳し掲載するといった形で具体的に現れる．『世界』に初めて韓国からの地下文書が載せられたのは，1972年4月号の「『資料』韓国学生の主張──『地下パンフレット』から」である．1974年1月号には「あるソウル大学生の手紙──我々はこのように立ち上がった」など，「韓国学生の声」「韓国キリスト者の声」「地下通信から」と題した，韓国から密かに伝えられたとする地下文書が日本語に訳され載せられている．また，韓国では発表できない作品（詩）も，密かにに運ばれ，『世界』に載せられていた[91]．

　こうした地下文書は非定期的に載せられているものだが，韓国で大きな事件──74年の民青学連事件や80年の光州事件など──が起こると，さらに多くの地下文書が掲載されることになる．そのなかには，第2節で言及したカトリック正義具現司祭団による光州事件と関連した「全斗煥光州殺戮作戦」および

日誌も含まれている．こうした韓国からの生々しいレポートや報告書，声明文等の地下文書とともに，1973 年から『世界』には「韓国からの通信」が連載され，毎月定期的に韓国民主化運動勢力の声が伝えられた．

「韓国からの通信」は，軍事体制期間とほぼ等しい 1973 年 5 月号から 1988年 3 月号までの期間連載が続き，その回数はおよそ 177 回にも及んでいる．その主な内容は韓国の現状を知らせるものであり，軍事政権に対する批判的解説，民主化運動の様子，民主化勢力に対する政権の弾圧，デモなどで配られた宣言文，決議文などである．また韓国をめぐる国際情勢も分析しながら，韓国の軍事政権に対する批判だけでなく，軍事政権を支持する日米政権に対しても批判の鉾先を向けている．連載当時，韓国の情報機関の目を避けるため T. K 生という仮名を使っていた池明観（チ・ミョンクァン）は，「韓国からの通信」を「日本はもちろん，世界に向けて，韓国の状況とそれに抵抗する韓国の民主化運動について発信して，また国内に向けては，その抵抗運動を励まそうとした」（池 2008: 121，筆者訳）ものであるとする．すなわち，「韓国からの通信」は，韓国における抑圧された対抗的公共圏が国境を越えて拡大した，対抗的公共圏の「トランスナショナライジング」の 1 つの産物であり過程である，と見ることができる．

(2) 「韓国からの通信」連載の誕生

T. K 生の「韓国からの通信」はどのように生まれたのであろうか．「韓国からの通信」の著者である池明観は 1972 年 10 月末，東京大学で政治思想史を研究するため来日した．当初は勉学のための留学であったが，1971 年アジア・キリスト教協議会（Christian Conference of Asia，以下 CCA）の都市産業宣教教会の幹事として来日していた，ソウル大学時代の後輩である呉在植（オ・ジェシク）と出会い，状況が変わることとなった．

　私が日本に来て 1 カ月ほどたった一一月の終りか，一二月の初めのことであったのではなかろうか．大学の後輩である呉在植（後日，ワールド・ヴィジョン会長）が突然，私が寝起きしている文京区小川町にある富坂セミナーハウスに現れた．……（中略）……彼の提案というのは実に明確なものであった．東京にいる

4 章　トランスナショナルな情報交換のネットワークの形成と活動——183

われわれは国内の民主化運動を支援し，その戦いの様相を世界に知らせ，またその支援を勝ち取る．このためには世界の教会のネットワークを動員することができる．この中に私も参加すべきではないかというのであった（池 2005: 126-127）．

　呉在植は，米国でサウル・アリンスキーから住民組織運動について学んだこともあり，1969 年の韓国キリスト学生組織統合（韓国キリスト者学生会総連盟，KSCF）および学生社会開発団運動を率いた人物でもある（李 2012）．呉在植は，当時 1 年間の滞在後，帰国の予定であった池明観を，「日本で国内のためにやることが多い」と説得し，帰国を止めさせたという（呉 2012: 196-197）．

　また，「韓国からの通信」を連載することになった背景には，『世界』の編集長であった安江良介との出会いがあった．安江とは，すでに 1968 年に会ったことがあったが，1972 年末に再会したことで，『世界』にはじめて記事を載せることとなったという．

安江良介氏と初めて会ったのは，彼が東京都知事の秘書をしていた 1968 年でした．私たちはともに韓国の状況を憂慮していました．……（中略）……私は 1972 年末，研究に専念するため日本に留学に来ていましたが，12 月頃，偶然にバスの中で安江氏と再会しました．彼は私に「韓国のことがここではあまり知ることができない．韓国について時々書いてください」と頼んだのです．そうして，「T. K 生」という仮名での「韓国からの通信」が始まりました．最初は連載とは思わなかったのですが，8 月に金大中拉致事件が起こり，毎月の連載となりました[92]．

　「何か韓国について時々書いてください」という依頼に，まず池明観は 1973 年 3 月号の『世界』に「ベトナム戦争と韓国[93]」という記事を金淳一という仮名で寄稿した．そして，その 2 カ月後の 5 月号に，初めて「T. K 生[94]」という仮名で「韓国からの通信」を書くこととなる．その後，7 月号にもう一度「韓国からの通信」を掲載したが，8 月の金大中拉致事件を受け，日本社会における韓国への関心が高まったことをきっかけに，10 月号からは毎月連載することとなった．

　このように，「韓国からの通信」が生まれた背景には，『世界』の朝鮮半島に

対する関心，呉在植による民主化運動支援活動への参加の促し，編集長の安江良介による韓国と関連した記事の執筆依頼といった要素が作用していた．池明観によると，特に，安江良介は「韓国からの通信」の誕生において大きな役割を果たしたという．

　　安江良介は韓国の状況を外に訴える橋頭堡を東京に作るべきだと考えた．そのために『世界』は役立たねばならない．それが近代史の中で日本が朝鮮を侵したことに対する贖罪行為の第一歩であるというものであった．……（中略）……これは一般的には言論の役目を超えたことであるが，それが可能であれば日本にとっては近代以降初めてアジア，特に朝鮮の歴史に対して貢献することになる．こういって安江は韓国特に民主化勢力の目からみた韓国を世界に知らせて訴えようというのであった（池 2005: 136-137）．

　以上，「韓国からの通信」の誕生について確認してきた．しかし，「韓国からの通信」は，池明観，安江良介，呉在植だけで執筆，連載されたわけではない．以下で見るように，「韓国からの通信」の制作過程には，トランスナショナルな「情報交換」のネットワークが働いていた．

⑶　「韓国からの通信」における「情報交換」ネットワークの構築
　日本に滞在する著者による「韓国からの通信」の連載には，韓国からの持続的な情報が必要となる．池明観に対し民主化運動支援活動への参加を促した呉在植は，特に，国内の情報を池明観に伝えることにおいて大きく助力することとなる．

　　3人［池明観，安江良介，呉在植］で会うと，われわれは韓国の状況について話さずにはいなかったが，その時，安江さんは言論現場にいるところだったので，韓国の言論状況に関する話をよくした．……（中略）……韓国に出ている日本人特派員たちが韓国では政府が読みあげることしか書けないから，取材もできず，記事にするものがないと不満を吐露するのを，安江が聞いて話をしたのだ．……（中略）……韓国の状況を正しく伝える記事を書いて『世界』に発表しようというのに2人（安江良介と池明観）の意見が合った．池先生が私に国内の情報を求め，私はそうした支援をすることにした（呉 2012: 199-200，筆者訳）．

4章　トランスナショナルな情報交換のネットワークの形成と活動──185

呉在植は，1971 年から CCA の都市産業宣教教会の幹事として，アジア各地
を行き来しており，フィリピン，タイ，シンガポールなどの政治社会状況に敏
感に反応していた．こうした活動のなかで，何よりも国内状況に関する「情
報」を国際社会に知らせ，訴えることが重要であると考えた．

　1972 年，韓国およびフィリピンで戒厳令が敷かれ，アジア全体は軍部化（軍事
政権化）されていた状態でありました．……（中略）……ニュージーランドに出
向いた際，フィリピンで戒厳令が宣布されたという新聞記事を読みました．それ
ですぐにフィリピンに行きましたが，すでに（フィリピンの）友達は隠れていた
り，監獄に入れられたりしていました．こうしたアジア情勢とともに，韓国では，
金浦空港を出入りする時には，（情報統制のために）厳しいチェックが行われる
など（緊張が一層高まっていました）．このような状況であるからこそ，（世界に
向けて）知らせなければならないと，現場で自然に国際化の必要性が出たので
す[95]．

　呉在植は，基本的に「情報」がなければ世界からの支援や関心を呼び起こす
ことが難しいという観点から，1972 年 10 月に来日した池明観および 1973 年 1
月米国から来日していた金容福（キム・ヨンボック）とともに，アジア情報ネ
ットワークや情報センターを作ることを構想した．当時，CCA の都市産業宣
教会幹事だった呉在植は，世界教会協議会（World Council of Churches，以下
WCC）都市産業宣教部に，こうした構想を提案し，財源を獲得した．その結
果，1973 年 CCA の傘下にアジアの行動するグループのための情報センター，
すなわち，DAGA（Documentation of Action Group for Asia）を設立すること
なる．DAGA は，その名の通り，アジアにおける都市産業宣教活動の一環と
して，韓国だけでなく，日本，台湾，フィリピン，タイ，インド，インドネシ
ア，マレーシアなどにおける社会変革運動との交流を通じて，情報収集および
支援活動を行うためのものであった．当初，DAGA のメイン・スタッフであ
った金容福は，DAGA について以下のように述べている．

　DAGA は韓国だけでなく，フィリピン，インドなどの人権運動，民主化運動
のための（情報）センターでした．基本的な趣旨は労働者，農民，都市貧民たちが

資料 4-4　CHRISTIANITY AND CRISIS (July 9, 1973)
"Korean Christian Manifesto"

資料 4-5　THE NEWYORK TIMES (May 5, 1974)
(左) "An Appeal to American Christians"
(右) "Manifesto of Korean Christians"
(左下) 復活祭礼拝事件で裁判を受ける朴炯圭牧師と傍聴している咸錫憲.

　正義のために闘うのに，情報，そして，そのドキュメンテーション（文書化作業）が必要であり，コミュニケーションを通じ，連帯構造を作り上げるのに目的がありました．……（中略）……DAGA のミッションのなかではアジアにおける多国籍企業（transnational corporation）の分析および人権運動支援などがありました[96]．

　DAGA には 1975 年，米国から来日した宣教師（メソジスト）のフェリス・ハーヴィー（Pharis Harvey[97]）と，イギリス留学経験のある，元アムネスティ・インターナショナル日本支部[98]の事務職員の蔵田雅彦が加わることとなる．1975 年，米国から DAGA の仕事のため来日し，1979 年再び米国に渡り「韓国人権問題のための北米州連合」（The North American Coalition for Human Rights of Korea）事務局長となるハーヴィーは，DAGA に加わる経緯について以下のように述べる．

4 章　トランスナショナルな情報交換のネットワークの形成と活動——187

米国メソジスト合同教会における国際宣教の幹事として，6年間世界キリスト学生運動の仕事に関わりました．そして，3年間は日本宣教運営の業務も重ねておりました．しかし，（宣教師派遣・管理等の運営業務をしていた）私は，だんだん官僚行政的な仕事に飽きてきたところでした．その時，呉在植が「日本で一緒に仕事しないか」と声をかけてくれました．また，彼は，東京で一緒に働くことについて（国際宣教部の）委員会の支持を得られるよう手伝ってくれました．それで，日本に渡ることとなりました[99]．

また，蔵田雅彦においても，呉在植がDAGAでの仕事に加わるよう説得，要請したという[100]．このようにして，DAGAの仕事はより体系的に分業化，組織化していく．東アジアはハーヴィーが，西南アジアは金容福が，というふうに地域を分担し，金容福がジュネーブに行った1977年秋以後は，金容福が担当していた地域の大部分を蔵田雅彦が引き継ぐこととなったという．DAGAはこのように，当時，韓国だけでなく，政治情勢の不安定と人権被害に晒されていた多くのアジアの民衆運動と関わっていたのである．

こうした情報センターの組織化を通じ，韓国と関連した情勢分析，多国籍企業分析，資料の収集および発信がより活発になった．DAGAで構成された人的ネットワークは，DAGAの公式的な仕事を担う一方で，時に，韓国経済に関する分析活動（隅谷三喜男『韓国の経済』1976，岩波書店[101]）や韓国からの地下文書の運搬および翻訳（ハーヴィーら）といった活動と深く結びついていた．このような仕組みを通じて韓国からの情報を受け取る中心的な受け皿を形成していた呉在植が，池明観の「韓国からの通信」の連載において，情報提供の面で大きな頼りとなったことは想像に難くない．

DAGAの設置による情報の受信と発信だけでなく，金容福，呉在植，池明観は1972年末の維新憲法体制の成立後に「沈黙を強いられている国内状況に対し，何か火を付けよう」（池ほか1998: 335，筆者訳）という認識のもと，世界教会からの関心と支援を呼ぶために，（民主化闘争が）教会的な（キリスト教的な）闘いであることを宣言しようとした．当時の韓国キリスト教会協議会の総務である金観錫牧師と議論し，韓国キリスト者の立場をまとめた宣言書の草案を東京で作成することとなる．彼らは宣言書を英語，韓国語，日本語で作成し，1973年初頭韓国国内に韓国語版を送った．韓国教会の承認のもと，宣言

書は危険を伴いながら国内で印刷され，5月20日の地下宣言として密かに海外に伝わることとなる．この「韓国キリスト者宣言」は，1973年5月シンガポールでのCCAの総会でも発表（池ほか 1998: 339）され，WCC，CCAにおける韓国教会の闘争に対する関心を集めた．また，キリスト教関係の雑誌 *Christianity and Crisis*（1973年7月9日）にも掲載されるなどして，韓国のキリスト者の闘いへの関心を高めることになったという[102]．また，この宣言書は，5名の日本キリスト者[103]の名によってニューヨーク・タイムズの全面広告でも公開され，より多くの人々の注目を集めることとなった．

　韓国との緊密なネットワークのなかで，情報の受け皿でありながら，発信源の役割をも担っていた呉在植らの活動は，東京西早稲田に位置するキリスト教会館を中心とした様々な人々の協力の上に成り立っていた．CCA都市産業宣教会幹事であった呉在植の事務室は，東京西早稲田のキリスト教会館の5階に位置し，在日大韓キリスト教総会[104]の事務室の向かいであった．DAGA自体も，後にキリスト教会館内に置かれることとなる．また，2階には，日本キリスト教協議会の事務室が位置し，その事務室の一角に，1974年1月15日に結成される「韓国問題キリスト者緊急会議」の事務所が置かれることとなる．特に，「韓国問題キリスト者緊急会議」は，呉在植ら韓国キリスト者たちとの協力のもと，情報の受け皿としての一翼を担っていた．

(4)　情報の受け皿としての「韓国問題キリスト者緊急会議」

　「韓国問題キリスト者緊急会議」（以下，緊急会議）は，維新体制以後，韓国キリスト者たちによる「南山復活祭事件」と「韓国キリスト者宣言」，そして1973年8月に東京で起こった韓国中央情報部による金大中拉致事件などの刺激を受け，1974年1月15日，結成された．結成当時，7名の実行委員[105]を置き，日本キリスト教協議会の総幹事である中嶋正昭を代表として発足した．当時，実行委員であった東海林勤[106]は，「緊急会議」結成の背景について，特に「韓国キリスト者宣言」をあげながら韓国の闘いが衝撃的であったとする．

　「韓国キリスト者宣言」は，独裁との闘争が「神だけが絶対者であることだ」としています．神以外の全ての絶対権力を許さないということ．それは，天皇制の

日本では通じないものであります．権力の絶対化，弾圧について，それを神に対する反逆とし，全面対決するという姿勢，そして，その呼びかけでありました．国民に，教会に，そして世界教会への連帯と関心を呼びかけたものでした．それはわれわれに対する呼びかけでありました．答えなくてはいけないもの（でありました）．キリストにおいて，贖罪というのは大きな意味があります．1967年の「戦争責任告白」の良心宣言を具体化するためには，償いのための連帯が必要である．それが動機ではなかったかと思います[107]．

　韓国の民主化運動，特に，キリスト者の闘いに対する「衝撃」は，緊急会議の結成時の「声明」（1974年1月15日）にも如実に現れている．

　昨年来韓国においては，学生・知識人・言論人などが，韓国の民主化，人権の自由の確立，対日隷属阻止のために決起し，朴政権と日本政府・企業に対する抗議活動を展開してきた．その中には多数のキリスト教指導者・学生等が参加してこれを担っており，またキリスト者独自の戦いも組まれている．……（中略）……また，本国のキリスト者青年の活動に呼応して，在日大韓基督教会青年会全国協議会の青年たちは，昨年12月26日の日韓閣僚会議中止を要求して，数奇屋橋公園において，10日間のハン・ストと外務省へのデモを敢行した．われわれは彼らの信仰に基づく果敢な戦いによって，衝撃と供にきびしい問いかけと促しを受けた．というのは，彼らが今生命を賭して戦っている韓国の政治情勢は，日本の過去の植民地支配と今日の経済侵略が大きな要素となっているからである．それはわれわれ日本人が神の前に責めを負わなければならない問題である．このような思いにかられて，われわれは緊急会議に集まった（韓国問題キリスト者緊急会議編 1976: 76-77，傍点は筆者）．

　緊急会議は，韓国キリスト教教会協議会と定期的な対話の場を持った日本キリスト教協議会を中心に結成された組織であり，韓国の民主化勢力およびキリスト者からの問題提起や呼びかけに対し，在日韓国人に続き日本社会で最も敏感に反応したグループであった．緊急会議は，結成とともに，国内および国際世論を喚起するため，韓国のキリスト教教会協議会やキリスト者学生運動とのネットワークを通じ，ただちに7通のメッセージ[108]を秘密裏に運び，2月8日に記者会見を開きそれらを公表した．また，緊急会議の機関誌として『韓国

通信[109]』を出す．海外に向けては『韓国通信』の英語版として *Korea Communiqué* という名前の機関紙も出すこととなる．こうした機関紙では，韓国の闘うキリスト者たちのニュースだけでなく，米国やドイツでの韓国民主化運動と関連したニュースと声明書，そして日本での連帯運動の模様などを伝えていた．

(5)　情報とメディアの「運び屋」たちの活動

　それでは，「韓国からの通信」連載の素材となった韓国の情報は，どのように伝えられたのであろうか．コミュニケーションの閉鎖状況に対し，韓国の政治状況および民主化運動勢力の声を正しく知るために，活動家たちが韓国に直接行き来しながら情報を持ち込むこととなった．韓国では韓国情勢に関わる資料や情報の持ち込み・持ち出しが空港で厳しくチェックされ，韓国人がそのチェックに引っかかった場合は重い処罰を受けることになるため，処罰が軽く，政府からの監視も厳しくない外国人が地下文書の「運び屋」となる場合が多かった．とりわけ，エキュメニカル運動の世界的なネットワークのなかにいたキリスト者，宣教師らが，こうした「運び屋」の役割を担うことが多かった．呉在植の事務室や緊急会議の事務所が置かれた日本キリスト教会館は，「運び屋」を探すことにおいて非常に有利な状況を形成していた．キリスト教会館は教団や協議会関係の事務室が密集していることから，多くの外国人宣教師が来日の際に必ず立ち寄る場所となっていた．宣教師たちは，特に韓国政府から疑われることなく，日本と韓国を行き来しながら「情報」を持ち出し，持ち込むことで，韓国（の教会）と世界を繋げる活動ができた．

　しかし，誰を運び屋として韓国に送るか，韓国で誰に会うか，といった調整はたやすいことではない．こうした細かな調整は，韓国教会と直接的に緊密な関係を持っていた呉在植らの韓国人キリスト者たちが中心に行ったが，実際に「運び屋」となって韓国と日本を行き来した人々は，外国人宣教師，メディア関係者，緊急会議のメンバー，そして，彼らの家族[110]や友人など，様々であった．しかし，KCIA により T.K生の正体が暴かれないように注意しながら，連載の継続を可能にするためには，信頼できる確かな「運び屋」の存在が必要不可欠であった．こうした事情から，情報交換における「運び屋」の仕事もだ

4章　トランスナショナルな情報交換のネットワークの形成と活動──191

んだん体系的になっていく．特に，1975年日本キリスト教教団を通じ，ドイツから宣教師として来日したポール・シュナイス（Paul Schneiss）は，こうした情報交換ネットワークにおいて「運び屋」としても，また「調整役」としても中心的に関わっていた1人である．

シュナイスは来日してから1977年末までは主に「運び屋」としてかかわり，1977年末韓国政府から危険人物とみなされ入国禁止となってからは，1984年ドイツに帰国するまで運び屋の「調整役」としての役割を担っていた．彼は宣教師として日本に来たばかりの時，すでに出来上がっていた呉在植を中心とした西早稲田のネットワーク[111]によって「運び屋」の仕事を依頼されたという．

来日して3日後，すぐに教団から韓国に行き地下文書とビラ等の持ち出しを頼まれました．韓国の人たち（呉在植らの韓国人キリスト者グループ）は試したわけです．簡単に韓国に手配でき，（空港でのチェック時に）緊張のなかでも自然に振舞うことができ，口の重い人を探していたようでした．ドイツ人はビザなしで韓国に入ることができたので，2，3回ぐらい韓国でもらったビラ等の資料を緊急会議の人たちにちゃんと届け，それで正式に運び屋となったのです[112]．

ここで，韓国からの地下情報を緊急会議に届けたのは，KCIAによる尾行などを恐れ，韓国人に直接渡すのではなく，緊急会議の事務室に届け，呉在植らの韓国人たちへ渡すようにしたという．

また，シュナイスによると，大きな声明文や政治犯関連の裁判情報は韓国キリスト教教会協議会や人権委員会の関係者から，学生運動に関連するものは韓国キリスト学生総連盟（KSCF）から，というふうに韓国キリスト教会館を中心とした様々なネットワークから報告書および資料を受け取ったという．

1976年3.1節を記念して出された「民主救国宣言」により，金大中ら18人の裁判が行われた時は，ほぼ毎週韓国に行き裁判を傍聴しました．日曜日はいつもガリラヤ教会に行きますが，（韓国キリスト教教会協議会の人権委員会のメンバーである）李愚貞（イ・ウジョン）先生もそこにいました．礼拝後，僕に英語や日本語で（金大中ら政治犯の）裁判の話を詳しくしてくれるので，それをメモして

日本に持っていきます．また，当時，韓国政府は韓国内の外国メディアに対しても監視が強く，問題となるところを黒く消していましたが，黒くなる前の，外国人記者たちが書いた生の記事ももらってきました．次に韓国に行くまでに全てコピーして，米国，カナダ，イギリスのアムネスティ・インターナショナルやドイツに配りました．また，韓国にもいろいろ持って行きました．米国で韓国人権問題と関連し北米連合が出した資料とか，米国政府が出した資料とか，米議会でのヒアリングに関する情報などを持っていきました．また「韓国からの通信」も持っていきました[113]．

このように，情報の運び屋たちは，韓国から情報を持ち出すだけでなく，海外での韓国民主化運動支援ニュースや海外情勢および『世界』の「韓国からの通信」などを韓国へ持ち込んでいた．1977 年に韓国入国禁止となってからは，直接韓国に入ることはできなくなったが，毎月 2，3 回「運び屋」として送る人たちを探し，韓国へ送っていたという．韓国に送る前に，韓国で訪問するところ，会う人々に対しブリーフィングし，帰ってきた後にもらってきた資料を受け取ると同時に，韓国国内の雰囲気などの話も聞き，それらを池明観に伝えたという．米国人，カナダ人，オーストラリア人，ドイツ人，イギリス人，日本人など，多くの多国籍の「運び屋」が情報交換ネットワークに参加したという．

もう 1 人，こうした「運び屋」に，東京にいる韓国キリスト者グループと「緊急会議」との緊密な関係を持ちながら，韓国から地下情報を持ち出し，また海外の支援情報を持ち込んでいた，デビッド・サターホワイト（David Satterwhite）がいる．彼は 1974-1977 年の間は AFSC（American Friends Service Committee）の東京事務所に，その後 1979-1983 年は宣教師ビザで日本キリスト教協議会と「緊急会議」の職員として雇われながら，その間何度も韓国に渡ったという．

韓国キリスト教教会協議会の人権委員会と常に連絡を取っていて，ソウルに出かけます．（ソウルに）行くと，月曜日には必ず韓国の外国人宣教師の「月曜のつどい（Monday Night Meeting）」に行きます．そこには，韓国内の情報がいっぱいあって，なかで共有されて，それを日本に持って来るのです．人権委員会の資

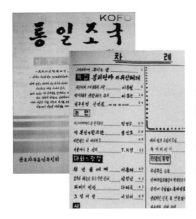

資料 4-6 フランス——T. K生の「ソウルから来た手紙」

フランスにおける「韓国自主統一推進委員会」の機関誌「統一祖国」（1975年2月号）．T. K生の「ソウルから来た手紙」というタイトルで，韓国語に訳され掲載されている．

資料 4-7 ドイツ——T. K生の「韓国からの通信」

ドイツにおける「民主社会建設協議会」の機関紙「民主韓国」（1977年4月10日）．T. K生の「韓国からの通信」が韓国語で訳され掲載されている．

料も託されて持ってきました．……（中略）……日曜日はガリラヤ教会に出かけます．主に（政治犯の）奥様たちが集まり，情報交換と祈りを行います．……（中略）……逆に，日本で出ている雑誌『世界』を毎回，2，3冊は持って入る．こういうふうに報道されていますよと．韓国キリスト教教会協議会の人権委員会に，全国から学生デモ，労働運動のビラが入ってくるのです．カトリックの方の書類は，正義と平和協議会で集められましたが，ときどき人権委員会にカトリックの声明文も入っていました．……（中略）……日本に帰る前夜，ロッテ百貨店で，セロラップで包装されたお菓子の箱を買ってきれいに包装を取り，中の方を書類で埋めて，その上にお菓子をまた綺麗に並べて，再び包装しました．金浦空港で，ロッテの袋だから（お土産にみえるでしょう）．お菓子の箱は何回も使いました．……（中略）……言えば，スパイですが，民主化運動のためのスパイです．スパイという単語，好きじゃないけど．このぐらいまで（しなくてはならない状況だった）114）．

ここで見られるように「運び屋」は，ある種，スパイといわれるほど，「隠して行うもの」として内面的な後ろめたさや制御が働く行為であった．しかし，

それにもかかわらず，様々な個々人の「運び屋」の協力のうえに，トランスナショナルな情報交換ネットワークが作動したのであり，『世界』の「韓国からの通信」が書かれることとなったのである．

また，東京で書かれた「韓国からの通信」は，韓国，米国，ドイツなど再び国境を越えていた．シュナイスおよびサターホワイトのインタビューでも明らかなように，「運び屋」たちは韓国の情報を日本に持ち込むだけでなく，日本や米国を含む世界の政治情勢および韓国民主化運動への支援情報を韓国に持ち込んでいた．そのなかには『世界』または「韓国からの通信」も含められており，たとえば，岩波書店から新書として刊行された『韓国からの通信』を所持していた，韓国の中部都市のある大学生が反共法で問われたケースもある（徐1994: 117）．この事例では，学生が『韓国からの通信』をどのように入手したのか，その具体的な経緯は明らかではないが，当時学生運動に参加した学生たちのなかで，人から人への手渡しで「韓国からの通信」が読まれていたことは確かである．たとえば，ソウル大学の学生時代に「韓国からの通信」を読んだことがあるという姜明求（カン・ミョング）[115]は，当時を振り返りながら，秘密裏に「韓国からの通信」を読むこと自体が1つの抵抗行動であったと語る．

> 学生運動に参加していた友達が繰り返し複写されたT.K生というものを見せてくれたのが初めてで，その後もそういった経緯で時々読むことができました．ある程度は危険であるかも知れないと思いながらも，当時報道されていない事件に関しても言及されていて，このように政府を批判できるような人がいるという事実に驚きました．興味深く読んだ記憶があります．日本語版の複写されたものと，韓国語で翻訳され謄写機で印刷されたものがありましたが，日本語を知らないため，主に韓国語版を読みました．こうして，読む行為自体に抵抗の意味があったと考えます[116]．

政治関連のビラを持っているだけでも危険だった当時，権威主義政権への批判を堂々と行った「韓国からの通信」は，民主化を求めていた人々に彼らの運動や声が孤独な闘いではないことを教えてくれたと思われる．そこで「韓国からの通信」を読むということは，ただ情報を得るということではなく，「読む」という行為そのものが「抵抗」になり得るようなものであった．

『世界』は韓国に自由に持ち込むことはできなかったが，米国，ドイツ，フランスなどでは自由に購読できたため，海外の民主化支持勢力は「韓国からの通信」を韓国語で翻訳し韓国の情報を共有していた（**資料 4-6**，**資料 4-7**[117]）.

このように「韓国からの通信」は，韓国内外の民主化支持勢力においても積極的に読まれ，利用されていたことがわかる．そのほか，緊急会議の英語版機関紙の *Korea communiqué* の編集を担当していたデイビット・スワイン（David L. Swain）の訳によって，岩波書店の『韓国からの通信』の英語版 *Letters from South Korea*（T. K, Iwanami Shoten, 1976）が刊行されるなど，韓国語，日本語だけでなく，より幅広い人々に伝えるため英語での翻訳もなされていた．すなわち，独裁政権によって抑圧された韓国の民主化勢力の声がトランスナショナルな情報交換のネットワークとともに制作された「韓国からの通信」を通じ，韓国，日本を越えて，米国，ドイツ，フランスなどへと拡大されていたのである．

しかし，こうした韓国の抵抗勢力の声が国境を越え拡大していくことは軍事政権にとっては好ましくないものであった．すでに言及した外国の言論に対する統制・懐柔や対米世論工作計画などでもみられるように，軍事政権は政権に対する批判世論に非常に敏感であった．それは，「韓国からの通信」に対しても同じであった．「韓国からの通信」が政権の一方的な言説ではなく，むしろ「信頼できる」情報源となり，メディア関係者を含む様々な人々に読まれ，利用されることは政権として黙認できないものであった．1980 年 8 月号の『世界』の「韓国からの通信」の一部分を引用した『朝日新聞』と『時事通信』はソウル支局閉鎖命令，『産経新聞』は厳重警告を受けたこともある[118]．当時，金大中に対し「アカ」のレッテルを貼っていた，日本の言論界では保守的な『産経新聞』（衣笠 1980: 99）までもが，こうした「韓国からの通信」を引用し，警告を受けたことは，当時，「韓国からの通信」が国境を越えた 1 つの対抗的公共圏として，信頼を得ており，世論形成における影響力を持ち得ていたことを示すものである．すなわち，トランスナショナルな情報交換ネットワークの網目のなかで，15 年間連載され続けた「韓国からの通信」は，それを引用することだけでも支局閉鎖となるほど，軍事政権にとっては注意の対象であり，軍事政権に圧迫を与える有効な批判的世論形成の政治的空間となっていたと考

えられる.

　もちろん,「韓国からの通信」は,トランスナショナルな情報交換ネットワークの1つの代表的な事例であって,その全てではない.点と点で連結される国境を越えた人々のネットワークは,「韓国からの通信」だけでなく,様々な形で韓国と世界を繋げていた.しかし,この1つの事例でも明らかであるように,トランスナショナルな情報交換ネットワークは,韓国民主化運動の声を世界に伝え,世界の多くの人々の関心と支援を呼び起こし,それが軍事政権も警戒せざるをえないほど,軍事政権に対する圧力を高めていた点で,国際的な世論形成において有効であった.

5　小　括——トランスナショナルな公共圏としての情報交換のネットワーク

　本章では,1970-80年代の日韓連帯運動の形成とその展開の背後に,日韓を越えたトランスナショナルな情報交換のネットワークが存在していたことを確認した.維新体制下の韓国は,コミュニケーションの閉鎖状況に置かれていた.韓国の民主化運動勢力は,こうした閉鎖状況に対し,政権側の一方的な言説ではない,対抗的な言説を生産,流通,議論していた.とりわけ,彼らは,自分たちの声に呼応する海外の韓国人民主勢力および外国の活動家,知識人たちとネットワークを形成することで,国内の抵抗勢力の声を国際的な場で知らせようとした.まさに,ケックとシッキンクの「トランスナショナル・アドボカシ・ネットワーク」の形成のメカニズムを韓国の民主化運動の事例でも確認することができるのである.

　なかでも世界的なネットワークを有していた教会は,抑圧され弾圧された「情報」が集まり,議論,共有される重要な空間となった.韓国の教会と密接な関係を持っていた海外のキリスト者たちは,そうした「情報」を世界に運び,発信していくことで,韓国の抵抗勢力の政治的空間——対抗的公共圏——を,国境を越えて拡大させていった.すなわち,「対抗的公共圏のトランスナショナライジング」することで,韓国の民主化運動を支持する世論を形成し,軍事政権に対する批判と圧力を高めようとしたのである.本章では,その具体的なプロセスについて,T. K生の「韓国からの通信」の制作過程を中心に確認し

た．ここで，「情報交換」を中心としたトランスナショナルな活動家たちのネットワークは，国際的な世論形成において重要な役割を果たしていると見ることができる．

　こうしたトランスナショナルな情報交換のネットワークをトランスナショナルな公共圏といえるのであろうか．そのためには，国際世論形成において情報の行き来だけでなく，情報を媒介として，現状に対する問題意識を共有し，問題となる事柄についての共通の理解や解釈を求めるというコミュニケーション的行為（Habermas 1981=1986）を前提としなければならない．すなわち，他者の態度や視点を取り込み，意味解釈の枠への反省的な態度を前提とした協同的解釈の過程が必要である．たとえば，1973 年の日韓教会協議会では，教会間の宗教的な交流を越え，それぞれの教会が置かれた歴史的，政治的，社会的な状況やそのなかでの自己反省が行われていた．そのなかでは，日本の経済進出をめぐる韓国キリスト者からの警戒の声や女性キリスト者からのキーセン観光などに関する問題提起があった．日韓教会は 3 日間行われた協議を通じ，共通課題を確認，共通認識を深め，今後の緊密な交流と協力を誓う「共同声明」を出した[119]．また，1974 年の「韓国問題キリスト者緊急会議」の結成の宣言でも見られるように，韓国におけるキリスト者の闘いから衝撃と呼びかけを受け，それに「応えよう」とする動きとして，緊急会議が組織された．すなわち，国境を越えた活動家たちの直接的あるいは間接的な問題意識の共有，共通認識および共通解釈に向けたコミュニケーション的行為が，日韓連帯運動におけるトランスナショナルな情報交換のネットワークのなかで行われていたのである．その点，日韓連帯運動の背後に作動していた，トランスナショナルな情報交換のネットワークは，実態型としてのトランスナショナルな公共圏としてみることができよう．

　こうした実態型としてのトランスナショナルな公共圏における，T.K 生の「韓国からの通信」を含め，韓国からの様々な地下情報を翻訳し載せていた『世界』のメディア実践，ジャーナリズム実践も注目に値する．他者の声，他者の視点と態度を，韓国から伝わった「声明」「宣言」「報告書」「地下文書」などといった形でありのままに伝えている．「韓国からの通信」を含め，こうした様々な声明，宣言などでは，韓国の軍事政権に対する批判だけでなく，独

裁政権を支えていると認識された日本の政府や財界に対し「新植民主義」的であるとの批判などが含まれていた．他者の苦痛，そして，その苦痛と自己（の国や社会）の関係性に敏感なメディア実践，ジャーナリズム実践を通じ，『世界』は，韓国の民主化運動の「対抗的公共圏のトランスナショナライジング」に参画し，実態型としてのトランスナショナルな公共圏の一翼を担ったといえる．

1)　国家保安法は，反共イデオロギーに基づき，反国家活動を規制するために1948年に制定された．反国家団体を構成，支援，賞賛する行為，反国家団体の構成員との会合，通信，その存在を知りながら通報しなかった行為などを禁じることを内容とする．
2)　1961年5月16日の軍事クーデター後の1961年7月3日に，共産主義団体へ加入，勧誘，共産主義を賞賛する行為などを禁ずることを目的として制定された．国家保安法が一般的な反国家行為の処罰に関するものであるのに対し，反共法はそのなかでも共産主義活動に対する処罰に関する法律である．1980年12月末，国家保安法に統合された．
3)　「中央情報部にできないのは男を女に，女を男にすることだけ」と恐れられていたことはよく知られている．詳しくは，猪狩（2009b）を参照．
4)　5月18日，国家再建最高会議に改称される．6月6日の民政委議の時まで，国家再建最高会議が国家の最高統治機関としての地位を持つ国家再建非常措置法を制定，公布する．
5)　詳しくは，『東亜日報』（1961年5月16日，1面）を参照．
6)　朴正熙政権下の言論については，ソン・コンホ（2002）を参照．
7)　言論社に対しては，『民族日報』（1930-1961年）廃刊および社長の趙鏞壽（チョ・ヨンス）死刑（1961年）．「韓国文化放送」「釜山文化放送」「釜山日報」の5.16奨学会への移転（1961年）．筆禍事件による『京郷新聞』の売却（1966年）など，言論人に対しては，布告令違反・反共法違反などでの言論人拘束，連行など，様々な筆禍事件があった．詳しくは，キム（2008）参照．
8)　1969年7月25日グァムで発表された声明で，アジアに対する米国の介入を極小化するための，「アジアの防衛はアジア人による」という新アジア政策の内容を公表したものである．米国は，ベトナム戦争に対する国際世論の悪化，高まる軍事費の負担，そして，高まるデタントムードを受けて，アジア防衛の責任をアジアにあるとし，代わりに米国は，対ソ封鎖戦略の一環として核の傘を提供するとした．この政策転換は，在韓米軍2万名の撤退につながった．
9)　詳しくは，『東亜日報』（1972年10月18日，1面）を参照．和訳は筆者．
10)　詳しくは，民主化運動記念事業会『韓国民主化運動史(2)』（2009）の113項，116項を参照．
11)　緊急措置1号および2号に関しては，『東亜日報』（1974年1月9日，1面）を

参照.

12) 1960 年代末まではキリスト教学生組織が唯一の全国的な大学のネットワークであった.

13) 緊急措置 4 号に関しては,『東亜日報』(1974 年 4 月 4 日, 1 面) を参照. 和訳においては, 飯島 (2003) を参考に筆者により適宜修正を加えた.

14) 金芝河はカトリック信徒でもあった.

15) その内容は以下の通りである. ①次の各号の行為を禁ずる. 一. 流言蜚語を捏造, 流布したり, 事実を歪曲し伝える行為. 一. 集会, 示威または新聞, 放送, 通信などの公衆伝播手段, あるいは文書, 図書, 音盤などの表現物によって大韓民国憲法を否定, 反対, 歪曲あるいは誹謗したりその改正や廃止を主張, 請願, 扇動, あるいは宣伝する行為. 一. 学校当局の指導, 監督下で行う授業, 研究, 学校長の事前許可を得た活動, あるいはその他の儀礼的非政治的活動を除外した, 学生の集会, 示威または政治関与行為. 一. この措置を公然に誹謗する行為. ②第 1 項に違反した内容を放送, 報道, その他の方法で公然と伝播したり, その内容の表現物を制作, 配布, 販売, 所持, あるいは展示する行為を禁ずる. ……(中略) ……⑤主務部長官はこの措置の違反者, 犯行当時のその所属学校, 団体, 事業体あるいはその代表者または長に対して次の各号の命令または措置ができる. 一. 代表者または長に対する所属任職員, 教職員あるいは学生の解任, 除籍の命令. 一. 代表者または長, 所属任職員, 教職員あるいは学生の解任または除籍の措置. 一. 放送, 報道, 制作, 販売あるいは配布の禁止措置. 一. 休業, 休校, 停刊, 廃刊, 解散あるいは閉鎖の措置. 一. 承認, 登録, 認可, 許可あるいは免許の取り消し措置. ⑥国会議員が国会での職務上行った発言はこの措置に抵触したとしても処罰しない. ただしその発言を放送, 報道, その他の方法で公然と伝播した者はそうではない. ⑦この措置あるいはこれによる主務部長官の措置に違反した者は 1 年以上の有期懲役に処する. この場合には 10 年以下の資格停止を併科する. 未遂に終わったり予備あるいは陰謀した者も同じである. ……(中略) ……⑭この措置は 1975 年 5 月 13 日 15 時から施行する.『東亜日報』(1975 年 5 月 13 日, 1 面) を参照. 和訳は筆者.

16) 大統領緊急措置は, 1980 年 10 月 27 日, 全斗煥の率いる新軍部勢力による憲法改正で廃止された.

17) 報道指針は維新以後存続してきたが, 1981 年文化広報部に広報調整室が成立してからより具体化される. 報道指針は, 広報調整室が言論社に報道可否はもちろん, 報道の内容および形式に至るまで具体的に指示するものである. 広報調整室は当時世論操作の手先となっていた. キム (2008) および雑誌『マル』1986 年 9 月特集号を参考.

18) 詳しくは,『京郷新聞』(1974 年 1 月 12 日, 1 面) を参照. 和訳は, 筆者による. 後の 14 日, 朴政権は, 緊急措置による外国人の逮捕などの問題に対し, 日本の特派員だけを除外し, 十分な配慮をすると日本政府に伝えたと発表する (『京郷新聞』1974 年 1 月 15 日, 1 面).

19) 『東亜日報』(1975 年 3 月 20 日, 1 面) を参照. 和訳は筆者.

20) フレイザー委員会の報告書 *Investigation of Korean-American Relations: Report of the Subcommittee on International Organizations of the Committee on International Relations U. S. House of Representatives* (1978) においても，国家冒瀆罪は，韓国政府の海外言論（米国言論）への影響力行使の努力として紹介されている．もちろん，米国言論だけを狙ったものではない．

21) 読売新聞は朴政権下，3回の支局閉鎖命令を受ける（キム 2008: 400）．

22) 詳しくは，『東亜日報』（1979年1月12日，1面）を参照．

23) 詳しくは，衣笠 (1980) を参照．

24) 詳しくは，キム (2008) を参照．また，ビザの許可および更新を通じた外国人記者および海外の民主的知識人，活動家の統制への試みについては，"The South Korean Papers" in *The Boston Phoenix*, Oct. 11 1977, pp. 8, 18, 19-20 を参照．1974年，韓国外交長官による大使館への秘密指示として，米国および日本人数人を A，B，C のグループに分け，注意を喚起している文書を紹介している．入国拒否の A グループには，たとえば，『朝日新聞』の猪狩章記者も含まれている．しかし，この記事では，当の文書が公開されたため，どの程度実効性があったのか疑わしいとしている．

25) 1976年10月15日，米国の日刊紙 *Washington Post* に韓国政府が在米実業家の朴東宣（パク・ドンソン）を通じ米議会の議員たちに巨額の選挙資金を提供したという報道で明らかになった事件．朴東宣事件とも呼ぶ．米議会の議長を中心とした上下院倫理委員会，そして下院のドナルド・フレイザー議員を中心とした米下院国際関係委員会傘下の国際機構小委員会（いわゆる，フレイザー委員会）による調査が行われた．韓国への米販売の仲介を独占した朴東宣は米国で得られたコミッションを通じ，再び米国の議員へのロビー活動を行い，韓国政府へ有利な米議会世論を形成しようとした．32名の前・現職議員が選挙資金を受け取っていた事実が明らかになったが，結論は曖昧なまま，4人の議員だけが処罰された．また，フレイザーによって出された，韓国への軍事借款における人権改善条件の連携を提案するフレイザー案は米議会で否決された．

26) フレイザー委員会の報告書 *Investigation of Korean-American Relations: Report of the Subcommittee on International Organizations of the Committee on International Relations U. S. House of Representatives* (1978) および付録を参照．Appendix C-85 "1976 KCI plan for operations in the United States" において機密文書の公開．

27) 詳しくは，民主化運動記念事業会研究所 (2008: 558) を参照．

28) 「アカ」の人権は徹底的に無視され，むしろ，「死なせるべき」存在と化していた．詳しくは，『アカの誕生——麗順事件と反共国家の形成』（=『빨갱이의 탄생 여순사건과 반공국가의 형성』，キム 2009）を参照．

29) 1967年7月8日中央情報部が発表したスパイ事件である．中央情報部はドイツ・フランスにいる194名にのぼる留学生および同胞たちが東ベルリンの北朝鮮大使館と平壌に行き来しながらスパイ教育を受けたと主張した．国家情報院の「過去事件真実究明を通じた発展委員会」は2006年，当時政府が国家保安法と刑

法上の間諜罪を無理に適用し犯罪事実を拡大・誇張したとし，事件調査過程での不法連行および過酷行為などに対し，謝罪することを政府に勧告した．

30) 1971年4月20日，ソウル大学と高麗大学に在学中の在日韓国人4人を含む41人が「民衆蜂起を起こし，政府を転覆しよう」としたとして，中央情報部が発表した事件である．民主化運動を沈滞させるための典型的な公安事件の1つである．詳しくは，民主化運動記念事業会（2008），徐勝（1994）を参照．

31) 正確な件数については知られていない．しかし，79年のクリスチャン・アカデミー事件（統一革命党事件）および南朝鮮民族解放戦線事件など，大きな公安事件が相次いだ．また，スパイとして連行・拘束・審問，懲役，死刑となった多くの人々がいる．日本との関係でスパイ事件に連累された人々（留学，事業，親族訪問等の目的で日本に行ってきて拘束されたケースも含めて）は約150名で，そのなかで在日韓国人は80余名と推定される（キム 2015: 18）．在日韓国人政治犯の記録および救援活動については，『祖国が捨てた人々——在日同胞留学生スパイ事件の記録』（=『조국이 버린 사람들 재일동포유학생간첩사건의 기록』，キム 2015）を参照．

32) 市民社会グループにおける連携の拡大については，*The Politics of Democratization in Korea: The Role of Civil Society*（Kim 2000），*Dynamics of Interorganizational Collaboration: Social Movements During Korea's Transition to Democracy*（Lee 2010）などで詳しく論じられている．

33) 大字報は，ゲリラ・ニュース・メディアとして，韓国の民主化運動のなかで誕生したオルタナティブ・ジャーナリズムであり，草の根の討論場を形成していたという．詳しくは，キム・キョンファの「ゲリラ・ニュース・メディア，大字報」『世の中を変えたメディア』（=『세상을 바꾼 미디어』，キム 2013）．

34) しかし，1979年クリスチャン・アカデミー事件のように，教会に対しても政権は「反共」イデオロギーの口実で弾圧をしようとした．詳しくは，民主化運動記念事業会（2009）を参照．

35) 第1節で言及した米議会に影響を及ぼそうとした「コリアゲート」事件は，それこそ，人権問題などで悪化した世論を変え，軍事援助の執行を進めようとしたものであった．

36) 教会の社会参加とは，教会が個人の救援にとどまるのではなく，社会の貧困，不正義，不条理に対し住民たちとともに取り組むことによって社会のなかで働くことを意味する．詳しくは，李（2012）を参照．

37) 韓国キリスト教長老会の設立者．金在俊牧師らは1953年大韓イエス教長老会から独立し，大韓キリスト教長老会を設立．韓国におけるエキュメニカル運動の先駆けとなる．1960年には世界教会協議会に加入し，1961年には教団名を「韓国キリスト教長老会」と改称．

38) 詳しくは，キム（1961: 36-42）を参照．

39) たとえば，世界的なエキュメニカル運動に参加していた教会では，第三世界問題および人種差別問題が60年代におけるもっとも大きな課題であった．

40) 教勢拡張のための個人の救いを中心とした「伝道」から，社会全体の総体的な

救いを目標とした「宣教」活動の一環で，近代化による工場密集地域での労働者権益問題，生産と分配の問題への取り組みと，貧民地域での住宅問題・生活問題への取り組みを行うものである．詳しくは，趙（1981）を参照．

41) 地域住民組織運動で，各地域・各大学のなかで組織されているキリスト教学生会のネットワークを通じ，参加学生を集め，農漁村，工場地域，貧民地域に直接住みながら，現場の問題を地域住民とともに解決する運動．

42) 詳しくは，李（2012: 150-154）を参照．

43) 1967年大統領に再選した朴正熙は総選挙において不正選挙を犯しながらも，国会議員の3分の2を共和党（与党）議員にし，大統領の3度の再任を認める改憲を準備し始めた．そして，1969年1月改憲問題を公論化するや否や，韓国の民主化勢力は改憲反対運動に力を合わせ始めた．6月から本格化したこの闘争は，学生たちの反対闘争後，野党および元政治家で活動が禁止された在野人士たちが中心となって，7月に「3選改憲反対汎国民闘争準備委員会」（汎闘委）を結成した．詳しくは，民主化運動記念事業会（2008）を参照．

44) 朴炯奎へのインタビュー（2010年1月19日，筆者訳）．

45) 「言論と人権」「学園と人権」「女性と人権」などのテーマで講演・協議が行われた．詳しくは，韓国キリスト教教会協議会人権委員会（1987a: 296-299）を参照．

46) 詳しくは，李（2012）を参照．

47) 木曜祈禱会が初めて行われたのは，1974年7月18日である．詳しくは，キム・イ（2007）を参照．

48) 第1回目は1974年10月に行われた．

49) 『인권소식』の和訳である．

50) キム・イ（2007: 47）を参照．拘束者家族たちは「拘束者家族協議会」を結成し，良心囚釈放運動をリードしていくこととなる．

51) 韓国キリスト教教会協議会人権委員会（1987b）の「木曜・金曜祈禱会」を参照．

52) 1976年3月1日，3.1節記念拝礼が行われた拝明洞聖堂で，民主主義と統一を掲げる宣言文が朗読された．軍事政権は，金大中をはじめ，民主化運動の代表者らおよび新旧キリスト教指導者たちを政府転覆扇動疑惑で拘束した．「明洞事件」とも呼ばれる．より詳しくは，『新しく燃え上がる3.1民主救国宣言』（＝『새롭게 타오르는 31.민주구국선언』，3.1民主救国宣言関連者 1998）を参照．

53) 裁判が土曜日に行われていたため，裁判前日に祈禱会を持つという前例によって祈禱会の日が金曜日になったという．同前掲書参照．

54) 「〈インタビュー〉民主主義者故金謹泰の助力者印在謹」韓国のインターネット言論メディア『プレシアン』2012年1月12日，筆者訳（http://www.pressian.com/article/article.asp?article_num=20120119171754 最終アクセス：2014年12月28日）．

55) ポール・シュナイスへのインタビュー（2009年11月30日，12月1日）．

56) 詳しくは，李（2012）を参照．

57) 民青学連関連の学生運動の学生たちはプロテスタント教会とともにカトリック

教会からの支援も期待し，池司教と接触していた．金芝河が「池司教から金をもらい民青学連側に伝達したと明かしたのは，池司教が拘束されればカトリックが動くだろうという判断」（ソ 2007: 226，筆者訳）があり，また，こうした事情をすでに知っていた池司教は良心宣言を準備，拘束釈放とともに宣言を発表し再び拘束されたという．

58) 7-9 月のカトリック教会の対応について，より詳しくは，ソ（2007）を参照．

59) より詳しくは，キム・ヨンテクの『現場記者が書いた 10 日間の取材手帳』（キム 1988）を参照．

60) 在日韓国民主人士による「民族統一協議会」の発足（1972 年 8 月 20 日）にともない発行された．創刊号は 1972 年 11 月 21 日．毎月 1 日，11 日，21 日，韓国語と日本語で発行される．1973 年 8 月 15 日韓国民主回復統一促進国民会議（以下，韓民統）の結成にともない，韓民統による韓国民主化運動への連帯運動に運動メディア（および民族的マイノリティメディア）としてコミットしていく．

61) 『東亜日報』（1980 年 7 月 12 日，1 面，筆者訳）．韓国では，当時，「光州事件」でなく，「光州事態」という用語を使っていたので，原文のまま「光州事態」と訳した．現在は，5.18 光州民主化運動，光州 5.18 などと呼ばれている．

62) ソ・ジュンソクによると，「カトリック教会内部では司祭団の存在を公的に認定しないか，あるいはその名を否定する人々も少なくなかった」（ソ 2007: 246，筆者訳）という．

63) 1401 年朝鮮時代にできた制度で，上訴，告発の法制度とは別に，最後の抗告の手段として設けられた．宮殿の前に大きな太鼓をつけ，悔しいことがあった民がいればその太鼓を打って王に知らせ王の助けを求めるといった制度である．

64) アゴラおよび申聞鼓という表現は，『韓国民主化運動史』（民主化運動記念事業会 2009: 371）において木曜祈禱会について描写した表現を採用したものである．

65) 月曜のつどいがいつ始まったかについては確定されていない．ただ，1968-1969 年ごろに組織された「50 人のつどい」があり，それが月曜のつどいの母胎となったという．「50 人のつどい」はほとんどが米国人で，当時学生運動を鎮圧するために使用されたトラック（戦闘警察用）に「U. S. Aid」と表示されていたことから，抑圧的韓国政府と米国政府の連合に反対するため結成された．彼らは，米国大使館に対し抗議行動を行ったが，当時，米国側はトラックの「U. S. Aid」をペイントで塗り隠しただけであった．こうした小さな集まりが，何年かの月日を経て「月曜のつどい」として成立したのである．詳しくは，Rice（2007）の "From Solitary to Solidarity" を参照．

66) もちろん，韓国政府は韓国の法律・制度的装置に違反する外国人に対しても弾圧をしようとしたし，実際，連行・審問，ビザ発給・延長拒否，韓国追放などの策を講じた．

67) BBC's religious and ethics series, Anno Domini (1975-77).

68) Sinnott (2007: 444-445). 当ドキュメンタリを制作した Vanya Kewley については，以下の記事を参照．"In 1977 she won first prize at the prestigious annual Montreux film and television festival for her documentary South Korea (1975)"

（The Guardian, http://www.guardian.co.uk/film/2012/aug/03/vanya-kewley-obituary 最終アクセス：2012 年 8 月 3 日）.

69) 調査団については，Amnesty International による *Report of an Amnesty International Mission to The Republic of Korea 27 March–9 April 1975* を参照.

70) シノト神父は，韓国から追放されて以後，米国のキリスト教教会協議会で KOREA DESK を担当することとなった. シノト神父へのインタビュー（2014 年 2 月 13 日）.

71) 『朝日新聞』（1972 年 10 月 19 日，朝刊，7 面）.

72) 米国の韓民統（1973 年 7 月結成）から出た組織で，1977 年 6 月に結成された.

73) 1974 年 3 月 1 日，西ドイツの知識人・留学生などを中心に結成された. 宣言文は 55 人の名で行われ，ボンのミュンスター広場で街頭示威活動を行うなど，維新治下で闘争する韓国の民衆と連帯するため結成されたヨーロッパ最初の韓国民主化運動団体であった.

74) 詳しくは，キム（2007）を参照.

75) 1976 年 5 月，韓国民主社会建設世界協議会は一度「韓国民主化運動世界協議会」と改称したが，その後 1977 年に「韓国民主化キリスト者同志会」にもう一度改称した.

76) キム（2007）は，民主同志会の Geneva 会議録の資料からその概要を紹介した.

77) 1980 年代に入ってからは統一運動に関する議論も始まる.

78) 発行人としては金在俊牧師，発行所はカナダのトロント.

79) 交流が全くなかったわけではないが，部分的な接触，交流にとどまった消極的な交流であったという. 詳しくは，韓国キリスト教教会協議会人権委員会（1987a: 243）を参照.

80) 日本キリスト教団の総会議長の鈴木正久の名において，「わたくしどもは，教団の名において，あの戦争を是認し，支持し，その勝利のために祈り務めることを，内外に向かって声明致しました. ……（中略）……心の深い痛みをもって，この罪を懺悔し，主に許しを願うとともに，世界の，ことにアジアの諸国，そこにある教会の兄弟姉妹，また我が国の同胞にこころからの許しを請う次第であります」（日本基督教団西片町教会・韓国基督教長老会ソウルチェイル教会姉妹関係締結 30 周年記念誌編集委員会 2007: 47-48）とした. しかし，日本教会内部には「戦争責任告白」を否定し，批判する声もある.

81) 中川信夫は，白書『学生運動の進路』の内容を「1970 年代の韓国学生運動」『世界』1972 年 4 月号で紹介している.

82) 韓国キリスト教教会協議会人権委員会（1987a: 243-250）を参照. 共同声明の全文が載せられている. 第 1 回目で議論された事項は，第 2 回（1974 年 10 月 30 日〜11 月 2 日，京都），第 3 回（1976 年 11 月 22 日〜25 日ソウル），第 4 回（1978 年東京）でも持続的に議論された.

83) 詳しくは，高橋喜久江の「妓生観光を告発する――その実態をみて」（高橋 1974）を参照.

84) 1973 年 12 月 19 日には，韓国梨花女子大学生たちが金浦空港で日本人観光客ら

に「売春観光反対」の訴えと示威を行い，12月25日には日本の「キーセン観光に反対する女たちの会」は羽田空港で抗議のビラを配布した．前掲の高橋によれば，この日韓の歩調を合わせたようにみえる連帯行動は，事前に協議されたものではないという．「キーセン観光に反対する女たちの会」には，キリスト者女性だけでなく，ジャーナリストの松井やよりなどが加わっている．

85) 1967年ローマの教皇庁による「正義と平和委員会」の発足の呼びかけにより，日本では1970年に「正義と平和司教委員会」と，信徒による「正義と平和委員会」が結成された．司教と平信徒によるそれぞれの組織を統合して，1974年「日本カトリック正義と平和協議会」と改めることとなる．初代担当司教として，相場信夫，会長としては，武者小路公秀となった．詳しくは，日本カトリック正義と平和協議会編（1995）を参照．

86) 1981-1991年の間，日本正平協の事務局長であった深水正勝神父によると，当時，韓国教会からの様々な地下文書の翻訳は，韓国の金壽換枢機卿の姪の夫である宋栄淳（ソン・ヨンスン）が行ったという．深水神父へのインタビュー（2011年11月6日）．

87) 詳しくは，本章の第2節で説明している．『東亜日報』の記事（1980年7月12日，1面）に出ている当時の表現をそのまま使ったので，「光州事態」となっている．

88) 安江良介は，1958年岩波書店に入社，編集部を経て，1967年から1970年までは，社会党の美濃部亮吉東京都知事の秘書として勤めた後，1971年には『世界』編集部に戻り，1972年から1988年まで編集長を務めた．その後，1990年には岩波書店社長に就任し，1997年に病で死去した．

89) 1977年9月号『世界』「討論 朝鮮政策転換の方向」における安江良介の発言（岩井ほか 1977: 83）．

90) 「共同討議 日韓交渉の基本的再検討」『世界』（1964年4月号）では，朝鮮および朝鮮の統一運動に対する日本の無関心は，戦後日本の「ナショナリズムの喪失」によるものとして議論されている．すなわち，戦後日本における国民主義（ナショナリズム／国民）の回復がうたわれている．

91) 高崎宗司へのインタビュー（2011年12月14日）．高崎によると，韓国古代史への関心から韓国への旅行中，韓国の民衆詩人，梁性佑（ヤン・ソンウ）と出会ったという．以後，韓国に行き来するなかで，彼から韓国では発表できないとして「奴隷手帳」という詩を日本で発表するように頼まれた．この詩は，『世界』1977年6月号に掲載されるが，高崎は，それ以来3年ほど入国禁止となったという．

92) 池明観へのインタビュー（2010年10月17日）．

93) 「ベトナム戦争と韓国」は，その後，15年間も続いた「韓国からの通信」の出発点であったという．池明観へのインタビュー（2010年10月17日）．

94) 池明観によると，「T. K生」は安江良介が作った仮名であり，特別な意味を持っているものではなかったという．池明観はT. Kについては，名字の池と名前の観のアルファベットの頭を表したものかも知れないと推測していた．池明観への

206——第II部 トランスナショナルな社会史

インタビュー（2010 年 10 月 17 日）．

95）呉在植へのインタビュー（2010 年 2 月 18 日）．呉在植は 1933 年，日本植民地下の朝鮮，平壌で生まれ，韓国 YMCA 幹事，CCA・URM 幹事，KNCC（韓国キリスト教教会協議会），WCC（世界教会協議会）開発局局長，ワールド・ヴィジョン会長を歴任し，2013 年 1 月 3 日死去した．

96）金容福へのインタビュー（2010 年 11 月 30 日）．

97）1935 年生まれ，米国オクラホマ出身．メソジスト国際宣教活動の一環として，沖縄（当時はアメリカ領）に 1957-60 年まで滞在した．琉球大学の英語講師および沖縄キリスト学生運動のディレクターであった．1964 年，再び来日し，東北・福島で大学の英語講師をしながら，日本 YMCA 学生部の協力幹事として活動する．1967 年に米国・ニューヨークに戻り，国際宣教の学生部担当幹事として働く．呉在植とは 1970 年にはじめて会ったという．

98）アムネスティ・インターナショナル日本支部ができたのは 1971 年である．ちなみに，韓国支部は 1972 年設立された．

99）フェリス・ハーヴィー（Pharis Harvey）へのインタビュー（2013 年 2 月 12日）．

100）呉在植へのインタビュー（2010 年 5 月 26 日）．蔵田雅彦に関連する記述は，呉（2012: 166）にも見られる．人的ネットワーキングや組織化をめぐって呉在植の果たした役割については，「韓国問題キリスト者緊急会議」の代表である中島正昭が「仕掛け人」「fixer」と称したほどであったという．この点と関連した記述としては，韓国キリスト言論 CBS ノーカットニュース，2013 年 1 月 4 日（http://christian.nocutnews.co.kr/show.asp?idx=2365068）を参照．

101）呉在植へのインタビュー（2010 年 5 月 26 日）．韓国の経済発展を口実に朴政権が国民の民主化欲求を抑圧，弾圧していることに対し，韓国経済が朴政権の主張しているとおり，本当に発展しているのか否かの調査と分析を，東京大学経済学部教授であった隅谷三喜男に依頼したという．それに対し，隅谷教授がプロジェクトを立ち上げ，韓国の自由貿易地区の現場調査を行い，『韓国の経済』を出版したという．

102）詳しくは，池ほか（1998），池（2005），呉（2012）を参照．

103）飯沼二郎（京都大学経済学部），竹中正夫（同志社大学神学部），奥田成孝（北白川教会牧師），和田正（松本キリスト教会牧師），濱尾文郎（カトリック東京教区副司教）．詳しくは，李（2006），朴（2010）を参照．

104）当時，この事務室には李仁夏（イ・インハ）牧師が居た．李仁夏牧師は，在日韓国・朝鮮人に対する民族差別撤廃運動などに関わり，後に，川崎のふれあい館の創立に大きく寄与する．詳しくは，李（2006），呉（2012: 155）を参照．

105）中嶋正昭（代表），服部尚子，飯島信，森岡巌，大塩清之助，東海林勤，山口明子．

106）東海林は，1971 年 4 月に韓国で起きた「学園浸透スパイ団事件」（1971 年 4 月，4 大学 51 名検挙）で拘束された徐勝（ソ・スン），徐俊植（ソ・ジュンシク）兄弟の「徐君兄弟を救う会」の代表でもあった．

107) 東海林勤へのインタビュー（2010 年 2 月 17 日）.

108) これらは，韓国キリスト教指導者一同の名で発表された「日本に対するメッセージ」「米国に対するメッセージ」（当時の韓国キリスト教教会協議会の総務，金観錫牧師が起草），ソウル大学校文理科大学学生会による「日本の民主的・良心的人々へ」「米国の民主的・良心的人々へ」，韓国キリスト者一同の名での「日本のキリスト者へ」「米国のキリスト者へ」と韓国キリスト学生会総連盟による「日本のキリスト者学生・青年たちへ」という 7 通のメッセージであった. 7 通のメッセージが日本に渡った過程については，飯島（2003）を参照.

109) 最初は，『緊急会議通信』で発行を始めたが，品川のバプテスト教会から出版されていた『韓国通信』と合併したのである. 詳しくは，『韓国通信』1 号（1975 年 7 月 5 日）を参照.『韓国通信』は，毎月 1 回発行が基本で 1992 年 2 月終刊特別号が最後となった.

110) 詳しくは，池（2005）を参照. 緊急会議メンバーの東海林勤の妻でもある東海林路得（2009 年「女たちの戦争平和記念館」館長）へのインタビュー記事を参照（『連合ニュース』2009 年 9 月 24 日，http://news.naver.com/main/read.nhn?mode=LSD&mid=sec&sid1=102&oid=001&aid=0002882304 最終アクセス：2014 年 12 月 28 日）.

111) 西早稲田のキリスト教会館には，呉在植の CCA 都市産業宣教会の事務室，DAGA，日本キリスト教協議会，緊急会議，在日大韓キリスト教総会の事務室があり，韓国からの情報の集まる拠点となっていた. 一方，ソウルの鍾路に韓国キリスト教会館があり，韓国キリスト教教会協議会，木曜祈禱会，人権委員会などがあるなど，様々な情報が集められていた. その点，鍾路（韓国）―西早稲田（日本）をつなげるトランスナショナルな情報ネットワークの活動は注目に値する.

112) ポール・シュナイス（Paul Schneiss）へのインタビュー（2009 年 11 月 30 日，12 月 1 日）.

113) ポール・シュナイスへのインタビュー（2009 年 11 月 30 日，12 月 1 日）.

114) デビッド・サターホワイト（David Satterwhite）へのインタビュー（2010 年 7 月 7 日）. サターホワイトは，情報の運び屋以外にも *Korea Communiqué* の編集担当もしていた.

115) 現ソウル大学社会科学大学言論情報学教授.

116) 姜明求へのメールによるインタビュー（2010 年 12 月 22 日，筆者訳）.

117) **資料 4-6** と**資料 4-7** は，筆者が 2009 年 11 月末，ドイツのベルリンにある Korea Verband（前身はドイツ人中心の韓国民主化運動連帯組織であるコリア・コミテ）事務室にて許可を得てコピーした資料である.

118) 光州事件の前日である 5 月 17 日に金大中が連行されて以後，その消息，安否などが分からない状況で，T. K 生はソウルで流れている情報として金大中が拷問で重傷を受けているといった記事を載せたが，それを日本の新聞がそれぞれの判断や追加取材などで引用したものである. 詳しくは，衣笠（1980）を参照.

119) 「共同声明」は，韓国キリスト教教会協議会人権委員会（1987a: 243-250）を参照.

5章　総合雑誌『世界』における「連帯」の言説

　本章では，「韓国からの通信」を連載するとともに，日韓連帯運動の活動家たちが論評，対談，インタビューなどを通じて意見，思想を交換する場となった，総合雑誌『世界』を中心に，「連帯」の言説を探っていくことにする．日韓連帯運動の参加者たちがどのような問題意識と問題設定のなかで，韓国の民主化運動に連帯しようとしたのか，他者との「連帯」に向けた言説を分析する．こうした分析を通じ，国境を越えた他者との「連帯」が，構築されるべきものとして訴えられたこと，そして，他者との関係性を問うことで，再帰的な民主主義へ繋がっていたことを論じることにする．

　以下では，総合雑誌『世界』のメディア空間としての性格を確認したうえで，『世界』における韓国関連の記事を中心に，日韓連帯運動の活動家たちがどのような問題意識で国境を越えた「連帯」を求め，また，どのようにその問題意識を拡大，転換していったのか，その「フレーミング過程」を分析することにしたい．ただ，本章の分析対象は雑誌『世界』の記事に限っているため，日韓連帯運動にかかわっていた様々な運動部門（女性運動，労働運動）の詳細なフレーミング過程の分析にまでは至らなかった点は，前もって断っておきたい．

1　越境した活動家たちの議論の場としての『世界』

　日韓連帯運動は，様々な運動部門および運動組織のネットワークによって構成されていた．そのため，日韓連帯運動における「連帯」の言説は，「韓国からの通信」が連載されていた総合雑誌『世界』をはじめ，『展望』，『朝日ジャーナル』，『現代の目』，『情況』，『季刊労働運動』，在日韓国・朝鮮人が中心と

209

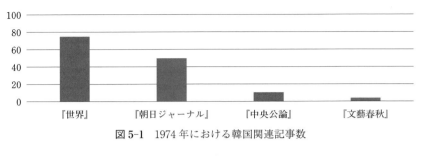

図 5-1　1974 年における韓国関連記事数

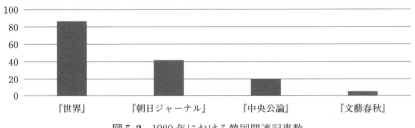

図 5-2　1980 年における韓国関連記事数

なっていた『季刊三千里』，キリスト教系月刊誌『福音と世界』など，様々なメディアによって形成されていた．また，『民族時報』，『韓国通信』，『日韓連帯ニュース』，『市民運動』，『救援』，『AMPO』（英文雑誌）などの運動メディアも，韓国の政治情勢および民主化運動に関する記事を掲載し，連帯の言説（日韓連帯運動のあり方への批判を含めて）を形成していた．このように，日韓連帯運動における連帯の言説は，マスメディアからミニコミ誌まで様々なメディアによるものであった．

　本章では，以上の点を踏まえつつ，トランスナショナルな情報交換のネットワークにおいて韓国のキリスト者たちと緊密な関係を形成していた総合雑誌『世界』にとりわけ注目することにする．『世界』は，「韓国からの通信」の連載だけでなく，韓国から伝えられた様々な地下文書や宣言を載せるなど，韓国関連の情報を発信する代表的な媒体の1つであった．実際，韓国関連記事の件数が一番多かった 1974 年（民青学連事件）と 1980 年（光州事件）の韓国関連記事の件数を比較したところ，図 5-1 と図 5-2 で確認できるように『世界』は，代表的な月刊総合誌の『中央公論』，『文藝春秋』，そして週刊誌である『朝日

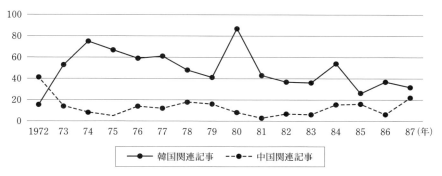

図 5-3 『世界』における韓国関連記事と中国関連記事の推移（1972-1987 年）

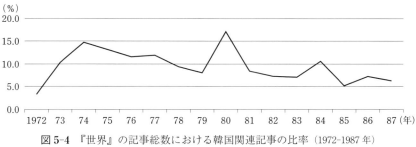

図 5-4 『世界』の記事総数における韓国関連記事の比率（1972-1987 年）

ジャーナル』よりも多くの記事を掲載していた[1]．ここでいう韓国関連記事とは，韓国，朝鮮半島，在日韓国・朝鮮人と関わる論評，投稿，書評，創作物などの記事すべてを指しており，北朝鮮訪問記や金日成（キム・イルソン）へのインタビューなど北朝鮮に限定する記事は除外したものである．

また，『世界』における韓国関連記事と中国関連記事の 1972 年の 1 月号から 1987 年の 12 月号までの記事件数の推移を比較した結果，韓国関連記事が中国関連記事[2]を大きく上回っていることが分かった（図 5-3，図 5-4 参照）．その点においても，1970-80 年代に『世界』がとりわけ韓国に注目しており，当時の日本における韓国関連の言説を形成する 1 つの重要な媒体であったと言える．

このように『世界』が 1970-80 年代における韓国関連の言説を生産する主な媒体の 1 つとなったことは，すでに言及したように，1972 年『世界』の編集長となった安江良介が池明観（チ・ミョンクァン）や呉在植（オ・ジェシク）ら

5 章　総合雑誌『世界』における「連帯」の言説——211

の韓国のキリスト者たちとゆるやかな情報交換のネットワークを形成していたことにも起因すると考えられる．キリスト者のネットワークを通じて，韓国の地下情報を含め，より多くの韓国関連情報を得ることができたのであろう．また，韓国の民主化運動，とりわけ，キリスト者のネットワークの活動家たちが，南北分断体制のなかで，人権，生存権，労働権，表現と思想の自由などを中心とした民主主義を求めていた点[3]も，戦後民主主義と平和主義を提唱してきた『世界』および『世界』の読者層に共鳴しやすかったと考えられる．

　『世界』を分析に取り上げる理由は，このように韓国関連記事が多く生産された代表的な媒体であった点以外にも，戦後民主主義と平和主義を率いてきたオピニオン・リーダー誌として戦後知識人の論壇の一翼を形成しており，運動組織の枠を越えて日韓連帯運動を牽引していた多くの知識人・文化人・活動家たちが寄稿し，また，運動に関わる人々にひろく読まれた点である．以下，それぞれの点を確認しておく．

　1946年1月号が創刊となる『世界』は，戦前からの総合雑誌『中央公論』『改造』の復刊と，新しく登場した『新生』『雄鶏通信』『世界文化』『日本評論』『思潮』『潮流』『朝日評論』などの「総合雑誌の時代」に生まれた．論壇誌を分析した奥武則によると，こうした雑誌のなかでも「トップを走って，まさに売れに売れた」（奥 2007: 58）という．丸山眞男の「超国家主義の論理と心理」（『世界』1946年5月号）をはじめ，戦後の思想形成において反響を呼んだ論文を多数掲載してきたのであり，また，雑誌というメディアでありながら，平和問題懇談会（オーガナイザーは『世界』編集長の吉野源三郎）を主導するなど[4]，日本における平和主義，戦後民主主義の論壇を形成してきた．日米安保条約改定時には「60年安保」運動を支援したこともあり，「『60年安保』の時期まで，『世界』は大げさではなく，論壇誌のチャンピオンとして君臨」（奥 2007: 84）したという．学生運動が盛りあがりを見せた1960年代後半からは，「若者たちの論壇誌[5]」として脚光を浴びるようになった『朝日ジャーナル』など，より新左翼系の言説に共鳴する雑誌が注目を集める[6]ようになっていくが，1970-80年代において，『世界』は依然として戦後民主主義や平和主義の理想を追求していた知識人社会の論壇の一翼を担っていた．

　また，『世界』の韓国関連記事の著者のなかには，日韓連帯運動を牽引した

代表的な知識人・文化人・活動家たちが多かった．例えば，「日韓連帯連絡会議」の代表である青地晨，事務局長の和田春樹，作家の大江健三郎，小田実，「韓国問題キリスト者緊急会議」の大塩清之助，「東亜日報を支援する会」の倉塚平，画家・版画家の富山妙子，演劇俳優・演出家の米倉斉加年，在日政治犯救援運動の吉松繁牧師といった知識人，活動家たちが『世界』に寄稿している．また，金大中（キム・デジュン）ら韓国民主化運動の代表的な人々や鄭敬謨（チョン・ギョンモ）ら在日知識人たちも筆を執っている．もちろん，彼らは『世界』にだけ文を載せたわけではなく，様々な雑誌，機関誌，運動メディアにも文を載せていた．1970-80 年代は，たとえば『朝日新聞』の論説委員や『朝日新聞』の記者（特派員）が『世界』にも論評記事を載せるなど，いわゆる「リベラル」メディアのメディア間の連携（編集者，記者，評論家などのメディア従事者間のネットワーク）が作動しており，運動メディア——中間メディア（月刊誌）——マスメディア（新聞，放送）の緩やかな繋がりがいわゆるリベラルな言説空間を支えていた．その点，日韓連帯運動における連帯の言説を網羅することはできないが，運動メディアとマスメディアを繋げながら，活動家たちの議論の場を提供していた『世界』は，分析対象としてふさわしいと考えられる．

　日韓連帯運動における「連帯」の言説を『世界』から把握していくことは，韓国関連記事の著者のみならず，その「読者像」からでも可能である[7]．『世界』は，読者からの投稿欄である「編集者への手紙」を設けている[8]．本書が設定している 1972 年（維新憲法，権威主義の制度化）から 1987 年（民主化宣言）までの間，すなわち，1972 年 1 月号から 1987 年 12 月号までの「編集者への手紙」における投稿記事 488 件を検討し，投稿者の職業分布を調査した[9]．その結果，『世界』の代表的な「読者像」は，大学教授，中・高校教員を含む教員（19.3%）であった．その次が，会社員（16.6%），学生（15%），著述家等の自由業や自営業（13.1%）といった人々が多く，いわゆるインテリ層，知識人層の読者が多数を占めていたことがわかる（図 5-5）．

　『世界』の投稿者の平均年齢は，43.6 歳で，年代別の分布は，図 5-6 のように，20-50 代が比較的均等に分布していることがわかった．投稿者の性別は，男性が 84.8%，女性が 15.2% で，男性が圧倒的に多くの割合を占めている．

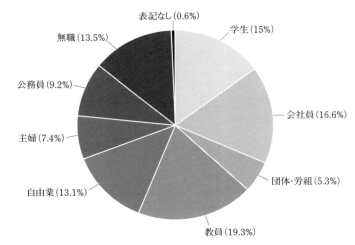

図 5-5 『世界』「編集者への手紙」（1972-1987 年）における投稿者の職業分布

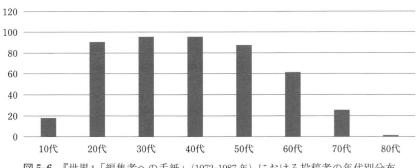

図 5-6 『世界』「編集者への手紙」（1972-1987 年）における投稿者の年代別分布

　比較のため，いわゆる「若者たちの論壇誌」と呼ばれていた週刊誌『朝日ジャーナル』と保守的論調の代表的な論壇誌である月刊誌『文藝春秋』の読者からの投稿欄を検討した．『朝日ジャーナル』は，「読者から」という投稿欄を設けている．1972 年 1 月 7 日号から 1987 年 12 月 25 日号までの「読者から」における投稿記事 4599 件を検討した結果，投稿者のなかでは学生の割合が 24％ と一番高かった．その次が，会社員で 21％ となっている．投稿者の平均年齢は，38.1 歳で，図 5-8 のように，とりわけ 20 代の投稿者に偏重していることがわかる．投稿者のなかでは，男性が 80.6％，女性が 18.8％ を占めており，

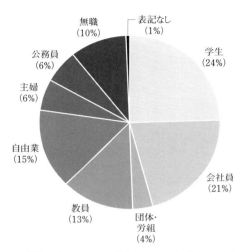

図 5-7 『朝日ジャーナル』「読者から」投稿者の職業分布

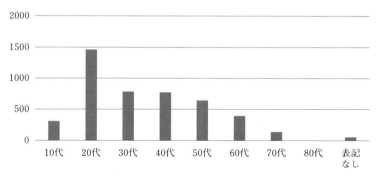

図 5-8 『朝日ジャーナル』投稿者の年代別分布

いわゆる「若者たちの論壇誌」であったとしても，より正確には「男」の「若者たちの論壇誌」であったことが推測できる．

　『文藝春秋』は，「三人の卓子」という投稿欄を設けている．1972年1月号から1987年12月号までの「三人の卓子」における投稿記事892件を検討した結果，投稿者のなかでは会社員の割合が27%で一番高かった．その次は，著述家などの自由業や商店主などの自営業の人々が18%を占めている．また，投稿者の平均年齢は50.5歳で，年代別においても，60代が一番多く中・高年

5章　総合雑誌『世界』における「連帯」の言説——215

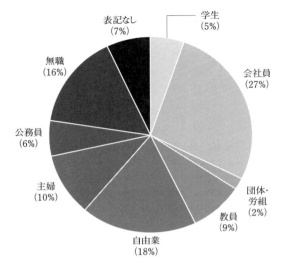

図 5-9　『文藝春秋』「三人の卓子」投稿者の職業分布

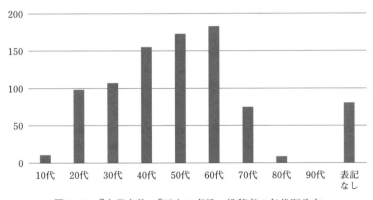

図 5-10　『文藝春秋』「三人の卓子」投稿者の年代別分布

層に偏重していることがわかる．投稿者の性別は，男性が 78.3% で，女性が 19.7% であり，『世界』『朝日ジャーナル』と比べると，一番女性の割合が高かったが，当時は，女性向けの雑誌でなければ，投稿者のほとんどは男性であったことが推測できる．

　このような比較から，『世界』には，1970-80 年代において『朝日ジャーナ

ル』や『文藝春秋』のような年代の偏重は見られず，広い年代の人々に均等に読まれていたことがわかる．また，投稿者の職業分布の比較から，『世界』は大学教授，中・高校教員を代表的な読者像として持っており，『朝日ジャーナル』は学生，『文藝春秋』は会社員をその代表的な読者像として持っていることがわかった．その点，女性たちの言説を代表することはできなかったが，戦後民主主義や平和主義を標榜する『世界』，そして，キリスト者のネットワークを中心として伝わってくる韓国の民主化運動に関する情報に共感を持つような「知識人たち」が『世界』の代表的な読者像であったと言える．

　こうした『世界』の読者たちは，「編集者への手紙」への投稿を通じて，韓国民主化運動への連帯運動に参加していくことを呼びかけている．例えば，東北の大学教員の読者は，「ひとつの市民運動」（「編集者への手紙」，1974年6月号）を通じ，金大中の自由回復を求める東北の市民運動を紹介したうえで，「もしも全国の同じような運動が，貴誌を媒介にして連携」できることと，「また今までそのような取組のなかった所にも，それぞれの創意にもとづく運動が起」こる（浅見 1974: 258）ことを願っているとしている．このように，日韓連帯運動に関わっていた著者だけでなく，読者たちも『世界』というメディアを通じ，各地の市民運動を連携しようとしていた．その一部を列挙すると，「『私』から『われわれ』へ」（1973年11月号），「ひとつの提案」（1974年7月号），「人間としての願い」（1975年8月号），「陳斗鉉さんの再審実現へ支援を」（1976年4月号），「叫び続けたい」（1976年8月号），「何か，したい――対韓政策をただすために」（1977年12月号），「在日韓国人政治犯への関心を」（1980年12月号），「韓国のファシズムは対岸の火事ではない」（1982年7月号），「韓国労働者を支援する一運動」（1983年1月号）などが挙げられる．

　以上の点から，『世界』は，1970-80年代の日本における，韓国の民主化運動に対する「連帯」の言説を分析するにふさわしい媒体と考えられる．「連帯」の言説を分析するために，より具体的には，『世界』の韓国関連記事を中心に，どのような問題意識で韓国の民主化運動への「連帯」が呼びかけられたのか，「連帯」にどのような意味を付与し，その意味はどのように発展，展開，転換していったのか，その「フレーミング過程」を分析していく．

　『世界』における韓国関連記事は，「論文・評論」記事，「世界の潮」や「日

表 5-1 『世界』における韓国関連記事の内訳（1972-1987 年）

	論文・評論	世界の潮	日本の潮	連載	座談・対談	資料・報告	声明・要望	グラビア	編集者への手紙	創作物	合計
1972	9	3	1	1	1	0	1	0	0	0	16
1973	34	3	1	8	3	1	1	1	1	0	53
1974	21	3	3	23	2	3	11	3	4	2	75
1975	27	2	1	23	1	1	4	1	6	1	67
1976	15	1	1	24	1	8	3	0	4	2	59
1977	22	0	1	23	1	5	1	3	4	1	61
1978	15	0	2	24	1	3	1	0	2	0	48
1979	15	0	1	21	1	0	2	0	1	0	41
1980	49	0	1	14	2	9	4	3	5	0	87
1981	17	1	4	12	1	3	2	1	2	0	43
1982	7	1	1	12	1	7	3	1	3	1	37
1983	11	0	0	12	2	5	0	0	6	0	36
1984	30	0	1	13	1	5	1	1	1	0	54
1985	5	0	1	16	2	1	0	1	1	0	26
1986	16	0	0	16	1	1	1	2	0	0	37
1987	7	0	0	16	6	0	2	1	0	0	32

表 5-2 『世界』における「論文・論評」の著者構成（1972-1987 年）

「論文・論評」記事の著者	日本人	韓国人／在日韓国・朝鮮人	米国人	合　計
記事の件数	208 (69.3%)	81 (27.0%)	11 (3.6%)	300 (100.0%)

本の潮」のようなストレートな記事，「連載」記事，「座談・対談」「資料・報告」「声明書・要望書」「編集者への手紙」「グラビア」などのタイプで分けることができる．ここでは，「連帯」へのフレーミング過程分析のために，特に，著者および話し手の考えがより明確に表れる「論文・論評」，「座談・対談」を中心に，質的内容分析を行うことにする．「論文・論評」記事における著者は，**表 5-2** でみられるように日本人，韓国人，在日韓国・朝鮮人，米国人など多様な著者によって書かれている．すなわち，『世界』における韓国関連の言説が，日本人の著者によって一方的に生産されたのではなく，国境を越えた知識人たちとともに構築されていたとみることができよう．

「フレーミング過程」とは，集合行動を動機づけ正当化する，彼らおよび彼らを囲む世界に対する共有された意味を作るための意識的・戦略的努力

(McAdam, McCarthy and Zald, eds. 1996: 7; Snow *et al.* 1986; Benford and Snow 2000) である．韓国の民主化運動に対する関心と連帯を訴える人々，そして，日韓連帯運動に関わった人々が，連帯の動きを作り上げ，正当化するために行う意識的・戦略的努力が，どのように展開されていったのかを追うことは，日韓連帯運動における「フレーミング過程」を分析することに繋がる．具体的には，問題となる現状を診断し，その解決策を提案し，運動を動機付けるというフレーミングの重要な要素に関して，韓国の民主化運動への連帯が訴えられるコミュニケーション過程（フレームの明確化と増幅），戦略的過程（フレームの連携，拡張，転換など），論争的過程（反対勢力の対抗的フレーミング）を追っていくことにする．

　以上のフレーミング過程の詳細な分析のために，本章では，1972 年から 1987 年までの韓国関連記事を 4 つの時期に区分して分析していくことにした．こうした 4 年ごとの時期区分の方式と関連しては，1946 年から 1965 年の『世界』における朝鮮関連記事を 4 年ごとの 5 つの時期に分類し，朝鮮関連言説の特徴および変化を追ってきた西岡（1980a, 1980b, 1980c）の先行研究を参考にした[10]．以下では，1972 年から 1975 年（維新体制の成立および金大中拉致事件）を「注目期」，1976 年から 1979 年（ロッキード事件，3. 1 民主救国宣言）を「模索期」，1980 年から 1983 年（光州事件，教科書検定問題）を「警戒期」，1984 年から 1987 年（韓国大統領初訪日，指紋押捺拒否運動，民主化宣言）を「内面化期」と分類し，時期ごとの「連帯」のための言説の形成過程，すなわち，フレーミング過程を追うことにする．

2　注目期(1972-1975 年)──「韓国からの声」とその「応答」

　この時期は，韓国人および在日韓国・朝鮮人の知識人たちの対日批判──新植民地主義的政策および新植民地的態度に関する批判──が紹介される一方，モラル・サポートや連帯への呼びかけが行われている．こうした「韓国からの声」に対し，日本の著者たちは誌上における批判的議論のなかで，徐々に「韓国の民主化運動」は「日本の民主主義」への問いかけであるという認識が共有され，そのためにこそ連帯しなければならない，という問題意識へと発展して

5 章　総合雑誌『世界』における「連帯」の言説──219

いく．また，具体的な対策として，韓国の軍事政権に好意を寄せる日本政府に対し，対韓政策の転換を要求することになる．

(1)　韓国からの問題提起と連帯の呼びかけ――新植民地的状況への警戒

まず，この時期の記事では，韓国のなかの対日批判の声が紹介されている．これらは主に，日本の「新植民地主義」的な政策や態度に関するものとなっている．1972 年の「アジアの論調・日本はどう見られているか[11]」という連載では，「日本資本に警戒を深める韓国」（1972 年 1 月号），「反発と依存――孤立感に悩む韓国の対日論調」（1972 年 2 月号）が載せられている．編集部による連載であるが，多くは韓国の総合雑誌や新聞（『思想界』『タリ』『創造』『東亜日報』ほか，地方新聞も含む）における対日批判の記事を翻訳し，整理・紹介するといった形である．その主な内容は，経済面，文化面，軍事面における「日本への隷属」および「日本の再浸透」に対する批判，そして日本の朝鮮半島政策は南北分断の固着化の政策であるとの批判である．しかし，こうした対日批判は言論統制の下で「まだ抑制されたもの」であり，朴政権によって韓国の言論はさらに規制されることが予測されると伝えられている．

韓国における対日批判の声を紹介する記事は，その後も続く．韓国学生の声を伝えた中川信夫[12]は「1970 年代の韓国学生運動」（1972 年 4 月号）で，韓国学生陣営の 1970 年代における運動戦略および運動理念などを紹介している．中川は，韓国で 4.19 学生革命の 10 周年に出された『学生運動の進路』という白書とともに，学生運動陣営の機関紙などにおける韓国学生の主張を整理，紹介している．『学生運動の進路』では，「70 年代のわれわれの運動は，従来の学園中心の，また間歇的な問題中心の運動からぬけでて，大衆運動に長期的に入っていくことをその形式とし，その内容として民族運動，民生運動，民権運動を志向する」（中川 1972: 191）と宣言している．民族運動，民生運動，民権運動の具体的な内容は，①経済的，政治的，軍事的な対日隷属化へのあらゆる傾向との闘争，②朴政権の「近代化」政策の最大の被害者である大衆の生存のための闘争への積極的支援，③反ファッショ民権闘争の強化であった．ここで，第 1 に掲げられている対日隷属化への警戒は，すでに第 4 章でも見てきたように，当時の韓国社会において，学生，労働者，キリスト者にかかわらず，広く

220――第Ⅱ部　トランスナショナルな社会史

共有された認識であったと考えられる.

　こうした声のなかには,朝鮮半島の緊張緩和と統一における阻害要因として,日本を批判する声もある.ソウル大学「自由の鐘」同人会の機関紙である『自由の鐘』に掲載された「民主・民族的統一のための決議」(1971年9月1日)は,以下のような内容を含んでいる.

　　そのようなわれわれの主体的努力は,社会全般にわたる社会破壊的な悪質的要素である不正腐敗分子の処断,学園と法院と労働運動ならびにその他社会運動の自由化・民主化をさまたげ,弾圧するさまざまな法律的,制度的,事実的矛盾の除去のためのわれわれのたえ間のない民主化闘争であり,とりわけ韓半島統一と緊張緩和の最大の阻害要因として登場している軍国日本の韓半島上陸を阻止するための全民族的反日闘争である(中川 1972: 197).

　このように,民主化運動を掲げる韓国学生の運動のなかで,日本が厳しく批判されていた文脈には,軍事独裁政権における対日隷属化,軍事独裁政権の体制安定に繋がる日本の対朝鮮半島政策など,新たな植民地的状況への警戒が色濃く横たわっていたと見ることができる.そして,韓国学生運動の声を伝えた中川は,文の末尾において,学生運動のなかで日本が糾弾されていることから,日本のコミットが深まっている現実への直視の必要性を指摘している(中川 1972: 199).

　こうした新たな植民地的状況への警戒について議論したのは,鄭敬謨の「韓国の第二の解放と日本の民主化」(1973年9月号)でも現れる.鄭は,朴政権の外貨獲得の手段として,現状の韓国は,日本人の買春観光地となり,公害輸入地となっていると指摘し,朴政権下の日本の援助・借款依存経済状況を告発した.基本的に韓国の朴政権に対する批判であるが,鄭は同時に,日本の読者に向けて近隣にとって日本の「民主化」とは何かと問うている.

　　今日を生きる韓国人にとって,買弁軍閥の跋扈,それを操る日本の「西原借款」,民族の自尊と統一の前に立ちはだかる日本の「二十一カ条」,そのいずれをとっても,差迫った今の問題でないものはない.一九六八年,日本は「光輝ある明治百年」の記念際を行なった.脱亜をとげ西洋の伍に列した帝国日本は,今日もま

だ「明治の光輝」の中に息づいている．日本の近隣にとって，日本の「民主化」とは何か．「生まれ変わった日本」は実在しているのか（鄭 1973: 95-96）．

　すなわち，韓国の軍事政権，買弁資本，外国（日本）勢力に支配されている韓国社会は，戦前の植民地時期と変わらない状況にいるという認識である．したがって，鄭は，「韓国にはそもそも第一の解放も存在しなかった」とし，「ただ日本の『第二の支配』はまぎれもない事実」として進行していると批判する（鄭 1973: 101）．しかし，この記事の最後では，日本の民主化と韓国の解放は有機的な関係にあることが示唆され，「それは，日本人民と，そして吾々韓国人に同時に与えられた，歴史における共通の課題」（鄭 1973: 101）であると指摘されている．ここで鄭は，「第二の支配」と名付けた新植民地的状況に対し，日本を批判しながらも，同時に日本の「民主的」人士に呼びかける形をとっているのである．
　このように，「対日批判」を行いながら，他方で「覚醒」や「促し」を呼びかける戦略的なアプローチは，安江良介（編集長）が行った2つのインタビューでも明確に現れている．安江良介による，金淳一（キム・ジュンイル）へのインタビュー「軍政からファシズムへ──朴政権十二年の軌跡を語る」（1973年5月号）と，まさに金大中が東京から拉致された8月8日に出版された，金大中（キム・デジュン）へのインタビュー「韓国民主化への道──朴政権の矛盾は拡大している」（1973年9月号）がそれらである．
　まず，金淳一へのインタビューでは，サブタイトルの「朴政権十二年の軌跡」からも分かるように，1960年の4.19学生革命，1961年の5.16軍事クーデターから，1972年の維新体制までに至る流れを全体的に追っている．韓国の軍事政権の成立，性格，そして，それに対する韓国の民主人士の闘いについて触れており，韓国に対する全般的な情報と理解を促す記事となっている．このインタビュー記事は，T. K生の著者である池明観（チ・ミョンクァン）が，もう1つの筆名である金淳一という名を使っておこなったインタビュー記事である．安江は，朴政権下の政治的に不安定な状況を振り返る意味で，以下のように語る．

もちろん，日本政府はそうした朴政権の成立から今日の体制強化に至るまで，日韓条約体制を維持・強化しながら朴政権に密着してきたわけですし，日本国民は，その日本政府を許容してきたのですから，いまの韓国の政治的不安定について日本人が批判をできるような立場にはないかとも思います．しかし，緊張緩和の可能性をもち始めたアジア情勢の将来において韓国の政治的不安定がどういう意味合いをもつのかという点からみても，いまの韓国の状況は，深く憂えざるをえない面があると思います（金・安江 1973: 98）．

　ここでいう「今日の体制強化」とは維新体制のことを指すもので，安江は，日本政府と韓国の朴政権の長らく密着してきた関係を批判的に指摘している．金淳一（池明観）は安江とのインタビューのなかで，韓国の朴政権の思惑や独裁政治に対する批判とともに，その朴政権を支えている日米両政権[13]のあり方に対しても批判の声を挙げる．しかし，こうした批判は，以下のように未来に向けての「連帯」の呼びかけをともなっている．

　特に，私は世界の良心の支援というのが非常に意味をもつのだと考えます．ファッショ支持が国際的なものならそれに対する抵抗も国際的連帯をもたなければなりません．その点で，日本やアメリカの知識人たちが，韓国の民衆や知識人たちの闘いに参加してほしいと思います……（中略）……私たちが日本の良心的な人々や世界の知性に何かを求めるのは，韓国の民主的な人々の抵抗運動を国境を越えて支えること，そのことにおける連帯が進んでは新しいアジアの建設の基礎になるのだという考えがあるからです（金・安江 1973: 117，傍点は筆者）．

　韓国の独裁政権を支える日米政権を 1 つの国際的な「連帯」とすれば，それに対抗する民主的な闘いの，国境を越えた「連帯」が必要であると呼びかけているのである．こうした「連帯」への呼びかけは，金大中のインタビュー記事にもはっきりと現れている．金大中は，1971 年の韓国大統領選挙で大衆的な人気を見せつけた韓国の野党代表であり，すでに『世界』には，金大中の「統制されない権力は悪である」[14]（1972 年 12 月号），「憤りをもって韓国の現状を訴える」（1973 年 1 月号）が掲載されていた．安江良介による金大中への初めてのインタビュー記事である，「韓国民主化への道——朴政権の矛盾は拡大している」（1973 年 9 月号）で，金大中は 1972 年末に成立された韓国の「維新体

制」に対して強く批判しながら，同時に日本の政治家たちが「南の軍事政権」あるいは「北」しか見ていないと批判の声を挙げる．

　政党的に図式化していえば，自民党政権の主流的な人々の考え方，財界の方たちの考え方は安定第一，なんといってもお隣の国は安定しなければならない，これがすべての対韓政策の大義名分になっていると思います．……（中略）……自民党内の良識派といわれる方たちは北ベトナムへいくとか，北朝鮮へいくとか，キューバへいくとか，中国にいく．……（中略）……しかし，一方一番近い国の民主勢力が，いまあれ程苦しみ闘っているのに，どうしてその国民，或は同志的な民主勢力に，もっともっと関心を寄せないのかといいたい．第三には，社会党を始め各野党が南北朝鮮の平和的統一を強く支持している．私は心から有難いと思います．しかし，統一というのは，北に千四，五百万，南に三千二百万，と分けられた四千七百万の人が一つになることです．ところがいまの野党は千四，五百万を相手にして，南の三千二，三百万とは話をするのもいやだという気持のようにみられる．……（中略）……野党がそこに関心をもたないことが，朴政権にどれだけ都合がよいことか．どれほどの悪いことをしてもいまの日本の野党はみるのも汚らわしいという気持をもってか，黙ってみもしない．……（中略）……そして無視されることによってかえって安心して日本の援助を悪用出来るという事実を知らなければいけないと思います（金・安江 1973: 115-116）．

　このように，金大中は，「安定第一主義」的な日本政権の政策だけでなく，南の方（韓国）は見ようともしない革新勢力や野党側の態度が，結局，日本政権と朴政権に役立っていると批判している．こうした批判の声は，以下で見られるように，韓国の民主化闘争に対する関心と支援への呼びかけに繋がっている．

　このような韓国民がいま受けている試練と現実の見通しを日本の良識ある人々が正しく認識して，できればわれわれにモラル・サポートをしてくれることを熱望します．そして，われわれの不幸をもっと延長させ，もっと深くするようなことだけはとりのぞいてほしい．このことを日本の皆さんに訴えたいと思います．そして私達が民主政権を回復したら日本と第二の韓日会談を開いて今までの誤りを根本的に建て直したいと思います[15]．韓日の親善が本当に国民と国民の親善に

速かなように，そして経済協力も平等互恵の立場に立って両国民全体の利益になるように必ず改善いたします．そして私達は日本人から信頼と尊敬の出来る国造りと統一を実現する決意であります（金・安江 1973: 122，傍点は筆者）．

この金大中の発言の後半は，元大統領候補として韓国が民主的政権へと政権交代を果たした後の日韓関係の展望を描いているものであるが，基本的に日本の良心的，民主的な人々への呼びかけとなっていることが分かる．
このように，韓国からの対日批判および連帯への呼びかけが『世界』を通じて行われていた．こうした対日批判の論調は韓国からの声だけでなく，日本の著者にも見られる．たとえば，齊藤孝[16]は「朝鮮統一問題の新展開──世界史の動向と日本外交（続）」（1972 年 9 月号）において，「しかし，朴政権に内外から投げかけられている批判は，実は日本が甘受すべきものであります」とし，日本のあり方を問題化している．

日韓条約によって，「国連」の名を借りて，朝鮮の南半分だけを日本の運命と一体視したこと，朴政権の延命に手を貸してきたこと，「国家非常事態」の厳しい条件下で日本人商社員・観光客だけが，ちょうどかつてアメリカ人がキューバを遊び場としていたように，特権的な浪費にドップリつかって韓国民衆の反感を買っていること，そのような特権を可能にするほど日本の対韓「経済進出」が今や韓国を日本の経済的勢力圏に置きつつあること，国連の場では常にアメリカと共同歩調をとってきたこと，在日朝鮮人をどのように処遇してきたのか，等々の事実を列挙するまでもないでしょう（齊藤 1972: 97）．

また，金大中が批判した革新勢力の韓国に対する無関心という指摘は，宮田浩人[17]の「統一朝鮮人像を求めて」（1972 年 9 月号）にもすでに現れている．宮田は，「日本政権は分断固着に一役も二役も買いはしたものの統一に向けては，なんら貢献した実績はない」と批判したうえで，革新勢力に対しても，「歴代自民党政権が南善北悪的思考を保ってきたとすれば，革新勢力組の朝鮮問題へのアプローチに北善南悪的な面がなかっただろうか」（宮田 1972: 111）と問いただしている．まさに，金大中が批判した「南の方（韓国）は見ようともしない革新勢力や野党側の態度」と共通の問題意識が現れている．

5 章　総合雑誌『世界』における「連帯」の言説──225

金大中による，日本の良心的，民主的人士への呼びかけが行われていた，1973年9月号の『世界』は，偶然にも金大中が拉致された8月8日に発売された．以後，金大中拉致事件に関する記事が多く載せられることになるが，そのなかで日本人著者による日韓の「連帯」がうたわれ始める．

(2) 韓国の声に応えて①──同じ「極限状況」の経験からの連帯

『世界』において日本人著者が初めて「連帯」を論じた記事は，森恭三[18]の「日韓における真の連帯を──国民レベルの共通項を求めて」（1973年11月号）である．森は，「日韓政府間にははっきりした共通項」があることから，それに対する庶民レベルの共通項を求めようというもので，タイトルでも現れているように「連帯」のための「共通項」を求めようとするものである．そこで，金大中事件が与えた最も重要なものとして，今まで日本人に認識されていなかった「新しい韓国人像」を指摘している．

> まず私が重要と思うのは，これまで多くの日本人に不足していたもので，こんどはっきり認識されたものがある，ということだ．それは，「韓国人にもいろいろあって，なかには日本人のおよばぬ実にりっぱな人も少なくない」という認識である……（中略）……良心と勇気をもつ韓国の人びとに対する日本国民の讃嘆は，日韓両国国民を精神的に結びつける帯とならねばならないし，また実際そうなってゆくだろう（森 1973: 18-19）．

ここで，日本社会が発見した「良心と勇気をもつ韓国の人々」という「新しい韓国人像」は，確かに「連帯」の対象として称賛されているが，一方で今まで日本社会が持っていた韓国人に対する偏見を反証してもいる．この部分に対して，鄭敬謨は「恥ずかしいものどうしの連帯」（1974年1月号）のなかで，苦笑を誘われたとしながらも，韓国の闘う人々への驚きであろうと解釈している．

> そう言えば，『世界』十一月号にのせられた森恭三氏の「日韓における真の連帯を」の一文にも，金大中事件を契機として「韓国人にもいろいろあって，なかには日本人のおよばないりっぱな人も少なくない」ことについての発見がのべられ

226──第Ⅱ部　トランスナショナルな社会史

ている．その表現には苦笑を誘われ，いささか抵抗を感じないでもないが，それ
はとも角としてこの一言は，あの苛烈な抑圧の中でもなお人間としての誇りと良
心を貫きたいと念ずる韓国人が存在していることを見つけた日本人サイドからの
驚きを表すものであろう（鄭 1974: 101）．

　森の議論に戻ると，森は，韓国の闘う人々に対する「新しい韓国人像」のも
とで，両国民の共通項として，「極限状態の経験」（ファッショ政権の経験）を
挙げている．

　そこに日韓両国国民の間に共通項としてあるのは，極限状況でどう生きるか，と
いう問題である．今日わが国では，治安維持法が悪法であったことを疑うものは
いないが，こんな悪法をつくった国家権力の根源は何か．われわれはこの問題を，
重要な戦争体験の一つとして，子孫に語りつがねばならない．こんな極限状態を
こんご再現させてはならないからだ．……（中略）……韓国の人びととしては，
極限状況の経験は現在，日常的なものである．この意味で日韓両国国民は共通の
問題意識をもちうるはずであり，韓国民の勇気に対する讃嘆は，両国国民を結び
つける強い帯となるだろう（森 1973: 19）．

　すなわち，日本の戦時中の「治安維持法」と，韓国の「現状」（維新体制）
を等置し，韓国の現在進行形の極限状況に対し，日本国民は「共感」できるだ
ろうとしている．しかし，「朴政権＝東条時代」という描き方は，日韓関係に
おける自己と他者の関係性を取り除くことによって，支えられるものである．
その点，韓国の軍事独裁の問題を日本の帝国主義・植民地主義統治と等価にし，
その下で苦しんだ経験から「連帯」の可能性を訴えるのは，日韓関係の歴史と
現状に対する理解が乏しいというだけでなく，日本の帝国主義・植民地主義統
治の問題に対する理解不足を露呈することでもあった．しかし，金大中拉致事
件を受け，朴政権の独裁政治が日本社会に知られるにつれ，日本社会のなかに，
森の記事に見られるような議論（韓国の現状＝治安維持法下の日本）が広く共
有されていたように思われる．
　1974 年 4 月 18 日に結成された「日韓連帯連絡会議」の代表である青地晨は，
「ソウルで日韓関係を考える――金大中氏と会って」（1974 年 5 月号）で，韓国

5 章　総合雑誌『世界』における「連帯」の言説――227

で金大中ら民主化運動勢力と対面した際のレポートを出し，韓国政権は「東条政権よりひどい」という認識を表している．

　　私たちが戦争とファシズムの時代に日本で味わった状況と，今日の独裁下の韓国の状況は，単純に比較できない．しかしソウルで私が膚に感じたことは，より重い，よりきびしいものであった．今日の独裁下で，権力に抵抗し行動することは，日本で想像する以上の困難をともなっている．……（中略）……こうした状況は，東条政権下の日本にも存在しなかった．極言すれば，今日の韓国をおおっているものは，世界最悪といってよいかも知れぬ（青地 1974: 129）．

　青地は，両方のファシズムを単純比較することはできないとしながらも，明確に比較の論調を現している．韓国の民主化運動勢力と会ってきたことから，当然，韓国政権に対する厳しい批判がなされているが，それを「東条政権」と比較するという面では，すでに言及した森の議論と通じるところがある．ここには，戦後長い間続いた韓国に対する日本知識人の無関心と日韓関係にたいする理解不足が，当時なお取り除かれていなかったことが示されている．しかし，「自己の経験」（東条政権）に基づき，他者を眺めることは理解しやすかっただろうし，受け入れられやすかったように考えられる．こうした「自己」を基準として他者を眺めるというアプローチは，青地の記事における，韓国人のタフさに対する驚きの記述にも現れている．

　　ソウルにきて一つ奇妙に感じたことがある．ある雪の朝，膚を刺す寒風のなかで，多くの韓国人が背広やジャンパーで街を歩いていたことだ．私は厚着で寒さに慄えていたから，その人たちのタフさに驚かぬわけにはいかなかった．これは寒気にたいする馴れの問題でもあるから，それだけで韓国人の肉体的タフさを証明することにはならない．しかし寒風の中を歩く韓国人の姿がいまも眼にやきついているのは独裁下に生きる韓国人の精神のタフさ，言葉をかえればその抵抗のしぶとさに，私が感銘していたからに相違ない（青地 1974: 129）．

　この部分は，韓国人の精神のタフさへの感銘，ひいては，韓国人の抵抗精神への称讃と繋がっている．しかし，厚着をしている自分とそうでない韓国人の姿を比較し，それを「奇妙」と感じ，そこに「タフさ」「抵抗精神のしぶとさ」

228──第Ⅱ部　トランスナショナルな社会史

を見出している部分からは，パターナリズム的な視点が潜んでいたことも窺われる．厳しく言ってしまえば，それは自分より弱い立場の，あるいは「遅れている」人々に対し温情（文化的精神的称賛や物資的援助）を施すことで，道徳的補償感を得ると同時に，自らの優位な立場を存続させるメカニズムである．もちろん，この部分だけを取り出し，青地がパターナリズム的な態度であったということはできないであろうが，このように，意図したものではないとしても，部分的にパターナリズム的な視点が浮かび上がっているのが見てとれる[19]．

　森と青地において共通して見られる「東条時代」と「朴政権」を等置あるいは比較するような視点がよく流通していたことは，作家の大江健三郎の「この一年，そして明日」（1974 年 9 月号）でも確認できる．しかし，大江は，たやすく「東条時代」と「朴政権」を等置するような言説を「対岸の火事に陽気なほどの高みの見物」という姿勢であると批判する．

　　あれは東条の時代と同じだ，と選挙ではあいかわらず自民党に投票する種類の人物までが，それもひとりならずそういうのを僕は耳にしてきた．この一年じつにしばしば，いまやひとしきりひんぱんに．しかも不思議なことにそういう人物はきまって，あの東条の時代がつづいてどういうことになったかを思いだし，朴体制の先ゆきとアジアの破滅を当然な類推として思いえがいて，慄然とする様子がないのはなぜだろう？　ファシズムの同時代史を読むと，ほとんどつねに隣国の民衆はこの対岸の火事に陽気なほどの高みの見物をおこなっている（大江 1974: 11）．

　大江の記事にも読み取れるように，韓国の朴政権を日本の東条時代と等置するような言説が流布していたことが分かる．しかし，大江の記事では，約 1 年前に出ていた，「朴政権＝東条時代」という「極限状態」の経験を共通項とする連帯をうたった森の視点は，直接的ではないにしても，否定されているのである．日韓関係の歴史と現状に対する自己と他者の関係に対する認識が脱落しているところに，「あれは東条の時代と同じだ」といい，自己との関係を問わずに済むことができるからである．そこで，大江は，金大中拉致事件後の 1 年間を振り返りながら，「日本の政府は，そして事実上，日本人の大勢は，かれら〔真の民主主義者たち〕の脇に立つのではなく，かれらを文字どおり圧殺す

る者らの側に，韓国ファシズム政権の側に立っている」（大江 1974: 15）ことが，この1年のあいだにますます明瞭になってきたとする．大江は，こうした1年を振り返り，タイトル通り，「明日はいつ来るのか」と嘆くが，ただ，それを悲観的に嘆くというより，そこから日本の民主主義のあり方への問題提起に繋げようとしていた．

(3) 韓国の声に応えて②——日本の民主主義への問い

　金大中拉致事件を契機により広く知られることとなった韓国における民主主義のための闘いは，それまでの韓国の闘いに対する「無関心」を浮き彫りにし，日本の民主主義への批判の声と繋がる．そして，こうした日本の民主主義の弱さを克服するために，韓国の闘いに対する「連帯」が促されていく．

　倉塚平[20]は，「民主主義のための連帯——韓国民主運動のアピールに応えて」（1974年5月号）において，韓国民主運動に対する日本の民主勢力の不感症は，日本の民主主義において，①そこに，われわれの民主主義の体質的弱点が集中しており，②不感症をいいことにし日々深まりゆく日韓反動の癒着がわれわれの民主主義の脅威として立ちはだかりだしたという二重の意味で，クリティカルであると指摘している（倉塚 1974: 91）．そして，T. K生の「韓国からの通信」や「韓国問題キリスト者緊急会議[21]」から伝わった韓国学生の声を紹介し，日本の民主主義勢力は，これらの呼びかけに対し，連帯という点で試されていると主張する．倉塚が引用したソウル大学の学生会の地下声明は，以下のように，日韓相互における「民主主義」の有機的関係（相互影響性）を説いているものである．

　　それでは考えてみよう．われわれの民主主義とあなた方の民主主義はいかなる関
　係にあるかを．今日では国際関係は国内体制と密接な関連をもっており，隣りあ
　っている二つの国は政治，経済，文化等いろいろな面で相互に影響を受けやすい
　ものであるということは，あなた方とわれわれがみなよく知っている常識である．
　あなた方の国が民主化されればされるほど，われわれの国の民主主義は発展する
　であろうし，われわれの国がファッショ化すればするほど，それはあなた方の国
　のファッショ化の傾向をあらわにするのではないだろうか（倉塚 1974: 93）[22]．

倉塚は，ソウル大学の学生会の地下声明に見られる韓国からの呼びかけに応えていない，現状の日本の民主主義の弱さを批判する．被抑圧民との国際的な連帯を標榜している日本の諸民主政党および進歩的知識人や学生までも，隣国での闘いに注目していないことに，日本の民主主義の弱さである「権威主義的思考様式」があるとする．

　　最隣国文化に対するかくも甚だしい無視と無関心は，世界広しといえどもわが国だけの現象ではなかろうか．ところが，西洋での出来事に対する過敏な反応は，ときに滑稽ですらある．一九八六年のパリの五月革命の際，私は西ドイツに滞在していたが，そこに響いてくる震動のあまりにも微弱であることに，五月革命の底の浅さ，いわば一過性を痛感していた．……（中略）……ところが日本から来た新聞に，学生たちが神田でカルチエ・ラタンを作って騒いだという記事を見て，呆れはてたことがある．隣国の韓国学生の苦悩の戦いに不感症であり，パリの事件には恍惚となって猿真似をするなんとも情ない学生を生みだした責任は，もとより彼ら自身にあるが，同時に彼らに無意識のうちに影響を与えていた知識人の権威主義的発想，さらに広くいえばわが国の文化パターンの中にあるといえよう（倉塚 1974: 95）．

　ここで，倉塚が批判している日本の権威主義的思考様式とは，「西洋文化に対する劣等感による非主体的な拝跪と，隣国の文化や知性に対するいわれなき優越感に基づく全くの無視，無関心」（倉塚 1974: 95）である．倉塚は，韓国民主勢力が訴える連帯の呼びかけと鋭い対日批判は，「われわれの民主主義のこの体質的弱点を克服し，再生させるための貴重な根源的な意義」（倉塚 1974: 96）を持っているとする．対韓国人観の変革を通じ，「連帯」を「援助を求める弱者の声として，あるいはその連帯行動を自分には得にならない無償の行為のごとく見做しては断じてならない」とし，韓国からの呼びかけを「日本民主主義再生のための天が与えた好機」（倉塚 1974: 96）と捉えるべきであると論じた．
　また，倉塚は，韓国の闘いに対する不感症や無関心とともに，日韓における経済・政治的癒着が日本の民主主義にとって危険であるとも指摘する．

一九六五年の日韓条約以来，有償無償の政府「援助」が大量に朴政権に流れ，七一年からは続々と日本の大小企業が韓国に進出している．そこで彼らは低廉優秀な労働者を酷使し，土地を買い叩き，公害をたれ流し，朴政権と結託してリベートを分け取り，その金で韓国民弾圧資金を潤し，他方では見せかけの経済成長率の増大の裏側で，この国の民族資本を破壊し，農民を流民化し，膨大な極貧層を培ってきた．これは天下周知の事実である．……（中略）……この経済進出と政治的癒着が，わが国の民主主義にとって，恐ろしく危険なものであることも一目瞭然である（倉塚 1974: 96-97）．

このように，倉塚は，①韓国の闘いに対する日本の不感症，②日韓における政治経済的癒着の問題を中心に，「日本の民主主義」への危険性を説いている．このような問題認識のもとで，倉塚は，韓国の闘いに対する連帯行動を促している．

1974 年は，「韓国問題キリスト者緊急会議」，「日韓連帯連絡会議」，「金芝河らを助ける会」が結成され，1970 年代初期からの「徐君兄弟を救う会」などの政治犯救援運動の組織，在日韓国人組織とともに日本社会における日韓連帯運動が活発化され始めた年であった．大江健三郎は，「この一年，そして明日」（1974 年 9 月号）で，「東条時代＝朴政権」と見なす人々がいる一方，連帯運動のなかで，「民主主義」の原理が語られていることを評価している．

具体的な経験として，僕は民主主義という言葉が新しい血のかようものとして語られるのを，この数週の会議でハンガーストライキのテント前で，またデモ行進のただなかで聞いた．シュプレヒコールも，韓国の民主的闘争に連帯，と叫ぶのであった．それはまったく端的に，金芝河氏たちの抵抗が，民主主義の原理に立ち，かつ暗黒裁判の具体的現実にそくして民主主義の情理をつくして闘われていることが，それが日本の若い民衆を教育したというほかにないであろう（大江 1974: 20）．

そして，連帯運動のなかで復権し始めた「民主主義」の言葉を，自らの民主主義へ投影することを促し，まさにそれが「連帯すること」の意味であると主張する．

232——第Ⅱ部　トランスナショナルな社会史

われわれは自分の民主主義を，原理にさかのぼりつつかつ現実にそくして洗いな
おして，朴ファシズム政権と癒着している日本政府の，反民主主義的な実体を摘
発しつづけなければならぬ．単純な話だといわれるにちがいないが，しかし韓国
の民主的闘争に連帯する，ということの現実的な意味がほかにあるとは，いわゆ
る戦後民主主義者の僕には考えられぬのである（大江 1974: 21）．

　自らを戦後民主主義者であるとする大江は，韓国の民主化闘争に連帯する運
動を「和解のきっかけ」を作っていると評価した．また，それと同時に「憲法
の空洞化，戦後民主主義の虚妄」という現実認識を受け止め，「日本的なナシ
ョナリズム」「天皇を頂点とする日本的特殊なナショナリズム」の欠陥を克服
しなければならないと説く．大江は，鄭敬謨の議論を引用しながら，そうした
ナショナリズムを，「解放された，誇り高い，自由な人間」を最終価値とする，
韓国人と分け持つことのできる「普遍的ナショナリズム」へ作りかえる仕事を，
もっとも困難な自己改造の課題として挙げる．

　韓国の民主化闘争に連帯することに，自らの民主主義を投影していくこと，
そして，自らの民主主義のあり方を問うていくという視点は，民主主義の核心
的な要素である「人権」と結びついていく．もちろん，「人権」に関する議論
は，金大中拉致事件を受けての「キリスト者の自由と抵抗——韓国の現実は何
を教えているか」，「日本外交の体質と軌跡——金大中事件に見る」（1973 年 11
月号），「独裁と主権と人権と——韓国の法秩序を考える」（1974 年 7 月号）で
も言及はされているが，日韓連帯運動のあり方とつなげては，宮田光雄[23]の
「原理としての人権——韓国民主化闘争に連帯するために」（1975 年 1 月号）に
おいて明確に現れている．

　宮田の記事は，1974 年 10 月 31 日に京都で行われた日韓キリスト教協議会
における発題講演に加筆したものであり，日韓キリスト教協議会の対話による
成果物と見ることもできる．宮田は，「人権は人間存在の目的であり，デモク
ラシーはそれを保証する手段である」（宮田 1975: 169）とし，人権が国際的な
普遍的原理であることを確認する．しかし，「世界人権宣言」が 1948 年国連総
会で採択されたにもかかわらず，多くの国が自国の個人が人権侵害を国際的に
訴える国際法的な水準の規約を持ちたがらないがために，「人権保障のための

国際的な連帯行動で，もっとも重要なのは世界の耳目がその問題の地点に集中され，世界世論の批判がしだいに高められていく」（宮田 1975: 177）ことであるとする．そのため，人権侵害を，決して対岸の火事視することは許されないことであり，また，人権を守るために苦しい闘いをする人々は「世界にたいする良心の証」であり，「国境をこえた人間そのもののために闘っている」（宮田 1975: 178）と論じる．したがって，人権運動への無関心は，結局，人権侵害に加担することになるという点で，関心と行動を促している．

> 人権を侵害する政治的・社会的現実にたいする無関心は，人権保障のための歴史的な闘いを弱めるものとして，結果的には人権侵害に加担する責任を負わねばならないであろう．批判的関心をもった市民たち——キリスト者，非キリスト者を問わない——による市民運動や組織労働者による積極的な活動と啓蒙とによって無関心と無力感から脱却する努力がなされねばならない（宮田 1975: 179）．

こうした宮田の普遍的人権を原理とした国際的な行動への促しは，大江および大江が引用した鄭敬謨の議論で見られた，国境を越えて分け持つことのできる「普遍的ナショナリズム」と共鳴している．宮田は，「人権という普遍的原理は閉鎖的な『くに』の観念を打破し，そして良心的な個の原理に立つことは血液信仰を解体」することによって，「人種差別や民族差別を克服した国際間の和解と協力の展望がはじめて開かれる」とし，人権の原理が日本のデモクラシーに根源的な問いを与えているとする（宮田 1975: 181）．

しかし，ここでいう「人権」はただ普遍的なものではなかった．宮田は，以下のように「朝鮮の人びとの人権侵害」問題に対する「日本国民の罪責」の問題をつけ加えている．

> そしてこの関連において，とくに言及したいのは，朝鮮の人びとの人権侵害にたいする日本国民の罪責の問題である．中国にたいする戦争責任に比較して，植民地統治いらいの朝鮮の人びとにたいする国民的責任の問題は，最近にいたるまで取上げられることは少なかった．……（中略）……すでに植民地統治そのものが民族自決権という最大の人権の否定であったばかりでない．近来，戦時中の神社参拝の強制，連行による強制労働などの事実をはじめ独立運動の弾圧など数多く

の事実が知られるようになった．……（中略）……これらの事実が，日本の国民的規模で最近まで十分に知られていなかったことそれ自体が，すでに人権侵害に間接的に加担した責任を示しているであろう……（中略）……そして懺悔の痛みの中で，これらの事実を生みだした歴史的・社会的原因と対決し，批判的に克服することであろう．朝鮮の人びとの人権問題は，われわれ日本人の精神的変革への問いである．それは過去への反省であると同時に，現在の韓国における人権のための闘いに国際的に連帯する責任でもある（宮田 1975: 181-182）．

　宮田は，「人権」という普遍的原理をもとにした連帯を促しながらも，日韓関係における「植民地統治問題」への責任という問題意識を導く．「人権」を基盤とし，人権侵害への無関心を人権侵害への加担であるとした宮田から見れば，植民地統治という「最大の人権の否定」に対し，その事実すらも知られてこなかったこと自体，大きな人権侵害への加担であったのであり，責任が問われるべきものであった．そこで，「過去への反省」と同時に，現在の韓国における「人権のための闘い」への国際的な連帯が，人権の原理によって求められる日本の責任であると主張しているのである．

　韓国の民主化運動への連帯を，日韓関係における新植民地的状況——独裁政権と政治経済的に結託する日本政権という視点——から日本の民主主義を問いただす議論のなかで，宮田のように，「人権」という側面で日本の民主主義を問いながら，他方で，「連帯」を「植民地統治の過去への反省」と同時に意味づける議論は，ここで初めて現れている．もちろん，過去の植民地統治に言及し，それも未解決のまま新植民地的状況が進んでいるといった記述は一部の著者の議論のなかで見受けられてはいたが，具体的に植民地統治の過去の問題を連帯行動に結びつけて，具体的かつ明確に論じたのは，宮田の記事であった．それには，宮田が参加していた日本キリスト教協議会という，少数に過ぎないが，日本社会における進歩的なキリスト教グループの性格と密接な関係があるように考えられる．1967 年の日本キリスト教団の「戦争責任告白」に見られるように，日本社会のなかで植民地問題に比較的真正面から向き合おうとした日本の進歩的キリスト教グループは，キリスト教における「償い」，「過去への反省」という意味づけを，ほかの日韓連帯運動の勢力よりも早いうちから重要

視していたことが窺われる．

⑷　自己の民主主義の徹底化を通じた連帯——「学び」と「自己変革」の連帯

　韓国の闘いに対する「連帯」は，「民主主義」や「人権」という普遍的原理における日本のあり方への問いかけと繋がっていたが，それらの現状診断・問題認識は，具体的な連帯行動のなかで，「わが国を徹底的に民主化する」，「対韓政策を変えよう」という解決策への提案へとより明確なものとして認識されるようになった．

　「自己の民主化の徹底化」という声は，当時の連帯運動への反省も伴っていた．1975 年の 3 月号の森恭三「白い広告は想う」と 5 月号の倉塚平の「連帯を求める草の根の声——『東亜日報を支援する会』への手紙より」は，韓国の自由言論守護闘争，特に，『東亜日報』の「新聞と読者の共同闘争」と関わるなかで，「連帯」とは，日本の「自分自身の問題」として闘うこと，すなわち，「わが国を徹底的に民主化する」ことであると論じられている．

　森は韓国の『東亜日報』の闘争と関連し，『東亜日報』が，日本の連帯勢力からの意見広告を辞退したことから，日本における「連帯」の方法に，反省を迫られていたと言う．

　　自由の問題は，国により時代により，本質では同じでも現われ方がちがうこと，そして，それぞれの国で具体的に戦う方法を考えねばならないこと，それをあらためて考えさせたのは，『東亜日報』の，日本からの「意見広告」辞退である．……（中略）……日本人の思考が，弾圧→資金カンパ，というふうに短絡的であったことを，反省させられた．では韓国における民主化闘争を援助する方法はないのか．ある．それは日本自体の問題で戦うことだ．たとえば新聞として，韓国その他に対する日本資本の新植民地主義的進出といわれるものの実態を明らかにすることがその一つである．またアメリカのコーエン教授が，日本三代の三首相が韓国貿易から莫大な利益を得ている旨を講演したのに対し，日本の新聞はまだ少しも掘り下げていない．日韓両国民の間に，真によき隣人関係を樹立するために，言論・報道機関としてなし得ることは，考えれば，まだほかにも，いくつもあるのではなかろうか（森 1975: 167，傍点は筆者）．

236——第 II 部　トランスナショナルな社会史

森の記事で見られるように，日本における韓国の民主化闘争への「連帯」の叫びと行動には，明らかに「援助」という方法と視点が横たわっていたことが分かる．しかし，『東亜日報』がそうした「援助」を拒否したことによって，森は，新植民地主義的進出に対する調査と報道を促すなどの日本自体の問題をより明らかにしていくことを呼びかけたのである．

　この『東亜日報』の日本からの「援助」の拒否は，1つの事件であったように考えられる．「東亜日報が報ずる日本の支援運動」（1975年4月号）に見られるように，『東亜日報』は，日本における『東亜日報』に対する日本の支援勢力についても報道しており，広告解約の撤回が続くなか，在日韓国・朝鮮人や日本人による『東亜日報』購読運動は『東亜日報』にとって，実質的な購読者数はともかく，力になったであろうと考えられる．しかし，激励広告やカンパの拒否で見られるように，『東亜日報』の姿勢は，森の指摘した「弾圧→資金カンパ」的な日本の「援助」態度を拒否したものであったのであろう．もちろん，もっとも大きな理由は，韓国の反共政権が日本の支持勢力からの資金を（総連との関係などを疑い）一層の弾圧の理由づけに利用する可能性があることであった[24]と思われるが，個人・団体を問わず，日本からの一切の支援広告やカンパを拒否していたことには，日本の連帯勢力のなかの「パターナリズム」的な姿勢に対する拒否が含まれていたように考えられる．

　このような解釈は，倉塚の「連帯を求める草の根の声――『東亜日報を支援する会』への手紙より」（1975年5月号）という記事でも共通に現れている．この記事は，『東亜日報』へのカンパとともに寄せられた人々のメッセージを伝えている記事である．そのなかには，『東亜日報』の日本からのカンパ拒否について以下のように語っている人々がいた．

朝日新聞一月二三日声欄拝見しました．そして感動と恥ずかしい思いをしたものです．東亜日報のカンパを一切受けつけないという態度に胸を打たれました．東亜日報の崇高な戦いを援助したいと単純に考えていた自分の考え方の浅はかさを思い知らされました．わが国の以前の支配者が韓国民を苦しめた罪を思わず，また言論の自由がいかに大切なものであるかということを東亜日報に教えられていることに思い及ばなかったからです（長野　男性）．

私も東亜日報の一カ月読者です．東亜の自由と基本的人権の闘いは，私たち日本人が支援してもしなくても韓国民だけでりっぱに闘い続けるでしょう．私は高見の見物から買っているだけです．……（中略）……彼らは日本人が支援などとおこがましいことをいうのを心の中では軽蔑しているのではないか．日本人が人に手をかして自己満足にひたるより，日本国内ですべきことが余りにも多い．その多大に恐れおののいて他人にちょっかいを出しているだけではないのか．不実企業の実態，在日朝鮮人など山づみする問題の解決を避けていることは出来ない．東亜日報記者が書いている（現代，週刊現代）ように，彼らは彼ら独自の力で独裁と真剣に闘い続けるであろう（岐阜　男性）．

　日本の援助を必要としないという東亜日報の態度に心から敬服します．私たちのすべきことはこのようなことではないでしょうか．東亜日報を支持するというよりも，私たち自身のすべきことをサボらずにやっていくために，いつも思いだしておくために，カンパします（愛知　女性）（倉塚 1975: 209）．

　そのほかにも，「先日の自分のカンパは，自分を見つめる眼の『甘さ』を示す以外の何物でもないような気」がし，「直接触れあう機会の多い人々との『連帯』（連帯はおろか会話すら）もおろそかにしながら，東亜日報の『普遍的理念』に『共感を覚える』とは，どういうことなのか，と自問しています」（T大女子学生）などがある．

　このように，『東亜日報』の広告・カンパ拒否について，多様な意見が述べられているが，これらの記事をみる限り，多くは，支援，援助という方式について「振り返ってみる」，「考えさせられる」契機としていることが分かる．自己満足的な支援や援助を警戒し，日本における自らの課題（日本の財界の韓国への進出の実態調査や日本社会における民族差別問題など）を実践していくというような意見である．こうした草の根の声における議論からみると，「東亜日報を支援する会」（1974年12月28日結成）の発起人たちは，「われわれ自身とわが国を徹底的に民主化し，対韓政策の変更を通じておぞましき日韓癒着を打破すること，これこそが受難の韓国民衆と真に連帯する道である」（倉塚 1975: 202）としていたが，当時，その具体的な行動においては「弾圧→資金カンパ」の水準を大きく超えるものではなかったようである．

「自己の民主化の徹底化」と「対韓政策の変更」は，しかし，韓国からの問題提起と呼びかけ，そして，日本の民主主義への問いを通じ，自らの課題としてはっきり掲げられていた．「日韓連帯連絡会議[25]」の正式な名前である「日本の対韓政策をただし，韓国民主化闘争に連帯する日本連絡会議」からも分かるように，「対韓政策の変更」は最大の課題として掲げられていたが，『世界』の誌上で文章として整理されたのは 1975 年末である．実際，『世界』は，特集として「朝鮮政策の転換を求める」(1975 年 11 月号)，「朝鮮政策転換の時」(1977 年 9 月号)，「日本の対朝鮮政策の転換を」(1978 年 11 月号) と，「対朝鮮政策の転換」「対韓政策の転換」に関する特集を組み続けていく．ここで，特集のタイトルがすべて「対朝鮮政策」となっているところは，分断状況のなかの「対韓政策」自体が，まさに「対朝鮮政策」と密接に繋がっているという認識を表すものである．

1975 年 11 月号の特集である「朝鮮政策の転換を求める」には，注目期 (1972-1975 年) の間に成熟していった「連帯」の議論が集約されている．南北朝鮮に対する日本外交の問題を論じ，「国民行動」を促す武者小路公秀[26]の「南北朝鮮と日本外交」と，現在の対韓政策は新しい「韓国併合」の論理であると批判する大江健三郎の「にせの言葉を拒否する」において，日本の外交政策に対する現状認識を確認したうえで，「日韓連帯連絡会議」の事務局長である和田春樹[27]の「日韓連帯の思想と展望」を中心に，日韓連帯における自己変革としての「連帯」の意味を考察しておく．

武者小路は，「南北朝鮮と日本外交」において，日本の外交を，米国外交政策への「大勢迎合外交」と批判し，冷戦外交のなかで「朝鮮半島における緊張緩和の可能性と統一の気運の増大を妨げ」ていることから，「南北朝鮮との関係について根本的な政策転換をする必要」があるとする (武者小路 1975: 11)．そのために，外交政策の決定に影響を及ぼす力を備えるための「国民運動」を呼びかけている．

残念ながら，日韓の政治的・経済的癒着は，財界・政界において現状固定を持続させようとする強力な利害集団の結託をつくりだしているし，官僚レベルの大勢迎合主義は，内外の情勢の抗しがたい圧力が加わらない限り，上で提案したよう

な根本的な政策の再点検を避けるエトスをつくりだしている．このような日本政治の停滞性を破って，南北朝鮮に対する日本外交の新しい方向をうちだすことは容易ではない．そのためには，広範な国民運動を組織する必要があろう．そして，このような国民運動は，問題の鍵が政府間外交の軌道修正である以上，政府レベルにおける政策決定に影響を及ぼす力を備えていなければならない（武者小路1975: 22，傍点は筆者）．

　日韓の政治的・経済的癒着についての問題提起は，この特集において，大江の「にせの言葉を拒否する」の記事でも同じく見られる．大江は，より厳しい論調でもって，日韓の政治的・経済的癒着を「すでに『一体化』日韓という新しい擬似国家」であるとし，これこそ新しい「韓国併合」の論理であると批判する．

　　歴史をさかのぼって日本ファシズムの朝鮮統治をつぐなうための努力はせず，現在を見わたして経済侵略の実状を正す意図も持たず，朝鮮半島での核戦争にまるごと加担しようとする運命共同体！　これはすでに新しい「韓国併合」の論理ではないかと，あえて異議をさしはさむことなく沈黙していざるをえなかっただろう韓国の知識人たちの脳裏に描き出された悪夢を思わずにはいられない（大江1975: 27）．

　このように，特集「朝鮮政策の転換を求める」では，以前様々な著者によって批判された，新植民地的状況を作りだしている「日韓における政治的・経済的癒着」を，より厳しく批判している．「新しい韓国併合」という強い比喩をもって日韓の政治経済癒着を批判し，それを転換するための「国民運動」を呼びかけているのである．

　和田春樹は，「日韓連帯の思想と展望」で，「日韓連帯連絡会議」の活動を振り返りながら，日韓連帯運動を思想的に描きだした．和田は，「日韓連帯連絡会議」が組織された当時，「連帯」がどのような意味で議論されたのかを振り返っている．和田は，「日韓連帯連絡会議」の正式名称，「日本の対韓政策をただし，韓国民主化闘争に連帯する日本連絡会議」について，「日本の対韓政策をただす」こと，そして「韓国民主化運動に連帯する」，この2つの意見を組

み込み，なおかつ，これがあくまでも「私たちの運動」であるということを強調すべきという思いから，「対韓政策をただす」という文言を先頭に持ってきたという[28]．このように，運動にかける様々な思いを汲み取ることによって，こうした長い名称を付けられるに至ったのである．しかし，必ずしも「連帯」が皆に歓迎されたわけではなく，組織を結成する過程において「連帯」という言葉に対する批判的な意見も見られた．

> この意見の背後には，日本のいわゆる左翼の世界でおこなわれてきた「連帯」や「友好」の運動への批判があった．「連帯」や「友好」という言葉を宴席で盃を挙げながら発される空虚な言葉にかえる一定の傾向が存在することを否定することはできない．……（中略）……他方の連帯連絡会議を主張した意見の中には，いろいろな考えが含まれていたと思うが，やはり，韓国民衆の闘いが私たちに強烈な印象を与えていることが，この主張の共通の基礎をなしていた．私は次のように考えた．韓国の民主化闘争は，私たちに，民主主義を求めるとはどういうことか，人権を求めるためには何をすべきなのかを教えてくれる，先生である．さらに，日本が韓国に対して何をしているのかも教えてくれる存在である．いまの私たちの状況からすれば，まだまだ学んでいく必要がある．いま連帯するとはそのような意味なのだ（和田 1975: 53-54）．

このように，それでもなお「連帯」を組織名に取り入れている理由には，「韓国民衆の闘いが私たちに強烈な印象を与えていること」，そして，「民主主義や人権を求めることが何かを教えてくれる」「考えさせてくれる」という側面があったためである．そして，韓国民主化闘争に連帯するという意味は，「韓国民衆の闘いに学んで，私たち自身と私たちの国のあり方を変える，変革することを通じて，韓国民衆との連帯を追求していく運動」（和田 1975: 54）であることが確認されたという．

　和田は，このような「学び」と「自己変革」を通じた「連帯」という図式は，1972 年金芝河が死刑宣告を受け，投獄されていた時，鶴見俊輔らの訪韓団に対して述べられた「Your movement cannot help me. But I will add my voice to help your movement」という言葉に刺激されたものだという．

ここには，日本人の安易な支援運動，連帯運動を峻拒する姿勢がある．このきび
しい言葉を私たちは，くりかえしきき，くりかえし語ってきたので，まるで自分
たちが直接金芝河からきいた言葉であるかのように思うほどであるが，この言葉
の意味するものは，金芝河を助けようと思ってはじめられた日本人の運動は，金
芝河をかくも追い込んでいる朴政権を日本が助けているという恐るべき状態から
日本人自身を助け出す運動になるべきだということである．……（中略）……隣
人の苦しみに心を動かすことが，隣人を苦しめることで成り立っており，本当は
自分にとっても抑圧的なあるしくみの中にある自分自身の姿を発見し，そこから
自分自身を救い出すことになるという構造論理に，私たちは，そのとき突きあた
っていた（和田 1975: 54-55）．

　和田は，こうした「他者への抑圧的なしくみの中にある自分自身の姿を発
見」することが，結局「自分自身を救い出す」ことになる「連帯」の構図の例
として，「韓国への公害輸出に反対する運動」を挙げている．「公害企業輸出反
対行動」の参加者たちは，韓国への移転が計画されている企業を調査していく
なかで，ある企業が猛毒クロム鉱滓を無処理のまま，工場周辺の地域に捨てて
いたこと，さらにはその工場労働者から多くの入院患者が出ていたことを明ら
かにした．こうした事例から，和田は，他者への連帯行動を通じ，実は自分の
問題を解決していく構図を描いている．

　韓国への公害輸出に反対する運動があって，はじめてその工場の周辺住民の公害
反対運動がおこり，ついには，工場で働いていて，身体を傷付けられたり，殺さ
れたりした労働者たちの運動がおこる，という，この道筋こそ，隣人を救おうと
して，まさに自らが救われるところの構造論理を，くっきり示しているといえな
いだろうか（和田 1975: 55）．

　和田が金芝河の言葉に刺激されたとした，こうした「連帯の構図」は，結局，
他者を抑圧している仕組みにおける自己のあり方を考察することによって，そし
て，自己を変革することによって，まさに，自己をも解放できるといった連
帯の思想である．そして，和田は，この記事の最後に，これからの運動につい
ての3つの方向として，①韓国に対してだけでなく，朝鮮半島に目を向けるこ
と[29]，②活動の全国的な拡大，③韓国民衆の闘いにすがるのではなく，独自

的・自立的な運動であること，としている[30]．特に，政府の政策に対し「反対」という姿勢を超えた，より積極的な提案，すなわち，「対外経済協力憲章」のようなものを議員立法するのはどうか，と提案している．

(5)　小　括──「責任」というマスター・フレームの明確化と「対韓政策をただす」

注目期には，韓国の学生運動や韓国の知識人の声が『世界』誌上で伝えられ始めた．そこには，韓国からの日本政府および日本の進歩・革新系の人々への批判的な問いかけが含まれていた．日韓における新植民地的な政治経済状況への憂慮，朝鮮半島の分断を固着し統一を妨害する日本の対朝鮮半島政策（日米韓の軍事安保体制），そして，日本の進歩・革新勢力の「北善南悪」姿勢への批判と一般民衆の韓国の闘いと叫びへの無関心が問いかけられた．こうした問いかけの声とともに，韓国における闘いに対するモラル・サポートや連帯を呼びかけていた．すなわち，現状診断および現状理解に関するフレーミングのコミュニケーション過程が越境的に行われたのである．

韓国の民主化運動勢力からの対日批判に関して，その現状認識に共鳴した日本の知識人たちは，それぞれの問題意識とともに，批判的な問いかけあるいは訴えに応答しようとした．そこには，日韓の政治経済的癒着（一体化）というシステムに対する連帯のため，日韓の庶民（一般の人々）の共通項を求めようとする試みがあった．「共通項」として議論されたのは，日本の東条時代と韓国の朴政権の同一化（あるいは，比較）を通じ，苦しんだ経験のある日本人が同じ極限状況にある韓国人と連帯することができるという図式であった．しかし，「われわれ」も似たような抑圧を受けた経験があったというフレーミングは，大江健三郎の記事に見られたように，自己満足的なもの（高みの見物的なもの）に留まる可能性があることが批判された．韓国からの声に応答しようとした人々は，民主主義や人権という普遍的な価値，宗教的な償いと植民地過去の罪責意識，日韓の政治経済癒着，朝鮮半島の統一妨害の対韓政策への批判などを通じて，韓国の民主化運動への連帯の必要を論じた．

こうした様々な議論を包括するマスター・フレーム[31]として「責任」のフレームが現われた．日韓の政治経済癒着という新植民地的状況を通じ，日本政府が韓国の現状の苦しみに手を貸している，そして，そのような政府を作った

「われわれ」が韓国の抑圧，弾圧されている人々の苦しみに手を貸している，という「われわれの責任」というフレームであった[32]．この「責任」のフレームは，現在の人権侵害に対する無関心に対する責任，過去の人権侵害（植民地支配）に対する責任，キリスト教における償い，東アジアおよび朝鮮半島に対する日本の対外政策に対する責任など，戦後日本社会運動における問題意識と共鳴しやすく，カバーされる問題の範囲も広いフレームであった．

　韓国における弾圧，抑圧への日本（政府）の「責任」というマスター・フレームは，その対策に関する議論において，日本の「対韓政策の転換」というフレームと連携し，より増幅されることとなる．日韓連帯連絡会議は，韓国の民主化闘争への連帯を掲げると同時に，日本の対韓政策をただすという課題を掲げた．和田は，「対韓政策をただす」という目標を設定したことについて，それは，「自己変革」を通じた連帯であることを説いている．すなわち，韓国の民主化運動から「学び」，「私たち自身と私たちの国のあり方を変える，変革することを通じて」連帯を追求するということである．それは，韓国の民主化運動への連帯は，「自分自身」の問題であることを強調するものである．

　こうした「自分自身」の問題へと繋げる議論の過程には，日韓の民主主義の「有機的関係」を論じた韓国学生運動の声明，金芝河の言葉，東亜日報の日本の資金支援の拒否などから見られるように，他者との直接的あるいは間接的な対話とそれに「考えさせられた」とする応答の過程が存在していた．このように，注目期では，現状診断と現状理解に関するフレーミングのコミュニケーション過程とともに，他者（の状況）への「責任」というフレームが，解決策としての「対韓政策（対朝鮮政策）変換」というフレームと連携し，「自己」の問題として，より増幅されるといった戦略的過程が確認できた．

3　模索期(1976-1979年)——大衆の無関心とメディアの自主規制という困難

　この時期には，金大中拉致事件の政治決着により，日韓における「表面上」の問題が収拾され，注目期と比べ韓国関連の記事は減っている．そして，論文・論評記事における韓国関連記事は，日本人著者と韓国人（あるいは在日韓国・朝鮮人）著者がそれぞれほぼ半分の割合になるほど，日本人著者の記事数

244——第Ⅱ部　トランスナショナルな社会史

が減っている[33]．逆にそのぶん，韓国人著者による韓国民主化闘争と関連した記事が増えており，そのなかには依然として日本の良心的，民主的人々への呼びかけを表す記事が載せられている．1976年4月号の金芝河による「日本民衆への提案──宣言[34]」などがそれである．また，韓国から「寄せられた」「届けられた」とする文書や報告が注目期よりも増えている．たとえば，「韓国言論に関する報告」，「緊急措置9号に対するソウル大学生の戦い」，「韓国学生の抵抗運動に関する報告」など，「いわば地下取材として執筆され届けられたもの」を，『世界』の編集部は「筆者たちについては遺憾ながら明示できない」などとしながら，韓国の闘いの情報として誌上で掲載している．このように，日本人著者の記事は減っているが，韓国の闘い自体に関する記事や報告・資料が増したことは，金大中拉致事件の政治決着以後，後退し始めた「連帯」の気運を盛り上げようとしたのではないかと考えられる．

　内容の面では，注目期において課題として議論された対韓政策と関連し，1976年12月号，1977年1月号の「報告──日韓関係の不正・腐敗」，1977年9月号の「共同研究──日韓癒着の構図」など，日韓関係における政治的・経済的癒着の実態を暴露する特集記事が多く組まれた．しかし，模索期においては注目期の「理想的」な連帯の構図や方向が，それほどたやすいことではなく，課題として掲げた「対韓政策の転換」（対朝鮮政策の転換）のための運動はすでに様々な困難に直面していることが議論されている．そうした困難としては，大きく言えば「対韓国観」における問題と，日本の「ジャーナリズム」における問題に集約されていた．この2つは密接な関係にあるが，以下ではそれぞれについてどのように議論されたのかを考察する．

(1) 対韓国観──大衆の「無関心」と日韓連帯運動における「北寄り─南寄り」の落差

　日韓の政権同士の政治的・経済的癒着を問題視した記事は，模索期においても見られた．しかし，日韓連帯運動の課題として掲げられた「対韓政策」「対朝鮮政策」の転換を進めていくためには，韓国に対する日本国民一般における「無関心」あるいは「蔑視」と，いわゆる「北」寄りの革新勢力による「無視」が問題であると議論されている．

1978 年 11 月号の青地晨，小田実，大江健三郎，森恭三，倉塚平，鶴見俊輔，和田春樹など 21 名の名前で出された「《共同報告》日本の対朝鮮政策の転換を——金大中氏事件五年の現実の中で」は，「日韓関係の現実」（第一部）と「提言」（第二部）という二部構成となっている．第一部の「日韓関係の現実」のなかには，「日本国民の意識——その問題点」が載せられているが，金大中拉致事件以後，日本で高まり始めた韓国に対する関心が現在後退していることが憂慮されている．

> 金大中事件の発生で，多くの日本人が韓国に強い関心をもつようになった．さらにまた，日韓関係の実状や朝鮮半島の現状，南北に分断された民族の状態についても目を開くようになった．しかしこうした関心や知識が望ましい育ち方をしてきたかといえば，必ずしも楽観は許されない．金大中氏事件の真の解決を「政治決着」で処理した日本政府，同じように市民の常識では理解しにくい朴政権の政策，これらに加えて頻発するさまざまな事件やスキャンダルなどのために，関心をもつようになった人々の間に，新たに無関心が生まれてきているとさえいえるのではないか．つまり，韓国の問題，日韓の問題，総じて朝鮮の問題は複雑すぎてわからない，一寸やそっとでは片づかない問題だから，目をつぶりたい，手を出さないでおきたい——こういう傾向である．この二，三年，政治囚の救援や金大中氏事件関係の署名を求めたときの市民の反応にも，こうした感情は必ずといってよいほどあらわれた（青地ほか 1978: 57，傍点は筆者）．

戦後，日本社会のなかで「回避」ともいわれるような，韓国・朝鮮に対する無関心は，金大中拉致事件をきっかけに，「関心」へと変わり始めた．しかし，高まりつつあった韓国への「関心」が，金大中拉致事件の政治決着以後，再び「目をつぶりたい，手を出さないでおきたい」という傾向に向かっていることが指摘されている．この記事では，韓国の民衆の声には無関心である一方，「もっぱら女性の肉体への関心で韓国を訪れる日本人男性が年に六〇万（一九七七年）も存在」（青地ほか 1978: 57）していると批判し，韓国や日韓関係の問題に対する無関心の裏腹に存在するエゴイズム的姿勢や態度が問題視されている．まさに，「無関心」であることで，問題を回避し，「蔑視」の可能な現状を維持し，支えているというのである．

［日韓会談における久保田発言[35]，高杉発言[36]に言及した後］こうした考え方は
ほぼこんにちまで日本の政府，そして与党の大半の政治家に一貫している．「日
韓親善」や「日韓協力」を唱える政府や与党は，実は朝鮮民族のナショナリズム
と人間としての尊厳を否定しつづけてきたのである．そして同時に，日本国民の
多くが，政府や与党と同じ考え方に染まって行動し，朝鮮民族に対する歪んだ政
策を支えてきたことも事実である．その端的なあらわれのひとつが妓生観光であ
る（青地ほか 1978: 58）．

　この報告記事は一般大衆における韓国・朝鮮に対する無関心や蔑視とともに，
韓国にカギカッコを付け，「共和国」の視点に立って韓国を「蔑視」するとい
う，日本の革新勢力の持つ，二重の意味における歪んだ韓国観についても指摘
している．日本の革新勢力のなかには 1976，77 年まで，韓国にカギカッコを
付けて「韓国」と書き，国家としての正統性を認めないというふうな姿勢があ
ったのである．そこで，この記事では，特に，革新勢力が「韓国の民衆との連
帯」といいながらも，韓国の民衆と「韓国」という国をどこまで区別できるか
と問い，革新勢力の連帯の思想を問いただしている．

　　共和国の目を通じて韓国を眺める傾向は革新勢力に依然存在するし，韓国民主化
　　勢力についての情報や理解も十分とはいいがたいように思える．また，反共，反
　　社会主義を国是としてきた韓国についての見方も，見直されつつあるとはいえ，
　　過去の硬直した理解を脱しきれていないのではないだろうか．……（中略）……
　　たとえば，韓国の朴政権と民衆とを明確に区別して，民衆と連帯する方策が十分
　　練りあげられているだろうか．日本国民の利益を革新政党が追求することは当然
　　であるが，そのさいに狭いナショナリズムや排外主義に陥らない歯止めが十分で
　　きているだろうか．自民党や民社党は「暗い一体化」を進めているが，日韓民衆
　　の連帯を唱える野党は，この国際連帯をどのような思想と方法でつくりあげてい
　　きつつあるのか（青地ほか 1978: 63）．

　すなわち，一方で韓国民衆への連帯をうたいながら，他方で「韓国」を否定
することにおける「狭いナショナリズムや排外主義」の可能性を指摘している
のである．このように，革新勢力における「日韓連帯」の思想の不十分さを指

摘し，「日本人の中に根強い朝鮮蔑視に囲まれながら，朝鮮民族との連帯を求める作業は多大の努力と思想の転換が必要」（青地ほか 1978: 63）であると述べている.

このように，日韓連帯運動の課題解決を阻むものとして，ただ大衆における無関心や蔑視だけでなく，運動勢力の内部における連帯の思想と方法における意見の食い違いや，視座の食い違いという問題があった. この点に関しては，小田実の「一本の竿を立てよう──『北』と『南』と『われわれ』」（1977 年 4 月号）においてより詳しく見ることができる. 小田は，これまで主として韓国の民主化闘争に関わってきた日本の人びとのなかには，「北寄り」の立場の人々と，「南寄り」の立場の人々がいると指摘し，そのなかの立場や視点の食い違いが，運動の大衆化を妨げているとしている.

大ざっぱに言うなら，日本の運動のありようは，「北」寄りの人びとのそれは「南北統一」から「民主化闘争」，「南」寄り（と言っても，朴政権寄りという意味ではない）の人びとは「民主化闘争」から「南北統一」──というぐあいにことは進んで来ているのだが，おしまいのところでまだ歩みは十分ではない，したがってそこにつながりはできていないというのが現在のことのありようだが，それは，おしなべて言えば，またそこではっきりと日本の人びとが自分自身の自前の論理と倫理を身につけていないからなのにちがいない.「民主化闘争」についてなら，ここ数年来，さまざまな行為をかたちづくって来たことで，おしきせでない論理と倫理を私たちは曲りなりにもつくり出して来ているのでないかと思う. しかし，「南北の自主的平和統一」についてはまだ十分に自まえの論理と倫理はつくり出されていないのにちがいなくて，それがこの問題を「北」寄りにしろ「南」寄りにしろ，運動のワク組みをこえて人びとのなかにひろがるところにまで押しひろげることができないでいる最大の理由であるようだ. ……（中略）……もっともかんじんなことは，「北」寄り，「南」寄り，どちらにせよ運動がまだ人びとのなかに入りきっていない，そこから「発する」ものになっていないことなのだ. そして，そこから「発する」ものにならないかぎり，運動は真実のところで「統一」されることもない（小田 1977: 151）.

小田の記事から，日韓連帯運動に関わった人びとには，いわゆる「北寄り」「南寄り」が存在していたこと，それらの人びとは互いに寄り添っていこうと

した[37]が,「統一」されていなかったことがわかる.小田の評価するところでは,「民主化闘争」についてはある程度寄り添ってきたが,「南北自主的平和統一」については十分ではなく,この部分に関する努力をより強めていくことが望まれるとしている.小田自身は「北寄り」でも「南寄り」でもなく,朝鮮の人びとのことを考えて運動を進めているとしているが,戦後日本の革新勢力が課題としてきた,日本と北朝鮮との国交正常化,友好促進などの課題に繰り返し言及しており,日韓連帯運動を既存の革新勢力の課題へと結びつけていこうとしていることが窺われる.

　戦後日本のいわゆる「北寄り」と見られた革新勢力が韓国の民主化運動を自己の運動の持続のために「利用した」と解釈する人びともいるかも知れない.確かに,革新勢力のなかでは,日朝国交正常化のために運動してきた人びとが多く,もともとの運動の延長線上で韓国の民主化闘争への連帯運動に関わってきた人びとも当然いた.しかし,韓国の民主化勢力のなかでも民主回復と民族統一という2つの課題をめぐり,「先民主,後統一」「先統一,後民主」といった論争があり,「統一を見据えた民主化論[38]」などが議論されていたわけで,小田の議論をただ単に「北寄り」と言い切ることはできない.もとより,日本において日韓連帯運動を構成した大きな部分は総合雑誌『世界』を含め,進歩的,革新的と見られた勢力であり,日韓連帯運動が「日韓の黒い癒着」を打破しようとする「対韓政策」への問題提起であると同時に,一方に肩入れし他方を敵対視するという,分断の固着化に寄与する「対朝鮮政策」への問題提起であったことはすでに確認してきたとおりである.

　ここで明確なことは,注目期において韓国の民主化運動への連帯として掲げられた対韓政策,対朝鮮政策の転換が,運動を形成していくなかで困難に直面していたことである.それは,ただ一般大衆における韓国に対する無関心や蔑視だけでなく,戦後日本において「北」の目を通じて韓国を見てきた一部の革新勢力における「韓国の民衆との連帯」に関する思想や方法の不十分さでもあり,運動勢力の間の意見・立場の食い違い,議論・対話の不足[39]などであった.

(2)　ジャーナリズムにおける自主規制

　この時期,連帯勢力にとってもう1つの困難な状況として語られたのは日本

の「ジャーナリズム」における問題であった．連帯勢力は，日本の言論が「金大中拉致事件」の際はかなり自由に韓国の政治・社会問題について批評していたのに対し，この模索期においては，雰囲気が大きく異なると指摘する．そこで指摘されているのは，韓国の経済を称讃する一方で，韓国の政治・社会問題について口を噤む日本言論のあり方であった．

まず，こうした「変わった雰囲気」について，小田実は「息子たちがやって来た」（1977年10月号）で，「韓国現象」，「韓国ブーム」という用語を用いて以下のように描写している．

> 「韓国現象」のまず第一は，韓国経済の躍進——「ブーム」です．あちこちの新聞，雑誌にそんな記事やら話やらが出ていますからこれも数字を挙げて詳しく述べるまでもないことでしょうが，やれ「GNP」が何倍になったか，すでに韓国経済は「離陸」したとか，なかなかにぎやかなことです（小田 1977: 77）．

日本の新聞論調の問題として取り上げられたのは，このように韓国の経済成長に関する記事が目立つ一方で，1970年代前半において疑惑とされた日韓癒着の問題や韓国国内の闘いに対する報道は縮小されたことであった．

1978年8月号の「朝鮮問題と日本の新聞論調——その後退を衝く」（和田春樹，新聞記者A，B）という座談会では，ソウル地下鉄問題[40]などさまざまな日韓の不正な取引や癒着問題があったにもかかわらず，報道は「韓国経済の急成長」ばかりを取り上げ，韓国のなかの闘いについてはちゃんと取り上げていないと批判がなされている．日韓連帯委員会[41]（日韓連帯連絡会議）の事務局長である和田春樹は，韓国にいる特派員の重要性を説きながら，以下のようにその役割を十分に果たしていないと批判する．

> もう一つ思うのは，このように非常にむずかしい問題に対して国民の関心を持続させ，かつ，さらに深めていくためには，現地韓国にいる特派員の送る記事の力が大きいですね．私達の関心を導いてくれる，つまり問題を切開していってくれるメスの先にあたっているのは，韓国の運動ですから，その運動が，どういう考え方でどのように行われているか，特派員によって日本の社会にもっと報道され

250——第II部　トランスナショナルな社会史

れば，事態を変えていくひとつの力になると思いますが，その点が今とても弱いと思います（和田ほか 1978: 153）．

　韓国のなかの闘いに対する情報が不十分であることは，朴政権の言論統制政策とも関係があると考えられる．前章で確認したように，韓国政権は，海外メディアに対し韓国の経済，観光の側面に注目させようとする懐柔策を講じる一方，「政治・社会問題」に対する多方面の統制・制限策を行っていた．ソウル特派員だった前田康博は「ソウル特派員の三年」（1979 年 5 月号）で，特派員の経験から，日本など外国言論もまさに「見ざる，言わざる，聞かざる，送らざる」といった「四ざる」状態に陥っていると表現していた．

　しかし，こうした新聞における「変わった雰囲気」は，韓国政権の言論政策だけでは説明できない，日本言論の内部における問題にも繋がっていると指摘されている．それは，すなわち，日本における取材，企画報道自体にも，日韓癒着や日韓関係など，韓国に関するものであると「自主規制」してしまう，目をつぶってしまう，現状追認的な姿勢があったという．記者として現場で働いている新聞記者 A は，金大中拉致事件およびロッキード事件を追及していく過程で，「いきつくところは日韓癒着だという問題意識を持つようになった記者が増えたことも事実」としながらも，「現実には壁にぶつかっているためでしょうか，現状是認の方向に行っているのは確かである」（和田ほか 1978: 150）と述べている．また，新聞記者 B も，「広くいえば，もう朝鮮問題は沢山だという風潮がある」，「幹部デスクは，朝鮮の問題，韓国の問題に対して『またか』という受け止め方」（和田ほか 1978: 153）があると述べる．すでに日本の新聞において，韓国と関連した問題は「オモシロクナイ」「ウンザリ」とした傾向が生まれていたことが窺われる．こうした日本言論における自主規制的な雰囲気は，新聞記者 A によると，1973 年の金大中事件の時と比べて，当時の「正しい主張」は結局，書きやすい状況だったからに過ぎず，「いろいろな圧力も出てくると，これじゃまずいなという意識が出てくる」（和田ほか 1978: 161）として，ただ韓国の言論政策だけでは説明できない，日本の言論における現状追認的態度を問題視している．

　こうした自主規制の代表的な出来事として，1976 年，金芝河の番組を企画

した日本テレビが放送中止を決めた例が挙げられる．富山妙子は「火種となる
もの──『しばられた手の祈り』によせて」（1978 年 8 月号）で，この放送中
止と関連し以下のように述べている．

　　ところが『暗黒の中のキリスト者・金芝河』というその番組が，突如「国際親善
　　をそこなう」という理由で放送中止になってしまった．それは折からのロッキー
　　ド事件で日韓の黒い癒着が問題になる一方，「三・一民主救国宣言」が出され，
　　金大中氏らが逮捕されたことと無関係ではなかろう──テレビ局側が状況を先取
　　りし，自主規制をしたものであった（富山 1978: 351）．

　こうした放送中止のため，『暗黒の中のキリスト者・金芝河』というスライ
ドを制作することとなり，富山は，以後金芝河の詩に寄せた作品をもとに「し
ばられた手の祈り」などのスライド制作と上映運動と関わることとなるが，こ
の模索期の時期において日本言論の雰囲気を「先取り」し，自主規制を行うよ
うな態度が連帯勢力にとって大きな問題，困難となっていたことが確認される．

(3)　小　括──連帯のためのフレーミングにおける困難

　模索期は，金大中拉致事件の政治決着を受け，徐々に退いていく「連帯」へ
の気運が語られる時期であった．そこで，「対韓政策をただす」（対朝鮮政策）
という目標を掲げた連帯勢力は，連帯へのフレーミングにおける困難──社
会・文化的構造による制限や大衆の常識・価値観・知識など──について議論
していった．それらは，①一般大衆の無関心や朝鮮人（韓国人）に対する蔑視，
②革新勢力における「北寄り」の対韓国観，③連帯勢力の中の「北寄り」と
「南（の民主化運動）寄り」の緊張が指摘される一方，④注目期とは「変わっ
た雰囲気」を見せる，日本の言論，ジャーナリズムについての問題が中心的に
語られていた．すなわち，注目期において盛り上がった韓国の民主化運動への
「連帯」に向けた言説が，この模索期においては，運動を進めていくなかで直
面した困難を中心に形成されていったのであった．

4 警戒期(1980-1983 年)
――日韓連帯運動への批判に対する応酬と浮上する「過去の問題」

　この時期は，1979 年 10 月 26 日の朴正熙暗殺事件，12 月 12 日の全斗煥らの新軍部勢力によるクーデターなど，韓国政治の激しい変動とともに幕を開けた．特に，1980 年 5 月の光州事件およびその背後操縦者として軍部勢力の標的となった金大中の生命が危機にさらされることとなった．すでに確認したように，この時期の前半にあたる 1980-1981 年は日韓連帯運動の規模という面でピークに達していた．しかし，この時期の連帯の言説は，連帯運動に対する誹謗などを含め，運動への反対勢力――フレーミングにおける論争的過程――という困難に直面し，この困難の根本にあるものとして「過去の問題」が「発見」されていく，フレームの拡張が行われた．

⑴　日韓連帯運動に対する批判――「内政干渉」そして「(新)征韓論」
　日韓連帯運動に関わった人びとが，日本の過去の植民地統治について，この時期に初めて言及したわけではない．記事の主なテーマとして，具体的に記述はしなかったものの，植民地支配の問題を言及している部分は散見できる．連帯運動との関係で，植民地過去の問題が，具体的に言及されたのは，宮田光雄の「原理としての人権――韓国民主化闘争に連帯するために」(1975 年 1 月号)である．彼は，人権侵害に対する国際的連帯を呼びかけながら，植民地統治という過去の民族的人権侵害に対する償いや贖罪を認識していく必要があると議論した．このような議論は，「《共同報告》いまこそ対韓政策に転換を――韓国の新事態に際して」(1980 年 1 月号)でも若干見られる．この記事は，青地晨，飯沼二郎，市川房枝，大江健三郎ら 19 名の名前で出されたもので，1979 年末の朴正熙暗殺事件やクーデターといった新事態のなかで，朴政権の 18 年を振り返って書かれた記事である．著者たちは「いまこそ」対朝鮮政策を転換せよとしながら，以下のように，対朝鮮政策の転換を「植民地支配の過ちを清算するに至る第一歩」であると言及している．

5 章　総合雑誌『世界』における「連帯」の言説――253

朝鮮民族の意志に反した南北分断をより強固にする構造的役割を担った日韓条約体制——即ち，南に対しては，朴抑圧政権への全面支持，北に対しては，一切の政府間交渉の道を閉ざして敵視政策ともいうべき関係をもちつづけてきた，この日韓条約体制を改めるべきことを，私たちはいま求められている．それは，アジアの冷戦構造が生み出してきたさまざまの歪みと緊張を解消することに日本が主体的につとめ，また，ようやくというべきではあるが，朝鮮における植民地支配の過ちを精算するにいたる第一歩である（青地ほか 1980: 115, 傍点は著者）．

　これ以上の言及はなく，ここで引用した部分が，自らの運動と植民地支配過去とを関係づけて述べたすべてであるが，対朝鮮政策の転換の声には「植民地」の問題に対する具体的な記述はないにせよ，それに触れてはいることが分かる．しかし，このように若干触れられるに過ぎなかった「過去の問題」が，日韓連帯運動を進めていくなかで，また，「金大中を殺すな！」という声を叫ぶなかで，より「根本的な問題」として認識されていく．

　まず，韓国の光州事件についての日本政権の反応や態度について，和田春樹は「自由光州の制圧に想う」（1980 年 7 月号）において「安定」第一主義的であると批判している．和田によると，日本政府は，事態を憂慮し大使を召還するどころか，むしろ，1973 年の金大中事件における政治決着時の職にあった元駐韓公使前田利一を特使として送り，「日韓の伝統的な友好関係」を再確認したという．そして，日本の唯一の明確な意思表示として，光州抗争の最中に「日本進出企業の警備強化を徹底させる」ように申し入れたことについて，和田は，「全土戒厳令をしき，立ち上がって抵抗する民衆に兵力を集めて襲いかからんとしているクーデター政権に，ただ取締を強化せよ，抑圧を強化せよと申し入れたのである」（和田 1980: 224）と，日本政府はむしろ暗黙のうちに軍事勢力を支援しているのではないかと問いかける．

　しかし，和田は「問題は，そこにとどまらない」とし，こうした日本政府への批判の声に対する，日本政府外務省の返答に注目している．

　五月二六日の夕刻，私は，田英夫参議院議員の紹介で，中嶋正昭，倉塚平の両氏とともに外務省に訪れ，高島次官に，私たちが二三日に出した声明を渡した．高島次官は，アメリカと日本は立場がちがう，日本はかつてのこと（植民地統治）

があるので，遺憾な事態だと思うが，強いことはいえない，政府を支持するとは
いわないし，民衆側も支持できない，政府とのつきあいの中で，好転を願うだけ
だといった（和田 1980: 224，傍点は著者）.

　和田は，日本政府の官僚がいう「かつてのこと」があるので「なにも言えな
い」といった発言について，「日本は韓国に対して中立的な態度をとってきた
のではない」と言い切り，むしろいままで韓国政治に「介入」してきたことを
指摘する.

　一九六五年の日韓条約締結以後，一四年間一貫して朴政権を助けて，それをもり
立ててきた. 有名な佐藤ニクスン会議（一九六九年）のさいの日米共同声明で，
「韓国の安全は日本の安全にとって緊要である」と宣言し，韓国における「安定」
を第一義的に追求してきた. これは，第一には，韓国を「反共の防波堤」たらし
めるという冷戦的思考に裏付けられていた. 第二には，韓国を日本の経済膨張の
対象として，そこでの自らの権益と投資環境を守るという利害に裏付けられてい
た. 第三には，日本人の旅行者，観光客の楽園を守るという補足的動機にも裏付
けられていた. この「安定」とは，いうまでもなく，存在している政権の「安
定」，つまり朴政権の「安定」であった（和田 1980: 225）.

　このように，和田は，冷戦構図のなかで日本が韓国に対し深く「介入」して
きたことを指摘しながら，日本政府のいう「かつてのこと」があるから，「な
にも言えない」といった発言は現状の「介入」を維持させるための言い訳にす
ぎないとみたのである. このように，一方では肩入れしながら，もう一方の人
権侵害問題などに対しては「なにも言えない」「内政干渉になるのだ」として
慎む姿勢に対しては，1980年9月号の「《意見》金大中氏の現状について——
どうみるか，何をすべきか」においても指摘されている. この意見記事には
23人の日本の知識人，文化人，進歩的政治家らによる短い論評が載せられて
いるが，幾人もの筆者によって日本政府の「内政干渉論」が問題とされている.

　こういう問題提起にたいして，わが政府当局が常に用意してきた回答は，「内政
不干渉」という言葉であった.「内政干渉」にわたることは避けたい. したがっ

5章　総合雑誌『世界』における「連帯」の言説——255

て，既成事実はすべて認めるというのであった．……（中略）……一体，防衛予算についてアメリカから注文をつけられることが「内政干渉」でなくて，日本と深刻にかかわってきた「金大中事件」について先方の考慮を促すことが，「内政干渉」を構成するというのは，どういう論理の作用なのか私には理解できない（河野 1980: 62）．

今度の韓国の事態は西欧諸国にも大きなショックを与え，西独とフランスの両外相の間で，他の欧州共同体諸国に対し，金大中氏の問題で韓国政府と話し合いを進めるよう働きかけることで合意がなされたということである．……（中略）……大来外相は，その後日本記者クラブ主催の昼食会において，韓国が弱体化することは日本の国益から考えても望ましくないとのべ，韓国の内政問題について発言することは避けなければならないという，やや後退した発言をしている．軍事力によって言論を弾圧し民衆の不満を抑えることが，安定した強固な政府を作ることになるとでも考えているのであろうか．外国の内政に干渉しえないことはいうまでもなく一般に認められた国際法上の原則である．しかし，今度の事態は日本からのら致事件の延長線上にあるものであって，日本政府が金大中氏の政治的自由について重大な関心を示すことを，内政干渉とみるのは当たらないであろう（田畑 1980: 68）．

「韓国が弱体化することは，日本の国益から考えて望ましくない．従って韓国の内政問題について発言することを避けなければならない」．これは大来外相（当時）の発言です．（七月十一日，日本記者クラブ主催昼食会）韓国の民主化が，どうして韓国の弱体化になるのでしょうか．……（中略）……クーデターは，日本の国益に合致するとでもいうのでしょうか．その国益とは一体何でしょうか（横路 1980: 69-70）．

　以上のように，その具体的な記述と批判の程度に差異はあるものの，「《意見》金大中氏の現状について――どうみるか，何をすべきか」（1980 年 9 月号）には，日本政府の「内政干渉論」に対する批判的意見がいくつも出されている．この「内政干渉論」に対しては，「〔共同研究〕金大中氏裁判と日本――三たび対韓政策の転換を求める」（1980 年 12 月号）においても，「本当に，このような一国内における人権侵害に対し，他国がそれを非難し，その是正，撤回を求めることが『内政干渉』として許されないものであろうか」（青地ほか 1980:

77) という問いの下で，国際連合の憲章，世界人権規約，サンフランシスコ平和条約，日本国憲法などが検討されている．人権の尊重は，普遍的な政治道徳の法則であるという点で，日本政府の「内政干渉論の虚構」を議論したものである．

　連帯勢力は韓国の独裁政権に肩入れする日本の対韓政策の転換を求めてきた．すなわち，「内政干渉」をし続ける日本の態度の転換を求めてきたのである．そうした連帯勢力にとっては，日本政府が「過去があるから何も言えない」「内政干渉である」といったことは，安定維持・現状維持のために——「内政干渉」を続けるために——「言い訳」をしていると考えられたのである．

　もう一方で，連帯勢力の「金大中を殺すな！」という声に対する一部の保守言論からの非難もあった．連帯勢力への批判は，人権侵害に対して声をあげようとする連帯勢力に対し「内政干渉」である，あるいは新しい，第2の「征韓論」である，と指摘するものであった．伊藤成彦は1980年12月号の「国際常識との大きな落差——外から見た金大中『裁判』と日本」で，光州事件，金大中の裁判に関する海外の動きや言論の論調を日本と比較しながら，「国際常識」と離れていると指摘し，以下のように，日本政府の態度に対して疑問を投げかけながら，人権擁護の声に対する一部の言論における「第2の征韓論だ」という批判にも言及している．

　　痛感された落差の第二は，金大中氏への軍事裁判そのものに対する態度である．政府は五月一七日の非常戒厳令拡大と金大中氏らの逮捕以後，まず金大中氏に対する一般的な「憂慮」を表明し，金大中氏の軍法会議送致が発表された七月四日以後は，裁判は韓国の内政問題だとし，もっぱら「政治決着」との関連にしぼって発言してきた．その理由としては，戦前三十六年間の植民地支配の歴史的経過を考慮して，内政介入と受け取られないようにするためだ，ということであった．そして，最近論壇の一隅に起こっているという，「金大中氏らの救出」を声高に叫ぶ運動は第二の征韓論だ，という主張は，この政府の態度を側面から支えるものであるように見える．しかし私は，代々の自民党政府が取り続けて来た対韓政策を考えると，これが果たして，戦前三十六年間の植民地支配を反省した結果の政策だろうか，と疑わざるをえない（伊藤 1980: 94，傍点は筆者）．

伊藤によれば，植民地支配の過去を理由に韓国における体制安定・強化へ肩入れする日本政府の態度を，一部の言論における連帯運動への攻撃が支えている側面があるという．当時，一部の言論のこうした主張は，和田春樹の「金大中氏の生命を憂慮する緊急国際会議」（1981 年 2 月号）でも言及されている．和田の記事は，緊急国際会議に参加した人びとの発言を紹介しているものであるが，和田はそこで，日本のなかにわき起こった「金大中さんを殺すな」の運動は「いかなる意味でも『現代版「征韓論」』ではない」（和田 1981a: 300）としている．この和田の発言からも，当時，連帯勢力が日本の一部言論の中から第 2 の征韓論，現代版征韓論と批判されていたことが見て取れる．当時の韓国の日刊紙『朝鮮日報』においても，『週刊新潮』などの記事が引用され，金大中がただ運動勢力の利権闘争のために利用されているだけであるという内容の報道[42]がなされているなど，この時期は，連帯勢力の運動が最高潮であったと同時に，一部言論を中心に連帯運動に対する批判の声が高まっていたことが分かる．

このように，日韓の政治的・経済的決着を批判してきた日韓連帯運動勢力は，「金大中を殺すな」という声を叫ぶなかで日本の一部の保守言論から「第 2 の征韓論」あるいは「現代版征韓論」などという批判を受けた．また，そうした言論が，「戦前三十六年間の植民地支配の歴史的経過を考慮して，内政介入と受け取られないようにするため」に「何も言わない」という日本政府の「言い訳」的な姿勢を側面から支えているという認識に繋がったのである．

未清算の過去の問題が，現状維持のための「言い訳」となっている，これらの矛盾した状況に直面するなかで，日韓の根源的な問題としての「過去の問題」がはっきりと認識されていく．和田は，「金大中氏の生命を憂慮する緊急国際会議」（1981 年 2 月号）で，「金大中氏を殺すな」の叫びは，「日本と韓国，日本と朝鮮の歴史の総体を問い直す方向に進んでいくし，そうでなければならない」，また「日本の対韓政策を改めることに行きつかなければならない」（和田 1981a: 301）と指摘している．そして，「極東情勢と日本の選択——報告『シンポジウム・平和の危機について』」（1981 年 11 月号）でよりはっきりと，これらの点を述べている．

日本と朝鮮・韓国との関係において，今日なお，根源的な問題は，かつて三六年間日本が朝鮮を植民地として支配したことの清算がいまだになされていない，終わっていないということである（和田 1981c: 103，傍点は筆者）．

この記事のなかで，和田は，植民地統治下の皇国臣民化，学徒兵，慰安婦，原爆被爆者，BC 級戦犯などの問題を挙げながら，1965 年の日韓条約が植民地支配を肯定するものであった点を問題視している．また，南北分断に対する日本の責任[43]，そして，日韓の経済における新植民地的・構造的な関連に対して指摘している．和田は，対韓政策，対朝鮮政策をただすことによって，「われわれの過去をただすことであると同時に，朝鮮半島の緊張を緩和し，東北アジアの平和に貢献しわれわれの未来をすくうことである」（和田 1981c: 104）と主張する．すなわち，「対韓政策をただす」というフレームが，根源的な問題として認識された植民地支配の「過去をただす」というフレームへと拡張していくのであった．

(2) 日韓連帯運動の大衆的な基盤としての「同情」——「金大中を殺すな」の声から

この時期における連帯運動が直面したもう 1 つの困難は，運動内部における限界であった．「金大中を殺すな」という運動は，確かに，その規模の面において，そして日韓連帯運動において最高潮であったが，依然として大多数の人びとは「無関心」であり，運動そのものが他所の国の可哀想な人びと（金大中ら）への「同情」という認識に基づくものであったという指摘がなされる．

23 人の日本の知識人と文化人，進歩的政治家らによる短い論評が載せられている 1980 年 9 月号の「《意見》金大中氏の現状について——どうみるか，何をすべきか」では，一部の著者たちによって，人びとの無関心や「同情」的アプローチについて指摘されている．

今日も京都四条河原町で若者たちが韓国状況を訴えてビラまきをしている．ほとんどの人が関心を示さない．軽やかな夏のよそおいにうれしげな通行人たちのまさしくソッポを向いた態度は，怒りを通りこして悲しみを私に与える．……（中

5 章 総合雑誌『世界』における「連帯」の言説——259

略）……今回の一連の非常事態は日本政府のありようが積極的に招き寄せている
と言えよう．私たちは自分たちのこととして事を処理せねばなるまい，よその国
の不幸な現実として，かわいそうがってなどはいられない（寿岳 1980: 65，傍点
は筆者）．

　「金大中を殺すな」の運動において，その大衆的な基盤となったのは，ただ
「かわいそうがってなどはいられない」で暗示されているように，実際のとこ
ろ，「かわいそう」といった「同情」であったようである．和田春樹は，「《シ
ンポジウム》新日韓条約体制を検討する」（1981 年 5 月号）で，約 1 年間の運
動を振り替えながら，「『金大中氏を殺すな』の運動を通して」で，運動の土台
は「同情」であったと指摘している．

　この運動の土台は同情であったと思います．金大中さんの運命に対する同情です．
　その同情が空前の規模で日本国民のなかにかき立てられたことは大いに評価され
　るべきことだったと思います（和田 1981b: 27）．

　和田は，このように日韓連帯運動の最高潮期における「金大中を殺すな」とい
う運動の基盤が「同情」であったと振り返っている．和田は，こうした「同
情」とともに，「金大中を殺すな」の声のなかには，「韓国の民主化闘争に対す
る感動」「他人事ではないという気持ち（三十数年前には日本にもあのような体
制があった）」，そして，「金大中拉致事件を解決してこなかったという責任意
識[44]」などが混在していたことを指摘する．しかし，こうした認識は，今まで
連帯勢力が日本の自身の課題，日本の民主主義における課題としてきた，対韓
政策および対朝鮮政策の転換へと繋げられていないと指摘されている．

　かつて三十六年間の朝鮮植民地支配を反省せず，そしてそのあとの三十六年にわ
　たる分断に乗じて，韓国を自分たちの軍事的防波堤，経済的収奪対象，そして歓
　楽街として利用していく，そういう日本の対韓政策が朴政権をもりたて，全政権
　に好意をよせ，韓国民衆の苦難，金大中さんの悲運を招いたのです．端緒的な責
　任の意識はありましたが，ここまでは十分に認識は深まっていなかったように思

260——第 II 部　トランスナショナルな社会史

います（和田 1981b: 28）.

「かわいそう」といった同情の感情，金大中ら被告人の闘いに対する感動，日本の右傾化への恐れ，拉致事件の政治決着に対する責任意識など，日韓連帯運動および「金大中を殺すな」の運動には，1つの理念，思想，感情では語ることができない，様々な思いと感情が混ざっていることが分かる．もちろん，連帯運動をリードしてきた知識人および文化人らの言説は日本の民主主義の課題としての対韓政策，対朝鮮政策の転換を「三たび」叫んできたわけだが，そうした問題意識は大衆的な基盤にまでは浸透しなかったのである．この点は，連帯運動をリードしてきた知識人らにとって新たな課題となる．和田は，「『金大中氏を殺すな』の運動を通して」を以下のように結びつけ，連帯運動がもう一歩先へ踏み出す努力の必要性を説いている．

「金大中氏を殺すな」の運動の中に生まれている感動の端緒，連帯の端緒，責任意識の端緒を発展させ，本当に新しい日韓関係，日本と朝鮮民族との新しい関係を求める方向に一歩を踏み出すときではないか，そのように国民に訴えたいと思います（和田 1981b: 28）.

また，この時期には1982年の教科書検定問題が，韓国と中国との外交問題に発展し，大きく扱われることとなる．「侵略[45]」が「進出」と，「3.1独立運動」が「3.1暴動」と書き換えられるといった歴史教科書問題は，日韓連帯運動において「過去の問題」を再び認識させるような出来事であった．1982年10月号には「いまこそ朝鮮植民地支配の清算を」という声明（日付：1982年8月14日）が青地晨，倉塚平，清水知久，鶴見俊輔，中野好夫，原後山治，日高六郎，和田春樹の名で載せられている．この声明は，日韓連帯運動勢力が「植民地支配の清算」をうたった最初の声明文となる[46]．

一方，金大中は，1981年1月23日に無期懲役に減刑され，1982年12月23日には米国へ強制出国することとなる．「金大中氏を殺すな」「金大中氏に自由を」と叫んだ声は，金大中の米国行きとともに終結することとなる．和田は，「金大中氏の出国と日韓米三国同盟」（1983年3月号）で，「拉致事件でよびお

こされた金大中氏と韓国民主化運動への注目は日本人の視野を開き，韓国情勢と日韓関係に関するその認識は時とともに深まっていた」として，「日本人は金大中氏の学校で学んでいた」（和田 1983: 72-73）という．しかし，拉致事件の解決，日韓関係の変革には明確な前進はなく，「残念ながら，私たちはこの政府の態度を改めさせることができなかった」（和田 1983: 73-74）としている．すなわち，「金大中を殺すな」という声は響き渡っていたとしても，それは日本政府の態度を改め「対韓政策」や「対朝鮮政策」の転換に結びつくものではなかったのである．

　しかし，日韓連帯運動そのものが終結したわけではない．1983 年 9 月号には，安江良介が 6 月に米国のワシントンで金大中に行ったインタビュー記事である「韓国現代史の問うもの——われわれは，いかに生くべきか[47]」（1983 年 9 月号）が掲載されている．安江良介とのインタビューのなかで，金大中は以下のように，依然として日本の人びとへの呼びかけを行っている．

　　私は日本の皆さんに対しても，日本の政府が韓国で何をしているかを，見きわめてほしいと思います．いま盛んに韓・日・米三国の軍事体制が話題にのぼっていますが，そういう軍事体制でなくて，韓・日・米三国民の民主的連帯をしなければなりません．韓国の政権だけの問題ではなくて，その独裁者の裏にある，日本とアメリカの問題が，切り離せない問題として登場しています．だから韓国の問題は日本内部でも解決されなければならないし，アメリカ内部でも解決されなければならないのです．その意味において，韓国と日本とアメリカの三国民の連帯は，絶対に必要であると思います．われわれのこの会見の最後の結論として，八〇年代における韓日米三国の誤った軍事体制に対抗しながら，韓日米三国の民主的な国民の連帯をつくりあげることが必要ではないか．『世界』誌を通じて，これを日本の皆さんに訴えたいと思います（金・安江 1983: 100-101，傍点は筆者）．

(3)　小　括——論争的過程における「植民地過去」フレームへの拡張

　警戒期は，連帯運動のフレーミング過程において，連帯運動に反対する勢力や一部の言論による攻撃および批判が行われてきたことが確認できる．大衆の無関心および対韓国観など，社会文化的な困難については模索期にも指摘されていたが，この時期には日韓連帯運動それ自体に対する攻撃および批判の声が

あがった論争的な過程が描かれている．日韓連帯運動は，「金大中を殺すな！」という声を中心に，規模面では最高潮期を迎えたが，一部言論を通じて，「内政干渉」「第2の征韓論」（現代版征韓論）「利権闘争」などであるという批判にさらされていた．しかし，こうした批判が運動自体に大きな打撃を与えたわけではない．むしろ，こうした批判と日本政府の矛盾した態度，すなわち「植民地過去があるから何もいえない」としながら軍事政権へ肩入れする態度を受けて，「根源的な問題」としての未精算の過去が浮かびあがってきた．もちろん，植民地過去の問題は，すでに言及したように，これまでも『世界』の誌上で多少言及されたことはあった．しかし，このように大衆的な運動の課題として植民地過去問題が取り上げられたのは，この時期になってからである．

　以上の論争的な過程を通じ，日韓連帯運動は，韓国の軍事政権を支持する日本の「対韓政策（対朝鮮政策）の転換」というフレームとともに，その根源的な課題として，「植民地過去の清算」というフレームへ拡張（フッキング）するようになった．それは，日韓連帯運動におけるマスター・フレームとしての「責任」フレームと共鳴しやすく，まして，「対韓政策」の転換の根源的な課題としても認識され始めた．以後，日韓連帯運動の最高潮期であった光州事件と金大中の生命の危機に関する運動において，日本政府の「対韓政策」の転換に結びつけることはできなかった点から，徐々に「対韓政策の転換」というフレームから，「植民地過去清算」を中心とした戦後責任問題へのフレーム転換が行われていくこととなる．

5　内面化期（1984-1987年）
　　――真正面から向き合う「過去の問題」と内なる戦後責任

　韓国の民主化運動に対する連帯運動は1984年には全斗煥訪日反対闘争などへと続くが，この時期には警戒期に言及された，日韓問題における根源的な問題としての「過去の問題」が，記事の主な主題として取り上げられていく．また，1970年代以後活発化していた在日韓国・朝鮮人による就職差別問題，民族差別問題などをめぐる市民権運動は，1985年ごろには「指紋押捺拒否運動」を中心に高まることとなり，在日韓国人政治犯運動に取り組んできた連帯運動

の人びとを中心に，在日韓国・朝鮮人の市民権運動との共闘・連帯を形成していった．すなわち，韓国の民主化運動に対する日韓連帯運動が，運動における様々な困難や課題に直面するなかで，一方では未清算の「過去の問題」に対する研究，運動を進め，他方では，日本のマイノリティーによる市民権運動へと繋がっていったのである．こうした運動の転換あるいは発展は，韓国の民主化運動勢力の声と，それに応えようとした日本の良心的・民主的勢力と，そして，65万ともいわれる在日韓国・朝鮮人のゆるやかな個々人のネットワークのなかで，着実に成熟していったのであった．

(1) 真正面から向き合う「過去の問題」

　1984年8月号の『世界』では「日本にとって朝鮮問題とは何か」という特集が組まれた．この特集記事は，第1部「日本は何をしてきたか」（日韓条約体制，植民地支配，70年代，日韓米新時代，在日韓国・朝鮮人），第2部「朝鮮問題と大国」（分断の責任，「三者会談」と米中ソ，朝鮮をめぐる軍事情勢，在韓米軍），第3部《シンポジウム》いま何をなすべきか」（司会：和田春樹，参加者：五十嵐剛士，石川昌，鴨武彦，河合秀和，隅谷三喜男，清水知久）で構成され，日韓関係や日韓問題を含む，朝鮮半島をめぐる総体的な議論の場となった．今まで，『世界』の誌上で過去の植民地支配の歴史問題が扱われてこなかったわけではないが，このように「日本は何をしてきたか」と総括し，その問題と真正面から向き合った記事はほとんど見られなかった[48]．この特集記事は，未清算の植民地支配の問題が「現状」の問題をも規定している点を読者に伝えている．

　山田昭次は「日帝植民地時代──何をしたか」（1984年8月号）で，現在の新植民地主義的経済関係が，植民地下の経済関係によって規定され，その性格が現在もなお変わっていないと示唆している．

　一九二〇年代までは朝鮮では精米業や紡織工業などの軽工業しか発展しなかったが，「大陸の兵站基地」化政策によって重化学工業が急速に進展した．しかし製鉄業が発展しても，そこで生産された製鉄はほとんど日本に送られ，朝鮮内の機械工業と関係をもたなかった．機械工業は他部分に機械を供給することはほとん

どなく，修理に限定された．つまり朝鮮工業は部門間の有機的関連を欠き，日本工業に依存せざるをえなかった．結局，この時期も植民地経済の性格は少しも変わらなかったのである（山田 1984: 29，傍点は筆者）．

　すなわち，現在の新植民地的状況の根源にあるものとして過去が呼び起こされているのである．山田は，そのほか，日本の植民地統治の流れや関東大震災時の朝鮮人虐殺などを取り上げながら，「日本の植民地支配は朝鮮にさまざまな深い傷を残し，それが八・一五以後の歴史の展開をも規定する重要な条件の一つとなった」（山田 1984: 29）としている．

　こうした，現在の問題状況を「植民地時代」を含む，より長い歴史的関係のなかで振り返ってみることは「在日韓国・朝鮮人」に関しても現れている．同じく「日本にとって朝鮮問題とは何か」という特集のなかで，田中宏は「在日韓国・朝鮮人──どう遇されてきたか」（1984 年 8 月号）という記事で，在日韓国・朝鮮人に対する日本の政策が植民地時代と根本的に変わっていないと指摘する．むしろ，1982 年の「教科書検定」の問題の最中で，国公立の小・中・高における外国人教員使用の不許可，高校「現代社会」における在日朝鮮人の差別問題に触れる部分に関する 2 度の削除，そして，関東大震災時の朝鮮人虐殺に触れる部分に関する削除など逆戻りの方向を見せているという．田中は，とりわけ，朝鮮学校問題について言及し，「植民地時代と何ら変わることがない」と批判している．

　すなわち，一つは，朝鮮人学校は日本の学校制度の中で，正規学校はもちろん各種学校としての地位も認めない，というもの．もう一つは，日本の学校で日本人としての教育は受けさせる，というものだった．要するに朝鮮人としての民族教育を否認し，同化教育を迫るものであり，植民地時代と何ら変わるところがないのである．このようにみてくると，日韓条約は決して「良き再出発」ではなかったのである．条約によってあたかも「戦後処理」は終わったかの如く，日本政府は自己本位の政策にフリー・ハンドをえたつもりだったのかも知れない（田中 1984: 44）．

田中は，1970 年代以後在日朝鮮・韓国人からの市民権をめぐる挑戦と日本

5 章　総合雑誌『世界』における「連帯」の言説──265

の国際人権規約への加入（1979年），難民条約への加入（1982年）などを上げ，せまりくる国際化の波のなかで「内なる戦後責任」問題への関心を促している．

　七〇年代以後の内なる朝鮮人の挑戦と打ち寄せる国際化の波のなかで，とりわけ注目を浴びてきたのが，外国人登録の指紋押捺義務をめぐる問題である．一九八〇年に入って固い決意のもと，指紋を拒否する事例が現れたのは決して偶然ではなく，歴史の潮とさえ感ずるのである．一九五二年の指紋制度導入当初も在日朝鮮人の強い抵抗にあい（実施が三年遅れる），それ以来の永年の懸案である（田中 1984: 46）．

　田中は，在日韓国・朝鮮人の今日における闘い（指紋押捺拒否運動）が突如現れた偶然のものではないことを述べつつ，もう一方で，国際化の流れや米国における日系人強制収容に対する賠償・教育などに言及し，日本においても「『内なる戦後責任』たる朝鮮人との共存を真剣に問うべきときではないか」（田中 1984: 47）としている．

　このように，今までは対韓政策および対朝鮮政策の問題を中心として語られた韓国問題あるいは朝鮮問題は，内面化期においては，「日本にとって朝鮮問題とは何か」という特集に見られるように，既存の問題であった日韓条約体制，日韓の政治・経済的癒着だけでなく，「日帝時代」や「在日韓国・朝鮮人」に関する問題をも含むものとして総括されている．それは，この特集の第1部のタイトル——「日本は何をしてきたか」（日韓条約体制，植民地支配，70年代，日韓米新時代，在日韓国・朝鮮人）——が表す通りである．もちろん，『世界』の誌上で過去の問題や在日朝鮮人に関する記事がなかったわけではないが，「日本は何をしてきたか」というタイトルに見られるように，「過去」と「現在」を結びつけながら，真正面に向き合った形で，より具体的な記述とともに，「過去の問題」および「内なる戦後責任」が扱われたのは，この時期が初めてであった．

　こうした，総括的な「朝鮮問題」は，この特集記事の第3部である「《シンポジウム》いま何をなすべきか」で，過去と現在における日韓の植民地的関係の清算へ向けて議論されていく．司会者の和田春樹は，以下のような発言をした．

さて現在の状況の直接の発端は，一九八三年一月，中曽根首相が韓国を訪問し，四〇億ドル援助[49]の供与を最終的にとり決め，第五共和国の政治を全面的に支持する共同声明を出すなど，日本の韓国に対する関係を一段と深いものにし，「同盟関係」とさえいえるまでに強めたことでしょう．……（中略）……この時点での日本政府の選択は，韓国の全斗煥大統領を招待するというものです．この政府の選択は，一体日本の国民の道義とか，生命の安全という面から考えて，果たしてとるべき道なのか，もしそうでないとすれば，これ以外のとるべき道とは何なのかということについて，きょうは議論したいと思うのです（和田ほか 1984: 73）．

すなわち，韓国の軍事政権に対する肩入れがより強まった「現在」の状況に関して，どうすればいいのか，何をなすべきかと議論しようということである．シンポジウム参加者の1人である河合秀和は，こうした状況に対し，日本国民の「朝鮮問題は忘れたい」という意識と，日韓の「友好」がいつも韓国国民の感情を抑圧して唱えられてきたことを問題として指摘する．

日本の世論とか国民の側に，朝鮮問題は忘れておいていいという意識が常にあって，国民の国際的な視野の中で，暗黒の部分として朝鮮が存在しているということです．日本と朝鮮との歴史的関係では，日本人が加害者であり，朝鮮人は被害者であるわけですが，加害者の側は常に加害の事実を忘れたがるという心理的な惰性が，日本人の側にいつも働いている．したがって，だれもが危機を意識しているが，手の打ちようがないというのではなくて，わすれておいていい，既成事実が次々と積み重なっていくという形での危機であると思う．……（中略）……国民と国民との間の相互理解と和解がどうしても必要なわけですけれども，日韓の場合，親善が唱えられる際，韓国国民の日本に対する国民的感情を無視して，あるいはそれを抑圧する形で国家関係が進んでいるのです（和田ほか 1984: 74）．

このように，河合は韓国の軍事政権への肩入れという現在の危機的状況に対し，その根源的な問題として，日本人の歴史認識の不在，国民の不在のまま進められた国際親善のあり方を指摘している．そこで，石川昌は，よりはっきりと植民地関係の清算を唱えている．

5章　総合雑誌『世界』における「連帯」の言説——267

私は，植民地関係の清算や民族的和解ができていない点を明確に意識することが，朝鮮問題と取り組むときの最も大事な問題と考えます．植民地支配に対する日本の罪悪感は，きちんと整理されないまま，政権レベルと民衆レベルがごっちゃにされ，日本が韓国の政権を援助するときにいつも権力側に利用されがちです．「日本は過去に迷惑をかけたのだから，援助するのは当然だ」という大義名分で，民衆に嫌われている政権を支援したりすることになります．日本の指導者は都合のいいときには「罪悪の反省」を口にしますが信用できません（和田ほか 1984: 74-75）．

　こうした石川の発言は，1980 年，「金大中を殺すな」という声に対する，日本政府の「かつてのことがあるから何も言えない」という返答に繋がっている．すなわち，「かつてのこと」「過去の問題」が整理されないことによって，現在の危機的状況に対する都合のいい言い訳となっていることが，ここでもう一度指摘されているのである．

　このシンポジウムでは，日韓の経済関係に対する解説[50]，朝鮮半島をめぐる国際関係，米国の対韓および対アジア戦略などが議論され，「私たちは今何をなすべきか」という議論では，こうした「構造的」要因のなかでできることとして，「朝鮮民族と日本との植民地関係の清算，民族的な和解の達成」がうたわれている．和田は，シンポジウムを終えるうえで，司会者として，以下のように整理している．

　きょうの議論の中で，日本の中曽根内閣の韓国に対する新しい政策が，朝鮮半島の緊張激化に一役買っている危機的な状況の中で，朝鮮民族と日本との植民地関係の清算，民族的な和解の達成が，歴史から残されている問題でもあり，今日の平和のための外交の基礎になるということが繰り返して出されました．これが今日の日本の若い世代の思想の問題においても重要であるということも指摘されたと思います（和田ほか 1984: 95）．

　対韓政策および対朝鮮政策の転換への要求は，連帯運動の内外における様々な困難と新たな危機的状況に直面しながら，「今何をなすべきか」という問いに，「朝鮮民族と日本との植民地関係の清算，民族的な和解の達成」へと転換していったことが分かる．すなわち，現状の日韓問題，日韓関係への問題提起

が，日本社会の抱える「まだ終わっていない戦後の問題」へと進展していったのである.

　こうした議論は，1984年全斗煥訪日後においても続いていた．石川昌[51]は「『日韓新時代』と新聞報道——ひとつのケース・スタディとして」（1984年11月号）において，全斗煥大統領の訪日と，それに合わせた日本天皇の「過去の不幸な関係」への「遺憾」発言に対する日本言論の翼賛報道に，政権同士の付き合いのなかで見落とされてきた韓国民衆の心を理解することなしには真の和解，両民族の新しい時代はないとしている．石川は，全大統領訪日に対する韓国学生の激しいデモに対し，日本の言論はそれを単に「反日感情」と見なすのみではなく，その根源は何か，「学生を燃え上がらせているものは何か，ということについて，わかりやすく解説すること」（石川 1984: 116）を求めている.

　同じく和田春樹は「『全大統領訪日』とは何だったのか——『お言葉』と『答辞』を検討する」（1984年11月号）で，日本言論が全斗煥大統領の訪日と天皇の「お言葉」を持ち出し「新日韓時代」と称えていることに対して批判している．和田は，天皇の「今世紀の一時期において両国の間に不幸な過去が存したことは誠に遺憾であり，再び繰り返されてはならないと思います」という発言（お言葉）には「反省」の言葉はなかったとし，また，全斗煥に対し「大統領閣下の卓越した御指導の下に，貴国が，政治，経済，文化，社会等の各分野においてめざましい発展を遂げていることは，国際社会から高い評価を受けております」（和田 1984: 198）としたことも，中曽根首相の訪韓時の賛辞と同じものに過ぎないとして，これをもって「新日韓時代」とは決して言えないと批判している．加えて，和田は，謝罪の言葉を表明するには，国会の決議を行うか，それとも正式閣議決定に基づく政府声明を出さなければならず[52]，そこで初めて天皇もその範囲で謝罪の言葉を述べることができるようになるのだと指摘する．そして，石川の言論に対する批判と同様，翼賛的な日本言論を批判しながら，広島・長崎の在日朝鮮人被爆者問題や戦後BC級戦犯として処罰された在日朝鮮人問題，女子挺身隊問題など，植民地・戦争問題の責任が残されていることを指摘している.

　韓国留学経験を持ち，キリスト者であり，韓国の民主化運動および在日韓国人政治犯運動との関わりを持つ澤正彦[53]と滝沢秀樹[54]の対談「日韓の緊張はな

ぜ解けないのか」（1985 年 7 月号）でも，植民地過去の問題や民族和解の問題は「課題」として明確に述べられている．滝沢は，在日韓国人の友人が韓国で中央情報部に捕まったことをきっかけに，在日政治犯救援運動に関わった人物である．滝沢は，当初は「非常に政治的関心からで，しかも非常に非主体的なかかわり方」であったが，運動を続けていくなかで，「次第に韓国そのものに関心を持つようになって」（澤・滝沢 1985: 188）いき，主体的に韓国の「民衆」を研究していきたいという．また，牧師である澤は，「初めは贖罪の気持ちがおおきかった」が，ただ表面的な「ごめんなさい」ではなく，「日本と韓国の違いや共通点を探して，ともに生き，理解を深めるというようなことが贖罪の一つのあらわれであり，日韓の和解を求めることなんだ」（澤・滝沢 1985: 189）と述べている．澤は，そのために取り組むべき課題として，①日帝 35 年，そしてそれ以後の日本の犯した政治的，道徳的な罪に対する責任，②南北の分断，③在日朝鮮・韓国人問題，という 3 つを挙げている．澤は「これらの問題は，実は我々の問題」であるとしながら，「我々は国籍不明のコスモポリタンの人間じゃなくて，少なくとも日本という歴史を負った人間である」（澤・滝沢 1985: 193）としている．まさに，「根ざしたコスモポリタン[55]」（Tarrow 2005）としての主体性を強調している．

　このような議論は，韓国の民衆詩人である金明植（キム・ミョンシク）と日韓連帯運動に関わってきた藤本治[56]による対談「〈帝国〉日本への問い」（1986 年 2 月号）でもう一歩踏み込んで実践的なレベルにまで議論されている．金は，日本の戦争責任，そして，戦後責任に関する「民衆の視覚」を求めながら，以下のように提案している．

　　そして，民衆の視覚からみて，日本の民衆が昔の悪い戦争に対して本当に解決する気持ちをもっているならば，具体的な解決策はあると思う．それを提案したいのです．私が考えている一つの方法は「民衆法廷」です．権力側が戦争責任・戦後責任についてまったく解決していないのですから，民衆の側がそれを解決しようという試みです．この方法論はまだ整理していないのですが，日本人を含めて，犠牲になったアジア全民衆を法廷に呼んで意見を求める（金・藤本 1986: 72-73）．

　この「民衆法廷」以外にも，戦争の犠牲者に対する「追悼祭」，「慰霊塔」，

そして，「歴史教育」とともに，戦争責任に関する研究と調査を挙げている．
金は，特に，「慰安婦」に関する調査を挙げている．慰安婦という用語は，『世界』誌上で言及はされていたものの，具体的な調査および研究を求めているのは，この対談が初めてである．

私自身がこの歴史の前で，私の良心の前でたまらなく恥ずかしかったのです．人間が人間をこういうふうに使って，必要がなければ捨てる．世界の歴史はこれをどうみるでしょう．まず，調査が必要だと思います．彼女たちがいまどこでなにをしながら生活しているか．調査をしたあと必要なのは，反省です．侵略したということだけではなく，人間としての立場からです（金・藤本 1986: 79）．

藤本も，様々な戦争責任，戦後責任の問題のなかで，「慰安婦」に関する調査はほとんど始められていないことを指摘している．

しかし，従軍慰安婦とされて連れていかれた人たちに関しては，ほとんど手もつけられていない．あの国家体制のなかでの，からゆきさん，あめゆきさんについての調査や現在のフィリピンの，あるいは韓国の「じゃぱゆきさん」の問題については，少しずつ調査が行われていて，問題を考えようという人々がいる．しかし，戦争中の朝鮮・韓国の従軍慰安婦たちの調査は，ほとんどはじめられてさえいない．確かにどういう困難があってもやらなければならないことだと思います（金・藤本 1986: 80）．

藤本は，日本の民衆について，天皇制国家権力による被害者でありながらも，同時にアジアの民衆に対する加害者でもあるという構造から出発し，戦争責任の問題を追及していくべきであるとしている[57]．しかし，被害者の側面だけが強調され，加害者の側面は消されていることに問題があると述べている．

戦没学生の遺稿集には，『はるかなる山河に』とか『きけわだつみのこえ』などいい本が出版されていますが，残念なことに，軍国主義・日本主義・超国家主義的な面をできるだけ削除しています．そのために，読んでみると戦争の犠牲者という側面だけが出てしまっている．だからそこからはアジアの民衆に対する加害

責任を問う視覚が出てこないのです（金・藤本 1986: 74-75）.

　藤本は，「自分が歴史のなかで一人の人間として生きているという，歴史的アイデンティティの自覚というか，感覚が非常に弱くなっている」（金・藤本 1986: 82）現状を指摘したうえで，「自分の問題なんだ」ということから出発する運動を呼びかけている.

　　この問題をきちんと受け止めるためには，厄介でも，一切のことについて責任をもたなければならない. 人にあずけちゃいけない. 国家にあずけちゃならんし，組織にあずけてもならない. 自分一人でなにができるかといえば，なにもできないかもしれないけれども，しかし，そこにあるその問題は自分の問題なんだ，人にあずけられる問題じゃないということが第一なのです. ……（中略）……しかし，小さなグループの小さな運動から人間のつながり，日本人同士の新しいつながりも含めて，アジア人のつながりが生まれかけている. そこから出発するというか，それに立つしか仕方がないと思います（金・藤本 1986: 87）.

　以上のように，日韓連帯運動に関わっていた人びとは，この内面化期において，「現在」の問題的状況（軍事政権との政治・経済的癒着）における課題として，未清算の過去問題に取り組むこと，そして，民族の和解を真正面から取り上げていった. 対談「〈帝国〉日本への問い」（1986年2月号）における金と藤本の対談では，「民衆法廷」「追悼祭」など，より具体的な実践案まで言及されることとなったのである. ただ，この具体的な提案は，金によってなされたもので，この対談のなかで，藤本は，それに対し積極的な返答はしていない. しかし，確実に，内面化期において日韓連帯運動は，過去の問題を清算し，民族和解を図るという方向に向かっていたことが分かる.

(2) 在日韓国・朝鮮人の闘いへの連帯

　この時期には，過去清算および民族和解という課題とともに，在日韓国・朝鮮人に対する議論が内なる戦後責任問題として取り上げられていた. 金学鉉[58]は「七十五年の空白――『韓日新時代』に思う」（1984年11月号）で韓国の民主化闘争への連帯と在日韓国・朝鮮人の市民権闘争への共闘を，植民地36年

272――第Ⅱ部　トランスナショナルな社会史

と朝鮮民族解放後の39年，合わせて75年間の両民族における空白を埋める作業として評価している．

> わが国と日本とのことになると，政権どうしの取り引き以外はすべてしっくりいかない．……（中略）……両国の近代百年の歴史の中で欠けていたものは何か．確かに言えることは，政治や経済の諸々の現象に振り回されて，精神的な交わり，文化の空白が絶無に等しかったということである．心を理解しようとはせずものだけを欲し，互いにすぐれた固有の文化を学ぼうとはせず相手を見下してきた．……（中略）……七十五年の空白は，朝鮮と日本という間の谷間におきざりにされている在日朝鮮人の存在についてもいえる．……（中略）……空白を埋めていく作業ははじまっているといえよう．韓国における民主化運動に対する日本人の連帯活動，在日朝鮮人の処遇，差別問題に対する共同闘争，日本の学校に通学する朝鮮人生徒に対する民族教育などにおいて両民族の新しい時代に向けて，苦しい努力が続けられている（金 1984: 211-212，傍点は筆者）．

在日韓国・朝鮮人の処遇，差別問題は1968年の金嬉老（キム・ヒロ）事件，1970年の日立就職差別事件などを経ながら，在日韓国・朝鮮人と一部の良心的日本人の共闘によって，大きく社会問題として取り上げられていた．韓国の民主化運動への連帯運動は，韓国人・在日韓国人政治犯の救援運動を含め，日本の対韓政策や対朝鮮政策の転換を求める運動など，韓国の軍事政権下で苦しみながら闘う人びとへの連帯をうたうものであって，日本社会の内部における差別問題は主な課題ではなかった．もちろん，在日韓国・朝鮮人の市民権運動に関わりながら，同時に韓国の民主化運動への連帯運動に関わる人びともいたが，運動における「課題」としては「日韓連帯」と「民族差別問題」には多少の緊張関係があった[59]．

　しかし，在日韓国人政治犯の救援運動など日韓連帯運動のなかで，在日韓国人との接触を通じ，在日韓国・朝鮮人の処遇問題が徐々に「自分の課題」として浮上していくことになる．指紋押捺拒否運動と関連し，「外国人登録法の改正を求めるアピール」（1986年5月号）の呼びかけ人は，「韓国問題キリスト者緊急会議」の中嶋正昭，「日韓連帯連絡会議」（「日韓連帯委員会」）の和田春樹，在日韓国人政治犯救命運動の宮崎繁樹，吉松繁らとなっている．その中の1人

である吉松繁の「《在日韓国人政治犯の十五年》十五年間から見えてきたもの」（1986年6月号）では，在日韓国人政治犯の問題と関わりながら，かえって日本社会のあり方が問われることとなったと記している．牧師である吉松は，1973年，在日韓国人の友人から頼まれ，在日韓国人政治犯問題の裁判と弁護対策のため韓国に渡ったのが本格的に在日韓国人政治犯問題と関わったきっかけであった．当時「韓国の裁判と法律に何の予備知識もなく，韓国語も，まったく知らなかった」，「私のような全くの未経験者が渡韓せざるを得ないほど，当時の救援運動関係者は少数であったのである」（吉松 1986: 232）と初期の運動の様子を回想している．吉松は，在日政治犯救援運動に関わりながら直面した最初の問題は，在日韓国人政治犯の家族から日本人へ向けられた以下のような「不信」であったという．

　　しかし家族が事件後沈黙をつづける理由のひとつは，日本社会に対する不信にあったといっていい．日本の社会は，在日朝鮮・韓国人にとって決して安住の地ではない．差別・同化・排外といわれるように，彼らは生まれながらにして，人権と生存権をおびやかされている人々である．……（中略）……日本人の救援運動がまず超えなければならなかったのは，この不信の壁であった．そして本人・家族と，いかに人間的な関係を形づくっていくかという運動の経過の中で，日本と日本人そのものが問われたのである（吉松 1986: 235，傍点は筆者）．

　在日韓国政治犯救援運動は，このように，在日韓国人との「人間的な関係」の形成という問題以外にも，釈放され日本に帰った在日韓国人の在留資格剥奪問題など，様々な在日外国人政策をめぐる困難にも直面していた．したがって，吉松繁も呼びかけ人となった「外国人登録法の改正を求めるアピール」（1986年5月号）で見られるように，韓国の民主化闘争への連帯運動は，その運動における様々な人間的交流を通じ，在日韓国・朝鮮人の市民権運動をはじめ，在日外国人のマイノリティー運動に密接に関わりを持つこととなったのである．
　内面化期には，在日韓国・朝鮮人に対する様々な企画や座談会が持たれるなど，『世界』の誌上で他の時期と比べ在日韓国・朝鮮人に関する記事が増えている．もちろん，指紋押捺拒否運動という当時の社会的関心事を反映してのことであるが，こうした在日韓国・朝鮮人の運動の高調には，韓国の民主化運動

との関わりを暗示する記述も現れている．特に，在日2世，3世となった若い在日韓国・朝鮮人にとっては「アイデンティティ」の問題にも関わっていた．在日2世，3世の4人による座談会「『共生』の原理のために——指紋拒否から見えてきたもの」（1987年9月号）で，参加者の1人である康勝好（カン・スンホ）は以下のように述べる．

> 子供のころからずっと日本の小学校，中学校に通っていて，名前は本名できたんですけれども，積極的には自分が朝鮮人だと思わなかったし，やっぱり何となく言いづらかった．訊かれれば隠すことはさすがに嘘をつくことだから嫌だったけれども，何となく言いづらいんです．友達にも積極的にはそういう形で話をしてこなかった．それが高校ぐらいの時に，『韓国からの通信』（岩波新書）を日本人の友達が読んでいまして，日本人が読んでいるのに朝鮮人の僕が読んでいないのはちょっと恥ずかしいなというアリバイ的なところから，本屋へ買いに行った．それを読んだ時の衝撃がすごくて，あの時ぐらい本を読んでショックを受けるということは，これからの人生でもたぶん二度とないかもしれないと思うぐらいでした．……（中略）……にもかかわらずこんな中でもこんなに頑張っている人がいる，そのショックが，自分がいままで朝鮮人であることを積極的にほかの友達に言えなかったことを恥ずかしく思わせて，たしかにいまはひどい状態だけれども，本国でこれだけ闘っている人たちがいることは僕らが朝鮮人であることの誇りになるんだということを，その時初めて思ったんです（陳ほか 1987: 248-249）．

「本国」の闘いを「誇り」として感じた康は，大学では在日韓国学生同盟に参加することとなったという．韓国の民主化闘争と在日韓国・朝鮮人の日本における市民権運動はもちろん別々の社会で起こった問題であるが，在日韓国・朝鮮人のなかには，「本国の闘い」を知り，そこから朝鮮人としてのアイデンティティをより積極的に受け入れ，差別や抑圧と闘うという若い人々もいたことが，以上の座談会のなかで示されている．

(3) 小　括——「植民地過去清算」と「内なる戦後責任」へのフレームの転換
　内面化期には，警戒期において，日韓連帯運動のなかで導出された「根源的な問題」としての「過去の問題」が，真正面から取り上げられていた．日韓連

5章　総合雑誌『世界』における「連帯」の言説——275

帯運動は，連帯への道として「対韓政策（対朝鮮政策）」の転換を求めてきた
が，この時期には「三たび」問われていた朝鮮政策の転換を求める声が，「日
本は何をしてきたか」という植民地過去や，現在における在日韓国・朝鮮人の
処遇の問題を含んだ，より幅広いスパンにおける「自己の問題」を検討する姿
勢へと転換している．1990年代に大きく問われていくことになる日本軍「慰
安婦」問題への調査と研究の必要性や民衆法廷などが語られるなど，より具体
的に運動の課題として植民地過去の清算が掲げられていった．また，1980年
代半ばの指紋押捺拒否運動とも繋がり，「内なる戦後責任」としての在日朝
鮮・韓国人の処遇，差別問題のフレームとも連携していた．

　こうしたフレーム転換期は，アイデンティティとも密接に関わっていた．澤
の「我々は国籍不明のコスモポリタンの人間じゃなくて，少なくとも日本とい
う歴史を負った人間である」という指摘は，その一端を見せているのであろう．
無色無臭の人間でなく，日本という歴史を負っている人間という自覚によって，
様々な問題が「自己」の問題として認識されるべきだとしている．そして，在
日韓国人の康の話から窺われるように，在日韓国・朝鮮人のなかには，韓国の
民主化闘争への連帯を通じて，あるいは，韓国の闘いを知ることで，朝鮮人で
あることを恥じるのではなく，誇りに（肯定的に）受け止めるという転換も見
られた．

6　小　括——「他者との連帯」から「自己の変革」へ

　本章では，日韓連帯運動がどのように運動を形成，持続し，そして発展して
いったのか，その問題意識および問題設定の意味づけの過程——「フレーミン
グ過程」——を，トランスナショナルな情報交換のネットワークを形成しなが
ら，日韓連帯運動にも関わった総合雑誌『世界』の韓国関連記事を中心に追っ
てきた．以下では，4つの時期区分におけるフレーミング過程を総合的に振り
返って，日韓連帯運動におけるフレーミングの特徴を整理していきたい．

　まず，注目期（1972-1975年）においては，問題となる現状への認識と，そ
れに対する課題（解決策）の明確化と強調が行われていた．『世界』誌上では，
新植民地的な政治経済状況への憂慮，朝鮮半島の分断を固着し統一を妨害する

対韓政策（対朝鮮政策），日本の進歩・革新勢力の「北善南悪」という姿勢への批判など，韓国からの対日批判の声が伝えられた．こうした韓国からの批判の声および現状認識に共鳴した日本人の著者たちは，日本政府が韓国の民衆の苦しみに手を貸している，その一端を担っているという認識から，そうした日本政府を選んだ「われわれの責任」が問われるとした．こうした現状に対する「責任」というマスター・フレームの明確化は，それに対する解決策としての「対韓政策をただす」というフレームと連携し，日韓連帯運動は，日本の民主主義のためであるという意味づけが行われた．すなわち，「連帯」はただ単に「他者のため」ではなく，「自己の課題」（日本の民主主義のため）であることが増幅・強調されていったのである．

次に，模索期（1976-1979年）においては，連帯運動へのフレーミングが困難と難しさを抱えていたことが論じられている．模索期は，社会・文化的構造における困難，すなわち一般大衆の無関心，朝鮮人（韓国人）に対する偏見や蔑視などが指摘される一方，連帯勢力の中の「北寄り」と「南（民主化運動）寄り」の緊張，マスメディア，ジャーナリズムにおける「国際親善」等の理由による自主規制など，連帯運動へのフレーミングにおける制限，困難が指摘された．

第3期の警戒期（1980-1983年）には，「光州事件」と金大中の生命の危機により，連帯運動の最高潮期を迎えたが，日本政府や一部保守言論による連帯運動への批判・攻撃という論争的過程が現われ，より根源的な問題としての「過去の問題」が浮上する．この時期には，教科書問題も浮上しており，日韓連帯運動が「責任」というマスター・フレームのもとで，「対韓政策の転換」というフレームとともに「植民地過去の清算」というフレームをも含むこととなった．

最後の内面化期（1984-1987年）には，警戒期に浮上した根源的な問題としての未清算の「過去の問題」が，真正面から取り上げられる時期となった．この時期には，連帯運動のなかで，すでに「対韓政策をただす」というフレームから，根源的に「日本は何をしてきたか」という問いと，現状における新植民地的関係だけでなく，植民地過去の問題および内なる戦後責任問題としての在日韓国・朝鮮人問題へとフレームが拡張，転換していった．すなわち，新植民

5章　総合雑誌『世界』における「連帯」の言説──277

地的政治・経済状況に対する共通の問題認識およびそれに対する課題が，以上の時期を経ることで，「現状」を規定する根源的な原因としての「歴史」（「日本は何をしてきたか」）と向き合うことの必要性がうたわれるという方向に転換していったのである．

こうした日韓連帯運動のフレーミング過程における特徴として，大きく①「他者」との連帯において「他者と自己の関係」および「自己の社会」への問いという再帰的なプロセスの現われ，そして，その過程において，②国境を越えたコミュニケーション的行為の存在が指摘できる．

日韓連帯運動における「連帯」に向けたフレーミング過程は，他者の苦しみに対し，連帯しようとする問題意識が，当然あるいは自然に現れたものではなく，「なぜ連帯しなければならないのか」をめぐる持続的な意味づけの過程を必要としていたことを示している．当初「東条時代＝朴政権」のように，「独裁的な状況」という共通項（苦しんだ経験）が求められた場面もあったが，徐々に「他者の苦痛」と自己の関係が問われていくなかで，明確に「自己のあり方」に対する問いへと発展していった．また，警戒期の論争的過程——日本政府の「過去があるから韓国の軍事政権になにもいえない」，連帯運動への「内政干渉」「第2の征韓論」という批判や攻撃——においては，「他者との連帯」を通じて，自己の社会が根本的に抱えた矛盾と課題に直面し，「自己の社会」の変革へ取り組む方向へと進んでいった．それは，内面化期に見られたように，「他者の問題」ではない，「自己の問題」として解決しなければならない民主主義と人権問題，すなわち植民地過去問題および在日韓国・朝鮮人差別問題への取り組みとして現われた．まさに他者との連帯を通じて，「自己の変革」という再帰的なプロセスが現われたのであった．

また，日韓連帯運動のフレーミング過程には，越境するコミュニケーション的行為が存在していた．間接的な形ではあったが，雑誌『世界』の誌上を通じて，韓国の知識人の現状認識に対する日本の知識人，文化人らの現状認識が交わされていた．例えば，韓国からの声のなかには，「民主的，良心的な日本市民」に対する連帯の呼びかけがあった．こうした呼びかけの声に応答しようとした人々は，韓国からの声を引用し，それに応える形で，読者に韓国の民主化闘争への関心と連帯運動への関心および参加を呼びかけていた．そのうえで，

『東亜日報』の日本からのカンパ・激励広告の拒否に関する議論に見られるように，日韓連帯運動に対する韓国からの直接的あるいは間接的な反応を「連帯の方法」再考の契機とするなど，自己の社会的，文化的な枠組み（援助・支援の当然なる形式）に対する反省と省察が行われていた．こうした国境を越えた討議の場を形成していったのは，まさにトランスナショナルな情報交換のネットワークの一角を構成していた『世界』という雑誌の性格とも密接に結びついていたと考えられる．

　以上のように，「他者」との連帯を求めることが，他者との越境的なコミュニケーション的行為を通じ，自己と他者の関係を「学び」，そこから，自己の民主化の徹底化，自己の変革を求めることへ繋がる再帰的なプロセスは，第3章で日韓連帯運動がなぜ植民地過去問題や在日韓国・朝鮮人の指紋押捺拒否運動へ繋がっていったのか，または，糾合していったのか，を如実に示している．すなわち，日韓連帯運動は，1960年代の日米安保，ベ平連，在日韓国・朝鮮人差別問題などの時代性を持ち込みながらも，以上で見てきたように，日韓を越えたトランスナショナルな情報交換のネットワークと，総合雑誌『世界』というメディアを通じて行われた越境したコミュニケーションによって，他者との関係性が問われるなかで，再帰的な民主主義を求める行動に繋がっていったといえる．第2章で確認したように，他者との相互作用のなかで，他者との関係性に基づき，具体的な行動へ繋がる，越境した他者との連帯のモードを，「トランスナショナルな連帯」と呼ぶことができよう．そして，こうしたトランスナショナルな連帯の担い手として，澤の「我々は国籍不明のコスモポリタンの人間じゃなくて，少なくとも日本という歴史を背負った人間である」（澤・滝沢 1985: 193）に見られるように，「根ざしたコスモポリタン」（Tarrow 2005）としての主体性の構築も現れていた．以上の点から，日韓連帯運動は，歴史的に構築されたグローバル政治経済的な構造への制度的責任（ポッゲ 2002=2010）や政治的責任（Young 2003）とも共通性を持ちつつ，日韓あるいは東アジアにおけるトランスナショナルな連帯と再帰的民主主義の可能性を見せたと評価することができる．

　1）　韓国関連の記事は，基本的に雑誌の目次から記事のタイトルおよびタイトルに付

随している説明（記事紹介文）から抽出した．記事の抽出は，東京大学の総合図書館の書庫に所蔵されている雑誌から筆者によって行われた．『世界』の場合は，『「世界」別冊 世界総目次 1946〜2005』（岩波書店 2006）を参照した．タイトルに韓国，南北朝鮮，ソウル，光州，金大中など韓国関連記事と特定できる言葉が含まれる記事以外にも，雑誌の目次欄における記事の紹介，あるいは，韓国の特集の枠組みに含まれている場合，韓国関連記事として数えた．

2) 中国関連記事の抽出は，『「世界」別冊 世界総目次 1946〜2005』（岩波書店 2006）から筆者によって行われた．タイトルに中国，日中関係，米中接近，中台関係，周恩来，上海，大連など中国関連記事と特定できる論評，投稿，創作物，グラビアの記事や中国関連特集の枠組みに含まれている記事を，中国関連記事と数えた．ただ，香港と台湾に限るものの場合，当時，「中国」ではなかったため除外することにした．

3) 当時の韓国ではこうした民主主義の基本原理を求めることも命がけの「急進的」なものであったが，当時の日本社会，とりわけ，新左翼系の認識からは，革命性に欠けた，いわゆる「穏健な」民主主義と見られていた．その点，『世界』と韓国の民主化運動（とりわけ，キリスト者ネットワーク）は共鳴する部分があった．

4) そのほか，1958 年 6 月に憲法改正阻止をめざす「憲法問題研究会」（1976 年解散），1959 年 3 月に安保改訂問題を検討する「国際問題懇談会」（1968 年解散）を発足させている．詳しくは，佐藤（2014）を参照．

5) 詳しくは，長崎（2014）の「『朝日ジャーナル』——桜色の若者論壇誌」を参照．

6) 詳しくは，奥（2007）を参照．

7) 「全斗煥来日阻止・天皇会談粉砕首都圏学生実行委員会」（1984 年）の池田五律へのインタビュー（2012 年 7 月 6 日）．1970 年代はまだ「教養」というものが重要視されていた時代で，『世界』など総合雑誌は知識人および一部大学生らによって熱心に読まれていたという．また，高校時代から「陳斗鉉さんを救う会」に携わってきた石坂浩一は，高校時代を含め，ときおり『世界』に文を載せていた．石坂へのインタビュー（2012 年 2 月 16 日）によると，しかし，新左翼系の学生には『世界』はむしろ保守的とみられ，『新地平』や『現代の目』などがよく読まれていたという．

8) 『世界』は，投稿欄として雑誌の末尾に「編集者への手紙」を設けているが，稀に「投稿」という名で論評記事のような少々長い文を雑誌の中間にも載せている．本書では，「編集者への手紙」のなかに掲載された投稿のみを扱っている点，前もって断っておきたい．

9) 職業の分類のために，学生，会社員，団体・労組，自由業（自営業），主婦，公務員，無職，表記なしの 9 個の分類項目を設けた．学生には，中・高校生，大学生，大学院生，予備校生，浪人，留学生を含めており，会社員には会社員という表記以外にも，（販売）店員，アルバイト，事務職員，研修生の場合も含めている．団体・労組の場合は，団体職員，労組役員といった表記以外にも，YMCA，運動団体，市民団体，自治会を含めている．教員は，大学教授，中・高校教員，講師を指している．自由業（自営業）は，著述家，評論家，ルポライター，俳人，会

社経営，農業などを含めている．主婦は，主婦の表記のみを指している．公務員は，公務員という表記以外に，国会議員や市議会などの議員，判事などを含めている．無職は，無職という表記以外に，「元」あるいは「前」といった表記を含めた．そのほか，職業の表記がないものはすべて表記なしと分類している．以上の分類項目に基づき，『世界』『朝日ジャーナル』『文藝春秋』の 1972-1987 年の投稿欄の著者の属性を分析した．

10）　西岡によると，こうした時期において共通的にみられるのは，植民地支配に対する問題意識の欠如，朝鮮を国際政治の「舞台」としてみる視点，そして，無関心または優越者の立場で朝鮮を見ていたことであった（西岡 1980a, 1980b, 1980c）．

11）　この連載には，中国，フィリピン，台湾，香港など，ほかのアジア諸国からの視点も入っており，アジアにおける民族主義的論調の台頭や反日感情について扱っている．

12）　在日朝鮮人の評論家である．本名は劉浩一（リュ・ホイル，姜（1996: 34）の記述による）．

13）　米国と関連した部分として「アメリカは朴政権をもり立て，朴政権が民衆の抵抗をじゅうりんするのを見ながらも，自分たちの思い通りになればいいのだと思ってきた」（金の発言，金・安江 1973: 113）などを挙げることができる．冷戦構造下のアメリカの対韓，対アジア政策への批判である．

14）　この記事は，韓国の総合雑誌『タリ』1971 年 9 月号に掲載されたものである．この雑誌はこの 9 月号の金大中対談と金芝河（キム・ジハ）の戯曲の掲載で発行禁止処分となった．

15）　しかし，金大中が大統領になった後も，第 2 の日韓会談となるものは現実化できなかった．

16）　当時，学習院大学教授，国際政治．

17）　当時，朝日新聞記者．

18）　当時，朝日新聞社論説顧問．

19）　これは，鶴見俊輔が 1972 年，金芝河と会った際，「ここに，あなたを死刑にするなという趣旨で，世界中から集めた署名があります」といった発言に，金芝河が「あなたたちの運動は，私を助けることはできない．しかし，私は，あなたたちの運動を助けるために声を出そう」と答えたというエピソードにも現われている．普通，感謝されると思っていたところ，まったく「対等な人間」としての金芝河の言葉に，驚いてしまったという鶴見の事例からも，当時日本の知識人たちが，こうしたパターナリズム的な視点から決して自由ではなかったと考えられる．鶴見（1976）および鶴見ほか（2004）を参照．

20）　当時，明治大学教授，ヨーロッパ思想史．

21）　1974 年 1 月 15 日結成．1974 年 2 月に韓国の運動勢力から日米の良心的，民主的人々へ発せられた，7 つのメッセージを公表した．詳しくは，飯島（2003, 2006）を参照．

22）　倉塚は，『朝日ジャーナル』（1974 年 3 月 1 日号）を引用している．

23）　当時，東北大学教授，政治思想史．

24) 具体的には,『朝日新聞』(1975 年 1 月 22 日) を参照.

25) 1974 年 4 月 18 日に結成.

26) 当時, 上智大学教授, 国際関係学. 当初, 呉在植 (オ・ジェシク) らによって DAGA (Documentation for Action Groups in Asia) が設立された時, DAGA の事務所が上智大学に置かれたのは, 武者小路公秀の配慮であった. 呉在植へのインタビュー (2010 年 5 月 26 日).

27) 当時, 東京大学助教授.

28) 和田春樹へのインタビュー (2015 年 1 月 25 日).

29) 和田はここで,「今日, 韓国と日本との関係を問題として, 韓国民衆の闘いを見つめている運動に参加する私たちは, 韓国民衆の願いが統一にあることを片時もわすれず, 問題を朝鮮半島大のひろがりにおいてとらえていかなければ, 運動を誤りなく進めることはできないと思う」(和田 1975a: 56) としている.

30) 韓国の闘いにすがるのではなく,「独自的・自立的」な運動を呼びかけているのは, 当時, 朝鮮研究者の一部から, 日韓連帯運動が「主体性が欠けている」との批判を受けていたことがその背景にあると考えられる. 日韓連帯運動に対する批判は, 本書の第 3 章でも言及している.

31) マスター・フレームとは,「カバーする範囲がかなり広く, 様々な運動の活動や動機などを色づけたり, 限定させたりする一種のマスター・アルゴリズムとして機能する」もので,「様々な運動に適用可能な文化的な共鳴性の高い」ものである (Benford and Snow 2000: 618-619, 筆者訳).

32) 金大中拉致事件に関しても同様である. すなわち, 日本政府がその真相を明らかにすることもせず, 政治決着をつけることを許してしまったという「責任」へのフレームが現われている.

33) 模索期の「論文・論評」記事の韓国人および在日韓国・朝鮮人著者の割合は 42% で, 注目期の 30% より増えており, その後の他の時期 (警戒期 10%, 内面化期 29%) よりも高い. たとえば, 1976 年の韓国関連論文・論評記事の 15 件のなかで, 日本人著者によるものは 5 件しかない.

34) 和田春樹は「まえがき」を通じ, この文章は, 日韓連帯連絡会議が金芝河の朗読したテープを入手したことから作成されたもので, この宣言で「あらためて日本のありかたに対する金芝河の深い憤りをいたいように感じ, そうであればあるほど, この日本のありかたを逆転させるための日韓両国民衆の連帯の可能性に対する彼の祈りにも似た願いの意味を再確認」したと述べている.

35) 「久保田発言」(韓国では「久保田妄言」) は 1953 年第 3 次会談における日本側の代表 (久保田貫一郎, 日本側首席代表) が, 日本が朝鮮に鉄道や港を作り, 農地を造成し, 予算も出したとし, 日本財産に対する権利主張を行いながら,「日本が (朝鮮に) 行かなかったら中国か, ロシアが入っていたかも知れない」といった発言やカイロ宣言に書いている朝鮮人民の奴隷状態という言葉について「そうとは思わない」等と発言したことである (高崎 1996: 51-52). 韓国側はこれに対し激しい抗議を行い, 会談中止を決めたが, 韓国側の久保田発言に対する非難は日本社会においては理解されがたく, 韓国側の非難を不当と見るのは, 政府だけ

でなく左派の社会党，共産党，新聞，世論も同じであった．すなわち，「日本人の
大部分が久保田発言を『当り前のことを当り前に述べたに過ぎぬ』と考えていた」
（高崎 1996: 63）のであり，韓国に対しては，「感謝すべきことを考えず」，「不当
な要求をしている」といった認識を持っていたのである．高崎（1996）は，当時
の様々な新聞記事を紹介しているが，なかでも，『読売新聞』の「日韓会談，決別
をどうみるか」と題した読者による意見投稿は興味深い．編集部の解説のなかで，
投稿総数 60 通のうち，圧倒的な多数が「あらゆる平和手段を集中して強く韓国政
府の猛反省を促すべきである」としている．

36) 1965 年 1 月日本外務省記者クラブで，日韓会談において日本側の首席代表であ
った高杉晋一が「日本は朝鮮を支配したというが，わが国はいいことをしようと
した」，「山には木が一本もないということだが，……（中略）……もう二年日本
とつきあっていたらこんなことにはならなかっただろうな」「創氏改名もよかっ
た」などという発言をしたこと（高崎 1996: 161-162）．韓国では「高杉妄言」と
呼ばれる．

37) 1975 年 11 月号の「日韓連帯の思想と展望」（和田 1975a）の最後には，これか
らの運動の展望として最初に取り上げたのが，「韓国に対してだけでなく，朝鮮半
島に目を向けること」としていたが，小田の記事を見る限り，この部分はいわゆ
る「南」寄り（和田）が既存の「北」寄りに寄り添ってきていた（「民主化闘争」
から「南北統一」）ことを表しているものと考えられる．

38) 『世界』の誌上では，文益煥（ムン・イクファン）の「民主回復と民族統一」
（1978 年 12 月号）が掲載されている．訳者は民主回復と民族統一と関連し，「今日
の民主化運動の意義を理解する上で，貴重な一文である」としている．

39) 小田はこの記事のなかで，在日韓国・朝鮮人を含め，連帯勢力のなかにおける
議論の場を作ろうとし，記事のタイトルにあるように，「一本の竿を立てよう」と
呼びかけていた．

40) 詳しくは，「日本側にも流れたはず——商社責任追及の声」『朝日新聞』（1977
年 12 月 18 日）を参照．1977 年，日韓の黒い癒着の 1 つの事例として語られたも
ので，韓国が日本から地下鉄車両を購入する時，原価の 2 倍で購入し，その差額
が政治資金として使われたという疑惑がかけられたことである．地下鉄車両の購
入資金はいわゆる「経済協力資金」という借款によるもので，日本国民の税金と，
結局はそれを償還しなければならない韓国国民の税金を利用してのことであった．

41) 日韓連帯連絡会議は，1978 年から「日韓連帯委員会」となった．

42) 「週刊新潮が暴露『日教組など金大中救命運動，底意は利権闘争』」（『朝鮮日報』
1980 年 12 月 5 日）．

43) 和田は，日本が 1945 年 7 月末にポツダム宣言の受諾要請を黙殺し，広島，長崎
の原爆投下とソ連の参戦の後に，ポツダム宣言の受諾に向かったことと関連して，
まさにこのソ連の参戦の結果として，米ソによる朝鮮の分割占領が定められたと
し，南北分断に対する日本の責任を述べている．和田（1981c），今津（1984）を
参照．

44) 和田は，この責任意識は論理的には間違いであるとしている．仮に，拉致事件

5 章　総合雑誌『世界』における「連帯」の言説——283

が解決され，金大中が現状回復されたとしても，金大中はまた韓国に戻っていったはずであり，そこで今回のような悲運にあう可能性は十分にあったと指摘する．しかし，「感覚的には」日本の対韓政策の問題性はつかまれているとしている．詳しくは，和田（1981b: 27）を参照．

45) すでに，1955年から「侵略」は文部省でタブーにされており，進出への書き換え要求は長らく存在していたという．詳しくは，日高（1982）．

46) 詳しくは，和田・石坂・戦後50年国会議決を求める会編（1996）．

47) 拉致事件10周年を迎えて，拉致事件，光州事件，全斗煥政権，韓国の経済などに関する金大中の考えがのべられている．

48) 植民地支配下の歴史問題と関連し真正面から扱っていた記事としては，中濃教篤による「朝鮮『皇民化』政策と宗教」（1973年2月号），大江志乃夫による「支配秩序の動揺と『民衆の敵』」（1973年9月号，関東大震災時の朝鮮人虐殺問題），平岡敬による「復権への連帯──韓国の被爆者調査をめぐって」（1977年10月号），「《日本の潮》国家と被爆者──孫振斗氏の勝訴」（1978年6月号）などがある．しかし，それらは1984年の特集記事の「日本は何をしてきたか」というタイトル下でより明確に総括的に扱われることとなる．

49) 日韓の政治・経済癒着は，こうした「借款」の使用方法，リベートなどをめぐる問題が中心であった．

50) 当時の韓国経済自体が外国資本および外国市場に依存するしかなかった点，日本と韓国の中心と周辺という経済関係に関する解説である．

51) 桜美林大学講師・元毎日新聞ソウル支局長．

52) こうした問題意識が，後の「戦後50年国会議決を求める会」などの活動に繋がっている．

53) ソウル延世大学神学大学院に留学．韓国の教会で宣教師として働いた経験があり，当時は日本の小岩教会の牧師．

54) 1982年の1年間，ソウル大学に留学．当時は甲南大学経済学部教授．

55) 「根ざしたコスモポリタン」については，第2章を参照．

56) 対談者に関する紹介は，金・藤本（1986: 72-73）に詳しい．

57) 「被害者でありながら，加害者でもある」という構図は，ベ平連運動のなかで小田がまとめていた思想である（小田 1966=2008）．

58) 当時，桃山学院大学助教授．

59) 詳しくは，第3章を参照．

終章　トランスナショナルな公共圏と連帯の可能性

　本書は，戦後日本社会において，韓国の民主化運動に対する支援と連帯をうたった「日韓連帯運動」を事例に，日本，そして，アジアにおける実態型としてのトランスナショナルな公共圏の形成を実証的に分析したものである．とりわけ，日韓連帯運動において越境した他者との連帯に向けた言説空間の形成過程を問うことにした．そのために，戦後日本社会における日韓連帯運動史を概観したうえで，日韓連帯運動の背後に存在していたトランスナショナルな情報交換のネットワークについて，その形成過程および活動を考察した．また，総合雑誌『世界』の韓国関連記事の質的テクスト分析を通じ，連帯に向けたフレーミング過程分析を行った．以下では，こうした事例分析の結果を，第Ⅰ部において考察してきたトランスナショナルな公共圏と連帯の議論とともに，捉え直すことにする．また，今日から見た日韓連帯運動の意義と限界について述べた後，本書の限界と今後の課題について述べる．

1　トランスナショナルな公共圏とメディア
――活動家たちの情報交換のネットワークと『世界』

　本書では，トランスナショナルな活動家たちによるネットワークという「政治的空間」（Keck and Sikkink 1998）を考察しようとした．そのために，第Ⅰ部において，ハーバーマスの公共圏論を中心に，フレーザーの議論を援用しながら，トランスナショナルな公共圏の規範型と実態型を議論してきた．
　まず，公共圏は，コミュニケーション的行為が行われる空間であることを確認した．コミュニケーション的行為とは，他者の態度および視点を取り込むと

285

いう相互性を前提としており，協同的な意味解釈の過程，そして，文化的解釈枠に対する反省的態度に基づく社会的行為である[1]．こうしたコミュニケーション的行為が行われる前提において，トランスナショナルな活動家たちのネットワークという空間も公共圏としてみることができると論じてきた．すなわち，現在のグローバルな次元におけるシステム（国際的な政治経済秩序を主導する国際組織および覇権的国家）の機能不全に，もっとも敏感に反応する生活世界（国際的な政治経済の舞台に現れることが難しい人々）の問題をくみ上げ，国際世論を形成していこうとするトランスナショナルな活動家たちのネットワークは，コミュニケーション的行為を前提としたうえで，実態型としてのトランスナショナルな公共圏としてみることができる．

　また，国際的な政治経済の舞台でなかなか声を上げることの難しい人々は，多くの場合，当該国家（政権）によって抑圧あるいは弾圧されており，トランスナショナルな活動家たちは，彼らの対抗的公共圏をトランスナショナライジングする戦略をとることができると論じた．こうした対抗的公共圏のトランスナショナライジングの過程では，他者の存在，声，視点を取り込むことのできる，メディア空間およびジャーナリズム実践が要請される．しかし，「国民国家」や「国益」を前提とするマスメディア・ジャーナリズムは，他者の視点や態度を「無い」ものとするか，あるいは，「他者化」してしまう傾向があることを確認した．

　こうした理論的議論に基づき，本書では，まず韓国の民主化運動において情報交換を中心としたトランスナショナルな活動家たちのネットワークの形成過程およびその活動を分析した．韓国の民主化運動におけるトランスナショナルな活動家たちのネットワークは，「トランスナショナル・アドボカシー・ネットワーク」を提唱したケックとシッキンク（Keck and Sikkink 1998）の理論のように，国内のコミュニケーション・チャンネルおよび国内における政治機会の封鎖により触発されたものである．1970-80年代の韓国の軍事政権は，反共法，国家保安法，放送法，新聞通信等の登録に関する法律，外国刊行物輸入配布に関する法律，刑事法という法的・制度的措置とともに，政府機関員の報道局（編集局）常駐などという行政的措置を通じ，軍事政権に対する抵抗勢力の声を抑圧，弾圧していた．それに，大統領の永久執権を可能とした維新憲法は，

286——終章　トランスナショナルな公共圏と連帯の可能性

独裁政権に反対する人々の政治機会を剥奪するものであった．このように，韓国の軍事政権は，政権維持に有利となる「支配的公共圏」を形成するため，それに異議を申し立てようとする「対抗的公共圏」を激しく弾圧・抑圧したのである．こうした「コミュニケーションの閉鎖状態」に対し，韓国の民主化運動勢力は，海外の韓国人社会を中心とした国際的な抵抗運動を組織するとともに，世界的なキリスト者のネットワークを通じた国際的な世論喚起へ取り組んでいった．

　キリスト者を中心としたトランスナショナルな活動家たちのネットワークの形成には，情報を収集し，翻訳し，世界に発信する必要性に共感した様々な人々の働きがあった．日本に滞在していた韓国人キリスト者，呉在植（オ・ジェシク）は，すでに第Ⅱ部でみてきたように「東京にいるわれわれは国内の民主化運動を支援し，その闘いの様相を世界に知らせ，またその支援を勝ち取る」必要性があるとし，「世界の教会のネットワークを動員することができる」と認識していた．こうした認識で，1 年の留学予定であった池明観（チ・ミョンクァン）を東京に引き続き滞在するよう説得したのである．池明観は，安江良介との出会いのなかで，後に T. K 生として「韓国からの通信」を執筆することとなる．呉在植は，1971 年からアジアキリスト教協議会（Christian Conference of Asia）の都市産業宣教会の幹事としてアジア各地を往来してきたことから，フィリピン，タイ，シンガポールなどの政治社会状況に敏感に対応することができた．彼は「何よりも国内状況に関する『情報』を国際社会に知らせて訴えることが重要であると考えた」とし，1973 年 DAGA（Documentation of Action Group for Asia）という情報センターを設置するにいたった．それと同時に，東京にいた韓国人キリスト者たちは，韓国の闘いが教会の闘いであることを宣言し，世界の教会の支援と連帯をうたった「韓国キリスト者宣言」を出すことによって，海外のキリスト者へ呼びかけた．すなわち，トランスナショナルなネットワークは，ある問題となる状況に対して，自然発生的に形成されるものではなく，ネットワークを形成する必要性を認識した人々が，それぞれの個人的な連絡網のなかで，説得，工夫，戦略を通じて形成していったものである．

　韓国のキリスト者と密接な関係を持っていた海外の韓国人キリスト者を中心

としたネットワークが形成される一方，そうした韓国人キリスト者の闘いに共感し，問題意識を共有し，協力しようとした，韓国内の外国人宣教師の組織，そして，日本，米国，カナダ，ドイツなどのキリスト者たちがいた．こうした様々な人びとの協力により，韓国の民主化運動における対抗的公共圏が「トランスナショナライジング」していったのである．その代表的な事例として，本書では『世界』の「韓国からの通信」に注目し，その制作過程を明らかにした．トランスナショナルなキリスト者のネットワークのなかで，多くの人々が「運び屋」となり，韓国を行き来しながら，情報を持ち出し，また持ち込んでいた．そして，日韓をも越えた様々な国際組織（アムネスティ・インターナショナルなど）と連携しながら，情報を媒介とした活動を行っていた．

　しかし，国家，民族，言語を異にする人々が繋がり，ネットワークを形成する過程は，たやすいものではない．そこには，普遍的道徳感や正義感をもう一度呼び起こすような批判的問いかけや訴えと，他者の問いかけに対する応答の直接的あるいは間接的なコミュニカティブなプロセスが存在していた．たとえば，日韓の市民社会において戦後はじめての議論の場ともみられる第1回目の日韓教会協議会は，以上の批判的問いかけ，訴え，そして，応答が行われる場となった．1973年，第1回日韓教会協議会では，日本の経済進出をめぐり，植民地過去に対する清算がまだ十分に行われていない状況のなかで，再び，韓国に対する日本の影響力が強まることへの警戒が表明された．そして，韓国の軍事政権が日本の政府および経済界と手を結び，政権を延命させる一方，民主主義と人権を訴える人々を弾圧しているとの認識が共有された．そして，この協議会にかかわっていた日本キリスト教協議会を中心に，その翌年の初頭に「韓国問題キリスト者緊急会議」（1974年1月，以下，緊急会議）が組織されるにいたったのである．緊急会議の結成文には，「われわれは彼らの信仰に基づく果敢な戦いによって，衝撃と共にきびしい問いかけと促しを受けた」と示されている．すなわち，韓国のキリスト者とのネットワークを形成するなかで，他者の状況認識を知り，他者から見られる自己（の社会）を知るという経験のなかで，共通の課題を共同で解決していこうとする応答が交わされていたのである．

　このように，トランスナショナルな活動家たちの情報交換のネットワークは，

ただ一方的に情報が流れ，また，一方的に支援が流れるというものではなく，そこには，問題提起，認識の共有，応答というコミュニカティブなプロセスが存在していたのである．こうした他者とのコミュニケーションは，日韓教会協議会のような直接的なものもあれば，それ以上に，メディアを通じた間接的なものが多かった．そのなかで，T. K 生の「韓国からの通信」を含め，韓国の統制された様々な情報を載せていた総合雑誌『世界』を代表的な事例として挙げることができる．

『世界』は，韓国の民主化運動の指導者，日本の連帯運動の代表者，そして，在日韓国・朝鮮人知識人らによって，韓国関連の越境した言説の空間を作り上げていた．韓国の学生運動の声は，韓国から密かに伝えられた地下文書の翻訳などを通じて紹介され，民主化運動勢力がどのように日本および日韓関係を認識しているかが伝えられた．それらは，軍事独裁政権における日本への経済的隷属化，軍事政権の体制安定に繋がる日本の対朝鮮半島政策（対韓政策）などの新たな植民地的状況に対する憂慮の声であった．こうした憂慮の声は，在日韓国・朝鮮人知識人および韓国人著者によって，日本の韓国に対する「第2の支配」となる新植民地的状況と，韓国および日韓関係の現状に無関心である日本の進歩・革新勢力への批判的問いかけを通じても伝わっていった．そうした批判的な「問いかけ」は，韓国の民主主義と人権を求める闘いへの関心と支持を促す訴えをともなっていた．こうした韓国からの声に対し，日本の一部の知識人たちも，日本の対韓経済進出の性格や日本の革新勢力の既存の「北善南悪」的なアプローチを批判し，問題となる現状に対する共通の認識を見せていた．このように，『世界』というメディア空間を通じ，韓国の政治社会的な現状に対する国境を越えた問題意識の共有と議論が行われていたのである．

また，どのように連帯を求めていくのか，どのような形で連帯を作っていくのかに対する議論も間接的な形ながら国境を越えて行われていた．『世界』の誌上では，たとえば，韓国の学生運動から出た声明文を引用し，それに応える形で，連帯の意味づけを「日本の民主主義の再生のために」日本の民主主義のあり方を問うていこうとしたものがあった[2]．また，連帯の形式においても，韓国の『東亜日報』が言論闘争のなかで日本の連帯勢力からの意見広告やカンパを拒否したことについて，日本の連帯勢力は，「物質的な支援」（資金カン

終章　トランスナショナルな公共圏と連帯の可能性──289

パ）のような短絡的な「援助」の仕方を反省するきっかけとしていた．韓国の民主化運動からの反応は，「日本自体の問題で闘うこと」「日本の民主化の徹底化」を促すようなものとして解釈されていた．このように，『世界』というメディア空間では，韓国の闘う人々からの声，反応，視点，態度を取り込み，解釈し，また，自己の社会のあり方や支援のあり方などを反省的に捉え返すといったコミュニケーション的行為が行われていた．すなわち，『世界』というメディア空間は，誌面を通じ，韓国の闘う人々と，それに関心を持つ，あるいは連帯しようとする人々が共通の認識を培い，支援，連帯の意味や形式について議論するトランスナショナルな協議の場を形成していたのである．

　1970-80 年代に見られる，『世界』というメディア空間は苦しむ他者の声，呼びかけ，視点を取り込み，反省的な意味解釈の過程が行われた点で，国民国家や国益を前提としたマスメディア・ジャーナリズムの実践とは異なったジャーナリズム実践を行ってきたと考えられる．生命をかけて世界的な連帯を呼びかける人々の声，日本の新植民地的経済政策や日韓癒着を問題とする人々の声を，様々な地下情報や T. K 生の「韓国からの通信」等を通じて，日本の読者に伝えていた『世界』は，「ケアのジャーナリズム」（林 2011）で議論されたような，他者との関係性，相互依存，相互責任，連帯に敏感に反応するジャーナリズムを実践していた．彼方の他者の苦痛を，自己とは関係ないものとして翻訳するのではなく，他者の視点と態度を取り込み，反省的な態度に基づいた協同的な意味解釈の場を形成していた『世界』は，実態型としてのトランスナショナルな公共圏に向けたメディアの 1 つの可能性を見せてくれたと考えられる．

　以上の検討を通じ，『世界』をも含めた活動家たちのトランスナショナルな情報交換のネットワークは，直接的であれ，間接的であれ，コミュニケーション的行為が行われる政治的空間として見ることができることを確認した．今までの事例分析でみた，キリスト者を中心としたトランスナショナルな活動家たちの情報交換ネットワーク，T. K 生の「韓国からの通信」，総合雑誌『世界』は，グローバルな次元におけるシステムの機能不全——冷戦時代の日・米・韓の政治経済安保体制とそれを背景とした韓国の権威主義的独裁体制——に対し，それを最も敏感に体験することとなる生活世界の累積された問題や不満を吸い

上げ，グローバルな次元におけるアジェンダとして協議し，国際世論を形成していく1つの実態型のトランスナショナルな公共圏としての役割を果たしたと見ることができるのである．もちろん，こうしたトランスナショナルな公共圏は，規範的には意思決定力や政治的効力を持たない「弱い」ものであるが，実態として国際レベルに働くグローバル・ガバナンス，グローバルな経済システムをたえず刺激しうる動因となるのである．

　以上，実態型のトランスナショナルな公共圏の形成のなかでは，コミュニケーション的行為が行われ，「他者の問題」と「自己の国家，政権，社会のあり方」が繋がっている構造的関係を問い，自国の民主主義や人権感覚を問い直すといった再帰的なプロセスが存在することを論じてきた．次節では，日韓連帯運動のフレーミング過程の分析で得た知見を振り返りながら，「他者」への連帯が「自己のあり方」への問いと繋がっていく過程を，第I部で検討したトランスナショナルな連帯の理念型に関する議論をもとに総合的に考察していくことにする．

2　トランスナショナルな連帯——他者との連帯を通じた再帰的な民主主義へ

　本書の第I部では，国家，民族，言語などを異にする他者との連帯について，「連帯」に関する既存の研究を踏まえたうえで，「トランスナショナルな連帯」という理念型を導出した．まず，社会保障制度と親和性の高い「社会的連帯」とマルクス＝レーニン主義的な階級闘争（労働者連帯）と親和性のある「政治的連帯」に関する議論を考察した．どちらの連帯も「国民国家」を越えるための努力があったが，国民国家の壁を乗り越えることはたやすいことではなかった．しかし今日，急速なグローバリゼーションにより，ますます国境を越えた連帯への構想が求められている．そこで，国境を越えた連帯を概念化し，規範論的に理念型を導出する必要があると考えられた．国境を越えた連帯に関する既存の研究として，憲法的，民主的な普遍的価値を中心としたコスモポリタンな連帯を論じるハーバーマスと，「制度的責任」からの連帯を論じるポッゲ，「政治的責任」からの運動を評価するヤングの議論を中心に考察してきた．

　こうした考察を通じ，憲法的，民主的な普遍的価値と人権侵害に対する反応

的な性格のコスモポリタンな連帯の重要性を認めつつも，他者との関係を構築
してきた政治的，制度的責任を問いかける必要があると論じた．「我々は国籍
不明のコスモポリタンの人間じゃなくて，少なくとも日本という歴史を負った
人間である」（澤・滝沢 1985: 193）とした澤正彦の発言のように，グローバル
時代を生きる人々は，まったくのコスモポリタンではなく，それぞれの歴史
（構築された政治経済的構図）を負った人間である．その点，国境を越えた連帯
では，民主主義や人権といった普遍的価値とともに，政治的，制度的責任をも
含意する連帯のあり方が要請されると考えられた．もちろん，他者の存在と声
が不均衡に現われるグローバルなメディア状況と他者の苦しみを他者のなかに
起因するものに還元しようとする「弁明的ナショナリズム」（Pogge 2002=
2010）の状況のなかで，国境を越えた他者との連帯はなかなか想像（構築）し
にくい．しかし，グローバリゼーションの深化とともに，摩擦や葛藤がより顕
著になるなかで，他者との連帯が以前にもまして要請されていることは確かで
ある．ここで，国境を越えた他者との「相互作用」を含意する「トランスナシ
ョナル」という用語を用いて，国境を越えた他者への連帯を「トランスナショ
ナルな連帯」と概念化し，理念型を導出することを試みた．

　本書では，トランスナショナルな連帯を，①国境を越えた他者とのコミュニ
ケーション的行為を前提としており，②他者と自己の生の関係における相互依
存と相互責任を問い，③具体的な行動を含んで構築していく，④批判と異議に
開かれた，修正可能な他者との結びつきであると概念化した．すなわち，トラ
ンスナショナルな連帯とは，他者とのコミュニケーション的行為を通じて，他
者の苦しみに対する普遍的人間としての共感とともに，他者と自己の関係（相
互依存および相互責任など）が自覚，解釈，認識されるなかで，具体的な行動
を通じて自己のあり方を変革していく再帰的な民主化への道程を意味するもの
である．他者の「苦痛」と自己の国家と社会との関係が省察されるなかで，不
正義な関係をより正義にかなったもの，理想的なものにしていこうとすること
が，結局，自己と他者の関係，あるいは自己の国家と社会をより民主化してい
く，再帰的な民主化へのプロセスに導くのである．

　それでは，事例分析で考察した日韓連帯運動における連帯のあり方（運動お
よび思想）はどのようなものであったのだろうか．事例分析では，トランスナ

ショナルなキリスト者のネットワークと緊密な関係を形成し，情報交換のネットワークの一翼を担っていた総合雑誌『世界』に注目することにした．当時，日韓連帯運動に関わっていた多くの人々が寄稿していた『世界』の韓国関連記事を中心に，連帯のためのフレーミング過程を追ってきた．韓国からの対日批判——①日本の新植民地的経済進出状況（日本資本の進出，公害産業の進出，キーセン観光など），②分断を固着し，軍事政権の体制安定化に寄与する対朝鮮半島政策，③日本の革新，進歩勢力の「北善南悪」という姿勢（韓国における民主主義と人権のための人びとの闘いには目を向けないとの指摘），④韓国における闘いに対する日本の一般民衆の無関心，など——が，学生運動の地下宣言文や金大中（野党の大統領候補）とのインタビューを通じて『世界』の誌上に掲載されていた．こうした韓国からの日本に対する批判的問いかけは，同時に，世界的な関心と連帯への要請，日本の民主的，良心的人々へのアピールとともに行われていた．

　こうした他者の声に応答しようとした人びとは，韓国の闘う人びととの現状の苦しみに対する責任（新植民地的な日韓癒着関係を通じ，独裁政権を支持することで韓国における人々の弾圧に手を貸しているという認識）というマスター・フレームを構築した．責任のフレームは，戦後日本社会において社会文化的に共鳴性の高いフレームであり，植民地支配，南北分断と分断固着，在日韓国・朝鮮人の処遇問題など広い範囲をカバーするものであった．そこで，解決策として打ち出されたのは，「対韓政策をただす」というフレームであった．しかし，連帯運動のフレーミング過程には，一方で対韓政策の転換を訴え続けながら，一般大衆の韓国（朝鮮）に対する無関心，韓国人（朝鮮人）に対する偏見や蔑視と，マスメディア，ジャーナリズムにおける「国際親善」のための自主規制という社会文化的な困難が存在していた．1980年の光州事件と金大中の生命の危機の際は，日韓連帯運動は，日本政府の「過去があるから何もいえない」といった姿勢や一部保守言論からの連帯運動に対する「内政干渉」「第2の征韓論」といった批判に直面していた．こうした論争的過程を通じて，日韓連帯運動のなかでは，日韓関係および日本政府の対応を規定する根源的な問題として，未解決の「過去の問題」のフレームが浮上してきた．1984年に『世界』が特集「日本は今まで何をしてきたか」と問いただしたことは，当時の日韓癒

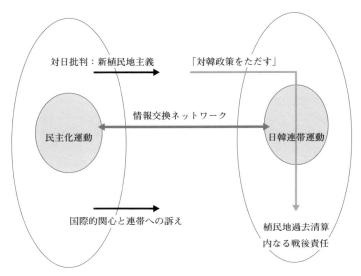

図 6-1 「日韓連帯運動」のフレーミング過程：他者との連帯から再帰的民主主義へ

着の問題とともに，それを成立させてきた根源的な問題として「過去の問題」が全面的に取り上げられるようになったことを表している．

　日韓連帯運動は，1980年代半ば以後，「対韓政策をただす」というフレームから，植民地過去清算および内なる戦後責任問題（在日韓国・朝鮮人処遇問題）へと転換していった．もちろん，植民地過去清算の声や内なる戦後責任問題がここで初めて現われたわけではない．特に，在日韓国・朝鮮人による差別撤廃，処遇改善の運動は長らく存在しており，植民地過去問題について『世界』誌上でまったく言及がなかったわけでもない．しかし，日韓連帯運動，すなわち，闘う他者との連帯を求めた運動が，根源的な課題として，過去の問題を克服していくことと内なる戦後責任問題を解決していくことを具体的な行動をもって大衆運動の次元で真正面から取り上げていこうとしたのは，以前とは確実に異なるものであった．すなわち，日韓連帯運動は，「他者との連帯」を通じて「自己のあり方への問い」と「自己変革」を求めるという再帰的な動きを如実にみせたのである．

　根源的な問題として「過去の問題」へ取り組むという転換は，すでに，日韓

連帯運動が「他者の問題」（他者の問題への連帯）を越えていったことを示す．
日韓連帯運動を通して，自己の社会で発見した矛盾と問題について「過去をた
だす」ことによって解決でき，また，それは，韓国との関係だけでなく，東ア
ジアにおける平和や和解にも繋がるといった展望を描いたものであった．こう
した再帰的な自己変革への動きは，第Ⅰ部で試みてきたトランスナショナルな
連帯の理念型と重なりあうところが多い．まさに，他者との連帯を通じ，他者
と自己の関係性を問いただしていくことから，自己の変革へ繋がる再帰的民主
化への道程を見せているのである（図6-1）．

　しかし，日韓連帯運動におけるすべての要素が，図6-1で簡略に示したよう
な流れでシンプルに描かれるわけではない．日韓連帯運動に関わっていた人々
は，様々な思いをもって関わったのであり，韓国・朝鮮（人）に対するパター
ナリズムの側面や偏見も存在していた．和田が指摘した，「金大中を殺すな」
の運動の「土台」としての「同情」という感覚[3]は，一方的に「救う」「助け
る」という認識によるパターナリズムに陥りやすい感覚である．労働組合にお
いて，上から「通達」されたから，ある種「しょうがなく」，「朝鮮人はすごい
な」「韓国人はやるな」といった発言をしながら[4]，集会や署名運動に参加し
た人々もいた．一方，命を賭けて闘い，投獄された韓国の人々に対する尊敬と
いう側面[5]，あるいは，暴圧にも屈することなく続けている闘いに対する感動や
苦痛に対する共感という側面[6]で，行動に促された人々もいた．または，「こ
ういうことはあってはいけない[7]」というより素朴な正義感もあった．こうし
た様々な思いが，それぞれの限界を持ちながらも，図6-1で見られるように，
日本の問題としての植民地過去清算と内なる戦後責任問題への取り組みへ転換
していったのである．

　再帰的な民主主義へ向けた具体的な行動としては，本書のなかで言及された
ものに限ると，1982年の教科書問題に対する朝鮮植民地支配の清算を求める
声明とそれに続く行動，1980年代半ば一層活発になった指紋押捺拒否運動と
の連帯，そして，1991年末の元日本軍「慰安婦」の韓国人女性の証言をきっ
かけとして形成されていく日韓および日韓を越えた国際的な女性運動における
連帯行動である．第3章で述べたように，こうした動きの一部は，植民地支配
に対する謝罪を求める国会決議への動きと，日本軍「慰安婦」の調査と謝罪を

求める動きとして具体化していった．そうした動きが一部実現したのが，河野談話や村山談話であると考えられる．これらの談話は，「日韓連帯連絡会議」の事務局長であった和田春樹が 1996 年『日本は植民地支配をどう考えてきたか』（和田・石坂・戦後 50 年国会決議を求める会編 1996）で言及しているように，その最初の一歩は 1982 年「いまこそ朝鮮植民地支配の清算を」という声明であった．この声明の署名者としては，「日韓連帯連絡会議」（「日韓連帯委員会」）の代表である青地晨，事務局長の和田春樹，「東亜日報を支援する会」の倉塚平，「金芝河を助ける会」の鶴見俊輔，その他に日高六郎，中野好夫，清水智久，原後山治が名を連ねている．

　そして，日本軍「慰安婦」問題においても，日韓連帯運動の一角を形成した人々の取り組みがあった．そこでは，特に，キーセン観光反対運動に携わった女性運動家たちが中心となった．松井やよりとともに「アジアの女たちの会」に参加していた富山妙子は，1980 年代半ばから朝鮮人強制連行とそれに続く日本軍「慰安婦」をテーマにして作品活動を続けた（富山 2009）．また，韓国キリスト教と密接な関係を持つキリスト教の女性活動家たちも，日本において日本軍「慰安婦」問題を世論化するための活動を展開した．こうした活動の成果が，1990 年代半ばのまさに下からのアジアに対する戦争及び植民地支配に対する謝罪の国会議決を求める声と日本軍「慰安婦」問題の是認，謝罪，解決を求める声に繋がったのであろう[8]．

　こうして，一部の日韓連帯運動の活動家たちの取り組む課題の展開をみると，日韓連帯運動が，自己の歴史，自己のアイデンティティ（日本および日本人は何をしてきたか）を問うことにも繋がっていたことがわかる．自己のあり方を問う，自己を変革するというフレームへの転換は，普遍的な人間としての道徳性を基盤とするコスモポリタンを越えた，「根ざしたコスモポリタン」（Rooted Cosmopolitan, Tarrow 2005）としてのかかわり方であったことを示している．こうした根ざしたコスモポリタンな活動家たちが，トランスナショナルなフォーラムを形成したメディアである『世界』とともに，越境した他者との連帯に向けた言説空間を形成していたのである．

　以上，トランスナショナルな連帯の理念型をもとに，日韓連帯運動の事例を見てきた．日韓連帯運動は，前節でより詳しく見たように，直接的あるいは間

接的なトランスナショナルなコミュニケーション的行為を含んでおり，他者と自己の関係を問いながら，「自己の（国家または社会）のあり方」を変革しようとする具体的な行動を伴ったものであった．もちろん，日韓連帯運動に参加した人々は様々であり，必ずしもそのすべてが植民地過去清算や内なる戦後責任問題へ繋がったわけではない．反安保（日米安保体制への反対）や反核運動などの様々なイシューの中の1つとして関わった人々も多かっただろうし，当時の日韓連帯のムードをいわゆる「一過性」に過ぎなかったと見なす人々もいるだろう．しかし，確かなことは，1970-80年代に生まれたトランスナショナルな連帯は，1980年代以降，より直接的な市民社会レベルの交流を増やしながら，日韓市民連帯のテーマの多様化と活動の具体化へと繋がってきていることである．その点，1970-80年代の日韓連帯運動のなかで，日韓および東アジアにおけるトランスナショナルな公共圏とメディアの可能性，そして，トランスナショナルな連帯の構築の可能性が確認されたといえるだろう．

3　日韓連帯運動の意義と限界

これまで日韓連帯運動という事例を通して，越境した他者との連帯にむけた言説空間の形成過程を中心に，トランスナショナルな公共圏と連帯の可能性について論じてきた．ここでは，今まで見てきた日韓連帯運動の意義と限界を踏まえることとしたい．まず，日韓連帯運動は韓国の民主化運動に対する世界的な支援，連帯運動の一部分を構成しながら，韓国の民主化運動を支持する国際世論の形成において一助となった点を評価することができる．また，1965年の日韓会談反対闘争の時期に韓国の学生運動から厳しく問われた植民地過去清算の問題が，韓国の民主化運動と日韓連帯運動の繋がりにより，後に日本社会において再帰的な民主主義への動きを形成していった点も評価できる．そして，こうした再帰的な民主主義への動きを通じて，日韓関係という国際関係，地域政治の性格も転換してきた．その点で，1970-80年代の韓国の民主化運動と日本の支援，連帯勢力（在日韓国・朝鮮人を含む，日本という場で活動したトランスナショナルな活動家たち）は，トランスナショナルなネットワークを形成し，下からの「トランスナショナル・リレーションズ」を構築してきたと見ること

終章　トランスナショナルな公共圏と連帯の可能性——297

ができよう.

　まず，日韓連帯運動は，抑圧された，弾圧された人々の声に注目し，支持の意向を示すとともに，日本政府に国内世論として圧力を掛けることで韓国の民主化運動勢力を側面から支援していた．日本政府は，1973 年の金大中拉致事件の際，韓国の軍事政権と政治的決着をつけたことや 1980 年の光州事件の際にもっとも早く韓国の新軍部勢力を認めるなど，冷戦構造のなかで，「韓国政権の安定」にもっとも気を使ってきた．こうした日本政府に対する抗議の声，「日韓癒着」への批判は，日韓連帯運動を通じて大きくなり，1980 年の金大中の生命の危機においては，日本政府も国内世論を無視することができず，韓国政権に圧力をかけるようになっていた．当時の鈴木善幸首相は，崔慶禄（チョイ・キョンロク）駐日大使との面談で「（金大中の）極刑の事態に対しては，日本政府の対韓協力方針を実際執行する上で大きな制約を受ける」と憂慮を表明し，「自民党内部にも AA 研[9]のような批判勢力があり，対韓協力に制動をかける決議案が成立されるなどの事態が発生すれば，実際，対韓協力に制約を受けることになるだろうし，北朝鮮とのより積極的な交流を要求する世論が大きくなる可能性がある」[10]との意見を韓国の軍事政権に伝えた．日本政府が，日韓連帯運動における対韓政策（対朝鮮政策）の転換をもとめる国内の世論および国会の批判勢力を完全に無視することはできなかったことがわかる．もちろん，当時韓国政府は，米国からも様々な強い圧力を受けており[11]，国際的な批判世論に直面していた点で，日本政府によって韓国の軍事政権に伝えられた憂慮の表明がどのぐらい有効であったのか，はかりしることは難しい．しかし，日米を含む世界的な関心と憂慮の表明は，金大中が死刑を免れた核心的な理由であったと推測される．その点で，金大中の生命の危機について，日本政府が重い腰を動かしたのには，そうせざるをえない世論を形成した日韓連帯運動も一役果たしたとみることができる．

　また，韓国の民主化運動と繋がっていた日韓連帯運動の勢力は，他者との連帯を通じ日本の民主主義を徹底化していくという再帰的民主化のプロセスへ進んでいた．日韓連帯運動における日本の知識人，活動家たちは，韓国の民主化運動への連帯を唱えながら，連帯の意味を「自己変革」のための連帯として規定した．ここでいう「自己変革」とは，民主主義，人権といった普遍的原理に

おいて，日本の国家，政権，社会のあり方をより徹底的に民主化していくことを意味していた．日本の新植民地主義的な経済進出や日韓癒着という不正義な状況について「対韓政策をただそう」と叫び，日韓関係の根源的な問題として「過去の問題」を発見し，戦争責任および植民地過去問題を清算しようという動きが具体的に形成され始めた．一見，自己と関係がないように見える「他者」（韓国の民主化運動）の苦しみは，他者とのネットワークにおけるコミュニケーション的行為と具体的な連帯行動を通じ，日本における再帰的な民主主義へ転換していったのである．

とりわけ，日韓連帯運動が取り組むこととなった「過去の問題」は，韓国の民主勢力にとって長らくもっとも重要な課題の1つであった．1964-1965年の間，全国的に盛り上がりを見せていた韓国における日韓会談反対闘争は，まさに植民地過去問題の清算なしに国交正常化はないことを示したものである．しかし，すでに第3章で確認したように，当時の日本における日韓会談反対闘争は，認識や運動への取り組みにおいて韓国における反対闘争と齟齬を見せていた．しかし，1970-80年代における韓国の民主化運動勢力との直接的あるいは間接的なコミュニケーションの拡大により，現状に対する共通の認識（新植民地主義，日韓癒着）の形成から，過去に対する共通認識の形成に向かっていった．すなわち，日韓相互における共通の問題において，1965年には形成されていなかった共通認識が，1970-80年代において育まれてきたのである．

こうした再帰的な民主主義への動きは，日韓および地域政治の性格も変えていくものであった．民主化運動の代表的な人物の1人であった金大中が1997年の大統領選に当選した後，1998年に日本文化開放政策を実施したことや，小渕首相との「日韓パートナーシップ宣言」を通じ日韓の未来志向的な協力関係を標榜したのは，1993年の河野談話や1995年の村山談話など，1970-80年代から両市民社会に構築された相互信頼と協力を基にしたものである．すなわち，日韓の市民社会が一部のトランスナショナルな活動家たちを通じて繋がり，それぞれの国内政治への影響を通して，日韓および地域政治にも影響を及ぼしたことがうかがわれる．その点，トランスナショナルなネットワークと運動によるトランスナショナルな市民社会は，これまでヨーロッパを中心に議論されてきた傾向があるが，日韓連帯運動の事例から，日韓および東アジアにおいて

終章　トランスナショナルな公共圏と連帯の可能性――299

も，複数の多元的なトランスナショナルな公共圏およびトランスナショナルな市民社会に向けた議論ができると考えられる．

　しかし，日韓連帯運動は様々な限界を内包していたことにも留意する必要がある．トランスナショナルな活動家たちは，彼らを取り巻く国内・国際的な政治経済システムによって制限されていることも確かだからである．日韓連帯運動は，様々な活動家たちのカテゴリーおよび組織間に緊張や摩擦を含んでいた．例えば，日韓連帯運動の活動家たちは，北朝鮮および総連と距離を置いていたが，それは，連帯の対象となる韓国の民主化運動の活動家たちがスパイあるいは共産主義者のレッテルを貼られ，国家暴力にさらされることを憂慮したためであった．こうした憂慮は，特に情報交換において核心的な役割を果たしたキリスト者たちに強かった．キリスト者の活動家たちは，韓民統を含め，いわゆる政治的な活動をしていると見られる団体，組織，新左翼系セクトなどとはかかわらないようにしていた．こうした傾向は，韓国の民主化運動と同様，「南北分断」という構造的影響を受けていたことを浮き彫りにする．日韓連帯運動は，南北分断および冷戦構造を克服するまでには至らなかったのである．その点，革命的な社会主義体制を理想としていた活動家たちからすると，韓国の民主化運動（特に，キリスト者グループ）と日韓連帯運動は「保守的」と見えただろう．その他にも，在日韓国人の活動家たちのなかには，日韓連帯運動における「祖国」への連帯か，「在日」している現実における差別撤廃闘争か，ということで緊張を孕んでいた．どちらも在日韓国人にとっては繋がる問題ではあるが，何を優先するのか，あるいは核心とするのかによって，運動において「祖国志向」の人々と「在日志向」の人々の間で距離が生じていた．それは，在日韓国・朝鮮人のアイデンティティの問題とも絡みあいながら，今日もなお残っている．

　また，日韓連帯運動が韓国の民主勢力との連帯を通じ，共通認識を育んできたことは確かだが，それは未完のままであり，まだ十分に深まっていないと考えられる．日韓連帯運動は，韓国の民主化運動が問いかける新植民地主義的な日韓関係と日韓癒着の問題にともに取り組むなかで，戦後韓国社会の政治経済や日韓関係に関する問題と矛盾が，戦前の植民地時代から構築されてきたことを発見し，具体的な行動へ取り組んでいったものであった．しかし，日韓連帯

運動のなかでも見られた一部のパターナリズムや排外主義的な姿勢[12]は，日韓のポストコロニアルな共同課題への取り組みや日韓連帯運動に対する意味づけにおいても緊張や葛藤を持ち込んでいると考えられる．日本の活動家たちが，日韓連帯運動に関わることで韓国（の活動家たちや人権侵害の被害者）から感謝または待遇されることを当然のことのように期待する態度や，なぜ「支援」あるいは「連帯」しなければならないのか，その政治社会的な，歴史的な文脈に対する理解なしに短絡的な自己満足に陥りやすいことは，すでに 1970-80 年代において指摘されていた．

　1970-80 年代の日韓連帯運動のなかでは，繰り返し，この運動が「自己変革」のための運動でなければならないと強調されている．他者の運動へ手を貸し，満足するといったものではなく，他者との関係のなかで見えてきた，自らの課題，問題をより徹底的に民主化していこうとしたものであった．それは繰り返しになるが，1972 年，鶴見俊輔が金芝河と会った際，金芝河の述べた言葉「Your movement cannot help me. But I will add my voice to help your movement（あなたたちの運動は，私を助けることはできない．しかし，私は，あなたたちの運動を助けるために，声を出そう）」からの衝撃でもみることができる．感謝されると思った対象からのまったくの対等な言葉は，日韓連帯運動の様々なところで引用され，「他者を救う」「援助する」といった姿勢でなく，そこから問われる「自己のあり方」を変革しなければいけないという問題意識に繋がった．

　このように「自己変革」のための運動でなければならないと強調されるのは，他者の闘いを支援した，いいことをしたという短絡的な満足や優越感を警戒してのことであった．実際，『東亜日報』の日本からのカンパ拒否について，「東亜日報を支援する会」に手紙を出した人は，「日本人が人に手をかして自己満足にひたるより，日本国内ですべきことが余りにも多い[13]」とし，他者の運動に「手を出しては自己満足に浸ること」を警戒していた．また，日韓連帯運動の高まりを見ていた田中明は，『三千里』で「いい子ぶりにすぎない」「主体性が欠けている」と批判の声も出している[14]．彼は，『中央公論』でも「韓国で騒憂が起こると，つまみ食い的に連帯うんぬんが叫ばれるだけで，韓国は平和と安定の時期には関心の外におかれ，混乱が起こったときにだけ利用される手

ごろな道具となっている」（田中 1980: 202）とも批判している．日韓連帯運動
における連帯の構図を「自己変革」「自己解放」のための連帯であると，より
主体的に取り組むべきものとして説いた和田春樹は，1980 年の「金大中を殺
すな！」の運動を振り返り，その大衆的な基盤に「同情」があったと指摘して
いる[15]．このように，1970-80 年代の日韓連帯運動は，運動の取り組みのなか
で持ち込まれやすいパターナリズムや排外主義的な姿勢との対決を孕んでいた
ものであった．他者との連帯を通じた再帰的な民主主義へのプロセスは，こう
した他者に対する優越感，自己満足，他者に対する偏見の強化や他者の利用と
いった要素と対決しながら，他者と自己の関係から発見された自己の国家と社
会の不正義なあり方をより徹底的に民主化しようとする市民社会の努力，メ
ディアとジャーナリズムの実践によって進められたものである．今日の日韓市民
連帯，あるいは東アジア市民連帯が，1990 年代半ば以後強まりつつある反動
に行き詰まりを感じているのは，日韓連帯運動における未完の「自己変革」，
未完の再帰的な民主主義にも一因があるように考えられる．

　強まりつつあるネオリベラルなグローバリゼーションとともに，1990 年代
半ば以後，日本社会は様々な反動を目撃している．2000 年の「女性国際戦犯
法廷」に関して制作された NHK 番組が改変された事件[16]，「新しい歴史教科
書をつくる会」による歴史修正主義，「愛国心」を強調する教育基本法改正，
靖国の合祀・参拝問題，そして近年のヘイトスピーチにも見られる排外主義の
高まりなどが挙げられる．日本社会の保守化・右傾化が論じられて久しいが，
こうした傾向は，過去清算の問題の解決を求める越境した市民連帯を敵とみな
し，その成果としての過去に対する共通認識までも否定しようとしており，市
民同士のトランスナショナルなネットワークと連帯は，国内的，国際的な政治
経済構造に制限された脆弱なもののようにもみえる．しかし，ヘイトスピーチ
に反対する市民の動きがおこるなど，反動を強める政治経済のシステムの命令
に対し，「民主主義」や「人権」という普遍的な価値とともに，他者と自己の
関係性とその歴史性を問おうとする人々が存在していることも確かである．す
なわち，他者との連帯を通じた再帰的民主主義への道程は終わりなきものであ
る．

　一方，韓国においても，民主主義の後退が危惧されて久しい．韓国の民主化

運動は1987年に形式的，手続き的な民主化を勝ち取ったが，様々な分野において実質的な民主主義への闘いは今もなお続いている．とりわけ，2000年代後半からは政権及び国家情報機関によるマスメディアとインターネットへの影響力増加に対し，新聞，放送の従事者たちが連帯的に参加した言論大ストライキや一般市民によるデモなども起こった．2016年11月頃から2017年3月の大統領弾劾まで続いた，大統領の権力乱用を糾弾するロウソクデモは，民主主義への道は終わりなきものであることを如実に見せたのである．市民レベルの日韓交流においては，確かに様々なイシューとともに拡大はしてきたが，韓国では，日本における「日韓連帯運動」についてあまり知られておらず[17]，日本の市民社会とのネットワークと連帯の蓄積に対し十分に目が向けられていないように見える．今日，アジアの市民交流がますます増えているなか，韓国社会においても「日韓連帯運動」を振り返ってみることは，日韓および東アジアの市民社会の交流において学び得るところがあると考えられる．

「新冷戦」などと危惧されるような世界的な変動のなかで，現在の日韓関係および東アジアにおいて，トランスナショナルな公共圏や連帯というのは想像しにくいかもしれない．しかし，与えられた構造や条件と対決してきたのがまさにトランスナショナルな活動家たちのネットワークと連帯へ向けた運動であった．1970-80年代における韓国の民主化運動や日韓連帯運動は，当時の両市民社会が冷戦構造という与えられた条件と対決し，トランスナショナルなネットワークを通じ，直接的あるいは間接的なコミュニケーションを通じた越境した政治的空間を形成し，日韓関係および歴史問題などの様々な問題においてある程度の共通認識を育んできたのである．今後，日韓および東アジアにおいて要請されているのは，「人権」や「民主主義」という普遍的な価値とともに，越境した他者との共通認識を求め，他者の声，視点，態度を取り込み，反省的に捉え返すトランスナショナルな公共圏を持続的に構築していくための努力，すなわち，ナショナルなメディア空間を超えたメディア，ジャーナリズムの実践を含む市民社会の努力ではないだろうか．

4　本書の限界と今後の課題

　本書は，1970-80 年代の日韓連帯運動を事例に，トランスナショナルな公共
圏と連帯の可能性について，理論的かつ実証的に考察してきた．そこで，「限
定」された，「特殊」な事例に対する理論的考察に疑問の声もあるだろう．以
下では，こうした批判の声にこたえながら，本書の限界と今後の課題について
述べる．

　まず，日韓連帯運動が一部の日本の知識人，活動家，在日韓国・朝鮮人を中
心とした運動であることから，両国あるいは両市民社会同士の連帯というより，
韓国の民主化運動に対する一方的な「想像された連帯」あるいは「限られた連
帯」に過ぎないという指摘を受けることもあると考えられる．しかし，本書で
議論したトランスナショナルな公共圏と連帯は，国家間の市民社会における
「すべての人びとの参加」を前提とした単数の「政治的公共圏」を想定したも
のではない．世論形成を中心とした，トランスナショナルな活動家たちのネッ
トワークを，実態型としてのトランスナショナルな公共圏としてみることもで
きるとし，多元的な複数の公共圏を想定したものである．そこで生まれるトラ
ンスナショナルな連帯は，世界的な関心と連帯を訴える「闘う人びと」の問い
かけを中心に形成され，問題提起，問題診断，解決策の模索などにおいてコミ
ュニケーション的行為の相互性を求めるのであって，「対等なもの」同士の相
互的交換（物質的，精神的支持が行き来することへの期待）を前提としたもので
はない．権威主義体制の韓国社会におけるほんの一部のトランスナショナルな
活動家たち（キリスト者および民主化運動の指導者）であっても，彼らが日本お
よび海外の支援，連帯勢力と情報交換のネットワークを形成したことを，そし
て，直接的あるいは間接的なコミュニケーションを通じて政治的空間を形成し
たことを無視することはできないと考えられる．

　また，他者との連帯が過去清算問題へ転換していったことに対して，日韓の
「特殊」な関係性という指摘を受けることも考えられる．すなわち，日韓には
植民地過去が存在していたために，日韓連帯運動が形成され，歴史問題へと展
開されたのではないかという見方である．確かにコロニアリズム脱却のための

共同プロジェクトとして，植民地過去清算と歴史認識の問題が前景化したことは，日韓の元植民地宗主国と元植民地という特殊な事情によるとみることはできる．しかし，トランスナショナルな連帯における再帰的な民主化への道程という構図（他者との連帯→自己と他者の関係への問いかけと自己の変革）自体が一般化できないということにはならない．韓国およびアジアにおける人権・労働運動に連帯することで，米国の多国籍企業が途上国の人権弾圧的な政権と利益をともにしている問題に着目した米国の活動家たちが，労働者の人権を守る国々とだけに貿易するような法案作成を呼びかけ，限られた成果であったが実現させた事例[18]など，再帰的な民主化への道程は，日韓の「特殊」な事柄——植民地過去清算——だけに限定されるものではない．その点，他者との連帯を通じた再帰的な民主主義という構図は，日韓連帯運動だけでなく，様々な運動のなかで普遍的に適用されうるものであると考えられる．

本書は 1990 年代以降の日韓市民連帯の展開過程を追うには至らなかった．1987 年の韓国の民主化後，それまで権威主義政権下で抑圧・弾圧されてきた韓国における植民地過去に対する清算の要求が増加してきたこと，また，日本の市民団体や活動家たちが 80 年代半ば以降真正面から戦争責任，植民地支配責任を取り上げ始め，その成果として 1990 年代の植民地支配に対する反省および謝罪の国会議決を要求していったことには触れることができた．しかし，1990 年代半ば，「日韓連帯連絡会議」の事務局長の和田春樹も積極的に参加した「女性のためのアジア平和国民基金」（以下，「国民基金」）については触れることはできなかった．特に，「国民基金」は，日韓連帯運動勢力の内部において分裂を持ち込む結果となったが，詳細な分析には至らなかった．トランスナショナルな連帯は，批判や問題提起に開かれたものでなければならない．1990 年代以後，トランスナショナルな活動家たちのネットワークはいかに批判や問題提起に対応してきたのか，また省察をしてきたのか，そして，その構造的制約は何であったのかなど，今後の課題として考察し続けていきたい．

本書は，それ自体多くの課題と困難にある日韓を越えた市民同士の連帯を研究対象としながら，以上のような限界を内包している．今後は，1970-80 年代の日韓連帯運動が，新たなメディア環境と文化交流の環境のなかで，どのように展開してきているのか，そして，どのような困難と課題に直面しているのか，

より考察を深めていきたい．とりわけ，未完である 1970-80 年代の日韓連帯運動以後も続く，トランスナショナルな公共圏と連帯へ向けた市民社会，特に，メディアとジャーナリズムの実践に注目していきたい．

1) 詳しくは，ハーバーマス（Habermas 1981=1985-1987）および本書の第 1 章第 2 節を参照．
2) 倉塚が引用したソウル大学の学生会の地下声明については，倉塚（1974: 93）を参照．本書の第 5 章でより詳しく論じている．
3) 詳しくは，和田（1981b）を参照．
4) 渡辺哲郎へのインタビュー（2011 年 11 月 9 日）．当時，東京地方労働組合評議会書記（政治部窓口の役割）．光州事件と関連し，参加していた人々は「軍隊もすさまじいけど，民衆の方もすさまじいよ，朝鮮人はすごいな，韓国人はやるんだな，日本人はそこまではやらないなと，差別丸出しで言っていた」と回想した．
5) 富山妙子へのインタビュー（2014 年 4 月 12 日）．
6) 東海林勤へのインタビュー（2010 年 2 月 17 日）．
7) 布袋敏博へのインタビュー（2011 年 10 月 19 日）．
8) しかし，こうした下からの声は，政治社会のなかで議論されるなかで，法的責任，補償の方法，記憶と教育などをめぐる議論のなかで分裂していった．関連する議論については，金・中野編（2008）などを参照．
9) 自民党の内部の「アジア・アフリカ問題研究会」のことで，通称 AA 研と呼ばれる．アジア諸国との協調を重視する議員によって構成されている．1965 年，宇都宮徳馬衆議院議員らによって設立．
10) 「駐日崔大使，鈴木首相面談」（1980 年 11 月 21 日，15：00-15：30）の要旨からの引用，筆者訳．『金大中内乱陰謀事件に関する日本の反応』（Vol. 2），韓国外交史料館．
11) エドワード・ケネディ上院議員は，「韓国政府がこのような警告を無視すれば，駐韓米大使を召還し，米輸出銀行の借款を含め経済協力を留保する」と述べた．「米日，1980 年 DJ 救命のため，新軍部に強い圧迫」『ノーカットニュース』2011 年 2 月 21 日（http://www.nocutnews.co.kr/news/804977 最終アクセス：2014 年 7 月 4 日）．
12) 例えば，韓国の「反朴」「反独裁」の批判には声を上げるが，韓国の「反日デモ」は官製デモにすぎず，「けしからん」，許せないといった姿勢が挙げられるであろう．「座談会『反共反日』デモをどう見るか」『朝鮮研究』（1974 年 11 月号）．本書では，第 3 章を参照．
13) 日本の問題として取り組むべき問題として，韓国に進出した日本の不実企業の実態調査や在日朝鮮人の処遇問題などを挙げている．詳しくは，倉塚（1975）を参照．本書では，第 5 章を参照．
14) 詳しくは，田中（1975）を参照．本書では，第 3 章を参照．

15) 詳しくは，和田（1975a）と，和田（1981b）を参照．本書では，第5章を参照．
16) 詳しくは，永田（2010）を参照．
17) 日本においても，「日韓連帯運動」はまだこれまで学術的には整理されてこなかった．
18) 詳しくは，Lee（2014b）を参照．

参考文献

※韓国語文献（アルファベット順）は分けて，書名，論文名，雑誌名の筆者による和訳を付ける．

阿部潔，2006，「トランスナショナル公共圏の可能性」『放送メディア研究』Vol. 6: 112-137.

Anderson, Benedict, 1983, *Imagined Communities: Reflections on the Origin and Spread of Nationalism,* London: Verso（白石隆・白石さや訳，2007，『定本 想像の共同体——ナショナリズムの起源と流行』書籍工房早山）．

Anderson, Benedict, 1993,「〈遠隔地ナショナリズム〉の出現」『世界』（3 月号）: 179-190.

安藤丈将，2013，『ニューレフト運動と市民社会——「六〇年代」の思想のゆくえ』世界思想社．

Angell, Alan, 1996, "International Support for the Chilean Opposition, 1973-1989: Political Parties and the Role of Exiles," Laurence Whitehead, ed., *The International Dimensions of Democratization: Europe and Americas,* Oxford: Oxford University Press: 175-200.

青地晨，1974，「ソウルで日韓関係を考える——金大中氏と会って」『世界』（5 月号）: 121-135.

青地晨・和田春樹編，1977，『日韓連帯の思想と行動』現代評論社．

青地晨ほか，1978，「《共同報告》日本の対朝鮮政策の転換を——金大中氏事件五年の現実の中で」『世界』（11 月号）: 35-102.

青地晨ほか，1980，「《共同報告》いまこそ対朝鮮政策の転換を——韓国の新事態に際して」『世界』（1 月号）: 103-115.

浅見定雄，1974，「ひとつの市民運動」『世界』（6 月号）: 258-259.

Avenell, Simon A., 2010, *Making Japanese Citizens: Civil Society and the Mythology of the Shimin in Postwar Japan,* Berkeley: University of California Press.

馬場伸也，1980，『アイデンティティの国際政治学』東京大学出版会．

Baylis, John, Steve Smith and Patricia Owens, eds., 2008, *The Globalization of World Politics: an introduction to international relations* (4th edition), New York: Oxford University Press.

Beck, Ulrich, 1997, *Was ist Globalisierung?: Irrtümer des Globalismus—Antworten auf Globalisierung,* Frankfurt am Main: Suhrkamp（木前利秋・中村健吾監訳，2005，『グローバル化の社会学——グローバリズムの誤謬—グローバル化への応

答』国文社).

Beck, Ulrich, Anthony Giddens and Scott Lash, 1994, *Reflexive modernization: politics, tradition and aesthetics in the modern social order,* Cambridge: Polity Press (in association with Blackwell Publishers, Oxford) (松尾精文・小幡正敏・叶堂隆三訳, 1997,『再帰的近代化——近現代の社会秩序における政治, 伝統, 美的原理』而立書房).

Benford, Robert D. and David A. Snow, 2000, "Framing Processes of Social Movements: An overview and Assessment," *Annual Review of Sociology,* Vol. 26: 611-639.

Bhabha, Homi K., 1994, *The Location of Culture,* London: Routledge (本橋哲也ほか訳, 2005,『文化の場所——ポストコロニアリズムの位相』法政大学出版局).

Black, David, 1999, "The long and winding road: International norms and domestic political change in South Africa," Thomas Risse, Stephen C. Ropp and Kathryn Sikkink, eds., *The Power of Human Rights,* Cambridge, UK; New York: Cambridge University Press: 78-108.

Blumer, Herbert, 1969, *Symbolic Interactionism: Perspective and Method,* Englewood Cliffs, N. J.: Prentice-Hall.

Bob, Clifford, 2005, *The Marketing of Rebellion: Insurgents, Media, and International Activism,* Cambridge, UK; New York: Cambridge University Press.

Bohman, James, 2004, "Expanding dialogue: The Internet, the public sphere and prospects for transnational democracy," *The Sociological Review,* Vol. 52 (1): 131-155.

Boil, John and George M. Thomas, eds., 1999, *Constructing World Culture: International nongovernmental organizations since 1875,* Stanford, Calif.: Stanford University Press.

Bourgeois, Léon, 1896, *Solidarité,* Paris: A. Colin.

Brunkhorst, Hauke, 2005, *Solidarity: from civic friendship to a global legal community,* Cambridge: MIT Press.

Brunkhorst, Hauke, 2007, "Globalizing Solidarity: The Destiny of Democratic Solidarity in the Times of Global Capitalism, Global Religion, and the Global Public," *Journal of Social Philosophy,* Vol. 38 (1): 93-111.

Burgerman, Susan, 2001, *Moral Victories: How Activists Provoke Multinational Action,* Ithaca, London: Cornell University Press.

Canan, Penelope and Nancy Reichman, 2002, *Ozone Connections: Expert Networks in Global Environmental Governance,* Sheffield: Creenleaf (小田切力・藤本祐一訳,

2005, 『オゾン・コネクション』日本評論社).

Castells, Manuel, 2008, "The New Public Sphere: Global Civil Society, Communication Networks, and Global Governance," *ANNALS of the American Academy of Political and Social Science,* Vol. 616 (1): 78-93.

Cha, Victor D., 1999, *Alignment despite Antagonism: the United States-Korea-Japan Security Triangle,* Stanford, Calif.: Stanford University Press (倉田秀也訳, 2003, 『米日韓反目を超えた提携』有斐閣).

張達重, 2005, 「グローバル化と民族主義の流れの中の日韓関係——相互軽視 (mutual passing) 的流れに対する考察」小此木政夫・張達重編『戦後日韓関係の展開』慶應義塾大学出版会：11-34.

Checkel, Jeffrey T., 1998, "The Constructivist Turn in International Relations Theory," *World Politics,* Vol. 50: 324-348.

池明観, 1999, 『日韓関係史研究』新教出版社.

池明観, 2003, 「特別インタビュー：国際共同プロジェクトとしての『韓国からの通信』（聞き手：岡本厚)」『世界』（9月号）：49-67.

池明観, 2005, 『池明観自伝 境界線を超える旅』岩波書店.

陳伊佐ほか, 1987, 「《座談会》『共生』の原理のために——指紋拒否から見えてきたもの」『世界』（9月号）：242-258.

崔章集, 1999, 『韓国現代政治の条件』法政大学出版局.

趙基銀, 2006, 「在日朝鮮人と1970年代の韓国民主化運動」『言語・地域文化研究』12号, 東京外国語大学大学院：197-217.

『朝鮮研究』編集部, 1974, 「《座談会》『反共反日』デモをどうみるか」『朝鮮研究』（11月号）：4-28.

『朝鮮研究』編集部, 1977, 「特集 今『連帯』を考える——本研究所の『連帯』論をふりかえる」『朝鮮研究』（7月号）：2-22.

鄭大均, 1995, 『韓国のイメージ——戦後日本人の隣国観』中央公論社.

鄭根珠, 2013, 「韓国民主化支援運動と日韓関係——『金大中内乱陰謀事件』と日本における救命運動を中心に」『アジア太平洋討究』No. 20: 359-371.

鄭敬謨, 1973, 「韓国の第二の解放と日本の民主化」『世界』（9月号）：87-101.

鄭敬謨, 1974, 「恥ずかしいものどうしの連帯」『世界』（1月号）：94-101.

鄭敬謨, 2011, 鄭剛憲訳『歴史の不寝番——「亡命」韓国人の回想録』藤原書店.

鄭在俊, 2006, 『ある「在日」の半生——金大中救出運動小史』現代人文社.

Cohen, Jean L. and Andrew Arato, 1992, *Civil Society and Political Theory,* Cambridge, Mass.: MIT Press.

Conway, Janet and Jakeet Singh, 2009, "Is the World Social Forum a Transnational

Public Sphere? Nancy Fraser, Critical Theory and the Containment of Radical Possibility," *Theory, Culture & Society,* Vol. 26 (5): 61-84.

Cumings, Bruce, 1981, *The Origins of Korean War: Liberation and the emergence of separate regimes, 1945-1947,* Princeton, N. J.: Princeton University Press（鄭敬謨・林哲・加地永都子訳，2012,『朝鮮戦争の起源1　1945年—1947年　解放と南北分断体制の出現』明石書店).

Cumings, Bruce, 1989, "The Abortive Abertura: South Korea in the Light of Latin American Experience," *New Left Review,* No. 173: 5-32.

Della Porta, D., 2005, "Making the Polis: Social Forums and Democracy in the Global Justice Movement," *Mobilization: An International Journal,* Vol. 10 (1): 73-94.

Durkheim, Émile, 1893, *De la division du travail social—Etude sur l'organisation des sociétiés supérieures,* Ire ed., 1893; 7e ed., 1960, Paris: P. U. E. (田原音和訳，1971,『現代社会学大系2　社会分業論』青木書店).

海老坂武，1996,「1945年の実存主義」J.-P. サルトル著，伊吹武彦ほか訳『実存主義とは何か』人文書院: 1-27.

Eisinger, P. K., 1973, "The Conditions of Protest Behavior in American Cities," *American Political Science Review,* Vol. 67 (1): 11-28.

遠藤貢，2005,「NGOとグローバル市民社会」梶田孝道編『新・国際社会学』名古屋大学出版会: 199-217.

Eriksen, Erik Oddvar, 2005, "An Emerging European Public Sphere," *European Journal of Social Theory,* Vol. 8 (3): 341-363.

Finnemore, Martha, 1996, *National Interests in International Society,* Ithaca, N. Y.: Cornell University Press.

Flick, Uwe, 2007, *Qualitative Sozialforschung: Eine Einfuehrung,* Reinbek bei Hamburg: Rowohlt Taschenbuch Verlag（小田博志ほか訳，2011,『質的研究入門——〈人間の科学〉のための方法論』春秋社).

Florini, Ann, ed., 1999, *The Third Force: The Rise of Transnational Civil Society,* Tokyo and Washington: Japan Center for International Change and Carnegie Endowment for International Peace.

Flynn, Jeffrey, 2009, "Human Rights, Transnational Solidarity, and Duties to the Global Poor," *Constellations,* Vol. 16 (1): 59-77.

Fowler, James, 1999, "The United States and South Korean Democratization," *Political Science Quarterly,* Vol. 114 (2): 265-288.

Fraser, Nancy, 1992, "Rethinking the Public Sphere: A Contribution to the Critique of Actually Existing Democracy," Craig Calhoun, ed., *Habermas and the Public*

Sphere, Cambridge, MA: MIT Press: 109-142 (山本啓・新田滋訳, 1999, 『ハーバマスと公共圏』未來社: 117-159).

Fraser, Nancy, 2007, "Transnationalizing the Public Sphere: On the legitimacy and Efficacy of Public Opinion in a Post-Westphalian World," *Theory, Culture & Society,* Vol. 24 (4): 7-30.

藤井佳世・高橋勝, 2005, 「コミュニケーション的行為にいたるプロセス」『横浜国立大学教育人間科学部紀要』Vol. 7: 57-68.

藤田研二朗・富永京子・原田峻, 2014, 「社会運動の連携研究におけるモデル構築の試み――『戦略的連携――連携形成と社会運動』を手がかりに」『書評ソシオロゴス』Vol. 10: 1-26.

Gamson, William A., 1992, *Talking Politics,* Cambridge [England]; New York, N. Y.: Cambridge University Press.

Giddens, Anthony, 1990, *The consequences of modernity,* Cambridge, UK: Polity Press (松尾精文・小幡正敏訳, 1993, 『近代とはいかなる時代か?――モダニティの帰結』而立書房).

Gitlin, Todd, 1980, *The Whole World is Watching: Mass Media in the making & unmaking of the New Left,* Berkeley: University of California Press.

Goffman, Erving, 1974, *Frame Analysis: an essay on the organization of experience,* New York: Harper & Row.

Gränzer, Sieglinde, 1999, "Changing discourse: transnational advocacy networks in Tunisia and Morocco," Thomas Risse, Stephen C. Ropp and Kathryn Sikkink, eds., *The Power of Human Rights,* Cambridge, UK; New York: Cambridge University Press: 109-133.

Guidry, John A., Michael D. Kennedy and Mayer N. Zald, eds., 2000, *Globalizations and Social Movements: Culture, Power, and the Transnational Public Sphere,* Ann Arbor: The University of Michigan Press.

Habermas, Jürgen, 1962, *Strukturwandel der Öffentlichkeit: Untersuchungen zu einer Kategorie der bürgerlichen Gesellschaft,* Frankfurt am Main: Suhrkamp.

Habermas, Jürgen, 1981, *Theorie des Kommunikativen Handelns,* Frankfurt am Main: Suhrkamp (河上倫逸・藤沢賢一郎・丸山高司ほか訳, 1985-1987, 『コミュニケイション的行為の理論』(上・中・下) 未來社).

Habermas, Jürgen, 1985, *Der philosophische Diskurs der Moderne: Zwölf Vorlesungen,* Frankfurt am Main: Suhrkamp (三島憲一・轡田收・木前利秋・大貫敦子訳, 1990, 『近代の哲学的ディスクルス』(I・II) 岩波書店).

Habermas, Jürgen, 1990, *Strukturwandel der Öffentlichkeit: Untersuchungen zu einer Kategorie der bürgerlichen Gesellschaft,* mit einem Vorwort zur Neuauflage, Frankfurt am Main: Suhrkamp（細谷貞雄・山田正行訳，1994，『［第2版］公共性の構造転換——市民社会の一カテゴリーについての探究』未來社）.

Habermas, Jürgen, 1992, *Faktizität und Geltung: Beiträge zur Diskurstheorie des Rechts und des demokratischen Rechtsstaats,* Frankfurt am Main: Suhrkamp（河上倫逸・耳野健二訳，2002-2003，『事実性と妥当性』（上・下）未來社）.

Habermas, Jürgen, 1998, *Die postnationale Konstellation: Politische Essays,* Frankfurt am Main: Suhrkamp (Translated by Marx Pensky, 2001, *The Postnational Constellation: Political Essays,* Cambridge, MA: MIT Press).

Held, David, 1995, *Democracy and the Global Order: From the Modern State to Cosmopolitan Governance,* Oxford: Polity Press（佐々木寛・遠藤誠治・小林誠・土井美徳・山田竜作訳，2002，『デモクラシーと世界秩序——地球市民の政治学』NTT出版）.

樋口直人，2014，『日本型排外主義』名古屋大学出版会.

Hopkins, Terence K. and Immanuel Wallerstein, 1996, *The Age of Transition: Trajectory of the World-System, 1945-2025,* Atlantic Highlands, NJ: Zed Books.

花田達朗，1996，『公共圏という名の社会空間——公共圏，メディア，市民社会』木鐸社.

林香里，2002，『マスメディアの周縁，ジャーナリズムの核心』新曜社.

林香里，2007，「『公共性』から『連帯』へ——労働としての『メディア』と『ジャーナリズム』を考える」『世界』（7月号）：54-65.

林香里，2008，「マスメディア・ジャーナリズムを支配する『最大多数の最大幸福』の最大不幸——職業倫理の検討とその刷新の可能性」『論座』（7月号）：26-31.

林香里，2009，「『ケアのジャーナリズム』の試論」『現代の理論』（新春号）：130-143.

林香里，2010，「マスメディアをめぐる公共学」山脇直司・押村高編『アクセス 公共学』日本経済評論社：83-109.

林香里，2011，『〈オンナ・コドモ〉のジャーナリズム——ケアの倫理とともに』岩波書店.

林香里，2013，「Giving Voice to the Voiceless 声なき人たちに声を与える——ケアの倫理から考えるマスメディア・ジャーナリズムの『正義』」内藤正典・岡野八代編著『グローバル・ジャスティス——新たな正義論への招待』ミネルヴァ書房.

日高六郎，1982，「『反省』とはなにか——アジアのなかの教科書検定問題」『世界』（10月号）：46-55.

Huntington, Samuel P., 1991, *The Third Wave: Democratization in the Late*

Twentieth Century, Norman: University of Oklahoma Press（坪郷實・中道寿一・藪野祐三訳，1995，『第三の波——20世紀後半の民主化』三嶺書房）．

飯島信，2003，「韓国民主化の道程と私」『共助』（6月号）：13-22．

飯島信，2006，「韓国の民主化の路程と私」思想・良心・信教の自由研究会編『この国に思想・良心・信教の自由はあるのですか』いのちのことば社：65-81．

猪狩章，2009a，「あの日あの時　第一回　午後9時の電話」『韓国語ジャーナル』Vol. 28: 104．

猪狩章，2009b，「あの日あの時　第二回　『女性と金』の怖い話」『韓国語ジャーナル』Vol. 29: 88．

今津弘，1973，「日本外交の体質と軌跡——金大中氏事件に見る」『世界』（11月号）：45-50．

今津弘，1984，「南北対話の緊急性と日本——朝鮮情勢が問うもの」『世界』（3月号）：140-146．

稲葉奈々子，2005，「国境を越える社会運動」梶田孝道編『新・国際社会学』名古屋大学出版会：179-198．

石田雄・日高六郎・福田歓一・藤田省三，1966，「《討論》戦後民主主義の危機と知識人の責任——日韓強行採決をめぐって」『世界』（1月号）：122-141．

石川昌，1984，「『日韓新時代』と新聞報道——ひとつのケース・スタディとして」『世界』（11月号）：112-120．

伊藤成彦，1980，「国際常識との大きな落差——外から見た金大中『裁判』と日本」『世界』（12月号）：88-100．

岩井章・木村俊夫・隅谷三喜男・関寛治・安江良介，1977，「《討論》朝鮮政策転換の方向」『世界』（9月号）：83-107．

岩波書店，2006，『「世界」別冊　世界総目次 1945〜2005』岩波書店．

James, Green, 2010, *We cannot remain silent: opposition to the Brazilian military,* Durham, N. C.: Duke University.

Jetschke, Anja, 1999, "Linking the unlinkable? International norms and nationalism in Indonesia and the Philippines," Thomas Risse, Stephen C. Ropp and Kathryn Sikkink, eds., *The Power of Human Rights,* Cambridge, UK; New York: Cambridge University Press: 134-171.

寿岳章子，1980，「虚無感こそ最大の敵」『世界』（9月号）：64-65．

梶田孝道編，2005，『新・国際社会学』名古屋大学出版会．

韓国問題キリスト者緊急会議編，1976，『韓国民主化闘争資料集 1973〜1976』新教出版社．

姜在彦，1996，『「在日」からの視座——姜在彦在日論集』新幹社．

姜尚中，2001a，『ナショナリズム』岩波書店.

姜尚中，2001b，『東北アジア共同の家をめざして』平凡社.

姜尚中・木宮正史編，2013，『日韓関係の未来を構想する』新幹社.

Kant, Immanuel, 1796, *Zum ewigen Frieden: ein philosophischer Entwurf,* F. Nicolovius（宇都宮芳明訳，1985，『永遠平和のために』岩波書店）.

加藤哲郎，1994，『モスクワで粛清された日本人――30年代共産党と国崎定洞・山本懸蔵の悲劇』青木書店.

加藤哲郎，2002，『国境を越えるユートピア――国民国家のエルゴロジー』平凡社.

加藤哲郎，2008，『ワイマール期ベルリンの日本人――洋行知識人の反帝ネットワーク』岩波書店.

加藤哲郎・小野一・田中ひかる・堀江孝司編，2010，『国民国家の境界』日本経済評論社.

Katzenstein, Peter J., 1996, *The Culture of National Security: Norms and Identity in World Politics,* New York: Columbia University Press.

川原彰，2005，『現代比較政治論――民主化研究から民主主義理論へ』中央大学出版部.

Keane, John, 2009, *The Life and Death of Democracy,* London; New York: Simon & Schuster.

Keck, Margaret E. and Kathryn Sikkink, 1998, *Activists beyond Borders: Advocacy Networks in International Politics,* Ithaca, N. Y.: Cornell University Press.

Keck, Margaret E. and Kathryn Sikkink, 2000, "Historical Precursors to Modern Transnational Social Movements and Networks," Guidry, Kennedy and Zald, eds., *Globalizations and Social Movements: Culture, Power, and the Transnational Public Sphere,* Ann Arbor: University of Michigan Press: 35-53.

Khagram, Sanjeev, James V. Riker and Kathryn Sikkink, eds., 2002, *Restructuring World Politics: Transnational Social Movements, Networks, and Norms,* Minneapolis; London: University of Minnesota Press.

Khagram, Sanjeev and Levitt Peggy, eds., 2008, *The Transnational Studies Readers: Intersections & Innovations,* New York: Routledge.

金大中・安江良介（聞く人），1973，「韓国民主化への道――朴政権の矛盾は拡大している」『世界』（9月号）：102-122.

金大中・安江良介（聞く人），1983，「韓国現代史の問うもの――われわれは，いかに生くべきか」『世界』（9月号）：34-103.

金学鉉，1984，「七十五年の空白――"新日韓時代"に想う」『世界』（11月号）：205-212.

金淳一・安江良介（聞く人），1973，「軍政からファシズムへ——朴政権十二年の軌跡を語る」（5 月号）：97-118.

金明植・藤本治，1986，「《対談》〈帝国〉日本への問い」『世界』（2 月号）：71-87.

金富子・中野敏男編，2008『歴史と責任——「慰安婦」問題と一九九〇年代』青弓社.

Kim, Sun Hyuk, 2000, *The Politics of Democratization in Korea: The Role of Civil Society,* Pittsburgh, PA: Univeristy of Pittsburgh Press.

金泰明，1986，「《在日韓国人政治犯の十五年》架け橋としての在日韓国人政治犯」『世界』（6 月号）：214-231.

木宮正史，1995，「韓国の民主化運動——民主化への移行過程との関連を中心にして」坂本義和編『世界政治の構造変動 4　市民運動』岩波書店：183-225.

衣笠新作，1980，「全斗煥体制の対日報道統制——日本はどう対応するか」『世界』（9 月号）：95-105.

北田暁大，2005，『嗤う日本の「ナショナリズム」』NHK ブックス.

北田暁大，2008，『広告の誕生——近代メディア文化の歴史社会学』岩波書店.

Klandermans, Bert, Hanspeter Krisesi and Sidney Tarrow, 1998, *International Social Movement Research: A Research Annual,* Greenwich, Connecticut: JAI PRESS INC.

河野健二，1980，「わが国の原則は何か」『世界』（9 月号）：62.

倉塚平，1974，「民主主義のための連帯——韓国民主運動のアピールに応えて」『世界』（5 月号）：91-100.

倉塚平，1975，「連帯を求める草の根の声——『東亜日報を支援する会』への手紙より」『世界』（5 月号）：202-210.

Kymlica, Will, 2002, *Contemporary Political Philosophy: an introduction,* Oxford: Oxford University Press.

Lancaster, Carol, 2007, *Foreign Aid: Diplomacy, Development, Domestic Politics,* Chicago: The University of Chicago Press.

Lee, Chong-sik, 1985, *Japan and Korea: The Political Dimension,* Stanford, Calif.: Hoover Institution Press（小此木政夫・古田博司訳，1989，『戦後日韓関係史』中央公論社）.

李仁夏，2003，「南北和解の原点としての韓国民主化運動——『韓国からの通信』の今日的意味」『世界』（11 月号）：34-145.

李仁夏，2006，『歴史の挟間を生きる』日本キリスト教団出版局.

Lee, Jung-eun, 2010, *Dynamics of Interorganizational Collaboration: Social Movements during Korea's Transition to Democracy,* Ph. D. Dissertation, Stanford

University.

李美葉，2008，「指紋・顔写真の収集という人権侵害の復活」『IMADR-JC 通信』No. 152: 4-5.

李美淑，2009，「メディアの他者化言説の形成過程に関する研究——韓国における結婚移住女性に関する時事報道番組を中心に」東京大学大学院学際情報学府修士学位論文.

李美淑，2010，「マスメディアにおける他者化言説の形成過程——韓国の結婚移住女性に関する時事報道番組を中心に」『情報学研究』東京大学大学院情報学環紀要，No. 78: 181-195.

李美淑，2012，「韓国民主化運動における地下情報の発信——越境的なキリスト者ネットワーク形成の背景と活動を中心に」『コンタクト・ゾーン』Vol. 5: 145-172.

Lee, Misook, 2014a, "South Korea's Democratization Movement of the 1970s and 80s and Communicative Interaction in Transnational Ecumenical Networks," *International Journal of Korean History,* Vol. 19 (2): 241-270.

Lee, Misook, 2014b, "The Japan-Korea Solidarity Movement in the 1970s and 1980s: From Solidarity to Reflexive Democracy," *The Asia-Pacific Journal: Japan Focus,* Vol. 12, Issue 38, No. 1, September 21 (http://japanfocus.org/-Misook-Lee/4187).

Lee, Misook, 2018, "Succession or Cessation: The Challenge of New Media for the Japan-Korea Solidarity Movement," Susanne Foellmer, Margreth Lünenborg, Christoph Raetzsch, eds., *Media Practices, Social Movements, and Performativity: Transdisciplinary Approaches,* New York: Routledge: 168-185.

Ludin, Jawed, 2003, *Where Are We… with North-South Learning?* British Overseas NGOs for Development, London (https://www.globalpolicy.org/component/content/article/176/31391.html).

柳相榮・和田春樹・伊藤成彦編，2013，『金大中と日韓関係——民主主義と平和の日韓関係史』韓国延世大学金大中図書館.

真鍋祐子，1997，『烈士の誕生——韓国の民衆運動における「恨」の力学』平河出版社.

真鍋祐子，2000，『光州事件で読む現代韓国』平凡社.

真鍋祐子，2017a，「シャーマンを生きる——富山妙子の画集に寄せて（前）」『あいだ』Vol. 232: 2-11.

真鍋祐子，2017b，「シャーマンを生きる——富山妙子の画集に寄せて（後）」『あいだ』Vol. 233: 12-19.

松井やより，1978，「買春観光の経済と心理」『世界』（6月号）: 327-330.

松井やより，2003，『愛と怒り闘う勇気——女性ジャーナリストいのちの記録』岩

波書店.

松本健一, 1972, 「革命的であるがゆえに愛国的である――金芝河作・『銅の李瞬臣』をみて」『週刊読書人』(9 月 25 日).

McAdam, Doug, 1982, *Political Process and the Development of Black Insurgency 1930-1970*, Chicago: University of Chicago Press.

McAdam, Doug, John D. McCarthy and Mayer N. Zald, eds., 1996, *Comparative Perspectives on Social movements: political opportunities, mobilizing structures, and cultural framings*, Cambridge: Cambridge University Press.

McCarthy, John D. and Mayer N. Zald, 1977, "Resource Mobilization and Social Movements: A Partial Theory," *American Journal of Sociology*, Vol. 82 (6): 1212-1241.

Mead, George H., 1934, *Mind, Self & Society from the Standpoint of a Social Behaviorist*, Chicago, Ill.: University of Chicago Press.

目加田説子, 2003, 『国境を超える市民ネットワーク』東洋経済新報社.

道場親信, 2006, 「1960-70 年代『市民運動』『住民運動』の歴史的位置――中断された『公共性』議論と運動史的文脈をつなぎ直すために」『社会学評論』Vol. 57 (2): 240-258.

道場親信, 2009, 「地域闘争――三里塚・水俣」岩崎稔ほか編著『戦後日本スタディーズ 2』紀伊國屋書店: 103-124.

道場親信, 2011, 「ポスト・ベトナム戦争期におけるアジア連帯運動――『内なるアジア』と『アジアの中の日本』の間で」和田春樹ほか編『ベトナム戦争の時代 1960-1975 年』岩波書店: 97-127.

見田宗介, 1995, 『現代日本の感覚と思想』講談社.

見田宗介, 2006, 『社会学入門』岩波書店.

宮田浩人, 1972, 「統一朝鮮人像を求めて」『世界』(9 月号): 106-111.

宮田光雄, 1975, 「原理としての人権――韓国民主化闘争に連帯するために」『世界』(1 月号): 169-182.

Moon, Katharine H. S., 2013, *Protesting America: Democracy and the U. S.-Korea Alliance*, Berkeley, L. A.: University of California Press.

Moore, B. Jr., 1966, *Social Origins of Democracy and Dictatorship: Lord and Peasant in the Making of the Modern World*, Boston, MA: Beacon Press.

森恭三, 1973, 「日韓における真の連帯を――国民レベルの共通項を求めて」『世界』(11 月号): 18-26.

森恭三, 1975, 「白い広告に想う」『世界』(3 月号): 164-167.

森類臣, 2015, 「日韓連帯運動の一断面――日本における東亜日報支援運動に関す

る考察」『東アジア研究』17 号：23-42.

文京洙，2015，『新・韓国現代史』岩波新書.

武者小路公秀，1975，「南北朝鮮と日本外交」『世界』（11 月号）：10-22.

武藤一羊，1998，「社会運動と分水嶺としての六八年」フォーラム 90s 研究委員会編『20 世紀の政治思想と社会運動』社会評論社：74-88.

長崎励朗，2014，「『朝日ジャーナル』――桜色の若者論壇誌」竹内洋・佐藤卓己・稲垣恭子編『日本の論壇雑誌――教養メディアの盛衰』創元社：165-183.

永田浩三，2010，『NHK，鉄の沈黙はだれのために』柏書房.

中川信夫，1972，「1970 年代の韓国学生運動」『世界』（4 月号）：190-199.

中河伸俊，1999，『社会問題の社会学――構築主義アプローチの新展開』世界思想社.

中井毬栄，1977，「金地下のこと」『季刊三千里』Vol. 10: 38-41.

Nanz, Patrizia and Jens Steffek, 2004, "Global Governance, Participation and the Public Sphere," *Government and Opposition,* Vol. 39（2）: 314-335.

Nash, Kate and Vikki Bell, 2007, "The Politics of Framing: An interview with Nancy Fraser," *Theory, Culture & Society,* Vol. 24: 73-86.

日本カトリック正義と平和協議会編，1995，『「正義と平和」の 25 年』日本カトリック正義と平和協議会.

日本基督教団西片町教会・韓国基督教長老会ソウルチェイル教会姉妹関係締結 30 周年記念誌編集委員会，2007，『カナンをめざして共に，30 年――和解の継続，東アジアの平和のための祈り』西片町教会・ソウルチェイル教会.

新島繁，1950，『ジャーナリズム』ナウカ社.

Nimtz, August, 2002, "Marx and Engels: The Prototypical Transnational Actors," Sanjeev Khagram, James V. Riker and Kathryn Sikkink, eds., *Restructuring World Politics: Transnational Social Movements, Networks, and Norms,* Minneapolis; London: University of Minnesota Press: 245-268.

西川正雄，2007，『社会主義インターナショナルの群像 1914-1923』岩波書店.

西岡力，1980a，「雑誌『世界』は朝鮮をどう見たか（上）」『朝鮮研究』（1 月号）：24-39.

西岡力，1980b，「雑誌『世界』は朝鮮をどう見たか（中）」『朝鮮研究』（2・3 月号）：47-62.

西岡力，1980c，「雑誌『世界』は朝鮮をどう見たか（下）」『朝鮮研究』（7 月号）：15-36.

小田実，1966，「平和の倫理と論理」『展望』（8 月号）：17-47.

小田実，1977a，「一本の竿を立てよう――『北』と『南』と『われわれ』」『世界』

（4 月号）：145-168.

小田実，1977b，『私と朝鮮』筑摩書房.

小田実，1978，『北朝鮮の人びと』潮出版社.

小田実，2008，『難死の思想』岩波書店.

小田実編，1976a，『アジアを考える――アジア人会議の全記録』潮出版社.

小田実編，1976b，『世界の中の韓国問題――韓国問題国際会議の記録』潮出版社.

大江健三郎，1974，「この一年，そして明日」『世界』（9 月号）：10-23.

大江健三郎，1975，「にせの言葉を拒否する」『世界』（11 月号）：23-32.

大江健三郎・安江良介，1984，『『世界』の 40 年』岩波書店.

小熊英二，2002，『〈民主〉と〈愛国〉――戦後日本のナショナリズムと公共性』新曜社.

小熊英二，2009a，『1968――若者たちの叛乱とその背景（上）』新曜社.

小熊英二，2009b，『1968――叛乱の終焉とその遺産（下）』新曜社.

小此木政夫・張達重編，2005，『戦後日韓関係の展開』慶應義塾大学出版会.

奥武則，2007，『論壇の戦後史――1945-1970』平凡社.

Olesen, Thomas, 2004, "Globalizing the Zapatistas: from Thid World Solidarity to global solidarity?" *Third World Quarterly,* Vol. 25 (1): 255-267.

重田園江，2010，『連帯の哲学 1　フランス社会連帯主義』勁草書房.

大畑裕嗣，2004，「社会運動とメディア」大畑裕嗣・成元哲・道場親信・樋口直人編『社会運動の社会学』有斐閣：157-174.

大畑裕嗣，2011，『現代韓国の市民社会論と社会運動』成文堂.

大畑裕嗣・成元哲・道場親信・樋口直人編，2004，『社会運動の社会学』有斐閣.

大西裕，2006，「韓国の民主化――条件付きの安定的穏健保守体制」恒川恵市編『民主主義アイデンティティ――新興デモクラシーの形成』早稲田大学出版部.

大澤真幸，1996，『虚構の時代の果て』筑摩書房.

大澤真幸，2008，『不可能性の時代』岩波新書.

大塚英志，1989，『物語消費論――「ビックリマン」の神話学』新曜社.

大塚英志，2001，『「彼女たち」の連合赤軍――サブカルチャーと戦後民主主義』角川書店.

朴炯奎，2003，「韓国民主化運動関連史料収集についてのお願い」『世界』（10 月号）：178-180.

Piper, Nicola and Anders Uhlin, 2004, "New perspectives on transnational activism," Nicola Piper and Anders Uhlin, eds., *Transnational Activism in Asia: Problems of power and democracy,* London; New York: Routledge.

Pogge, Thomas, 2002, *World Poverty and Human Rights,* Cambridge, UK: Malden,

Mass.: Polity; Blackwell Publishers（池田浩章ほか訳，2010，『なぜ遠くの貧しい人への義務があるのか』生活書院）.

Porta, Donatella Della and Sidney Tarrow, eds., 2005, *Transnational Protest and Global Activism*, Lanham, MD: Rowman & Littlefield.

Price, Richard, 2003, "Transnational Civil Society and Advocacy in World Politics," *World Politics*, Vol. 55: 579–606.

Rawls, John, 1971, *A Theory of Justice*, Cambridge, Mass.: Belknap Press of Harvard University Press.

Rice, Randy, 2007, "From Solitary to Solidarity," Jim Stentzel, ed., *More Than Witnesses: How a small Group of Missionaries Aided Korea's Democratic Revolution*, Korea Democracy Foundation: 104–118.

Risse-Kappen, Thomas, ed., 1995, *Bringing transnational relations back in: non-state actors, domestic structures, and international institutions*, Cambridge; New York: Cambridge University Press.

Risse, Thomas, Stephen C. Ropp and Kathryn Sikkink, eds., 1999, *The Power of Human Rights: International Norms and Domestic Change*, Cambridge, UK; New York: Cambridge University Press.

Rodrigues, Maria, 2004, *Global Environmentalism and Local Politics: Transnational Advocacy Networks in Brazil, Ecuador, and India*, Albany: State University of New York Press.

Ropp, Stephen C. and Kathryn Sikkink, 1999, "International norms and domestic politics in Chile and Guatemala," Thomas Risse, Stephen C. Ropp and Kathryn Sikkink, eds., *The Power of Human Rights*, Cambridge, UK; New York: Cambridge University Press: 172–204.

Rorty, Richard, 1989, *Contingency, irony, and solidarity*, New York: Cambridge University Press（齋藤純一・山岡龍一・大川正彦訳，2000，『偶然性・アイロニー・連帯——リベラル・ユートピアの可能性』岩波書店）.

Rucht, Dieter, 2000, "Distant Issue Movements in Germany: Empirical Description and Theoretical Reflections," John A. Guidry, Michael D. Kennedy and Mayer N. Zald, eds., *Globalizations and Social Movements: Culture, Power, and the Transnational Public Sphere*, Ann Arbor: The University of Michigan Press: 76–105.

Said, Edward W., 1978, *Orientalism*, New York: Pantheon（今沢紀子訳，1993，『オリエンタリズム』（上・下）平凡社）.

Said, Edward W., 1993, *Culture and imperialism*, New York: Alfred A. Knopf（大橋

洋一訳，1998-2001，『文化と帝国主義』（1・2）みすず書房）.

Saito, Hiro and Yoko Wang, 2014, "Competing Logics of Commemoration: Cosmopolitanism and Nationalism in East Asia's History Problem," *Sociological Perspectives,* Vol. 57（2）: 167-185.

Schmidt-Pfister, Diana, 2010, *Transnational advocacy on the ground: Against corruption in Russia?* Manchester: Manchester University Press.

Schmitz, Hans Peter, 1999, "Transnational activism and political change in Kenya and Uganda," Thomas Risse, Stephen C. Ropp and Kathryn Sikkink, eds., *The Power of Human Rights,* Cambridge, UK; New York: Cambridge University Press: 39-77.

Schmitz, Hans Peter, 2006, *Transnational Mobilization and Domestic Regime Change: Africa in Comparative Perspective,* Basingstoke [England]; New York: Palgrave Macmillan.

齋藤純一，2000，『公共性』岩波書店.

齋藤純一，2004，「社会的連帯の理由をめぐって――自由を支えるセキュリティ」齋藤純一編著『福祉国家／社会的連帯の理由』ミネルヴァ書房: 271-308.

齋藤純一編著，2004，『福祉国家／社会的連帯の理由』ミネルヴァ書房.

齊藤孝，1972，「朝鮮統一問題の新展開――世界史の動向の日本外交（続）」『世界』（9月号）: 88-98.

佐藤勝巳，2014，『「秘話」で綴る私と朝鮮』晩聲社.

佐藤卓己，2014，「『世界』――戦後平和主義のメートル原器」竹内洋・佐藤卓己・稲垣恭子編 『日本の論壇雑誌――教養メディアの盛衰』創元社: 77-107.

佐藤俊樹・友枝敏雄編，2006，『言説分析の可能性――社会学的方法の迷宮から』東信堂.

澤正彦・滝沢秀樹，1985，「《対談》日韓の緊張は解けないのか」『世界』（7月号）: 187-201.

渋谷仙太郎，1971，「訳者後記」キム・ジハ著，渋谷仙太郎訳『長い暗闇の彼方に』中央公論社: 270-273.

清水知久・和田春樹編，1983，『三世代市民運動の記録 金大中氏たちと共に』新教出版社.

東海林勤，2009，「韓国民主化運動と日本市民の関わり」『朝鮮をみつめて』高麗博物館: 27-89.

Sikkink, Kathryn, 1996, "The Effectiveness of US Human Rights Policy, 1973-1980," Laurence Whitehead, ed., *The International Dimensions of Democratization: Europe and Americas,* Oxford: Oxford University Press: 93-124.

Silverstone, Roger, 1999, *Why study the media?* London; Thousand Oaks, Calif.: Sage（吉見俊哉・伊藤守・土橋臣吾訳，2003，『なぜメディア研究か──経験・テクスト・他者』せりか書房）．

Sinnott, James, 2007, "Now you are free to speak out," Jim Stentzel, ed., *More Than Witnesses: How a small Group of Missionaries Aided Korea's Democratic Revolution,* Seoul: Korea Democracy Foundation: 412-451.

Slobodian, Quinn, 2012, *Foreign Front: Third World Politics in Sixties West Germnay,* Durham, N. C.: Duke University Press.

Snow, David A., E. Burke Rochford, Jr., Steven K. Worden and Robert D. Benford, 1986, "Frame alignment processes, micromobilization, and movement participation," *American Sociological Review,* 51: 464-481.

Snow, David A. and Robert D. Benford, 1998, "Ideology, frame resonance, and participant mobilization," *International social movement research,* Vol. 1: 197-217.

Sontag, Susan, 2003, *Regarding the Pain of Others,* New York: Farrar, Straus and Giroux（北條文緒訳，2003，『他者の苦痛へのまなざし』みすず書房）．

成元哲・角一典，1998，「政治的機会構造理論の理論射程──社会運動を取り巻く政治環境はどこまで操作化できるのか」『ソシオロゴス』Vol. 22: 102-123.

曽良中清司・長谷川公一・町村敬志・樋口直人編著，2004，『社会運動という公共空間──理論と方法のフロンティア』成文堂．

Stentzel, Jim, 2007, "Introduction: They had to do something," Jim Stentzel, ed., *More Than Witnesses: How a small Group of Missionaries Aided Korea's Democratic Revolution,* Seoul: Korea Democracy Foundation: 15-38.

Stueck, William, 1998, "Democratization in Korea: The United States Role, 1980 and 1987," *International Journal of Korean Studies,* Vol. 2（1）: 1-26.

Subcommittee on International Organizations of the Committee on International Relations U. S. House of Representatives, 1978a, *Investigation of Korean-American Relations,* Washington D. C.: U. S. Government Printing Office.

Subcommittee on International Organizations of the Committee on International Relations U. S. House of Representatives, 1978b, *Investigation of Korean-American Relations: AppendixesI, II,* Washington D. C.: U. S. Government Printing Office.

絓秀実，2006，『1968 年』筑摩書房．

徐君兄弟を救う会編，1992，『徐君兄弟を救うために 会報合本』（I・II）影書房．

徐勝，1994，『獄中 19 年──韓国政治犯のたたかい』岩波書店．

隅谷三喜男，1976，『韓国の経済』岩波書店．

Suri, Jeremi, 2003, *Power and Protest: Global Revolution and the Rise of Détente*, Cambridge, Mass.: Harvard University Press.

鈴木道彦, 2005, 「サルトルと私——または『独自的普遍』をめぐって」『別冊環 サルトル 1905-80』Vol. 11: 110-118.

鈴木道彦, 2007, 『越境の時——一九六〇年代と在日』集英社.

社会運動論研究会編, 1990, 『社会運動論の統合をめざして——理論と分析』成文堂.

社会運動論研究会編, 1994, 『社会運動の現代的位相』成文堂.

田畑茂二郎, 1980, 「日本政府の義務」『世界』(9 月号): 67-68.

高橋喜久江, 1974, 「妓生観光を告発する——その実態をみて」『世界』(5 月号): 144-148.

高崎宗司, 1996, 『検証 日韓会談』岩波書店.

高柳彰夫, 2007, 「書評 シドニー・タロー著『新しいトランスナショナル運動』」『国際政治』Vol. 147: 173-176.

武田康裕, 2001, 『民主化の比較政治——東アジア諸国の体制変動過程』ミネルヴァ書房.

竹内洋・佐藤卓己・稲垣恭子編, 2014, 『日本の論壇雑誌——教養メディアの盛衰』創元社.

為田英一郎, 1974, 「軍事法廷の内と外——早川・太刀川両氏の判決をきいて」『朝日ジャーナル』(7 月 26 日): 4-8.

田中明, 1975, 「『敬』と『偏見』と——『季刊三千里』創刊によせて」『季刊三千里』Vol. 1: 142-149.

田中明, 1980, 「『日本的韓国論』の病理」『中央公論』(10 月号): 194-203.

田中宏, 1984, 「在日韓国・朝鮮人——どう遇されてきたか」『世界』(8 月号): 42-47.

Tarrow, Sydney, 1998, *Power in Movement, Social Movements and Contentious Politics* (2nd Edition), Cambridge: Cambridge University Press (大畑裕嗣監訳, 2006, 『社会運動の力——集合行為の比較社会学』彩流社).

Tarrow, Sydney, 2001, "Transnational Politics: Contention and Institutions in International Politics," *Annual Review of Political Science*, Vol. 4: 1-20.

Tarrow, Sydney, 2005, *The New Transnational Activism*, Cambridge: Cambridge University Press.

Thomas, Daniel C., 1999, "The Helsinki Accords and Political Change in Eastern Europe," Thomas Risse, Stephen C. Ropp and Kathryn Sikkink, eds., *The Power of Human Rights*, Cambridge, UK; New York: Cambridge University Press: 205-233.

Thomas, Daniel, 2001, *The Helsinki Effect: International Norms, Human Rights, and the demise of Communism,* Princeton, N. J.: Princeton University Press.

Thompson, Paul, 2000, *The Voice of the Past: Oral History,* Oxford; New York: Oxford University Press（酒井順子訳，2002，『記憶から歴史へ——オーラル・ヒストリーの世界』青木書店）.

Tilly, Charles, 2004, *Social Movements, 1768-2004,* Boulder: Paradigm Publishers.

東亜日報を支援する会，1975，「東亜日報が報ずる日本の支援運動」『世界』（4月号）：269-271.

富山妙子，1976，「金芝河・その闇と光——解放の美学」『情況』（6月号）：134-151.

富山妙子，1978，「火種となるもの——『しばられた手の祈り』によせて」『世界』（8月号）：350-354.

富山妙子，2009，『アジアを抱く』岩波書店.

戸坂潤，1966（初出 1934），「第三編——新聞の問題，新聞現象の分析，アカデミズムとジャーナリズム，批評の問題」『戸坂潤全集 3』勁草書房.

恒川恵市編，2006，『民主主義アイデンティティ——新興デモクラシーの形成』早稲田大学出版部.

鶴見俊輔，1965，「解説 ジャーナリズムの思想」鶴見俊輔編集・解説『現代日本思想大系 12 ジャーナリズムの思想』筑摩書房：7-46.

鶴見俊輔，1976，「分断」室謙二編『金芝河——私たちにとっての意味』三一書房：218-239.

鶴見俊輔・金達寿，1975，「対談 運動が生みだすもの」『季刊三千里』Vol. 1: 12-31.

鶴見俊輔・上野千鶴子・小熊英二，2004，『戦争が遺したもの』新曜社.

Tuchman, Gaye, 1978, *Making News: an study in the construction of reality,* New York: Free Press.

内田芳明，2000，『ヴェーバー 歴史の意味をめぐる闘争』岩波書店.

上野千鶴子・趙韓惠浄著，佐々木典子・金賛鎬訳，2004，『ことばは届くか——韓日フェミニスト往復書簡』岩波書店.

内海愛子，2002，『戦後補償から考える日本とアジア』山川出版社.

Vertovec, Steven, 2009, *Transnationalism,* London; New York: Routledge.

Volkmer, Ingrid, 2003, "The Global Network Society and the Global Public Sphere," *Development,* Vol. 46（1）: 9-16.

和田春樹，1975a，「日韓連帯の思想と展望」『世界』（11月号）：52-58.

和田春樹，1975b，「『金芝河らを助ける会』の意味」『季刊三千里』Vol. 1: 52-61.

和田春樹，1980，「自由光州の制圧に想う」『世界』（7月号）：221-226.

和田春樹，1981a，「金大中氏の生命を憂慮する緊急国際会議」『世界』（2月号）：

297-307.

和田春樹，1981b，「《報告》『金大中氏を殺すな』の運動を通して（《シンポジウム》新日韓条約体制を検討する）」（5月号）: 24-28.

和田春樹，1981c，「極東情勢と日本の選択——報告『シンポジウム・平和の危機について』」『世界』（11月号）: 91-104.

和田春樹，1982，『韓国からの問いかけ——ともに求める』思想の科学社.

和田春樹，1983，「金大中氏の出国と日韓米三国同盟」『世界』（3月号）: 67-76.

和田春樹，1984，「『全大統領訪日』とは何だったのか——『お言葉』と『答辞』を検討する」『世界』（11月号）: 195-204.

和田春樹，2006，『ある戦後精神の形成——1938-1965』岩波書店.

和田春樹，2013，「知識人・市民の日韓連帯運動（1974-1978）」柳相榮・和田春樹・伊藤成彦編『金大中と日韓関係——民主主義と平和の日韓関係史』韓国延世大学金大中図書館: 163-185.

和田春樹ほか，1978，「《座談会》朝鮮問題と日本の新聞論調——その後退を衝く」『世界』（8月号）: 148-168.

和田春樹ほか，1984，「《シンポジウム》いま何をなすべきか」『世界』（8月号）: 73-95.

和田春樹・石坂浩一・戦後50年国会決議を求める会編，1996，『日本は植民地支配をどう考えてきたか』梨の木舎.

Wallerstein, Immanuel, 2004, *World-Systems Analysis: An Introduction,* Durham: Duke University Press（山下範久訳，2006，『入門世界システム分析』藤原書店.

Whitehead, Laurence, ed., 1996, *The International Dimensions of Democratization: Europe and Americas,* Oxford: Oxford University Press.

William, Sewell, 1980, *Work and Revolution in France: The Language of Labor from the Old Regime to 1848,* Cambridge: Cambridge University Press.

Williamson, Hugh, 1994, *Coping with the Miracle: Japan's Unions Explore New International Relations,* London; Boulder, Colo.: Pluto Press（戸塚秀夫監訳，1998，『日本の労働組合——国際化時代の国際連帯活動』緑風出版）.

Willson, Clint C. and Felix Gutierrez, 1995, *Race, Multiculturalism, and the Media: From Mass to Class Communication,* Thousand Oaks, CA: Sage Publications.

山田昭次，1984，「日帝植民地時代——何をしたか」『世界』（8月号）: 25-29.

山田貴夫，2006，「新植民地主義克服の意義と現状」慶應義塾大学大学院政治学研究科修士論文.

山川暁夫・佐藤達也監修，市民の手で日韓ゆ着をただす調査運動編，1981，『日韓関係を撃つ——玄海灘をこえる民衆連帯のために』社会評論社.

安江良介追悼集刊行委員会編, 1999, 『追悼集 安江良介──その人と思想』安江良介追悼集刊行委員会.

Ylä-Anttila, T., 2005, "The World Social Forum and the Globalization of Social Movements and Public Sphere," *Ephemera: Theory and Politics in Organization,* Vol. 5 (2): 423-442.

横路孝弘, 1980, 「日本の民主主義の運命」『世界』(9月号): 69-70.

米倉斉加年, 1977, 「『韓国からの通信』を演出して」『世界』(8月号): 342-346.

吉川直人・野口和彦編, 2006, 『国際関係理論』勁草書房.

吉松繁, 1986, 「《在日韓国人政治犯の十五年》十五年間から見えてきたもの」『世界』(6月号): 232-241.

吉見俊哉, 2009, 『ポスト戦後社会』岩波書店.

Young, Iris, 2003, "From Guilt to Solidarity: Sweatshops and Political Responsibility," *Dissent,* Vol. 50 (2): 39-44.

Young, Iris, 2004, "Responsibility and Global Labor Justice," *Journal of Political Philosophy,* Vol. 12 (4): 365-388.

Young, Iris, 2011, *Responsibility for Justice,* New York: Oxford University Press.

【韓国語文献】

裵東湖, 1985, 「한민련 제2차대표자대회 활동총괄과 당면한 운동과제」민주민족통일한국인연합『계간 한민련』창간호: 14-21 (「韓民連第二次代表者大会 活動総括と当面した運動課題」民主民族統一韓国人連合『季刊 韓民連』創刊号).

池明観, 2008, 김경희역『한국으로부터의 통신 세계로 발신한 민주화운동』창비 (『韓国からの通信──世界に発信した民主化運動』).

池明観・呉在植・徐正敏, 1998, 「《좌담회》1973년 한국그리스도자선언 작성경위」『한국기독교와 역사』Vol. 9: 331-357 (「《座談会》1973年韓国キリスト者宣言作成経緯」『韓国基督教と歴史』).

チョ・ヒョンオク, 2005, 「해외의 한국 민주화운동──본국과의 상호관계 및 정체성 찾기」『경제와 사회』Vol. 66: 72-94 (「海外の韓国の民主化運動──本国との相互関係及びアイデンティティ」『経済と社会』).

チョ・ヒョジェ, 2004, 「한국 시민사회의 개념과 현실」『창작과 비평』Vol. 32 (1): 93-107 (「韓国市民社会の概念と現実」『創作と批評』).

趙承赫, 1981, 『도시산업선교의 인식』민중사 (『都市産業宣教の認識』).

崔章集, 1989, 『한국현대정치의 구조와 변화』까치 (『韓国現代政治の構造と変化』).

崔章集, 1993, 『한국민주주의의 이론』한길사 (『韓国民主主義の理論』).

崔章集, 1996,『한국민주주의의 조건과 전망』나남（中村福治訳, 1997,『現代韓国の政治変動――近代化と民主主義の歴史的条件』木鐸社）.

チョン・ウンジョン, 2004,「한일 초국적 옹호망에 관한 연구――일본의 전쟁책임 문제와 과거청산을 주장하는 시민단체들의 사례를 중심으로」경희대학교 NGO 대학원 NGO 정책관리학과 석사학위논문（「韓日超国的擁護網に関する研究――日本の戦争責任問題と過去清算を主張する市民団体の事例を中心に」慶熙大学校 NGO 大学院 NGO 政策管理学科修士学位論文）.

チョン・ミエ, 2011,「한일관계에서 시민사회의 역할과 뉴거버넌스」『아태연구』Vol. 18 (2): 17-41（「日韓関係における市民社会の役割とニューガバナンス」『ア太研究』）.

韓国キリスト教教会協議会人権委員会, 1987a,『1970 년대 민주화운동――기독교인권운동을 중심으로 (I)』한국기독교교회협의회（『1970 年代民主化運動――キリスト教人権運動を中心に (I)』）.

韓国キリスト教教会協議会人権委員会, 1987b,『1970 년대 민주화운동――기독교인권운동을 중심으로 (II)』한국기독교교회협의회（『1970 年代民主化運動――キリスト教人権運動を中心に (II)』）.

韓国キリスト教教会協議会人権委員会, 1987c,『1970 년대 민주화운동――기독교인권운동을 중심으로 (I) ～ (V)』한국기독교교회협의회（『1970 年代民主化運動――キリスト教人権運動を中心に (I) ～ (V)』）.

韓国キリスト教教会協議会人権委員会, 1987d,『1980 년대 민주화운동――광주민중항쟁자료집 및 상반기일지 (VI) ～ (VIII)』한국기독교교회협의회.（『1980 年代民主化運動――光州民衆抗争資料集および上半期日誌 (VI) ～ (VIII)』）.

ホン・ユンギ, 2010,「연대와 사회결속: 연대의 개념, 그 규범화의 형성과 전망」『시민과 세계』Vol. 17: 45-64（「連帯と社会結束――連帯の概念, その規範化の形成と展望」『市民と世界』）.

カン・カラム, 2006,「2000 년 여성국제법정을 통해 본 초국적 여성 연대의 가능성――한일 사회 내 일본군 위안부 문제를 중심으로」이화여자대학교대학원 여성학과 석사논문（「2000 年女性国際法廷を通じて見た超国的女性連帯の可能性――韓日社会内の日本軍『慰安婦』問題を中心に」）.

金大中, 2010,『김대중 자서전 1, 2』삼인（『金大中自伝 1, 2』）.

キム・ドクジュン, 2009,『빨갱이의 탄생 여순사건과 반공국가의 형성』선인（『アカの誕生――麗順事件と反共国家の形成』）.

キム・ギソン, 2005,『한일회담반대운동』민주화운동기념사업회（『韓日会談反対運動』）.

キム・フンス, 2007,「한국민주화기독자동지회의 결성과 활동」『한국기독교와 역사』27 (9): 199-224 (「韓国民主化基督者同志会の結成と活動」『韓国基督教と歴史』).

キム・ヒョスン，2015，『조국이 버린 사람들——재일동포유학생간첩사건의 기록』서해문집 (『祖国が捨てた人々——在日同胞留学生スパイ事件の記録』).

キム・ジェジュン，1961，「4. 19 이후의 한국교회」『기독교사상』Vol. 4: 36-42 (「4. 19 以後の韓国教会」『キリスト教思想』).

キム・ジュオン，2008，『한국의 언론통제』리북 (『韓国の言論統制』).

キム・ジョンラン，2004，「일본군위안부운동의 전개와 문제인식에 대한 연구——정대협의 활동을 중심으로」이화여자대학교대학원 여성학과 박사학위논문 (「日本軍慰安婦運動の展開と問題認識に関する研究——挺対協の活動を中心に」梨花女子大学大学院女性学科博士学位論文).

キム・キョンファ，2013，『세상을 바꾼 미디어』다른 (『世の中を変えたメディア』).

キム・ムソン，2005，「일본잡지 『세까이』지에 나타난 북한상에 관한 연구」서울대학교대학원사회학과석사논문 (「日本雑誌『世界』誌に現れた北朝鮮像に関する研究」ソウル大学大学院社会学科修士論文).

キム・ニョン，1996，『한국정치와 교회——국가 갈등』소나무 (『韓国政治と教会——国家葛藤』).

キム・ソリ，イ・キョンウン，2008，『잿빛시대 보라빛 고운 꿈 7, 80 년대 민주화운동으로서의 가족운동』민주화운동기념사업회 (『灰色の時代　紫色の美しい夢——7, 80 年代の民主化運動としての家族運動』).

キム・ソンヘ，2007，「국제공론장과 민주적 정보질서——미국 헤게모니 관점에서 본 '신국제정보질서운동'의 이론적 한계와 대안 모색」『한국언론학보』Vol. 51 (2): 82-104 (「国際公論場と民主的情報秩序——米国ヘゲモニー観点から見た『新国際情報秩序』の理論的限界と代案模索」『韓国言論學報』).

キム・ヨンレ，イ・ファス，イ・ギホ，2001，「비정부조직 (NGO) 의 초국가적 네트워크와 시민사회 활성화 전략에 관한 비교연구——한국, 일본, 미국」『국제정치론총』Vol. 41 (4): 7-28 (「非政府組織 (NGO) の超国家的ネットワークと市民社会活性化戦略に関する比較研究——韓国，日本，米国」).

キム・ヨンテク，1988，『현장기자가 쓴 10 일간의 취재수첩』사계절 (『現場記者が書いた 10 日間の取材手帳』).

クォン・ヒョクテほか，2003，『아시아의 시민사회——개념과 역사』아르케 (『アジアの市民社会——概念と歴史』).

民主化運動記念事業会研究所編，2006，『한국민주화운동사연표』민주화운동기념사업회 (『韓国民主化運動史年表』).

民主化運動記念事業会，2008-2010，『한국민주화운동사 (1)-(3)』돌베개 (『韓国民主化運動史 (1)-(3)』).

呉在植，2012，『나에게 꽃으로 다가오는 현장』대한기독교서회 (『私に花として寄せてくる現場』).

朴炯奎，2010，『나의 믿음은 길 위에 있다』창비 (『私の信仰は道の上にある』).

パク・サンピル，2003，「한국 시민사회 형성의 역사」권혁태외『아시아의 시민사회——개념과 역사』아르케: 95-135 (「韓国市民社会形成の歴史」クォン・ヒョクテほか『アジアの市民社会——概念と歴史』).

3.1民主救国宣言関連者，1998，『새롭게 타오르는 3.1. 민주구국선언』사계절 (『新しく燃え上がる3.1民主救国宣言』).

シン・ジュベク，2005，「한국과 일본에서 대일 과거청산운동의 역사——한국과 관련하여」『역사문제연구』Vol. 14: 135-173 (「韓国と日本での対日過去清算運動の歴史——韓国と関連して」『歴史問題研究』).

ソン・コンホ，2002，『민주언론 민족언론 (1・2)』한길사 (『民主言論民族言論 (1・2)』).

ソ・ジュンソク，2007，「천주교정의구현전국사제단의 출범배경과 활동」『사림』Vol. 27: 223-248 (「カトリック正義具現全国司祭団の出帆背景と活動」『サリム』).

ユ・ヨングク，2009，「우토로 문제를 통해 본 한・일시민사회 연대의 성과와 과제」『한국민족문화』Vol. 34: 407-454 (「ウトロ問題を通じて見た韓・日市民社会連帯の成果と課題」『韓国民族文化』).

Zoll, Rainer, 2000, *Was ist Solidarität heute?* Frankfurt am Main: Suhrkamp (최성환 역，2008，『오늘날 연대란 무엇인가』한울／『今日の連帯とは何か』).

あとがき

　本書は，2015年度東京大学大学院学際情報学府博士学位（社会情報学）論文「トランスナショナルな公共圏とメディアの可能性に関する考察──1970年代〜80年代における『日韓連帯運動』を事例に」をもとに修正・加筆したものである．博士論文は林香里先生（東京大学教授・主査），真鍋祐子先生（東京大学教授），姜尚中先生（東京大学名誉教授），北田暁大先生（東京大学教授），小熊英二先生（慶應義塾大学教授）に査読・審査していただいた．審査委員の先生方々に，貴重なご意見・助言のほど，心より厚くお礼を申しあげたい．

　本書は，いままで欧米の文脈で語られてきた「トランスナショナルな公共圏」を，「日韓連帯運動」という事例から，東アジアの文脈をも考慮に入れた，越境的な政治的協議の空間を実証的に追尾しようとしたものである．韓国の民主化運動に対する国際連帯や戦後日本の国際連帯運動に関する研究がここ数年間行われてきているが，本書が国境を越えるメディアとコミュニケーションを中心とした研究として，少しでも寄与できることを願う．また，今後「アジア」の文脈で，国民国家の呪縛から見落とされていた，越境した活動家たちのネットワークに関する研究がより活発になることを心より願う．

　思えば，国民国家について，意識的に省察するようになったのは，日本での留学生活によるところが大きい．2006年，外国人研究生として来日したが，短期の「訪問」や「観光」ではなく，その社会の一員として生活するとなると，マイノリティとしての生きづらさなるものを経験するようになる．それがきっかけとなり，韓国におけるマイノリティの現状とメディアにおける表象に関心を持つようになった．修士論文では，国民国家のイデオロギーに基づいたマスメディア・ジャーナリズムを，韓国における（主に東南アジアからの）「結婚移住女性」に関する時事報道番組を事例に考察した．とりわけ，結婚移住女性に関する「他者化言説」が形成される過程に注目した研究であった．

修士課程ではマスメディア・ジャーナリズムを「他者化」の問題を中心に考察したが，博士課程では，どのように「越境した他者」との対話が可能になるのか，という問いにより関心を持つようになった．こうした問いへのきっかけは，博士課程1年のとき，映画「光州5・18」の上映会をコーディネートしたことだった．当時，光州事件（光州民主化運動）が日本ではどのように報道されたのかを調べる機会があった．1970-80年代に韓国から密かに伝えられた情報に基づいて書かれた，総合雑誌『世界』の連載，T. K生の「韓国からの通信」と出会い，国境を越えた情報とメディア，そして，「日韓連帯運動」という動きへ関心を持つこととなったのである．

　1970-80年代は，今日のような「グローバル社会」という用語では描かれなかった時期であるが，グローバルな政治経済システムがますます構築されていった時期である．1960年代以降の，「自己」と「他者」の関係を規定していく構造やシステムの問題を敏感に感じ取り，他者との連帯を求める人びとの行動と思想は，今日の「グローバル社会」から見ても，想像もできないぐらいグローバルかつトランスナショナルであったように思われる．そうした越境した人びととの繋がりと行動が，今日も様々な形で受け継がれていると考えられる．その継承と断絶について，とりわけ，反動的なナショナリズムと保護主義が様々な地域で力を得ている今日において，今後も考察していきたい．

　本書の出版にいたるまで，多くの方々にご助力いただいたことに，お礼を申し上げたい．

　まず，2006年，東京大学大学院学際情報学府の外国人研究生として来日した時からご指導いただいた指導教授の林香里先生には，言葉をつくして感謝の意を表しても表しきれないほど大変お世話になり，多くの感謝を心から申し上げたい．今年でほぼ12年間の歳月，根気強くご指導，ご助言いただき，林先生からは研究者として，教育者として，そして，社会を生きる1人の人間として，多くのことを学んだ．とりわけ，学問に対しての厳しさのみならず，社会一般におけるジェンダー，多様性，権力などに関する視点を共有してくださったことに，重ねて感謝の気持ちを表したい．

また，副指導教授の真鍋祐子先生には，博士課程1年に在籍していた2009年の「光州5.18」上映会でのご縁以来，ご指導をいただいた．思えば，この上映会をきっかけに，指導教授の林先生と副指導教授の真鍋先生とともに，光州事件が日本でどのように報道されたのかを調査するようになった．また，真鍋先生のご紹介で，画家の富山妙子氏とも出会い，資料整理のお仕事をお手伝いさせていただいた．現在は，「越境する画家，越境する作品世界：富山妙子の軌跡と芸術をめぐる歴史社会学的研究」（研究代表：東京大学教授・真鍋祐子）でもお世話になっており，博士課程からの研究活動における様々なサポートに，心から厚く感謝を申し上げたい．

　本書のもととなった博士論文の審査委員の姜尚中先生には，先生が東京大学で教鞭をとられた間，授業及び個人面談等で様々なご指導をいただいた．貴重なアドバイスとコメントをいただき，感謝の意を申し上げたい．同じく審査委員の北田暁大先生には，修士課程の副指導教授として様々なご指導をいただき，博士論文においても審査委員としてご助言をいただけたことは，幸甚の至りであった．審査委員の小熊英二先生には，貴重なご助言とともに，研究の意義について励ましの言葉をいただいた．この場をお借りして博士論文の審査をしてくださったすべての先生方へ重ねて心より感謝の気持ちを表したい．

　本書における聞き取り調査，資料収集でも，大変多くの方々のご協力をいただいた．とりわけ，本書が刊行される前にご逝去された，呉在植牧師，朴炯奎牧師とJames Sinnott神父には，研究者としてだけでなく，民主化後世代の1人として心から感謝を申し上げたい．聞き取り調査において，インタビューの申し入れを快く受け入れてくださった，安載雄，裵重度，池明観，鄭剛憲，鄭敬謨，David Satterwhite，深水正勝，布袋敏博，飯島信，池田五律，石坂浩一，金容福，朴相増，Paul Schneiss，Pharis Harvey，東海林勤，徐京錫，高崎宗司，富山妙子，和田春樹，渡辺哲郎，山田貴夫，山口明子（敬称略，アルファベット順），すべての方々に感謝を申し上げる．とりわけ，年齢の差を越えて，私を「友人」と接してくださった画家の富山妙子氏，そして「金大中を殺すな！市民署名運動」の資料整理のお手伝いをさせていただいた飯島信牧師には，本研究活動を越えての交流のなかで大変お世話になった．心より厚く御礼申し上げたい．その他，本研究と関連し様々なお話を聞かせてくださった，

Edward Baker，藤高明，Gebhard Hielscher，芳賀普子，猪狩章，桂川潤，岡本厚，朴世逸，佐藤信行，宋斗律（敬称略，アルファベット順），すべての方々に感謝の気持ちを表したい．本書は，博士論文の研究活動において，インタビューを受け入れてくださり，また，資料をこころよく共有してくださった，以上の方々のご協力のうえで成りたったものである．

　また，本書の出版過程において，研究会などで学問的刺激を与えてくださった方々にもお礼を申し上げたい．とりわけ，武藤一羊氏（ピープルズ・プラン研究所），中野敏男先生（東京外国語大学名誉教授），樋口直人先生（徳島大学大学院准教授）に感謝の意を表したい．

　本研究を進めるにあたり，様々な機関にもお世話になった．海外の民主化運動史料と関連し，韓国民主化運動記念事業会，ドイツの Korea Verband に大変お世話になった．また，第 1 回目の NHK アーカイブス・トライアル研究員として，韓国に関する報道番組を見ることができ，静止画の使用も許諾してくださった NHK アーカイブスにもお世話になった．そして，資料調査と論文執筆のための最適な環境を提供してくれた，米国ハーバード・イェンチン研究所及びスタッフの方々にもお礼を申し上げたい．また，長年お世話になった，情報学環・学際情報学府の先生方，職員の皆さまにも心より感謝の意を表したい．そして，現在勤務している東京大学大学院総合文化研究科「多文化共生・統合人間学プログラム」の先生方，職員の皆さまにも大変お世話になっており，お礼を申し上げたい．

　本書は，日本学術振興会 2017 年度科学研究費補助金研究成果公開促進費（学術図書）を受けて出版できるようになった．編集と校正にあたっては，東京大学出版会の宗司光治氏に大変お世話になり，心から感謝を申し上げたい．また，本書のカバーと第 I 部・第 II 部の扉の絵は，富山妙子氏がこころよく使用を許可してくださった．富山氏に心から感謝の意を表したい．

　そして，東京大学大学院学際情報学府で大変お世話になった先輩，友人，後輩たちにも御礼を申し上げたい．とりわけ，博士論文を書いていた仲間同士の「博論茶会」では，ささやかな論文の発表会や食事会を通じ，たくさんの励ましをいただいた．先輩の畑仲哲雄氏（龍谷大学准教授），毛里裕一氏，鄭カヲル氏，章蓉氏に心より厚くお礼を申し上げたい．また，本書のもととなる博士

論文において，日本語の校正をしていただいた福博充，林瑛香の両氏に，重ねてお礼申し上げたい．

　最後に，いつも心の支えになってくれる家族へ心より感謝を申し上げたい．田舎で小さなスーパーを経営しながら，子ども5人を育てた両親の李光洙と金仙禮，そして，友達のようになんでも相談できる，個性豊かな姉妹，兄弟たちに感謝の気持ちを表したい．2008年永眠し，本家の光州の先山に眠りについた父と，愛情たっぷりの家族の皆に，心から感謝します．本当にありがとうございました．

2017年12月31日

李　美淑

人名索引

ア

青地　晨　127-128, 213, 227
アベネル, S. A.　142
安藤丈将　139
安藤美佐子　122
李　仁夏　207
李　三悦　174
李　佐永　113
李　進熙　111
李　承晩　141
李　恢成　111
李　文永　126
飯島　信　17
飯沼二郎　207
猪狩　章　201
池田五律　280
石坂浩一　3, 17, 280
市川房枝　128
伊藤成彦　257
印　在謹　167
ウォーラーステイン, I.　41
宇都宮徳馬　306
呉　在植　174, 183, 186, 282
大江健三郎　213, 229
大塩清之助　108, 213
岡本愛彦　114
奥　武則　212
小熊英二　149
オグール, G. E.　172
小田　実　89, 122, 138, 213, 248
重田園江　57

カ

郭　東儀　3, 108
加地永都子　122
加藤哲郎　60

—

姜　尚中　9
姜　舜　109
北田暁大　141
金　觀錫　164
金　謹泰　167
金　在俊　163, 174
金　時鐘　111
金　芝河　95, 97, 100, 142
キム・ジュオン　153
金　淳一　222-223
金　壽煥　168
金　石範　111
金　達寿　91, 111
金　大中　104, 126, 134, 172, 223
金　東雲　106, 112
金　学鉉　272
金　秉坤　116-117
金　容福　186
蔵田雅彦　187
倉塚　平　213, 230, 254, 296
ケック, M. E.　23-24
ケネディ, E.　306
高　史明　92
五島昌子　122

サ

齋藤純一　71
サターホワイト, D.　193
サルトル, J.-P.　141
澤　正彦　269
シッキンク, K.　23-24
シノト, J.　172
渋谷仙太郎　96
シュナイス, P.　192
東海林　勤　3, 102, 306
東海林路得　208
陳　斗鉉　146

鈴木正久　205
鈴木道彦　91, 142
スノー, D. A.　13-14
隅谷三喜男　264
千田是也　96
徐　京錫　1
徐　俊植　101
徐　勝　101-102
ゾール, R.　54

タ

高崎宗司　88, 91
高橋悠治　127
滝沢秀樹　269
太刀川正樹　108, 146
田中　明　301
田中　宏　265
池　學淳　99, 143, 168
池　明観　19, 183, 222
崔　哲教　113
チャ, V. D.　145
鄭　敬謨　108, 117, 221
鄭　在俊　105, 132
全　泰壱　129
全　斗煥　6, 126
鶴見俊輔　98, 296
デュルケム, É.　55
富山妙子　117, 143, 252, 296

ナ

中井毬栄　96, 142
中川信夫　220
中嶋正昭　117, 122, 128, 254
南坊義道　111
西岡　力　182
西川正雄　59

ハ

ハーヴィー, P.　119, 187
朴　相増　174
朴　正熙　5, 152
朴　世逸　1
朴　炯奎　117, 164

花田達朗　31
ハーバーマス, J.　29, 32, 62
咸　錫憲　163
早川嘉春　108, 146
林　香里　47
針生一郎　111
韓　勝憲　126
日高六郎　89, 111, 296
深水正勝　206
ブルジョア, L.　57
ブルンクホルスト, H.　55
フレイザー, D.　171, 201
フレイザー, N.　32, 34
裵　東湖　116
裵　重度　149
ベンフォード, R. D.　13-14
ボケット, D.　98, 144
ポッゲ, T.　64-65
布袋敏博　306
ボブ, C.　27

マ

松井やより　121
真継伸彦　108, 111
松本健一　100
マルクス, K.　59
道場親信　139
宮崎繁樹　128
宮田浩人　225
宮田光雄　233-235
武者小路公秀　239, 282
武藤一羊　118
文　益煥　126, 283
森　恭三　226, 236

ヤ

安江良介　181, 185
山口明子　122, 147
山田昭次　264
山田貴夫　141, 149
梁　性佑　206
ヤング, I.　66-68
湯浅れい　118

尹　伊桑　144, 147
尹　潽善　144
吉松　繁　98, 213, 274
吉見俊哉　86
米倉斉加年　119, 213

ワ

和田春樹　94, 240, 254, 296
渡辺哲郎　131, 306

事項索引

ア

アイデンティティ　14, 62, 275-276
『朝日ジャーナル』　212
アジア人会議　121
アジア侵略の歴史　122
アジア太平洋資料センター（PARC）　118
『アジアと女性解放』　124
アジアの女たちの会　122, 124, 296
アジアの民衆運動　188
アムネスティ・インターナショナル（AI）　98, 115, 171
アンガージュマン　87, 141
安定第一主義　224
安保闘争　86
維新憲法　5, 104, 145, 154
　　――改憲請願100万人署名運動　107, 154
1000万署名運動　130, 132
慰霊塔　270
ウェストファリア体制　36
内なる戦後責任　266, 294
鬱陵島スパイ団事件　113
ウーマンリブ運動　87
運動メディア　173, 213
エキュメニカル運動　163
　　世界的な――　176
「援助」の拒否　237
応答の過程　244
大泉の市民の集い　94

カ

海外韓国人民主運動代表者会議　116
架橋　98
華僑青年闘争委員会（華青闘）　92
革新勢力　224
学生社会開発団運動　163, 184
過去の問題　254

カトリック正義具現全国司祭団　168
ガリラヤ教会　168
関係性　48, 78, 101, 139, 180, 227
「韓国」　247
韓国学生運動　220
韓国からの通信　120, 181, 183, 194
韓国キリスト教教会協議会（KNCC）　175
韓国キリスト者宣言　164, 189, 287
韓国人権問題のための北米州連合（NACHR）　179
韓国の民主化運動　4, 17
韓国民主回復統一促進国民会議（韓民統）　104-105, 114, 116, 173
韓国民主化キリスト者同志会（民主同志会）　175
韓国問題キリスト者緊急会議（緊急会議）　107, 133, 178, 189, 288
韓国問題緊急国際会議　116
キーセン観光　121, 178
　　――に反対する女たちの会　121, 178
規範的正当性　38, 40
金芝河救援委員会　97
キム・ジハ救援委員会　97
金芝河らを助ける会　108, 111
金大中救出緊急各界代表者会議　130
金大中救出日本連絡会議　130
金大中氏を"殺すな"市民署名運動　128, 133
金大中先生救出対策委員会（救対委）　105, 132
金大中内乱陰謀事件　126
金大中拉致事件　104
「金大中を殺すな」の運動　260
金嬉老事件　91
救援運動　95
教会の責任　163
教科書検定問題　261

共時性 9-10
共通項 226
共通認識 299-300
緊急措置 154, 157
近代化 122
　再帰的—— 61
金曜祈禱会 167
グローバリゼーション 302
グローバル・ガバナンス 40
グローバルな分業体制 57
ケアのジャーナリズム 48
劇団民藝 119
決別宣言 92
月曜のつどい 170
権威主義的思考様式 231
言説空間 4
　リベラルな—— 213
憲法的愛国主義 62
言論社統廃合 158
言論大虐殺 158
言論弾圧 160
言論統制 153, 158
公開性 30
公害輸出 178
公共圏 29, 32
　——の構造転換 30
　自律的で自己組織化された—— 31
　政治的—— 29
　トランスナショナルな—— 36, 40, 48,
　　198, 286, 291
　ナショナルな—— 46, 48
光州事件 125
口述記録 15
河野談話 137
国益 47, 66
国際親善 118, 267
国民運動 239
国民基金 305
国民国家 36, 47, 58, 61, 73-74, 291
コスモポリタニズム 62
国家保安法 199
国境 60
コミュニケーション過程 219, 243

コミュニケーション・チャンネル 25
コミュニケーション的行為 29-30, 35, 70,
　198, 285
　越境する—— 278
コミュニケーションの閉鎖状態 152, 160,
　287
コリアゲート 160

サ

再帰性 76
再帰的 75
　——なプロセス 278
　——民主化 76, 79, 292
在日韓国学生同盟（韓学同） 101, 138
在日韓国人政治犯家族協議会（家族協議会）
　113-114
在日韓国人政治犯救援運動 113, 274
在日韓国人「政治犯」を支援する会全国会議
　114
在日韓国青年学生同盟（韓青同） 101, 115-
　116, 138
在日韓国・朝鮮人 91-92, 94, 103, 265, 272
在日僑胞留学生スパイ団事件 101
在日志向 138
在留資格剝奪問題 274
自己の内なる加害 90
自己の問題 278
自己変革 241, 278, 294, 301
自主規制 117, 251
システム 30
　——の機能不全 32, 35, 40, 44, 290
慈善 77
『思想界』 95, 153
しばられた手の祈り 117
市民運動 217
市民社会 8, 10, 17, 18, 33
指紋押捺拒否運動 136, 139, 148, 263
社会運動 33
　——のトランスナショナルなダイナミズム
　8
社会党・総評ブロック 130-131
社会保障制度 58
謝罪 269, 295

事項索引——343

11. 22学園浸透スパイ団事件　111, 113
自由言論実践運動　157
自由言論守護闘争　236
集合行動　218
主権侵犯論　105
主体性　279
上映運動　114, 119
消極的義務　67
情報　180, 189, 197, 287
情報交換　25, 166, 191, 198
植民地過去　136, 262, 294
植民地支配　265
　　——の清算　261
植民地統治　235
女性運動　121
　国際的な——　295
人革党事件　116
人権　64, 66, 164, 233
　　——委員会　164-165
　　——運動　162, 166
　　——侵害　65, 234
　　——の尊重　257
新植民地主義　44, 176, 199, 220, 264
新植民地的状況　221, 289
人道主義　102
スライド映画　118
生活世界　30
征韓論　257
正義　57-58
正義と平和協議会　178
政治決着　107, 112
政治的空間　28
　越境した——　303
　トランスナショナルな——　4
政治的効力　38, 40
政治の季節　86
正当性　38
生の偶然性　72
生の複雑性　72
生のリスク　71
『世界』　181, 210, 212, 289
世界＝経済　42
世界システム　41-42, 44-45

世界市民　61
世界社会フォーラム　39
世界ドメスティック政策　62
責任　243, 282, 283, 293
　政治的——　68
　制度的——　66-67
積極的義務　67
積極的民族主義　103
全国民主青年学生総連盟（民青学連）　155
戦後社会　86
　ポスト——　86
先進国　27, 65
戦争責任　271
　　——告白　176
戦略的過程　219, 244
総合雑誌　210, 212, 289
相互性　23, 30
想像の共同体　47
総評　128
ソウルの春　126
徐君兄弟を救う会　101, 103
祖国志向　138

タ

対韓国観　231, 245
対韓政策　239
　　——の転換　239
　　——をただす　241, 259
対岸の火事　229
対抗的公共圏　34, 45
　　——のトランスナショナライジング　41,
　　183, 197
対朝鮮政策の転換　239, 261
対日批判　222
対日隷属化　220
多国籍企業　188
他者　90
　　——の苦痛　278, 290
　　——の生の受苦に反応する感受性　72
　　——の立場　74
　　——の問題　278
　アジアの——　8
　内なる——　35, 94

他者化　286
　——言説　47
地下文書　182,289
知識人　217
中央情報部　152
中核—半周辺—周辺　42,44
中間メディア　213
全斗煥訪日反対闘争　136
追悼祭　270
T. K 生　181,183-184,206
帝国主義　44,101
デモクラシー　233
　リベラル・——　6
『東亜日報』　236
　——を支援する会　237
東京地評　131,134
同情　259
Documentation of Action Group for Asia
　(DAGA)　118,186,282,287
読者像　213
都市産業宣教　163
途上国　27,65
トランスナショナル　24,75
　——・アドボカシー・ネットワーク　24,
　26,286
　——・リレーションズ　11,297

ナ

内政干渉論　255
内的植民地化　31
ナショナリズム　60
　排外主義的な——　3
　普遍的——　233
　弁明的——　71,292
日韓会談反対闘争　5,88,299
日韓関係　9,88
日韓教会協議会　176,178
日韓闘争　88
日韓の政治経済的癒着　240,243
日韓民衆連帯首都圏連絡会議（首都圏連）
　128-129
日韓癒着　251,298
日韓連帯　2

　——委員会　127-128,148
　——運動　2,7,85,95,135,137,296
　——連絡会議（日韓連）　107-108,133,240
日韓労働者連帯　135
日本軍「慰安婦」問題　125,276,296
日本の「民主化」　221
入管闘争　92
ニューレフト運動　92
根ざしたコスモポリタン　69,76,79,270
ネットワーク　85
　運動する人々の——　138
　国境を越えた——と運動　11
　自律的な——と運動　34
　トランスナショナルな活動家たちの——
　　16,23-24,36,39-40,286,305
　トランスナショナルな情報交換の——
　　185,195-197,279,288

ハ

排外主義　10,94,301
売春観光　121,206
運び屋　191
パターナリズム　229,237,281,301
反共　5,11,160
反共法　96
半構造化インタビュー　15
反国家団体　116
反スウェットショップ運動　68
反省　236
反日感情　269
反日デモ　111
反米　6
ヒエラルキカルな政治経済構造　5
東ベルリン事件　17,144
日立就職差別事件　92
ファシズム　228
負荷なき自己　48
福祉国家　58
不正義なグローバルな制度的秩序　66,73
復活祭事件　163
普遍的原理　235
普遍的道徳性　76
ブーメラン効果　26

ブーメラン・パターン　24
フレーミング　13-14
　　──過程　218
　　──過程分析　13
　　──における困難　252
フレーム　160
　　──転換　263
　　──の拡張　253
　　マスター・──　14, 243, 282
分業　56
　　垂直的──　43-44
分断体制　212
ヘイトスピーチ　3, 10
平和主義　212
平和問題懇談会　212
蔑視　246
ベトナムに平和を！市民連合（ベ平連）　89
　　──運動　90
ベトナム反戦運動　87, 89, 91, 106
偏見　226
訪韓市民連合　99
放送中止　252
北善南悪　225, 243

　　　マ

マーケティング　27
マスメディア　33, 46
　　──・ジャーナリズム　46, 48, 286
　　──の産業化　46
学び　241, 279
水戦争　73
明洞聖堂　169
民権運動　220
民衆法廷　270
民主化宣言　6
民主化の徹底化　236
民主救国宣言　115
　　3.1──事件　147
民主主義　212, 232
　　──の有機的関係　230
　　再帰的な──　279, 295, 297, 299, 305
　　戦後──　86, 212
　　日本の──　230

346──事項索引

『民主同志』　175
民主民族統一海外韓国人連合（韓民連）　116
民生運動　220
民青学連事件　104, 108, 156, 178
民族運動　220
民族差別　91
　　──撤廃闘争　137
『民族時報』　173
無関心　246
無知のヴェール　71
村山談話　137
文世光事件　109
木曜祈禱会　165-166

　　　ヤ

友愛　54
世論　38
　　国際──　6, 26, 198, 286
4.19民主化運動　5, 141

　　　ラ・ワ

冷戦構造　303
冷戦体制　4
歴史教育　271
歴史認識　267
連携　217
連合組織　108
連帯　54, 57, 112, 231, 241
　　──の構図　242
　　──の呼びかけ　223
　　コスモポリタンな──　62, 64, 78, 292
　　国境を越えた──　70
　　市民的──　58
　　社会的──　55, 58, 61
　　政治的──　58, 61
　　トランスナショナルな──　75, 79, 292, 305
労働運動　125
論争的過程　219, 253, 263
論壇誌　212
　　若者たちの──　214
和解　10, 268

著者略歴

韓国慶尚道浦項市生まれ．東京大学大学院学際情報学府博士
課程修了．博士（社会情報学）．米国ハーバード・イェンチ
ン研究所訪問研究員を経て，現在，東京大学大学院博士課程
教育リーディングプログラム「多文化共生・統合人間学プロ
グラム」特任助教．

主要著作

「韓国民主化運動における地下情報の発信——越境的なキリ
　スト者ネットワークの形成と活動を中心に」（『コンタク
　ト・ゾーン』第5号，2012年）

"South Korea's Democratization Movement of the 1970s and
　80s and Communicative Interaction in Transnational
　Ecumenical Networks," (*International Journal of Korean
　History*, Vol. 19 (2), 2014)

"The Japan-Korea Solidarity Movement in the 1970s and
　1980s: From Solidarity to Reflexive Democracy," (*The
　Asia-Pacific Journal*, Vol. 12, Issue 38 (1), 2014)

「日韓連帯運動」の時代
1970-80年代のトランスナショナルな公共圏とメディア

2018年2月23日　初　版

［検印廃止］

著　者　李_イ　美淑_{ミスク}

発行所　一般財団法人　東京大学出版会

代表者　吉見　俊哉

153-0041　東京都目黒区駒場4-5-29
http://www.utp.or.jp/
電話 03-6407-1069　Fax 03-6407-1991
振替 00160-6-59964

印刷所　株式会社三陽社
製本所　誠製本株式会社

ⓒ 2018 Misook Lee
ISBN 978-4-13-056115-0　Printed in Japan

JCOPY〈(社)出版者著作権管理機構　委託出版物〉
本書の無断複写は著作権法上での例外を除き禁じられています．複写され
る場合は，そのつど事前に，(社)出版者著作権管理機構（電話 03-3513-6969，
FAX 03-3513-6979，e-mail: info@jcopy.or.jp）の許諾を得てください．

メディアと公共圏のポリティクス　花田達朗　　A5・4000 円

政治を動かすメディア　芹川洋一・佐々木毅　　46・2400 円

東アジア冷戦と韓米日関係　李　鍾元　　A5・5600 円

在日コリアンと在英アイリッシュ　佐久間孝正　　46・3400 円

後発福祉国家論　金　成垣　　A5・4800 円

歴史と和解　黒沢文貴／イアン・ニッシュ（編）　　A5・5700 円

日韓関係史　1916-2015（全 3 巻）
［Ⅰ］　政治　木宮正史・李　元徳（編）　　A5・3600 円
［Ⅱ］　経済　安倍　誠・金　都亨（編）　　A5・4000 円
［Ⅲ］　社会・文化　磯崎典世・李　鍾久（編）　　A5・4000 円

ここに表示された価格は本体価格です．ご購入の
際には消費税が加算されますのでご了承ください．